KOGNITIVE VERHALTENSTHERAPIE BEI ANGST UND PHOBIEN

— Eine Anleitung für Therapeuten —

Aaron T. Beck, M.D.
Department of Psychiatry
University of Pennsylvania

Gary Emery, Ph.D.
Department of Psychiatry
University of Southern California

Übersetzt von
Rüdiger Retzlaff (Kap. 1 – 8)
und Annette Sandforth (Kap. 9 – 14 und Anhang).

ISBN 3-922686-49-4
1. Auflage — Juli 1981
Gesamtherstellung: Steinbauer & Rau, Theresienstr. 33, D-8000 München 2

Zu beziehen durch:
Geschäftsstelle der
Deutschen Gesellschaft für Verhaltenstherapie e.V. (DGVT)
Postfach 1343, D-7400 Tübingen

INHALTSVERZEICHNIS

	Seite
Vorwort	V
Kapitel 1: Kognitives Modell der Angst	1
Kapitel 2: Prinzipien der kognitiven Therapie	19
Kapitel 3: Verfahren für Beratungsstunden	34
Kapitel 4: In-vivo-Verfahren	46
Kapitel 5: Imaginative Verfahren	60
Kapitel 6: Therapiesitzung	77
Kapitel 7: Besondere Angststörungen I	83
Kapitel 8: Besondere Angststörungen II	102
Kapitel 9: Therapiesitzung mit einer Angstpatientin	119
Kapitel 10: Kognitive Theorie der Phobie	149
Kapitel 11: Behandlung von Phobien	168
Kapitel 12: Kognitive Therapie bei spezifischen Personengruppen	180
Kapitel 13: Kognitive Gruppentherapie (Gary Emery, Ph.D., und Sonja Fox)	187
Kapitel 14: Forschungsprobleme der kognitiven Therapie	200
Anhang 1	205
Anhang 2	213
Anhang 3	214
Literaturverzeichnis	215

VORWORT

Die Zahl einzelner Studien zur Bedeutung verhaltenstherapeutischer Ansätze der Angstbehandlung ist fast nicht mehr überblickbar[1]. Es gibt auch eine Reihe neuerer, bemerkenswerter Lehrbücher zu diesem Themenkreis[2]. Auffallend ist die Kreativität und Persistenz, mit der sich viele Wissenschaftler der Erforschung und Bewältigung von Angstproblemen widmen. Auf der anderen Seite bleiben doch viele Fragen offen. Viele Ansätze sind zu realitätsfern. Zudem bleiben individuelle und spezifische Faktoren vielfach unberücksichtigt. Vor allem aber fehlt vielen Arbeiten das notwendige Maß an Praxisnähe und klinischer Erfahrung. Als positive Ausnahme wollen wir hier die Arbeit von I. Florin: „Entspannung – Desensibilisierung", Stuttgart, 1978, erwähnen. Hier scheint uns die vorliegende Arbeit von A.T. Beck & Emery eine wichtige Lücke zu füllen. Umso mehr freuen wir uns, daß diese Autoren sich bereit erklärt haben, dieses verständliche und praxisnahe Manuskript der Deutschen Gesellschaft für Verhaltenstherapie (DGVT) zur Veröffentlichung zur Verfügung zu stellen. Wir verdanken dies nicht zuletzt und hoffentlich auch nicht zum letztenmal Dirk Zimmer, der für die notwendigen Kontakte gesorgt und insgesamt die Initiative bis zur Herausgabe dieser Arbeit getragen hat. Gedankt sei an dieser Stelle auch den Übersetzern und den vielen anderen Kräften, die bei der Herausgabe dieser Arbeit mitgewirkt haben.

Die vorliegende Handanweisung für kognitive Therapie hebt sich vor allem durch eine enge Verbindung in der Darstellung der kognitionstheoretischen Konzeption von Angst und Phobien und ihrer Behandlung mit konkreten Methoden, Techniken und Fallbeispielen hervor. Dabei ersetzt sie grundlegende wissenschaftliche Arbeiten zum Problembereich Angst und ihrer Bewältigung nicht[3]. Die vorliegende Arbeit verzichtet bewußt auf die Unzahl der zitierbaren Theorien und therapeutischen Ansätze. Sie will vielmehr das Grundkonzept der kognitionstheoretischen Erklärung von Angst und Phobie und ihrer Behandlung so verdeutlichen, daß ihr praktischer Nutzen für den Leser direkt umsetzbar wird. Aus diesem Grunde folgt nach der Darstellung eines kognitiven Modells der Angst (Kapitel 1) und der verschiedenen therapeutischen Prinzipien (Kapitel 2) und spezifischer Techniken (Kapitel 3-5) das Transkript einer veranschaulichenden Therapiesitzung.

Gerade der klinisch Erfahrene weiß zu schätzen, wenn in der Folge die Behandlungsmöglichkeiten spezifischer, aber weit verbreiteter Probleme (z.B. Sozialangst, Leistungs- bzw. Redeangst), aber auch seltener Probleme (z.B. Phrenophobie) im Rahmen einer Vielzahl in der klinischen Praxis erprobten Tips und Vorschlägen vorgestellt werden (Kapitel 7-11). Dabei zeigt Kapitel 9 (durch einen sehr präzisen Kom-

---

1) Vgl. z.B. R. v. Quekelberghe: „Quantitative Analyse und methodische Evaluierung des Forschungsfeldes – verhaltenstherapeutischer Verfahren zur Angstreduktion – in seiner Entwicklung von 1958-1975" in Verhaltenstherapie – Theorie – Kongreßbericht Berlin 1976. Deutsche Gesellschaft für Verhaltenstherapie (Hrsg.). Sonderheft I/1977, S. 133-158.
2) Vgl. z.B. St.J. Rachman: „Fear and Courage", San Francisco, 1978; W. Butollo: „Chronische Angst – Theorie und Praxis der Konfrontationstherapie", München, 1979.
3) Siehe N. Birbaumer: „Psychophysiologie der Angst", München, Urban & Schwarzenberg, 1977.

mentar einer Therapiesitzung) am deutlichsten, wie im Rahmen einer kognitiven Therapie mit Angstproblemen umgegangen wird. Besonders erfreulich ist es, daß bestimmte Patientengruppen, wie ältere Menschen und Jugendliche, ein eigenes Kapitel (Kapitel 12) erhalten. Abgerundet wird die Arbeit durch ein Kapitel (Kapitel 13) über die Möglichkeiten und Vorteile der Gruppentherapie. In Kapitel 14 mag der eine oder andere an Forschung Interessierte auch anregende wissenschaftliche Fragestellungen vorgewiesen bekommen. Im Anhang findet sich ein Manual für den Klienten, das recht verständlich und hilfreich erscheint.

Bei all den lobenden Worten sind doch noch zwei Bemerkungen zur Vorsicht geboten. Insofern das kognitive Modell der Angst zur Grundlage des Behandlungskonzepts gemacht wird, muß man sich immer wieder vergegenwärtigen, daß dies ein Modell unter vielen ist und daß es darüber hinaus auch Gefahren in sich birgt. So mag z.B. dieses Erklärungsmodell manchem zu rationalistisch erscheinen. Zudem weisen neue Ergebnisse zur Emotionsforschung auf die Fragwürdigkeit der Überbetonung der kognitiven Anteile von Angst hin und anderes mehr. Eine zweite Gefahr der vorliegenden Arbeit liegt darin begründet, daß es wie ein Kochbuch wirken könnte. Dies ist von den Autoren nicht intendiert. Wohl stellt ihr Vorgehen ein eigenständiges therapeutisches Konzept dar, doch die vielen Tips, Ratschläge und Prinzipien sollten mehr als eine Erweiterung für das Repertoire des Therapeuten begriffen werden. Im gleichen Sinne ist auch die „Verwendung" der kognitiven Erklärungsansätze von Angst und Phobie zu verstehen. Dem Leser, der stärker an der empirischen Literatur interessiert ist, empfehlen wir das Buch von N. Birbaumer (1977), die Überblicksbände der DGVT von Franks & Wilson (1979, 1980)[1] und speziell für die Forschung zu kognitiven Angstkonzepten die Zeitschrift „Cognitive Therapy and Research"[2]. Man mag sich also an der Praxisnähe der Vorschläge erfreuen, man möge aber auch nicht vergessen, sie zum Gegenstand eines „sokratischen Dialoges" zu machen, d.h. kritisch zu reflektieren, und man verwende davon, was problemadäquat ist. Dann, so glauben wir, sind die Intentionen der Autoren dieser Arbeit am besten erreicht.

Tübingen, März 1981	Thomas Heyden	Bernd Röhrle
	Dieter Jarzombek	Bernhard Scholten
	Ingrid Jost	

---

[1] „Franks & Wilson — Jahresüberblick 1978". Deutsche Gesellschaft für Verhaltenstherapie (Hrsg.). Sonderheft III/1979.
„Franks & Wilson — Jahresüberblick 1979". Deutsche Gesellschaft für Verhaltenstherapie (Hrsg.). Sonderheft III/1980.
[2] „Cognitive Therapy and Research". Plenum Co. Hrsg.: Mahoney, Goldfried, Meichenbaum und Beck.

Kapitel 1

Kognitives Modell der Angst

Ein von Angst gänzlich unberührtes menschliches Leben ist nur schwerlich vorstellbar. Als unsere Vorfahren lernten, Gedächtnisbilder und Symbole vergangener Erfahrungen zur Planung künftiger Überlebensstrategien zu speichern, lernten sie auch, bei der Erinnerung von Gefahr, Furcht, Schmerz und Sorge zu erschauern und sich vor der Wiederkehr dieser Empfindungen zu fürchten. Die Empfindung von Angst war für sie also nicht nur an eine momentan vorhandene Gefahr gebunden, sondern auch an Symbole gekoppelt, die vergangene und zukünftige Ereignisse darstellen. Es scheint, als ob die allmähliche Übernahme dieser Angstbürde ein Preis war, den unsere Vorfahren für das Überschreiten der evolutionären Schwelle zu zahlen hatten.

Die Universalität der Empfindung von Angst durch die ganze Menschheitsgeschichte hindurch hat dazu geführt, daß sie als einer der unveränderlichen Aspekte menschlichen Seins akzeptiert wird. Daher gilt sie auch nicht einer Behandlung, geschweige denn einer Heilung zugänglich. Wie über das Wetter redeten alle von der Angst, ohne daß jemand etwas gegen sie unternahm. Einige auf die verhaltensmäßige Bedeutung der psychophysiologischen Reaktionen des Menschen spezialisierte Wissenschaftler haben sogar (in einem Versuch, das Beste aus einer schlechten Sache zu machen) die Auffassung vertreten, Angst sei ein arterhaltender Mechanismus des menschlichen Organismus – eine totale Reaktion auf Gefahr. Wenn Angst jedoch Bewältigungsverhalten beeinflußt, tendiert sie dazu, eine störende Wirkung zu haben. Vielleicht ist es für all jene, die der Angst eine nützliche Funktion zuschreiben, an der Zeit, sich überzeugendere Argumente zur Stützung ihrer Position zu suchen.

Das Fehlen klinischer Beweise, die die Theorie von Angst als notwendig für die Selbsterhaltung stützen, bringt uns auf die tatsächlichen, ihr Vorhandensein signalisierenden Symptome: Nervosität, Benommenheit, leichte oder schwere Übelkeit, Durchfall, Atemnot, Schwitzen, erhöhte Muskelspannung, Kälte- oder Hitzegefühle – dies sind einige der Manifestationen von Angst. Es ist schwer verständlich, wie solche Reaktionen zur Vorbereitung auf die Bewältigung von Angst oder auf sinnvolles Planen angesichts einer Bedrohung durch eine erhebliche Gefahr beitragen sollten. Der gegenteilige Schluß müßte logischerweise gezogen werden – daß solche Symptome eine adäquate Reaktion auf eine Anforderung der Umwelt verhindern. Beispielsweise stört das panische Umherstrampeln eines Menschen, der zu ertrinken meint, nicht nur den Versuch eines anderen Schwimmers, ihn zu retten. Der Langzeiteffekt einer solchen Erfahrung – wie etwa die Furcht vor größeren Wasserflächen – kann den geretteten Menschen auch daran hindern, auf die offensichtlich adaptivste Weise zu reagieren – nämlich schwimmen zu lernen.

Vielleicht besteht das Problem in einer Begriffsverwechslung. Wird Furcht als ein *Konzept* und Angst als eine *unangenehme Emotion* aufgefaßt, können wir sagen, daß der Furchtzustand anzeigt, daß sich ein Individuum einer aktuellen Bedrohung bewußt ist (dieser Begriff umfaßt alles, was ihr wichtig ist, ihr *Lebensbereich*) und daß es reagiert, um sich selbst zu schützen. In diesem Sinne kann Furcht manchmal als eine adaptive Reaktion angesehen werden. Die Furcht ist rational, wenn sie auf einer vernünftigen Annahme, auf Logik und Vernunft beruht. Sie ist irrational, wenn sie auf einer irreführenden oder fehlerhaften Annahme beruht. Angst hingegen stellt eine emotionale und physiologische Reaktion dar, der häufig adaptive Dimensionen fehlen. Sie geht mit dem Erleben von Furcht einher. Sie kann die Auslösung eines Überlebensmechanismus oder das Entstehen eines adaptiven Verhaltens begleiten, aber Angst an sich führt im allgemeinen nicht zu einer Überlebensreaktion bzw. verstärkt sie nicht adäquat. Wie das Beispiel des beinahe ertrinkenden Schwimmers zeigt, kann sie solche Reaktionen behindern oder völlig blockieren.

Wenn Einigkeit über diese Definitionen besteht: Furcht als Bewußtheit und Berechnung einer Gefahr, und Angst als ein unangenehmer Gefühls*zustand* und als physiologische Reaktion, die eintritt, wenn Furcht ausgelöst wird –, werden die zielwidrigen Aspekte der Angst deutlich. Angstsymptome stören nicht nur häufig den Bewältigungsvorgang, sondern werden durch einen Feedback-Prozeß selbst eine ernste Gefahr. Reagiert das ängstliche Individuum einmal auf das durch die Symptome selbst verursachte Bedrohungsgefühl, verstrickt es sich in einem circulus vitiosus, in dem Angst Furcht und Angst verstärkt (Tafel 1 illustriert diesen Vorgang). Franklin D. Roosevelt erkannte in seiner berühmten Ansprache auf einer Versammlung zu Beginn seiner Amtszeit, inmitten der Großen Depression der dreißiger Jahre – „alles, was wir zu fürchten haben, ist die Furcht selbst" – die verheerenden Auswirkungen des Angstzyklus. Die Opfer waren durch ihre Panik angesichts der wirtschaftlichen Katastrophe gelähmt. In ihrer Panik waren sie dann durch ihre Gefühle von Lähmung, Hilflosigkeit und Handlungsunfähigkeit gefangen.

Tafel 1: Entstehung eines Angstanfalles

1. Streßsituation.
2. Primäre Beurteilung der Streßsituation.
3. Einschätzung der Bewältigungsmechanismen.
4. Aktivation: Subjektive Angst, physiologische Reaktion.
5. Feedback physiologischer Symptome und Beurteilung der Angst.
6. Verstärkte Angst.
7. Somatische Fehlfunktion.
8. Feedback und Beurteilung der somatischen Reaktion.
9. Fortlaufender Kreisprozeß.

Ein junger Mann überlegte sich, ob es ratsam sei, ein Mädchen um eine Verabredung zu bitten. Ihm kam der Gedanke: „Sie könnte gemein sein und ablehnen." Später bemerkte er, daß ihm das Sprechen schwer fiel, und er dachte: „Vielleicht verliere ich meine Stimme vollständig." Als sich ihm eine Gelegenheit bot, sie zu fragen, konnte er tatsächlich nicht sprechen. Ein anderes Individuum, das sich auf eine Prüfung vorbereitete, hatte den Gedanken: „Vielleicht falle ich bei dieser Prüfung durch." Beide Situationen haben als gemeinsamen Nenner, daß die Antizipation eines psychologischen Traumas eine sich selbst erfüllende Vorhersage produziert.

Die Erwartung eines körperlichen Schadens kann natürlich in ähnlicher Weise Angst hervorrufen: bei einem Autofahrer, der einen Zusammenstoß mit einem anderen

Fahrzeug erwartet, bei einem Patienten, der eine Operation vor sich hat. Die Angst verschwindet, sobald die Bedrohung vorüber ist.

Die Zukunftsbezogenheit der Angst läßt sich durch ein alltägliches Beispiel weiter verdeutlichen. Jeder Lehrer, der eine Prüfung angekündigt hat, die für die Benotung der Schüler entscheidend ist, kann beobachten, daß die Angst der Schüler zunimmt, je näher der Prüfungstermin heranrückt. Nachdem die Prüfung vorüber ist und die Noten bekanntgegeben wurden, sinkt das Angstniveau in der Klasse deutlich ab (obwohl diejenigen, die nach ihren eigenen Maßstäben oder Erwartungen schlecht abgeschnitten haben, traurig sein können, während die nach ihren eigenen Zielsetzungen und Bewertungen Erfolgreichen glücklich sein können).

Es gibt scheinbare Ausnahmen der Regel, daß Furcht und Angst auf künftige Ereignisse bezogen sind. Beispielsweise empfinden Patienten mit einer Kampfneurose noch lange nach Verlassen der Gefahrenzone Angstgefühle. Bei der Befragung solcher Patienten ergibt sich jedoch, daß sie vorübergehend eine Art „Zeitregression" erleben, in der sie das gefährliche Ereignis „wiedererleben", als ob es in der Gegenwart passieren würde. Jemand beobachtet, wie sein Vater nach einer Novocain-Injektion wegen einer Schleimbeutelentzündung in der Schulter einen Schock bekommt. Der junge Mann fährt hinter dem Krankenwagen, der seinen Vater ins Krankenhaus bringt, her und sieht, wie sein Vater von der Trage fällt. Bei der Ankunft ist der Vater tot. Noch jetzt, Jahre später, empfindet er beim Anblick einer Spritze so intensive Furcht, daß er einem Schock nahe ist. Und jedesmal, wenn er beim Autofahren einem Krankenwagen begegnet, muß er an den Straßenrand fahren und für eine gewisse Zeit anhalten, um sich von der durch seine überwältigenden Reaktionen verursachten Erregung zu erholen. Bei diesen Gelegenheiten schüttelt er seinen Kopf, als ob er sich von dem Vorstellungsbild des Schicksals seines Vaters befreien müßte.

Auch nach drohenden Verkehrsunfällen auf der Autobahn berichten die Betroffenen von Angstanfällen. Diese Angst wird stimuliert, wenn der Fahrer an den Beinahezusammenstoß denkt und die Erinnerung so erlebt, als ob die Episode gegenwärtig geschehen würde und die Gefahr noch vorhanden sei. Auch Menschen mit chronischer Angst nach traumatischen Vorfällen neigen dazu, häufige „flashbacks" des tatsächlichen Ereignisses zu haben.

Nehmen Sie folgendes hypothetisches Beispiel für die Entstehung einer Angstneurose: Wenn ein bösartig ausschauender Hund plötzlich losläuft, die Zähne fletscht, bellt und einen Spaziergänger wütend anknurrt, wird dieser wahrscheinlich Furcht empfinden. Vielleicht greift er nach einem Stock, um sich gegen den Angriff zu wehren und sich zu schützen. Oder er wirft einen Stein, um den Hund einzuschüchtern.[1] Eine derartige Furchtreaktion wäre realistisch und seine Handlungen der Situation angemessen. Sagt diese Person dann, „Ich habe Furcht vor Hunden", beschreibt sie eine latente Furcht, die unter bestimmten Umständen — darunter ein erneutes Zusammentreffen mit einem Hund — aktiviert wird. Das Vertrauen in die eigene Fähigkeit, sich selbst zu schützen, bestimmt dann das Ausmaß an Angst, das diese Furcht begleitet. Ist der Hund abgewehrt, versinkt die Furcht wieder in die

---

1) Thoreaus Ratschlag: „Wenn Ihnen ein Hund entgegenspringt, dann pfeifen Sie nach ihm!" ist die bestmögliche gelassene Reaktion — ein Vorbild für geistesgegenwärtige Bewältigung.

Latenz zurück, und die Angst schwindet. Das Individuum hat die Gefahr erfolgreich bewältigt und ist relativ unbeschadet davongekommen.
Nehmen Sie jedoch an, daß die Konfrontation mit dem Hund so brenzlig war, daß das Vertrauen des Fußgängers, sich gegen Hunde zu verteidigen, ernsthaft untergraben wurde. Man könnte sagen, daß zwar nicht der Hund gebissen hat, dafür aber die Furcht. Sie hinterließ eine psychische Angstwunde. Der Spaziergänger geht davon aus, in der Zukunft wieder angegriffen zu werden. Die visuelle Vorstellung dieser Möglichkeit entsteht mit solch einer Lebendigkeit in ihm, daß er emotional und physiologisch genauso wie bei einem wirklichen Angriff reagiert.

Das an Angst vom neurotischen Typ leidende Individuum läßt die gefährliche Situation wieder in sich entstehen und projiziert sich in sie hinein. Die Angst vor der Konfrontation mit der gefürchteten Situation führt dazu, daß er ständig mit der als wahrscheinlich angesehenen Möglichkeit einer Wiederholung rechnet. Der Patient beschwört ein übertriebenes Bild herauf, was mit ihm geschehen wird, wenn die gefürchtete Situation tatsächlich wiederkehren sollte, und unterschätzt seine Möglichkeiten, sie zu bewältigen. Diese Ideen und Vorstellungsbilder (Kognitionen) reichen jetzt aus, um die physiologischen Symptome hervorzubringen – Symptome, die nunmehr keine Beziehung zu einer eindeutig vorhandenen Gefahr haben.

Geht es mit der Angst so weiter oder kehren die Angstanfälle wieder, beginnt das Opfer nun, die unangenehmen Symptome fast ebenso zu fürchten wie die auslösende Ursache. Die angstauslösenden Gedanken und Vorstellungsbilder scheinen automatisch zu entstehen, automatisch aufzutauchen, ohne daß er sie beherrschen könnte. Seine Furcht generalisiert sich, anders als bei der als *Phobie* (in Kapitel 10 behandelt) bekannten spezifischen Furcht vor vermeidbaren Situationen oder Objekten, und breitet sich auf andere, für gefährlich gehaltene Objekte oder Situationen aus. In unserem Beispiel ängstigt sich der Spaziergänger dann nicht mehr nur vor Spaziergängen in der Umgebung des Hundes, sondern er fürchtet sich auch davor, die schützende Zuflucht seines Heimes überhaupt zu verlassen. Er ist kein Spaziergänger mehr. Er hat Angst vor allen Hunden, vielleicht vor allen Vierbeinern, Angst, sein Haus zu verlassen, und Angst vor seinen eigenen Angstsymptomen.

Die psychischen und körperlichen Qualen der Angst können auch entstehen, wenn ein Individuum das empfindet, was als ,,psychosoziale Furcht" bezeichnet werden kann. Das Individuum nimmt in solchen Fällen eine Situation als eine mögliche Bedrohung seines Selbstwertgefühls, seines Prestiges, seines Status oder für seine Fähigkeit, in irgendeinem Bereich menschlichen Strebens Erfolg zu haben, wahr. Die Möglichkeit, nicht befördert zu werden, eine schlechte Note zu erhalten oder durch ein Examen zu fallen, die Bitte um eine Verabredung abgeschlagen zu bekommen, nicht auf eine bestimmte Party eingeladen zu werden, alle diese zwischenmenschlichen Beziehungssituationen oder Herausforderungen, die die eigene Selbstbewertung betreffen, bergen in sich die Gefahr, in anfälligen Individuen Angst zu erregen. Wird erst einmal Furcht erregt und ist die Angst einmal entstanden, beginnt der nichtadaptive, angstintensivierende, symptomverewigende Zyklus. Der Leidende kann soziale Anforderungen vermeiden, indem er aus dem sozialen Geschehen ,,ausscheidet". Oder die Angstsymptome können, wenn er sich widerstrebend der Situation aussetzt, seine Fähigkeit zu angemessenem Auftreten so sehr beeinträchtigen, daß er ein erneutes Versagen erlebt und damit eine weitere Runde in dem circulus vitiosus durchmacht.

Die überwältigenden, behindernden Auswirkungen der Angst in Bereichen offener Symptome und meßbarer physiologischer Reaktionen sowie die von den Betroffenen berichteten subjektiven Qualen haben dazu geführt, daß Psychiater und Psychologen sie als Ursache und Symptom der Neurose ansehen (Freud, 1926).

Das allgemein anerkannte Konzept der Angstneurose als einer Störung, bei der die Quellen der Angst unbekannt sind, führt zu einer unglücklichen Tautologie: *Per Definition* ist sich der Patient der Quellen seiner Angst nicht bewußt, und deshalb macht der klinische Forscher wahrscheinlich keine gründliche Untersuchung des phänomenologischen Feldes seines Patienten. Die spontanen Erklärungen des Patienten werden wahrscheinlich eher für Rationalisierungen als für brauchbare Daten gehalten.

Der psychoanalytische Forscher wird Daten suchen, die seine Theorie unterstützen, daß Angst Spannung repräsentiert, die von aus den repressiven Gefängnissen des Unbewußten hervorbrechenden verbotenen Impulsen verursacht wird. Der Behaviorist hingegen sucht nach dem auslösenden Mechanismus, der zeigen sollte, daß Angst Ergebnis einer Konditionierung ist. Der physiologisch orientierte Forscher mißt metabolische und neurophysiologische Veränderungen. Der auf dem Gebiet der kognitiven Theorie arbeitende Forscher konzentriert sich hingegen auf klinische Befunde, die introspektive Einzelheiten des Erlebens darstellen, die der an Angst leidende Patient selbst beschreibt.

In einer klinischen Studie an zwölf Patienten, deren Diagnose „frei flottierende Angst" lautete, entdeckten wir bei jedem einzelnen Fall eine Beziehung zwischen der Angst und einem *spezifischen* Gefahrentyp. Bei jedem einzelnen Patienten ergab sich im Verlauf der Therapie ein signifikanter Zusammenhang zwischen den Gedankenmustern oder Vorstellungsbildern (Kognitionen) und Veränderungen der Intensität ihrer Angstreaktionen.

Bei allen untersuchten Patienten waren die Kognitionen mit Realitätsverzerrungen verbunden, wie Fehlinterpretationen, Verallgemeinerungen, katastrophisierenden Vorhersagen über die Zukunft und willkürlichen Schlußfolgerungen. Wir beobachteten ein Verschwinden der Symptomatologie, wenn die angsterzeugenden Kognitionen so weit korrigiert wurden, daß der Patient die Wirklichkeit konsistent richtiger interpretieren konnte.

Um diese Ergebnisse stringenter zu untersuchen, wurde ein Standardinterview für Patienten mit Angstneurosen entwickelt und in zwei besonderen Studien eingesetzt. Die Daten beider Studien sind in Tafel 2 und 3 enthalten. Die Stichprobe der Studie I bestand aus zwölf Patienten, die Beck 1967 zur Behandlung überwiesen wurden. Die Antworten der Patienten im Interview auf Fragen, die sie auf die mit ihrer Angst in besonderer Verbindung stehenden Kognitionen gaben, wurden besonders vermerkt.

Da die akut ängstlichen Patienten fortwährend auf ihre Angst bezogene Kognitionen hatten, konnten von ihnen Berichte über diese Kognitionen, die ihnen während des Interviews kamen, erhalten werden. Die Patienten mit leichteren Beschwerden achteten auf Kognitionen, die sie zwischen den Therapiesitzungen hatten, notierten sie und brachten ihre geschriebenen Unterlagen zum nächsten Gespräch mit. Nur bei den letzten vier Patienten erkundigten wir uns gezielt nach mit Angst einhergehenden visuellen Vorstellungen. In allen Fällen berichteten die Patienten von lebhaften visuellen Phantasien, die sie zumindest während einiger ihrer Angstperioden gehabt hatten.

Studie II bestand aus 20 Patienten, die 1972 und 1973 zufällig aus der ambulanten Station des Hospital of the University of Pennsylvania ausgesucht wurden, und von denen noch einmal die Angstfälle ausgesondert wurden. Zur Bestätigung der Diagnose „Angstreaktion" oder „Angstneurose" gemäß den diagnostischen und statistischen Handbüchern der APA[1] notierte der Untersucher, in Anlehnung an das in früheren klinischen Untersuchungen entwickelte „Clinicians Diagnostic Form", die typischen Anzeichen von Angst, wie z.B.: subjektiv: Äußerung, sich ängstlich zu fühlen, komisches Gefühl im Bauch, Herzklopfen, rasender Puls; physiologisch: übermäßiges Schwitzen, Tachykardien, Hyperventilation oder Schlafstörungen; verhaltensmäßig: ängstlicher Gesichtsausdruck, Zittern oder Rastlosigkeit. Darüber hinaus füllten die Patienten mehrere Formulare aus, die für ihre Angst relevante Fragen enthielten. Der Interviewer machte eine umfassende Beurteilung des Schweregrades und der zeitlichen Aspekte der Angst (schwer, mäßig, leicht; akut, subakut, chronisch; fortwährend oder intermittierend).

Zur Verbesserung des Datenerhebungsverfahrens für Teil II wurde ein umfassendes Interviewformular erstellt. Das strukturierte Interview bestand aus allgemeinen Fragen zur Symptomatologie, an die sich offene Fragen hinsichtlich der auf die subjektive Angst bezogenen visuellen Vorstellungen anschlossen. In vielen Fällen lieferten die Patienten von sich aus Informationen über spezifische Kognitionen, ohne daß sie dazu von den Interviewern aufgefordert waren. Wenn erforderlich, wurden geschlossene Fragen gestellt, um den spezifischen Inhalt von Kognitionen und visuellen Vorstellungsbildern zu erfahren. Als letzten Schritt im Interviewverfahren wurden die Patienten gebeten, eine Phantasie oder einen Tagtraum, den sie kurz vor oder während ihrer Angstanfälle erlebt hatten, zu reproduzieren.

Bemerkenswerterweise waren die Angstthemen in allen Fällen mit den Gedanken oder den Vorstellungsbildern (oder beiden) der Patienten verflochten, wenn Angstepisoden erlebt wurden, und häufig auch unmittelbar vor dem Erleben von Angst. Wurden die Patienten gebeten, die Phantasien während des Interviews wiederzuerleben, waren sie in der Lage, sich das unangenehme Ereignis vorzustellen und fühlten sich beim Entstehen der Vorstellungsszene ängstlich.

Ein Aspekt, der beim Tabellieren der Daten verloren ging, ist der einzigartige persönliche Inhalt der Furcht in jedem einzelnen Fall. Spezifische Eigenarten der Gedanken und Bilder, die von irgendeinem der Patienten berichtet wurden, bezogen sich sehr häufig auf einzigartige Aspekte seiner konzeptuellen Strukturen und seine vergangenen Erfahrungen. Daher erhellen diese individuellen Unterschiede am besten die Beziehung zwischen der Weise, wie ein Patient seine Erfahrungen integriert, und der Erregung von Angst (Beck, Laude & Bohnert, 1974).

---

1) American Psychiatric Association; d.Ü.

Tafel 2: Merkmale der Patienten in Studie I

Alter (Jahre), Rasse (W = weiß, S = schwarz) und Beruf	Beginn, Verlauf und Anfälle	Leiden, Dauer und Behinderung	Inhalt von Vorstellungen	Auslösende oder die Angst verschlimmernde Stimuli	Ursprüngliches auslösendes Ereignis
32 W Arzt	Akut Intermittierend Häufig	Schwer 2 Monate Schwer	Furcht vor plötzlichem Tod	Alle Formen von gastrointestinalen Symptomen	Zweifelhafte Blinddarmentzündung
25 W Lehrer	Akut Fortwährend Häufig	Extrem 5 Tage Völlig	Furcht, als Lehrer nicht mehr zurechtzukommen, in der Gosse zu enden	Erwartung, Unterricht geben zu müssen	Ernennung zum Ausbilder am College
30 W Hausfrau	Akut Fortwährend Häufig	Schwer 4 Monate Mäßig	Fürchtet körperliche Katastrophe für Familienmitglied	Sirenen, Nachrichten von Todesfällen, Unfälle, Feuer usw.	Tod eines nahen Freundes
26 S Student	Akut Intermittierend Häufig	Mäßig – schwer 2 Jahre Mäßig	Fürchtet, psychisch verletzt, von allen abgelehnt zu werden; Schulversagen; fürchtet Krankheit	Jede Begegnung mit Menschen, akademische Arbeit, jedes körperliche Symptom	Tod eines Verwandten
35 S Arbeiter	Akut Fortwährend Häufig	Schwer 3 Monate Völlig	Fürchtet baldigen Tod, ständige visuelle Phantasien eines Unfalls	Alle an Gefahren erinnernden Geräusche (z.B. Verkehrslärm)	Beinahe tödlicher Unfall
34 W Arzt	Akut Fortwährend Gelegentlich	Schwer 2 Monate Mäßig	Glaubt, Leute anzustarren; Furcht, daß dies bemerkt und er abgelehnt wird	Jeglicher Kontakt zu Menschen	Neue Stelle in entfernter Stadt mit Fremden
40 S Arbeiter	Chronisch Fluktuierend Gelegentlich	Mäßig 4 Jahre Mäßig	Furcht plötzlichen Tod, Ohnmacht in der Öffentlichkeit, Demütigung	Jede Situation, in der die Bewegung eingeschränkt wird (Busse usw.)	Allergische Reaktion auf Penicillininjektion
40 W Psychologe	Chronisch Intermittierend Gelegentlich	Mäßig 5 Jahre Mäßig	Fürchtet Herzanfall, Gehirnblutung; Furcht vor Ohnmacht in der Öffentlichkeit, danach abgelehnt zu werden	Körperempfindungen: Brust-, Unterleibs-, Rückenschmerzen; Schwindel, von Herzanfällen hören	Keine

Fortsetzung von Tafel 2

Alter (Jahre), Rasse (W = weiß, S = schwarz) und Beruf	Beginn, Verlauf und Anfälle	Leiden, Dauer und Behinderung	Inhalt von Vorstellungen	Auslösende oder die Angst verschlimmernde Stimuli	Ursprüngliches auslösendes Ereignis
38 W Verkäufer	Chronisch Fortwährend Gelegentlich	Mäßig 10 Jahre Mäßig	Fürchtet, andere könnten schlecht über ihn denken, ständige Furcht, bei der Arbeit zu versagen und entlassen zu werden	Jeglicher Kontakt zu anderen Menschen oder Erwartung von Kontakt	Keine
35 W Lehrer	Chronisch Fluktuierend Selten	Schwer 20 Jahre Schwer	Gegenwart von Menschen, Furcht, von ihnen kritisiert zu werden	Jeglicher Kontakt mit anderen Menschen oder Erwartung von Kontakt	Keine
35 W Künstlerin	Chronisch Intermittierend Gelegentlich	Mäßig 15 Jahre Mäßig	Interpretiert subjektive Empfindungen als Herzanfall	Anstrengung oder Erwartung von Anstrengung; von Herzanfällen hören	Tod der Mutter durch Herzversagen
18 W Student	Chronisch Fortwährend Keine	Mäßig 2 Jahre Mäßig	Furcht, vor anderen lächerlich zu erscheinen und von ihnen abgelehnt zu werden	Jeglicher Kontakt oder Antizipation von Kontakt zu anderen Menschen	Keine

Tafel 3: Merkmale der Patienten in Studie II

Alter (Jahre), Rasse (W = weiß, S = schwarz) und Beruf	Beginn, Verlauf und Anfälle	Leiden, Dauer und Behinderung	Inhalt von Vorstellungen	Auslösende oder die Angst verschlimmernde Stimuli	Visuelle Vorstellung oder Phantasie	Ursprüngliches auslösendes Ereignis
28 W Sekretärin	Akut Fortwährend Häufig	Schwer 10 Monate Völlig	Furcht zu ersticken, vor Herzanfall, verrückt zu werden. Ohnmacht in der Öffentlichkeit, Demütigung	Jegliches Symptom, insbesondere in der Brust, Ängstlichkeit in Menschenmengen, Bussen, bei der Arbeit	Selbst in unkontrollierbarer Panik, „verrückt", Ohnmacht in Menschenmenge, Leute lachen	Viele EKG nach Ohnmacht bei der Arbeit, als neurotisch bezeichnet
20 S Studentin	Chronisch Fluktuierend Häufig	Schwer 2 1/2 Jahre Schwer	Fürchtet körperliche Verletzung durch Fremde, Ablehnung durch Gleichaltrige	Außerhalb der Wohnung und unter Fremden sein; Hochschule, soziale Treffen	Bedrohliche Fremde nähern sich ihr oder brechen in ihren Raum ein und greifen an	Keines bekannt
28 W Lehrerin	Akut Intermittierend Häufig	Schwer 9 Monate Schwer	Furcht, Kontrolle über das Auto zu verlieren, eine Panne zu haben, verrückt zu werden	Allein fahren, Menschenmengen, öffentliche Plätze, sich „high" oder leichtsinnig fühlen	Von der Straße abkommen. Hilflosigkeit, Demütigung, Einweisung in Nervenklinik	Autounfall, erschreckt durch erstes Rauchen von Marihuana
24 W Sekretärin	Akut Intermittierend Häufig	Schwer 4 Monate Mäßig	Furcht vor zehrender Krankheit, akute tödliche Krankheit, bevorstehender Tod	Jegliches Körpersymptom, Behinderte, Alleinsein	Arzt erklärt, sie müsse sterben, hat schwere Schmerzen, wird später tot gefunden	Erschrocken durch undiagnostizierte Schmerzen
25 W Schüler	Chronisch Fortwährend Gelegentlich	Mäßig – schwer 17 Jahre Mäßig	Furcht vor Zurückweisung, körperlichem und intellektuellem Angriff, Niederlage	Schule, soziale Begegnungen, in Gruppen sprechen	Leute kritisieren ihn und machen sich über ihn lustig	Bestrafung und Demütigung im Gymnasium
24 W Studentin	Subakut Fortwährend Häufig	Mäßig – schwer 6 Jahre Mäßig	Fürchtet Angriff durch Eindringlinge, Lähmung oder Tod vor Furcht bei einem Angriff	Nachts allein in der Wohnung, allein durch die Stadt laufen	Jemand bricht ein, findet sie unfähig, sich zu regen	Vergewaltigung

Fortsetzung von Tafel 3

Alter (Jahre), Rasse (W = weiß, S = schwarz) und Beruf	Beginn, Verlauf und Anfälle	Leiden, Dauer und Behinderung	Inhalt von Vorstellungen	Auslösende oder die Angst verschlimmernde Stimuli	Visuelle Vorstellung oder Phantasie	Ursprüngliches auslösendes Ereignis
38 S Hausfrau	Subakut Intermittierend Häufig	Mäßig – schwer 9 Monate Mäßig	Fürchtet Schlaganfall, Lähmung oder sterben zu müssen	Körperempfindungen, Taubheitsgefühle usw., nervöse Symptome im Bett	Liegt nach Schlaganfall hilflos und gelähmt im Bett	Krankenschwester sagte, ihre Symptome würden nach Schlaganfall klingen
20 W Student	Chronisch Fluktuierend Gelegentlich	Mäßig – schwer 8 Jahre Mäßig	Furcht, für unfähig gehalten zu werden, folgende Ablehnung und Demütigung	Jegliche Arbeit, Hochschule oder soziale Situationen; in Gruppen sprechen	Ausgelacht werden oder von Leuten körperlich geschlagen zu werden	Keine bekannt
26 W Studentin	Chronisch Fortwährend Keine	Mäßig – schwer 15 Jahre Keine	Fürchtet, für unterlegen gehalten zu werden und anschließende Ablehnung	Jegliche soziale Situation und an der Universität	Keine herausbekommen	Keine bekannt
26 W Geschäftsmann	Subakut Fluktuierend Häufig	Mäßig 11 Monate Mäßig	Fürchtet, durch impulsive Handlungen und anschließende Verpflichtungen gebunden zu werden	Neue Investitionen, Geschäftserweiterung, Beziehungen zu Frauen	Ein allein lebender alter Mann mit enormen Schulden	Keine bekannt
25 S Sekretärin	Subakut Fluktuierend Häufig	Mäßig 11 Monate Mäßig	Furcht vor Zurückweisung, Demütigung, Stottern	Erwartung von Bewerbungsgesprächen oder von sozialem Kontakt, in Gruppen reden	Leute starren sie an, lachen und warten, bis sie zu stottern beginnt	Aus guter Stelle entlassen, zunehmendes Stottern
24 W Studentin	Subakut Intermittierend Häufig	Mäßig 6 Jahre Leicht	Fürchtet, jemand wird in ihr Haus einbrechen und sie erstechen	Allein im Hause sein, Geräusche beim Alleinsein, Geschichten von Einbrüchen	Zwei Männer in ihrem Haus, einer mit Messer; Möglichkeiten, in ihr Haus einzudringen	Keine bekannt

Fortsetzung von Tafel 3

Alter (Jahre), Rasse (W = weiß, S = schwarz) und Beruf	Beginn, Verlauf und Anfälle	Leiden, Dauer und Behinderung	Inhalt von Vorstellungen	Auslösende oder die Angst verschlimmernde Stimuli	Visuelle Vorstellung oder Phantasie	Ursprüngliches auslösendes Ereignis
25 S Lehrerin	Chronisch Fluktuierend Gelegentlich	Mäßig 6 Jahre Mäßig	Furcht, jemanden im Jähzorn zu verletzen; Ersticken	Streit mit Kindern wegen Lärm; wütend sein, durcheinander gen, Menschenmengen, geschlossene Räume	Kinder aus dem Fenster werfen oder jemanden erstechen, schnappt keuchend nach Luft	Ehemann (Alkoholiker) läßt sie mit Kindern sitzen
28 W Studentin	Subakut Fluktuierend Gelegentlich	Mäßig 6 Jahre Leicht	Furcht vor körperlichem Schaden, Unfall, „Verfall", Versagen	Autofahren, Straßen überqueren, Anforderungen bei Arbeit und Uni-Examen	Blutrünstige Szenen von Autounfällen, ohne Beherrschung in Panik	Zeuge eines Autounfalls
21 W Hausfrau	Subakut Fortwährend Mäßig häufig	Mäßig 13 Jahre Leicht	Furcht, im Schlaf zu sterben und in Hölle oder Fegefeuer zu kommen	Allein ohne jemanden in der Nähe zu Bett gehen	Tot im Bett liegen, mit Vorstellungsbildern des Höllenfeuers	Warnung bei Beichte vor Tod im Schlaf
25 S Kosmetikerin	Subakut Intermittierend Mäßig häufig	Niedrig – mäßig 3 Monate Leicht	Furcht, sich nie zu verheiraten, allein zu sein, nicht beachtet werden	Hochzeiten oder Gespräche über Ehe, soziale Treffen	Keine herausbekommen	Verlobter verunglückte; letzte ledige Freunde heiraten
18 W Sekretärin	Akut Intermittierend Gelegentlich	Niedrig – mäßig 7 Monate Leicht	Furcht vor Kontrollverlust, „Verfallen", körperliche und geistige Lähmung	Jede starke Emotion, Erinnerung und Gedanken an Freund oder toten Vater	Zusammenbrechen, dabei unbeherrscht schreien	Tod des Vaters, Verlust des Freundes vor 3 Jahren
19 W Studentin	Chronisch Fortwährend Keine Anfälle	Niedrig – mäßig 11 Jahre Mäßig	Furcht, unfähig und langweilig zu wirken und deswegen abgelehnt zu werden	Interaktion mit Jungen, große soziale Gruppen, insbesondere Gleichaltrige	Mehrere Leute sagen ihr, daß sie hassen, gehen fort, lassen sie allein	Keine bekannt

Fortsetzung von Tafel 3

Alter (Jahre), Rasse (W = weiß, S = schwarz) und Beruf	Beginn, Verlauf und Anfälle	Leiden, Dauer und Behinderung	Inhalt von Vorstellungen	Auslösende oder die Angst verschlimmernde Stimuli	Visuelle Vorstellung oder Phantasie	Ursprüngliches auslösendes Ereignis
19 W Studentin	Subakut Intermittierend Gelegentlich	Leicht 5 Jahre Gering	Furcht vor sexuellem Kontakt, anschließend als billig angesehen zu werden	Allein mit Jungen sein; soziale Situationen, bei denen Gelegenheit zum Küssen besteht, etc.	Zungenkuß und Ekel davor	In Kindheit Schelte von Eltern und Freunden wegen sexueller Spielereien
19 W Studentin	Chronisch Fluktuierend Gelegentlich	Leicht 9 Monate Gering	Furcht, schlechten Eindruck zu machen, Mißfallen zu erzeugen, zu den „falschen Leuten" gehören	Dichte Menschenmengen, soziale Treffpunkte; in der Öffentlichkeit mit häßlichen Menschen gesehen werden	Leute starren sie kritisch an, häßlicher Partner macht sie verlegen	Familieneinkommen gesunken, sozialer Abstieg, Freund hat sie verlassen

Wir sind der Überzeugung, daß diese Studien das Vorhandensein einer Vorstellungskomponente bei der Angstneurose deutlich demonstrieren. Die besonderen Kognitionen, die sowohl in verbaler Form als auch als visuelle Vorstellungen vorhanden waren, zentrierten sich um ein Thema persönlicher Bedrohung. Diese Kognitionen wurden stets als die affektive und physiologische Komponente des Angstsyndroms beschrieben. Die Daten dieser und früherer Arbeiten legen nahe, daß die Antizipation von Gefahr dem subjektiven Gefühl von Angst vorausgeht. Bei den Selbstberichten von Patienten in psychotherapeutischer Behandlung ließ sich am häufigsten eine Sequenz beobachten, bei der Kognitionen zu Angst führen. Die Antizipation von Gefahr geht dem Auftreten von Angst oder ihrer Verschlimmerung im allgemeinen voraus. Wurde die Überzeugung des Patienten von der Wahrscheinlichkeit einer Gefahr durch Information vom Therapeuten, durch verstärkte Realitätsprüfung und durch verbesserte Diskrimination zwischen Phantasie und Wirklichkeit verringert, verschwand das subjektive Leiden allmählich.

Und schließlich unterstützen diese Studien, obwohl sie nicht die vorrangige Bedeutung von Kognitionen für die Entstehung von Angst beweisen, doch ein Modell der Angstneurose, in dem Kognitionen eine zentrale Rolle spielen. Dieses Modell bietet eine knappe, erstrangige Erklärung für Angst, wie sie in klinischen Fällen zu beobachten ist.

Diese Studien zeigen — und es ist ja auch eine der Grundannahmen des kognitiven Modells —, daß Angstneurosen Störungen der Denkvorgänge zugrunde liegen. Natürlich erinnert die Frage, ob nun Kognitionen oder Angst zuerst auftreten, an das alte Problem von Henne und Ei. Befunde, die auf berichteten Selbstbeobachtungen beruhen, legen nahe, daß die Sequenz von Kognition und Wirkung der bei Normalen beobachteten Folge gleicht. Gerät ein Individuum in eine tatsächlich riskante Situation, beurteilt es sie als gefährlich und empfindet subjektive Angst. Der angstanfällige oder ängstliche Patient unterscheidet sich vom Normalen darin, daß sein Urteil über die Gefahr wahrscheinlich unrealistisch ausfällt. Er konstruiert systematisch harmlose Situationen fälschlicherweise als gefährlich. Er übertreibt die Wahrscheinlichkeit eines Schadens in bestimmten Situationen, und er beharrt auf Gedanken oder visuellen Vorstellungen von körperlicher oder psychischer Verletzung.

Zusätzlich zur Empfindung primärer Furcht vor Gefahr in einer wirklichen Situation, die tatsächlich eine Bedrohung für das Wohlbefinden oder den Lebensbereich des Individuums darstellt, empfindet das angstanfällige Individuum sekundäre Furcht, die sich aus dem Zusammenhang ergibt, in dem das Ereignis wahrgenommen wird. Sein Urteil wird so sehr beeinträchtigt, daß er die Wirklichkeit verzerrt, das Ausmaß der Gefahr übertreibt, in einer harmlosen Situation eine Gefahr wahrnimmt und weiterhin mit der Erwartung physischen oder psychischen Schadens lebt.

Zum Beispiel: Ein Soldat, der zum ersten Mal in ein Gefecht geht, wird durch seine Angst oder sekundäre Furcht so sehr abgelenkt — Wird er sich als Feigling erweisen? Wird er vorrücken können, wenn der Befehl dazu kommt? Wird er von Übelkeit und Schwindel körperlich überwältigt werden? Wird er mit seiner Waffe unter Streß umgehen können? —, daß er vielleicht nicht einmal die letzten Befehle hört, auf die er hören sollte, Befehle, die ihm helfen würden, in der wirklichen Gefahr – dem Feuer des Gegners – zu überleben.

Einer der Probanden in der oben erwähnten Studie hatte durch die furchtbare Erfahrung einer Vergewaltigung ein Trauma erlitten. Die erdrückende Furcht, auf der ihre Angst beruhte, war jedoch nicht die realistische Furcht vor einer neuerlichen Vergewaltigung. Sie befürchtete, bei einer Wiederholung vor Furcht zu sterben. Der entscheidende Gegenstand ihrer Furcht war nicht die Gefahr an sich, sondern vielmehr die tödlichen Konsequenzen des von ihr erwarteten Entsetzens. Sie hielt es für wahrscheinlich, daß sie zumindest vorübergehend gelähmt würde und an dem Schrecken sterben könnte.

Patienten, die von den ihrer Angst vorausgehenden und sie begleitenden Gedanken und Gefühlen berichten, geben an, daß sie sich der Tatsache bewußt sind, daß ihre kognitiven Vorgänge die Genauigkeit ihrer Wahrnehmung der Realität verzerren und stören, genau wie Astigmatismus die Sicht entstellt. Aber sie fühlen sich nicht fähig, diese Verzerrung zu kontrollieren oder zu korrigieren. Einige der charakteristischen Wahrnehmungsirrtümer, in die diese Patienten leicht verfallen, sind:

1. Konstantes oder wiederholtes Denken an eine bestimmte Gefahr, die die bestimmte Angstform herbeiführt. Worte oder Bilder entstehen automatisch und erzeugen Besorgnis vor einer Gefahr, die zum Zeitpunkt dieses kognitiven „falschen Alarms" tatsächlich keine Bedrohung ist.

2. Der Patient ist nicht in der Lage, die alarmierenden Kognitionen durch Logik und Vernunft herauszufiltern, obwohl er sich ihrer irrationalen Eigenart bewußt ist. Eine Hausfrau beispielsweise, die sich übertrieben vor Eindringlingen ängstigt, prüft die Riegel vor ihren Türen und Fenstern oder bittet ihren Ehemann, ihre Kinder oder Gäste, dies für sie zu tun, obwohl sie weiß, daß sie sich selber bereits versichert hat, daß sie sicher verschlossen und doppelt verriegelt sind. Eine Studentin findet es schwierig, ja sogar unmöglich, auf eine Prüfung zu lernen. Sie wird kontinuierlich von dem Gedanken geplagt, daß sie nicht gut abschneiden und vielleicht sogar versagen wird, obwohl sie früher ständig gute Zensuren erhalten hat.

3. Die Zahl und die Vielfalt angsterregender Stimuli nimmt zu, so daß ein Schwall falscher Gefahrensignale auf den Wahrnehmungsapparat des Patienten anstürmt. Im Fall der oben erwähnten Hausfrau läßt das Geräusch einer kratzenden Katze auf einen Eindringling am Fenster schließen. Der Schatten eines sich vor einer Straßenlaterne bewegenden Astes wird zu einem Mann, der sich vorbeistiehlt, und die Nachrichten im Fernsehen oder im Radio von einem entsprungenen Sträfling beschwören in ihr eine Vorstellungsszene herauf, in der er in ihre Wohnung einbricht und ihre Familie als Geiseln nimmt.

Solche extreme Anfälligkeit für furchterregende Interpretationen von Umweltstimuli ist besonders für Menschen beängstigend, deren Angst von einer traumatischen, lebensbedrohenden Erfahrung herrührt. Solch ein Individuum neigt dazu, jedesmal, wenn es an diese Situation gemahnende Stimuli ausgesetzt ist, sie in all ihrem Grauen noch einmal zu erleben. Ein bekanntes Beispiel ist der Kriegsveteran mit Kampfneurose, der bei jedem lauten Geräusch einen Schweißausbruch hat und in Deckung geht. Ebenso kann ein beinahe tödlicher Autounfall in den Überlebenden eine Angstreaktion auslösen. Die klassische Regel, daß ein Reiter sein Pferd sofort wieder besteigen muß, nachdem er abgeworfen wurde, soll zweifellos die durch einen Unfall entstandene Angst im Keime ersticken.

Der ängstliche Mensch kann durch die Umweltstimuli so sehr abgelenkt werden, daß er nicht mehr funktionieren kann. Er kann seine Aufmerksamkeit nicht mehr richten und sich nicht auf eine gegebene Aufgabe konzentrieren. Das Problem des Patienten scheint nicht so sehr von der quecksilbrigen Natur seiner Aufmerksamkeit als vielmehr von der unwillentlichen Bindung seiner Aufmerksamkeit herzurühren. So wie die Dinge liegen, läßt sich beobachten, daß der größte Teil der Aufmerksamkeit des Patienten an einem Konzept von Gefahr und an „Gefahrensignalen" festhängt. Diese Bindung der Aufmerksamkeit manifestiert sich in der unwillentlichen Beschäftigung mit Gefahr, in der Überwachheit für auf Gefahren bezogene Stimuli und in übermäßigem Überprüfen subjektiver Empfindungen. Die für Konzentration auf eine bestimmte Aufgabe, Erinnerung oder Selbstreflexion verbleibende Aufmerksamkeit ist sehr eingeschränkt. Anders ausgedrückt: Weil der Hauptteil der Aufmerksamkeit auf für Gefahr relevante Konzepte oder Stimuli fixiert ist, verliert der Patient seine Fähigkeit, seine Bewußtheit willkürlich auf andere interne Vorgänge oder externe Stimuli zu richten. Dieser Verlust willkürlicher Kontrolle über die Konzentration, Erinnerung, Gedächtnisabruf und Vernunft kann den Patienten glauben machen, daß er den Verstand verliert. Diese Annahme intensiviert ihrerseits seine Angst.

4. Das neurotisch ängstliche Individuum sieht sich selbst und seine Situation in einem negativen, sogar katastrophalen Zusammenhang. Diese Reaktion wurde „Katastrophisierung" genannt. In einer Prüfung beginnt ein Student an die furchtbaren Folgen eines Versagens zu denken. Während er sich bemüht, sich auf die Prüfungsfragen zu konzentrieren, entsteht in ihm ein Bild, wie er sein Leben in billigen Vergnügungsvierteln fristet. Da er sich unfähig fühlt, sich zu konzentrieren, gerät er in Panik, und die Szene wird als realistische Vorhersage angesehen.

Ein Mann erhält von seinem unmittelbaren Vorgesetzten eine Notiz, die ihn zu einer Besprechung bestellt. Lange vor der vereinbarten Zeit quält er sich bereits mit der Vorstellung, entlassen zu werden oder zumindest für eine Unzulänglichkeit oder einen ihm nicht bewußten Fehler zusammengestaucht zu werden.

In jeder Situation mit einem möglichen unangenehmen Ausgang geht der Patient von den extremsten vorstellbaren Konsequenzen aus. Er setzt dann Hypothesen mit Fakten gleich, in der Annahme, daß allein die Möglichkeit eines Schadens eine wirkliche, hochgradig wahrscheinliche Gefahr darstellt. Wenn seine Freundin zu spät zu einer Verabredung kommt, denkt er, daß sie sich entschlossen hat, die Beziehung abzubrechen. Eine Warze heißt für ihn, daß er Krebs hat. Ein plötzliches Donnergrollen bedeutet, daß er vom Blitz getroffen werden wird, und der Anblick eines sich ihm nähernden Fremden macht es ihm wahrscheinlich, daß dieser ihn angreifen wird.

Ein erheblicher Teil der Angstpatienten scheint sich nicht wegen irgendeiner Furcht zu leiden vor dem Tode zu sorgen, sondern wegen der Vorstellung, daß das Leben empfindende Selbst zu existieren aufhören wird. Der Tod wird als ein ständig bedrohendes Übel angesehen, das es um jeden Preis abzuwehren gilt. Wie der gestürzte Engel Belial in *„Das verlorene Paradies"* von Milton empfinden sie anscheinend, daß völlige Vernichtung die schlimmste mögliche Katastrophe ist.

... Nicht mehr sein —
Traurige Rettung! Denn wer wollte gar,
Wenn auch gepeinigt sehr, dies geistig Wesen,
Das denkend Ewigkeiten durchmißt,
Verlieren, um vollauf zu Grund zu gehen,
Verschluckt und aufgelöst im weiten Schoß
Der unerschaffenen Nacht, beraubt des Seins
Und Lebens?

(Buch II, 182-190)[1]

In dieser Hinsicht unterscheiden sich an Angst leidende Patienten erheblich von depressiven, denen der Tod die endgültige Erlösung von ihrem Schmerz verspricht. Es ist verständlich, daß diese Sterbensangst zu der starken Beschäftigung mit physiologischen Symptomen führen kann, die der Patient typischerweise als Vorhersagen schwerer oder tödlicher Krankheiten interpretiert. Diese Furcht vor gerade den Symptomen, die durch die Angst verursacht wurden, führt zu einer weiteren Ebene von Angst, so daß die Probleme auf diese Weise kompliziert und das psychische und körperliche Leiden intensiviert werden. In vielen Fällen erlebt ein an diesen vielschichtigen Angstsymptomen leidender Patient eine vollständige Befreiung von seiner Furcht und seinen Symptomen, nachdem er endgültig davon überzeugt wurde, daß er organisch gesund ist und daß die von ihm empfundenen physiologischen Störungen durch ängstliche Fehlinterpretationen eigener Körpersignale verursacht wurden.

Während es in normalen, d.h. neurosefreien Individuen eine direkte Beziehung zwischen Stimulus und Emotion gibt, wird die Reaktion auf eine Stimulussituation von an Angstneurosen leidenden Patienten in stärkerem Maße durch interne Kräfte geprägt. Diese internen Kräfte verzerren die Wahrnehmung und veranlassen das Individuum, übermäßig oder unangemessen emotional zu reagieren. Diese verzerrte Konzeptualisierung, oder *Schema,* wirkt wie eine prokrustische Form (Prokrustes war der mythische griechische Unhold, der seine „Gäste" entweder streckte oder ihnen die Füße abschlug, damit sie in sein Bett hineinpaßten). Die eintreffenden Daten werden verändert, bis sie passen und die vorgefaßten Meinungen des Individuums über ihre Auswirkungen auf sein Wohlbefinden verstärken.

Auf das erste Erkennen und Etikettieren eines Schadreizes folgt eine Beurteilung der Bewältigungsmechanismen des Individuums und der Möglichkeiten, sich selbst zu schützen. Das Ausmaß mobilisierter Angst steht in Beziehung zu einem Gleichgewicht zwischen der wahrgenommenen Bedrohung und dem Ausmaß, in dem das Individuum mit der Bedrohung fertig zu werden glaubt. Zur kompletten Einschätzung der Situation trägt weiterhin die Weise bei, in der das Individuum das Feedback dieser internen Reaktionen „liest". Die Etikettierung eines internen Ereignisses als Angst z.B. kann das Individuum veranlassen, den externen Stimulus gefährlicher anzusehen, als es ohne Bewußtheit der eigenen Angst geschehen wäre. Unter psychopathologischen Bedingungen, in denen bestimmte Arten von Schemata dominant sind, ist die Anpassung der externen Stimuli an interne Kategorien sehr schwach.

---
1) In der Übersetzung von H.H. Meier. J. Milton: „Das verlorene Paradies", Stuttgart, Reclam jr., 1968.

Die Konzeptualisierung der Stimulussituation wird dann stärker von den angeregten Schemata als von der tatsächlichen externen Stimuluskonfiguration bestimmt.

Die Frage wird oft gestellt, warum — oder ob überhaupt — einige Individuen für Angst anfällig sind, während andere, die dem gleichen oder gleich viel Streß ausgesetzt wurden, immun gegen neurotische Angst zu sein scheinen. Klinische Tests wurden durchgeführt, die eine Fähigkeit normaler Individuen demonstrieren, eine Toleranz gegen mäßig furchterregende Stimuli nach wiederholter Reizdarbietung zu entwickeln. Angstanfällige Individuen habituieren nicht nur nicht auf diese Stimuli, sondern werden sogar mit jeder Darbietung ängstlicher. Lader, Gelder & Marks (1967) boten normalen und hochängstlichen Patienten eine Reihe von Tönen dar. Sie fanden, daß beide Gruppen zunächst mit erhöhter Schweißaussonderung (gemessen durch Hautleitfähigkeit) reagierten. Die normale Gruppe paßte sich dem Stimulus an, ihre physiologischen Reaktionen nahmen ab. Die ängstliche Gruppe zeigte eine anhaltende Zunahme der Schweißabsonderung. Das legt nahe, daß ihre Angst zunahm.

Der Unterschied in der Reaktion auf externe Stimuli kann folgendermaßen erklärt werden: Das normale Individuum ist ziemlich schnell in der Lage zu erkennen, daß ein Schadreiz kein Gefahrensignal darstellt. Da es in der Lage ist, den Stimulus als einen unbedeutenden Laut anstatt als Gefahrensignal einzuordnen, schwindet seine Angst. Der Angstpatient hingegen diskriminiert nicht zwischen „sicher" und „unsicher" und stuft den Ton weiterhin als ein Gefahrensignal ein. Sein Denken wird durch ein Konzept von Gefahr dominiert. Ist ein Stimulus erst einmal als Gefahrensignal abgestempelt, wird die Assoziation zwischen dem Stimulus und dem Konzept „Gefahr" festgelegt.

Es scheint also, daß der angstanfällige Mensch dazu bestimmt ist, ein „Anfänger" oder ein „Grünschnabel" zu bleiben und niemals ein „erfahrener alter Hase" zu werden, dem seine Streßerfahrung in einer Gefahrensituation dazu verhalf, besser mit deren schädlichen Effekten umzugehen. Als Ziel von Psychotherapie ließe sich dann definieren, eine „Erfahrung" für diese stets anfälligen Individuen zu finden, die sie eine Immunität gegen ihre automatischen Reaktionen auf „Gefahr" entwickeln läßt. Das ist das Ziel der kognitiven Therapie: durch gezielte Strategien, die der Patient in seinen Alltagssituationen einsetzen soll, die Verzerrungen zu modifizieren und zu korrigieren. In den meisten Fällen hängt die Entstehung und Aufrechterhaltung von Angststörungen vom Zustandekommen einer Interaktion zwischen Kognition, psychischer Angst und psychischen Symptomen ab. Durch das Anvisieren der Kognitionen — eines der zentralen Elemente des Angstsyndroms (siehe Tafel 1) — arbeiten Therapeut und Patient gemeinsam daran, den circulus vitiosus interagierender Symptome zu unterbrechen, bis sie auf ein unschädliches Niveau absinken.

Wenn die Fähigkeit, Angst zu empfinden — wie bereits angedeutet — entwicklungsgeschichtlich gleichzeitig mit einer Intelligenz auftrat — die zum Ziele des Problemlösens unter Verwendung von in symbolischer Form gespeichertem Wissen funktioniert —, dann ist es nur vernünftig anzunehmen, daß eben diese Intelligenz genutzt werden kann, um die Wurzeln dieser Angst ausfindig zu machen und Methoden zur Neutralisierung ihrer behindernden Effekte und zur Verhinderung ihres zügellosen

Wachstums zu ersinnen. Die Entwicklung von therapeutischen Strategien, die auf dem kognitiven Modell der Angst aufbauen, stellt einen solchen Versuch dar.

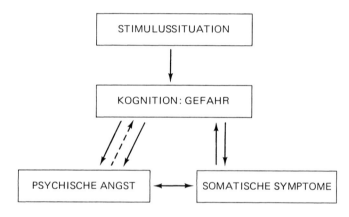

Abbildung 1: Feedback zwischen Systemen

Kapitel 2
Prinzipien der kognitiven Therapie

Dieses Kapitel gibt einen Überblick über die Prinzipien der kognitiven Therapie. Weitergehende Erläuterungen dieser Prinzipien findet der Leser in Beck, *„Wahrnehmung der Wirklichkeit und Neurose"* (1979) und in Beck, Rush, Shaw & Emery, *„Kognitive Therapie der Depression"* (1980). Die kognitive Therapie sollte nicht als eine Ansammlung einzelner Techniken verstanden werden. Sie ist ein eigenständiges Psychotherapiesystem. Die Techniken und Verfahren sind in diesen therapeutischen Ansatz eingebunden. Die folgenden zehn Prinzipien umreißen die Grobstruktur für die Durchführung der kognitiven Therapie; den Kontext, in dem die Verfahren angewendet werden.

Prinzip 1: Kognitive Therapie beruht auf dem kognitiven Modell emotionaler Störungen.

Das vorangegangene Kapitel, das die kognitive Theorie der Angst darlegte, ist die Grundlage für kognitive Intervention zur Angstbehandlung. Während der ganzen Behandlung wird das kognitive Modell der Angst als Grundlage für eine Vielzahl verschiedener Interventionen verwendet. Gerät der Therapeut bei der Behandlung eines Patienten in eine Sackgasse, kann er jederzeit auf die kognitive Theorie als Modell zur Entwicklung neuer Strategien zurückgreifen. Begegnet der Therapeut z.B. einem Patienten, der sagt: „Ich habe guten Grund, ängstlich zu sein", kann er zurückfragen: „Können Sie in der Beschreibung Ihres Problems irgendwelche Verzerrungen oder Übertreibungen erkennen?" Ängstigt sich der Patient vor einer Situation, ohne automatische Gedanken identifizieren zu können, kann der Therapeut mit der Frage, „Was bedeutet diese Situation für Sie?", zum zugrundeliegenden Problem hinleiten.

Der Therapeut muß nicht nur gründlich mit dem kognitiven Modell vertraut sein, sondern er muß es auch seinem Patienten auf eine verständliche Weise erklären können. Oft hat schon das Vermitteln einer plausiblen Erklärung für die Angst eine therapeutische Wirkung. Diese Theorie gibt dem Patienten zum ersten Mal eine Formulierung, die es ihm ermöglicht, ein Problem anzugreifen, das zum Teil auch deshalb so störend war, weil es unerklärlich schien. Der Therapeut muß sich erkundigen, ob der Patient die Theorie versteht, daß Angst nämlich durch die Einschätzung einer gegebenen Situation aufrechterhalten wird. Es ist wichtig, diese Erklärung der Angst schon frühzeitig in der Behandlung anzubieten. Meistens ist es notwendig, im gesamten Verlauf der Therapie auf diese Theorie zurückzuverweisen. Die therapeutische Intervention beruht auf dieser Theorie: die Fragen, die der Therapeut stellt, die Vorschläge, die er macht, die Hausarbeit, die er aufgibt.

Auch die Erklärung für das Aufgeben von Hausaufgaben beruht auf der Theorie. Wird der Patient etwa gebeten, sich in eine Angst erzeugende Situation zu begeben – wie ein Mädchen um eine Verabredung zu bitten –, gibt ihm der Therapeut folgende Erklärung: „Wenn Sie es für eine schlimme Erfahrung halten, ein Mädchen um eine Verabredung zu bitten und abgewiesen zu werden, gibt es fast keine Möglichkeit, diese Überzeugung zu ändern, ohne es auszuprobieren und herausfinden, was das tatsächliche Ergebnis sein wird. Lassen Sie uns, mit anderen Worten, einen Versuch durchführen. Wenn Ihre Auffassung falsch ist, könnte dieses Experiment Ihr Verhalten verändern, das seinerseits Ihre Auffassung ändern wird. Das scheint eine der besten Möglichkeiten zu sein, um diese festen Überzeugungen zu ändern."

Prinzip 2: Kognitive Therapie ist kurz und zeitlich begrenzt.
Eine typische kognitive Angsttherapie umfaßt 5 bis 20 Sitzungen. Besondere Leistungsängste und leichte Ängste können häufig in fünf oder weniger Sitzungen behoben werden. Bei chronischen Fällen kann die Behandlung bis zu 20 Sitzungen beanspruchen, die sich für gewöhnlich über einen Zeitraum von 10 bis 25 Wochen verteilen. In den frühen Phasen der Behandlung kommt der Patient etwa zweimal wöchentlich, um Fortschritte zwischen den Sitzungen aufrechtzuerhalten. Telefongespräche zwischen den Sitzungen können der Überprüfung von Fortschritten dienen. Gelegentlich gibt es Ausnahmen, und der Patient muß häufiger als zwanzigmal zur Beratung kommen. Die längere Behandlung erstreckt sich auch über einen größeren Zeitraum, mit größeren Zeitabständen zwischen den späteren Sitzungen.

Kognitive Therapie ist aus verschiedenen Gründen so kurz. Die Erfahrung an unserer Klinik hat uns gelehrt, daß zur Behandlung der Angst Langzeittherapie nicht notwendig und in vielen Fällen auch gar nicht wünschenswert ist. Eine kurze Therapiedauer wirkt regressiver Abhängigkeit entgegen und stärkt die Unabhängigkeit des Patienten. Wenn der Patient erfährt, daß die Therapie konzentriert und kurz ist, schließt er daraus: Die Erfahrung des Therapeuten spricht für eine unkomplizierte Lösung des Problems in einem relativ kurzen Zeitraum.

Es ist von entscheidender Bedeutung, daß der Therapeut bereits zu Beginn der Behandlung die Gründe für die Kürze des kognitiven Verfahrens erklärt. Die Annahmen des Patienten könnten sonst diesem Therapiekonzept entgegen stehen. Beispielsweise: ,,Ich kann nicht durch eine kurze Behandlung geheilt werden." ,,Es ist zu einfach." ,,Es ist zu oberflächlich und geht an meinen tiefer liegenden Problemen vorbei." Äußert der Patient solche Zweifel, kann der Therapeut erklären, daß die Behandlung sich bei vielen Angstpatienten bewährt hat, obwohl sie kurz ist. Therapeuten können auch darauf hinweisen, daß die Therapie auch nach dem Ende der Behandlung weitergeht, da es sich um ein pädagogisches, ausbildendes Verfahren handelt. Der Patient wird zu seinem eigenen Therapeuten. Er setzt Techniken ein, die er noch nach dem Ende der Behandlung verbessern kann.

Am überzeugendsten ist jedoch das Argument des Therapeuten: ,,Warum versuchen wir es nicht einfach und sehen nach einiger Zeit, was mit Ihnen passiert. Sollte es sich erweisen, daß Ihnen das nicht reicht – und wenn Sie das Gefühl haben, mehr Hilfe zu benötigen –, können wir es mit einem anderen Verfahren versuchen." Allgemein reicht die Demonstration einer raschen Erleichterung von den Symptomen durch das Ergebnis eines einfachen Experimentes aus, um den ,,Widerstand" des Patienten zu beseitigen.

Da kognitive Therapie kurz ist, ist das Tempo der Therapie ziemlich flott. Für das Erheben von Hintergrundinformation, für die Suche nach den ursprünglichen Ursachen der Angst und für Gespräche über diese Ursachen mit dem Patienten wird nur wenig Zeit verwendet. Die Therapie ist zielorientiert und konzentriert sich auf Problemlösen.

Viele Therapeuten, die zum ersten Mal Videoaufzeichnungen von kognitiver Therapie sehen, sind der Auffassung, daß sie zu rasch vorgeht. Im allgemeinen beruht ihr Urteil auf einem Vergleich mit ihrem eigenen Therapiestil. Der kognitive Therapeut sollte daran denken, daß jede Intervention einen Zweck und eine Grundlage haben muß, da die Zeit begrenzt ist. Es ist möglich, daß die Patienten am Ende der Therapie noch einige ungelöste Probleme haben. Beispielsweise könnte es sein, daß sie nicht völlig ohne Beschwerden sind, oder einige ihrer sozialen Fertigkeiten bedürfen noch einer Verbesserung. Aber es ist auch gar nicht das Ziel der Therapie, alle Probleme des Patienten zu lösen. Nach dem Ende der Therapie sollte der Patient vielmehr Strategien haben, um Probleme selbständig zu entwirren, zu definieren und mit ihnen umzugehen. Der Therapeut sollte für zusätzliche Sitzungen zur Verfügung stehen, falls der Patient einen „Auffrischungskurs" benötigt oder wenn andere Probleme auftauchen. Dieses Angebot reicht häufig schon aus, um die Sorge des Patienten vor dem Wiederkehren schwerer Angst zu mindern.

Prinzip 3: Eine gute, zuverlässige Therapeut-Klient-Beziehung ist eine notwendige Bedingung für effektive kognitive Therapie.

Es ist unwahrscheinlich, daß die Techniken und die Verfahren der kognitiven Therapie ohne den Kitt einer guten Therapeut-Klient-Beziehung wirken. Unerfahrene Therapeuten werden an einer effektiven Durchführung kognitiver Therapie vor allem durch ihr Versäumnis, eine gute Therapeut-Klient-Beziehung aufzubauen, gehindert. Um seine Angst zu überwinden, muß sich der ängstliche Patient sicher fühlen und seinem Therapeuten vertrauen. Ohne dieses Vertrauen und diese Beziehung hat die Therapie wenig Aussicht auf Erfolg.

Auf den ängstlichen Patienten stürzen für gewöhnlich so viele furchterregende Gedanken ein, daß er nicht an andere Sichtweisen seines Problems denken kann. Deshalb ist es wichtig, das Angstniveau zu senken, um alternative Wege zu finden, das Problem anzupacken.

Eine gute, auf Vertrauen beruhende Therapeut-Klient-Beziehung ist eine der besten Möglichkeiten zur Senkung des Angstniveaus. Der ängstliche Patient vermeidet für gewöhnlich bestimmte Situationen. Ein Teil der Behandlung – ein Hauptteil der Behandlung – besteht darin, daß der Therapeut seinen Patienten dazu bewegt, sich diesen Situationen zu stellen. Dieses Ziel kann leichter erreicht werden, wenn der Therapeut für den Patienten zur verstärkenden Person wird oder die Rolle eines „significant other" einnimmt.

Das ängstliche Individuum ist häufig abgeneigt, über das zu reden, was es ängstigt. Diese Vermeidung beruht für gewöhnlich auf der Überzeugung: „Wenn ich darüber rede, wird es geschehen." „Der Gedanke an die Situation (verrückt werden, sterben) ist so schmerzlich, daß ich nicht darüber reden möchte." Es ist jedoch entscheidend, daß der Patient offen über seine Angst redet. In einer guten Therapeut-Klient-Beziehung versteht der Therapeut eher die innere Welt des Patienten. Sollte das Gespräch tatsächlich die Angst des Patienten intensivieren, befindet sich der Therapeut in einer optimalen Position, um die störenden Gedanken zu isolieren und dem Patienten zu zeigen, wie er mit ihnen umgehen kann.

In den meisten psychotherapeutischen Schulen werden die Elemente einer guten Therapeut-Patient-Beziehung gepflegt. Zu diesen zählen auch eine herzliche treffende Empathie (verstehen, was der Patient sagt, und ihm diesen Eindruck vermitteln) und Echtheit. Der kognitive Therapeut möchte den Patienten nicht mit Wärme oder Echtheit überwältigen, sondern eine gelöste Atmosphäre schaffen, um das letztendliche Ziel der Therapie zu erreichen: den Patienten zu lehren, sich beim Umgang mit seiner Angst auf sich selbst verlassen zu können.

Der Therapeut kann folgende Techniken verwenden, um eine Beziehung aufzubauen:

1. Akzeptieren Sie das Wertesystem und die Überzeugungen des Patienten ohne Werturteile über sie zu fällen: Wenn eine Patientin z.b. nicht die Meinungen ihres Ehemannes schätzt, sollte der Therapeut nicht darauf bestehen, daß sie die Beziehung zu ihrem Ehemann verbessern sollte. Das ist eine Frage persönlicher Werte.

2. Gestalten Sie die Therapie persönlich. Das heißt, erinnern Sie sich an wichtige Einzelheiten, die der Patient in den Therapiestunden erwähnt, wie den Namen seiner Kinder oder den Namen des Gatten. Vom Therapeuten verlangt das ein gutes Zuhörvermögen.

3. Verschaffen Sie Erleichterung von Symptomen. Das Ermöglichen einer Linderung der Symptome trägt ein gutes Stück zum Aufbau einer positiven Beziehung bei. Eine Erleichterung von Symptomen kann einfach durch Strukturierung des Problems und durch gemeinsames Zusammenstellen alternativer Möglichkeiten, mit dem Problem umzugehen, verschafft werden. Eine gewisse Struktur in der Therapie kann oft zu einer guten Beziehung führen. Dies gilt besonders für den ängstlichen Patienten, der sich völlig unstrukturiert fühlt und nicht weiß, wie man ihm bei der Bewältigung seines Problems oder einer Reihe von Problemen helfen soll.

4. Entwickeln Sie eine menschliche therapeutische Umgangsform. Dies ist eine Art, mit Leuten auf eine menschliche, auf Geben und Nehmen beruhenden Weise in Beziehung zu treten. Neue, unerfahrene Therapeuten können durch die Beobachtung des Umgangs erfahrener Kliniker mit ihren Patienten lernen, ihre eigene klinische Umgangsform zu verbessern. Der Therapeut muß nicht eine kognitive oder verhaltenstherapeutische Position vertreten, um ein Beispiel dafür geben zu können, wie eine gute Therapeut-Klient-Beziehung aufgebaut wird. Der junge Therapeut kann viel durch Anschauen von Videobändern und von Fallbeispielen dieser erfahrener Kliniker lernen.

5. Gewinnen Sie Glaubwürdigkeit: Der Therapeut kann eine dauerhafte Beziehung durch eine sorgfältige Wahl seiner Worte und eine sorgfältige Artikulation seiner Erwartungen fördern. Bei ängstlichen Patienten kann der Therapeut, insbesondere, wenn sie suggestibel sind, leicht Schein-Besserungen durch starke Suggestionen erreichen, z.B.: ,,Es wird Ihnen besser gehen. Übrigens genesen alle. Sie haben Glück, daß Sie zu mir gekommen sind. Ich kann Ihnen garantieren, daß es Ihnen besser gehen wird." Der Therapeut muß seine Glaubwürdigkeit bewahren. Die Grundhaltung ist: ,,Warten wir ab, was passiert", anstatt zu garantieren, daß es schon klappen wird. Der Therapeut sollte daran denken, daß jeder, der sich wie viele Angstpatienten in einem erregten emotionalen Zustand befindet, Informationen filtert und alle Äußerungen des Therapeuten verzerrt wahrnehmen kann. Der Therapeut muß also auf alles achten, das seine Glaubwürdigkeit beeinträchtigen könnte.

6. Passen Sie Ihren Stil dem Stil Ihres Patienten an. Zieht es der Patient vor, gegenüber dem Therapeuten sehr förmlich, zurückhaltend und distanziert zu bleiben, sollte der Therapeut den gleichen Stil annehmen und dennoch eine Beziehung aufnehmen, ohne zu versuchen, sehr persönlich zu werden und den Patienten unbedingt zu duzen. Genauso kann der Therapeut eine Beziehung zu jemandem aufnehmen, der sehr ungezwungen ist. Er kann unter Umständen auch mehr umgangssprachliche Begriffe verwenden, wenn dies bei einem Patienten angezeigt scheint. In gewisser Hinsicht ist der Therapeut also flexibel genug, einen Stil zu entwickeln, der einige Aspekte der Persönlichkeit des Patienten widerspiegelt.

7. Zeigen Sie sich entgegenkommend. Sie können entgegenkommend sein, indem Sie den Patienten bitten, nach der Erledigung einer Hausaufgabe bei Ihnen anzurufen. Oder Sie besorgen ihm ein Buch, das zu einer Besserung beitragen könnte. Diese Unternehmungen erfordern nicht sehr viel Zeit, aber es sind kleine Gelegenheiten, die Beziehung zu verbessern.

8. Seien Sie verbindlich. Der Therapeut kann eine herzliche Beziehung einfach durch Verbindlichkeit aufbauen. Das beinhaltet Verhaltensweisen wie promptes Zurückrufen nach einem Telefonanruf, Pünktlichkeit bei Verabredungen und Erklären der Gründe für Störungen der Therapiestunde.

9. Nehmen Sie die Beziehung auf, indem Sie die gemeinschaftliche Natur der Therapie hervorheben. (Das wird später ausgeführt.) Einige Verhaltensweisen des Therapeuten können therapiewidrig sein und die Beziehung untergraben. Zu diesem allgemein untherapeutischen Vorgehen gehören Verhaltensweisen wie Überschwenglichkeit und die Manifestation von übertrieben positiven Eigenschaften. Wird der Therapeut zu empathisch, kann er selbst ängstlich werden – vor allem, wenn er eine ähnliche, leichte Furcht hat. Darauf reagiert dann der Patient. Äußert der Therapeut zuviel Wärme und übermäßige Besorgnis, kann der Patient seine Art als unredlich und unangemessen interpretieren. Braucht der Therapeut zu viel Zeit zur Aufnahme der Beziehung, bleibt nicht genug Zeit für das Problem an sich.

10. Zurückhaltung: Der Therapeut sollte sich davor hüten, den Patienten mit abfälligen Begriffen, wie „infantil" oder „negativistisch" oder phantasievolleren Begriffen wie „pseudoneurotisch" oder „schizophren" zu belegen. Etikettieren des Patienten durch den Therapeuten ist therapiewidrig. Der Therapeut muß vorsichtig mit seinem Humor umgehen. Die Fehlwahrnehmung des ängstlichen Patienten, die ihn Humor als Bedrohung auffassen läßt, kann seine sich bereits emporschraubende Angst weiter mehren und als Ergebnis die Beziehung schädigen. Allzu langes Schweigen des Therapeuten kann den Patienten ängstlich machen. Wenn der Patient beispielsweise sagt: „Ich habe Angst, verrückt zu sein", und der Therapeut nichts darauf erwidert, kann er interpretieren: „Er glaubt auch, daß ich verrückt werde."

11. Nutzen Sie Ihre klinische Erfahrung, um angemessene Grenzen zu setzen. Unangemessene Grenzen können therapiewidrig sein. Einige Patienten reagieren deshalb auf ein halbstrukturiertes Verfahren besser, während andere am besten auf ein starkstrukturiertes Verfahren reagieren. Unangebrachte Fragen (trommelfeuerartig, Kreuzverhör) erweisen sich ebenfalls oft als untherapeutisch.

12. Offenbaren Sie sich gelegentlich dem ängstlichen Patienten, um die Beziehung zu fördern. Unangemessene Selbstoffenbarungen sind jedoch therapiewidrig. Wenn z.B. der Therapeut dem Patienten offenbart, daß er selbst an einer bestimmten Angst gelitten hat und sie nicht völlig zu überwinden vermochte, kann der Patient dies negativ interpretieren. „Wie kann er mir helfen, wenn er sich nicht einmal selbst helfen kann?" Oder, „Welche Hoffnung bleibt noch für mich, wenn nicht einmal ein Therapeut genesen kann?"

13. Erinnern Sie sich, daß Feedback entscheidend für den Aufbau einer guten Therapeut-Klient-Beziehung ist. Während der gesamten Therapie wird der Patient nach seiner Meinung gefragt. Viele Probleme der Therapeut-Klient-Beziehung werden gar nicht erst auftreten, wenn der Therapeut die Feedback-Technik während der gesamten Therapie einsetzt.

Der kognitive Therapeut gibt ungefähr dreimal in einer Therapiesitzung übersichtliche Zusammenfassungen. In diesen Zusammenfassungen wiederholt er, was nach seiner Meinung gesagt wurde und welche Alternativen vorgeschlagen werden können. Diese Zusammenfassungen sollen Therapeut und Patient auf der richtigen Spur halten. Am Ende jeder Therapiesitzung fragt der Therapeut: „Gibt es irgendetwas an mir oder an meiner Art, oder habe ich irgendetwas gesagt, womit Sie Probleme haben?"

Es folgt ein Beispiel, wie dieses Feedback eingesetzt werden kann. Als Antwort auf die oben genannte Frage könnte der Patient antworten:

P: Ja, da ist etwas. Aber vielleicht ist es nicht so wichtig.
T: Gut, sagen Sie mir doch, was es ist, und dann können wir sehen.
P: Also, wenn ich Sie richtig verstehe meinen Sie, daß ich diese Angst nie los werde und daß ich diesen Zustand immer ertragen muß.
T: Nein, das stimmt nicht ganz.
P: Aber das haben Sie gesagt.
T: Können Sie das etwas genauer erklären?
P: Nun, Sie haben gesagt, das ich immer Angst haben werde.
T: Ich freue mich, daß Sie das jetzt sagen, weil ich Sie mit dieser Vorstellung nicht hätte gehen lassen wollen. Ich wollte hervorheben – und das ist mir anscheinend nicht besonders gut gelungen –, daß Ihr gegenwärtiges Angstniveau so weit gesenkt werden kann, daß Sie es kontrollieren können und vielleicht niemals wieder solch eine schwere Angst haben werden. Aber ein gewisses Maß an Angst kann niemand im Leben vermeiden.
P: Oh! Also ich kann diese schwere Angst loswerden.
T: Ja, aber Sie können nicht immer alle Angst vermeiden. Verstehen Sie den Unterschied?
P: Klar, jetzt weiß ich, worauf Sie hinauswollen.

Prinzip 4: Die Therapie ist ein gemeinsames Unternehmen von Therapeut und Patient.

In der kognitiven Therapie arbeiten Therapeut und Patient gemeinsam an der Lösung des Problems. Dieses therapeutische Bündnis ist während der gesamten Therapie von entscheidender Bedeutung. Die Grundhaltung von Therapeut und Patient ist, als Team das Problem in Angriff zu nehmen. Dazu schließen sie ein „gentlemen's agreement" darüber ab, wie sie auf eine Lösung hinarbeiten wollen. Das Wort „*Vereinbarung*" kann benutzt werden, obwohl es einen juristischen Unterton hat und einigen Patienten gegen den Strich geht. In diesem Bündnis liefert der Patient die

Rohdaten, Gedanken und Berichte über Verhalten, das in Beziehung zu seiner Angst steht, während der Therapeut Struktur und Fachkenntnis beisteuert, um Möglichkeiten zur Veränderung dieser Probleme zu entwickeln. Die Betonung liegt hierbei auf der Lösung eines Problems und nicht so sehr auf der Korrektur von Persönlichkeitsdefiziten oder Veränderungen der Persönlichkeit.

Der Therapeut kann diesen gemeinschaftlichen Aspekt der therapeutischen Interaktion auf verschiedene Weise fördern.

1. Seien Sie problemzentriert. Arbeiten Sie an verschiedenen Problemen mit der allgemeinen Einstellung, daß zwei Menschen eher eine Lösung finden als einer allein. Vier Augen sehen mehr als zwei.

2. Entwickeln Sie die Beziehung auf einer reziproken Basis. Wenn der Patient gerne bei seinem Vornamen genannt werden möchte, nennt er den Therapeuten ebenfalls bei seinem Vornamen.

3. Verstärken Sie gemeinschaftliche Bemühungen. Z.B. können sich der Therapeut und der Patient Bandaufnahmen des Interviews anhören, um zu sehen, ob der Patient mehr von der Sitzung lernen kann. Der Therapeut bittet den Patienten, auf jeden Fehler zu achten, den er vielleicht begangen hat. Beispielsweise könnte der Therapeut etwas übersehen haben, wie eine wichtige Aussage, um die sich der Patient bemüht hat.

4. Vermeiden Sie geheime Tagesordnungen: Kognitive Therapeuten verwenden in der Therapie keine paradoxen Interventionen, obwohl einige Techniken paradox erscheinen mögen. Beispielsweise werden Patienten mit Höhenangst gebeten, Höhen zu besteigen. Diese Aufgaben werden aber nicht so paradox gestellt, daß der Patient nach einem Plan vorgeht und der Therapeut nach einem anderen. Alle Verfahren werden offen erklärt. Selbst das Therapiemanual kann dem Patienten zu lesen gegeben werden, so daß er weiß, was der Therapeut macht, und was er zu erreichen versucht.

5. Nutzen Sie die Hausaufgaben vollständig. Hausaufgaben sind ebenso wie das Festsetzen der Tagesordnung für die nächste Sitzung eine gemeinsame Anstrengung. Der Patient gibt Feedback, ob er glaubt, daß die Hausaufgaben klappen werden, wie sie verändert werden sollten, und die Gründe für seine Meinung.

6. Gestehen Sie Fehler ein. Der Therapeut kann die gemeinschaftliche Anstrengung durch das Eingestehen von Fehlern, die er in der Therapie macht, stärken. Sagt er etwas Unangebrachtes oder liegt er mit einer Äußerung völlig daneben, kann er zugeben, daß er einen Fehler gemacht hat. Eine Patientin mit einer Schreibhemmung begann z.B. unter der Annahme zu schreiben, daß sie sich um Quantität und nicht um Qualität bemühen sollte. Sie kommentierte das Ergebnis, und sagte: ,,Das ist nicht gut." Der Therapeut hingegen sagte: ,,Das ist wirklich gut. Das ist wirklich gut geschrieben." Die Patientin sagte: ,,Nein, das stimmt nicht. Das taugt nichts." Der Therapeut sagte: ,,Wissen Sie, ich habe einen Fehler gemacht. Hier bewerte ich, und das ist gar nicht das Ziel meines Verfahrens. Der Zweck besteht eigentlich darin, Sie zu schreiben zu ermutigen, was Ihnen in den Sinn kommt, und nicht Urteile – ob gut, ob schlecht – zu fällen."

7. Verwenden Sie Fragen, um Informationen zu erhalten. Der Therapeut kann durch die Art seiner Fragen die gemeinschaftlichen Bemühungen verstärken. Er sollte Fragen stellen, die Informationen ergeben — keine Fragen im Stil eines Kreuzverhörs, Fragen, die den Patienten bei einer Lüge ertappen oder die dem Patienten zeigen, daß der Therapeut ihm immer eine Nasenlänge voraus ist. Jede Frage sollte aufrichtig die gemeinschaftliche Natur der Therapeut-Klient-Beziehung reflektieren. Der Zeitpunkt der Fragestellung ist wichtig. Jede Frage kann zu einem richtigen (angemessenen) Zeitpunkt und zu einem verkehrten Zeitpunkt gestellt werden.

Am Anfang kann der Patient so in seiner Angst gefangen sein, daß er nicht an Lösungen zu denken vermag. Deshalb muß der Therapeut vorübergehend die Führung übernehmen. Im Verlauf der Therapie wird der Patient dann eine wichtigere Rolle beim Festsetzen der Tagesordnungen, bei der Gestaltung der Sitzungen und beim Planen der Hausaufgaben erhalten.

Prinzip 5: Kognitive Therapie arbeitet vor allem mit dem sokratischen Dialog.
Es ist ein Ziel des kognitiven Therapeuten, sich innerhalb der Zeitgrenzen einer Sitzung so oft wie möglich von Fragen leiten zu lassen. Manchmal muß der Therapeut allerdings Informationen geben, um ein Problem abzuschließen, bevor die Sitzung vorüber ist. Ein Beobachter einer kognitiven Therapie äußerte: „Sie haben keine kognitive Therapie gemacht. Sie haben nur viele Fragen gestellt." Diese Person mißverstand kognitive Therapie als a) dem Patienten sagen, was er wirklich denkt, b) ihm sagen, was er denken sollte, und c) ihm sagen, wie er sein Denken ändern kann.

Obwohl direktive Vorschläge und Erklärungen zur Veränderung der angsterzeugenden Ideen und Annahmen eines Individuums hilfreich sein können, sind sie nicht so wirksam wie der sokratische Dialog. Der Therapeut regt durch zeitlich gut abgestimmte, wohlformulierte Fragen den Patienten an, a) zu erkennen, welche Gedanken er hat, b) nach Verzerrungen in ihnen Ausschau zu halten, c) sie durch ausgeglichenere Kognitionen zu ersetzen, und d) Pläne zur Veränderung dieser Gedankenmuster zu entwickeln.

Fragen können verschiedene Funktionen haben. Die Frage des Therapeuten kann strukturieren und die Zusammenarbeit fördern, sie kann die Therapeut-Klient-Beziehung verbessern, sie kann wesentliche Informationen vermitteln, das zuvor geschlossene logische System des Patienten öffnen, das Interesse des Patienten wecken und die Motivation, „etwas zu unternehmen", fördern. Zeitlich gut koordinierte und wohlformulierte Fragen helfen dem Patienten, auf eine neue, frische Weise zu denken.

Das folgende klinische Beispiel demonstriert die vielen Vorteile von Fragen.
P: Ich glaube, ich werde mich nie um eine Stelle bemühen können.
T: Wie oft kommt Ihnen dieser Gedanke?
P: Ziemlich häufig.
T: Und auf welchen Fakten beruht dieser Gedanke?
P: Ich spüre einfach, daß er mir immer wieder kommt. Es bringt nichts.
T: Was für Vorteile bringen Ihnen solche Gedanken?
P: Nun, ich brauche gar nicht erst zu einem Bewerbungsgespräch zu gehen. Ich muß nicht daran denken.
T: Was für Nachteile gibt es?

P: Nun, ich werde nie bekommen, was ich will. Vielleicht mache ich aus einer Mücke einen Elefanten.
T: Was schlagen Sie vor, mit dieser Annahme zu tun?
P: Ja, vielleicht lasse ich sie eine Weile offen.

In diesem Beispiel verwendete der Therapeut Fragen, um Informationen zu erheben, und er bot einen Weg zur Öffnung des geschlossenen logischen Systems des Patienten. Durch das Stellen von Fragen kann der Therapeut herausfinden, ob er treffend mit seinem Patienten kommuniziert. Stellt der Therapeut keine Fragen, kann der Patient abschweifen und nicht mitbekommen, was der Therapeut sagen will. Durch das Stellen von guten Fragen vermittelt der Therapeut dem Patienten auch eine Bewältigungsstrategie. Häufig berichten Patienten, sich bei einer Konfrontation mit der angstauslösenden Situation Fragen zu stellen, die sie zuerst vom Therapeuten gehört haben, etwa: „Was spricht dafür?" „Was habe ich zu verlieren?" „Was kann ich gewinnen?" „Was könnte schlimmstenfalls passieren?" Diese Fragen werden zu einer Bewältigungsstrategie, die der Patient außerhalb der Therapie anwenden kann. Indem der Therapeut in den Therapiestunden Fragen stellt, dient er als Modell für dieses Verhalten. Arnold Lazarus sah eines der Videobänder über kognitive Therapie und kommentierte: „Ich glaube, einer der wichtigsten Beiträge der kognitiven Therapie ist die Betonung der Tatsache, daß Therapeuten mehr Fragen stellen sollten, anstatt Antworten zu geben."

Es folgen einige Richtlinien zum Stellen von Fragen:
1. Da Fragen so wichtig sind, sollte die Therapie so strukturiert sein, daß genug Zeit vorhanden ist, sie zu stellen. Es ist viel einfacher, dem Patienten die Antwort zu sagen, als es ihm zu überlassen, selber darauf zu kommen.
2. Der Therapeut sollte der starken Versuchung widerstehen, die Antwort selbst zu geben. Wenn der Patient offensichtlich nicht weiß, worauf der Therapeut hinaus will, muß der Therapeut die Frage umformulieren, wie folgendes Beispiel illustriert:

T: Was glauben Sie wird passieren, wenn Sie wegen dieser Angelegenheit eine Auseinandersetzung mit Ihrem Chef haben sollten?
P: Oh, wahrscheinlich würde nichts passieren.
T: Können Sie das genauer erklären? Was meinen Sie, würde passieren?
P: Na, er würde einfach mit den Achseln zucken und sagen, „Ja, so ist das eben!"
T: Können Sie versuchen, noch genauer zu sein? Vielleicht können Sie einen Moment darüber nachdenken.
P: Gut, ich schätze, er wäre zunächst verblüfft. Aber dann würde er mich wahrscheinlich fragen, warum ich das vorgebracht habe. Und ich glaube, daß er es dann nicht weiter verfolgen würde.
T: Nehmen Sie an, er würde sich anders verhalten. Was würde passieren, wenn er sehr wütend auf Sie werden sollte? Was genau glauben Sie, daß Sie dann machen würden?
P: Nun, ich würde wahrscheinlich sehr ängstlich werden und nichts sagen können, und dann würde ich am liebsten den Raum verlassen.
T: Genau das hatte ich mir überlegt. Möchten Sie an einigen Strategien arbeiten, an die Sie sich halten können, wenn das Problem auf Sie zukommt?

3. Die Fragen sollten spezifisch und konkret sein. Obwohl offene Fragen, wie „Wie haben Sie sich gefühlt?", zweckmäßig sind, um allgemeine Informationen zu erhalten, sind geschlossene Fragen, die konkrete, spezifische Informationen ergeben, im allgemeinen weit nützlicher.
4. Jede Frage sollte eine Grundlage haben. Wenn der Therapeut Fragen stellt, sollten sie eine definitive therapeutische Funktion haben.
5. Fragen sollten zeitlich gut koordiniert sein. Zeitlich schlecht abgestimmte Fragen können die Angst des Patienten erhöhen und führen nicht zu einer Lösung des Problems. Die Fragen sollen so erteilt werden, daß sie die Beziehung verbessern und gleichzeitig das Denken des Patienten anregen.
6. Ein Trommelfeuer von Fragen sollte vermieden werden. Kreuzverhöre fixieren den Patienten auf einen Punkt und bringen ihn in die Defensive. Fragen sollen Informationen ergeben, und der Therapeut sollte über die erhaltene Information nachdenken, bevor er die nächste Frage formuliert. Durch Erfahrung und Bemühen werden die meisten angehenden kognitiven Therapeuten allmählich im Umgang mit dieser Technik, effektive, angemessene Fragen zu stellen, gewandt.

Prinzip 6: Kognitive Therapie ist eine strukturierte, direktive Methode.
Häufig ist der ängstliche Patient durcheinander und seiner selbst unsicher. Eine Vielzahl von Ideen und Gedanken, die um seine angsterzeugende Situation kreisen, bestürmen ihn. Durch das Zusammenstellen von Methoden zum Umgang mit dem Problem gelingt es dem Therapeuten häufig, das Angstniveau des Patienten zu reduzieren. Allein durch eine Beschreibung, worin die Probleme eigentlich bestehen, kann der Therapeut eine Beziehung aufbauen, und mit dem Problemlöseverfahren beginnen. Die meisten ängstlichen Patienten, insbesondere die chronisch ängstlichen Patienten, sind erleichtert, ein strukturiertes Verfahren zu haben.
Die kognitive Therapie ist auch aus pädagogischen Gründen strukturiert. Im allgemeinen lernen Menschen in strukturierten Situationen besser. Hausaufgaben helfen, das Verhalten des Patienten außerhalb der eigentlichen Therapiesitzungen zu strukturieren. Diese Struktur gibt Richtlinien für den Umgang mit den Ursachen der Angst des Patienten. Durch die Strukturierung der Behandlung setzt der Therapeut Ziele für die Intervention – Probleme, an denen gearbeitet werden kann.

Folgende Richtlinien werden zur Strukturierung der Therapie verwendet:
1. Tagesordnung. Der Therapeut setzt für jede Sitzung eine Tagesordnung fest. Die Tagesordnung besteht aus bestimmten Punkten und Problembereichen, die in der Sitzung erarbeitet werden. Der Therapeut fragt den Patienten: „An welchen Problemen möchten Sie heute arbeiten?" Nachdem sie der Patient genannt hat, fügt der Therapeut Problembereiche hinzu, die er gerne diskutieren möchte und Punkte, die von der Tagesordnung der letzten Sitzung übriggeblieben sind. Hausaufgaben sind immer ein Teil der Tagesordnung. Für gewöhnlich sind sie der erste und der letzte Punkt, über den gesprochen wird – Hausaufgaben aus der vorangegangenen Sitzung und Hausaufgaben der letzten Woche. Der Therapeut versucht auch herauszufinden, ob es versteckte Tagesordnungspunkte gibt. Dies erreicht er mit der Frage: „Möchten Sie über noch etwas gerne sprechen, aber Sie zögern, es auszusprechen?"
2. Problemreduktion. Der Therapeut strukturiert die Therapie, indem er Probleme auf ihren gemeinsamen Nenner reduziert oder auf eine ursprüngliche kausale Ver-

bindung bringt. Hat ein Patient z.B. Angst vor Fremden, vor seinem Chef und vor seinen Eltern, dann könnte das Problem Furcht vor Ablehnung sein. Reduzierung von Problemen erleichtert den Umgang mit ihnen. Wenn jemand Furcht vor Fahrstühlen hat, kann ihn diese Furcht vor der Stellungssuche bewahren. Durch die Behandlung des ursprünglichen Problems können viele andere zusammenfassend bearbeitet werden.

3. Schweigen vermeiden. Da die Therapie strukturiert ist, vermeidet es der Therapeut zu schweigen. Am Anfang, wenn sich der Patient sehr ängstlich fühlt und unfähig ist, sich zu konzentrieren, wird der Therapeut mehr sprechen müssen. In der kognitiven Therapie sprechen Therapeut und Patient gleich viel. Schweigen macht den Patienten meistens ängstlicher.

4. Zielorientierte Behandlung. Der Therapeut sollte für jeden Patienten einen Behandlungsplan aufstellen. Es kann notwendig sein, den Plan im Laufe der Behandlung zu ändern – je nach dem Angstzustand des Patienten, seinen besonderen Eigenschaften, dem Vorhandensein anderer psychopathologischer Probleme, oder einfach aus praktischen Erwägungen. In den meisten Fällen gestaltet sich der erste Teil der Therapie so, daß er dem Patienten eine Erleichterung von seinen Symptomen verschafft. Der zweite Teil bringt den Patienten dazu, seine automatischen Gedanken zu erkennen, der dritte bringt ihn dazu, auf diese Gedanken mit Logik und Vernunft zu reagieren. Und in der letzten Phase ist der Patient dann in der Lage, alte, dysfunktionale Grundannahmen zu identifizieren und zu modifizieren.

5. Orientierung an den Richtlinien. Kurz, direkt und konkret. Die Betonung konkreter, spezifischer Äußerungen in der kognitiven Therapie verbessert die Kommunikation und strukturiert die Situation und verschafft Angstpatienten für gewöhnlich auch eine Erleichterung von den Symptomen. Ein Patient z.B. spricht von Angst um die Frage nach dem Sinn des Lebens. Der Therapeut muß das in spezifische Bereiche aufteilen. Was meint er damit? Was genau beschäftigt ihn am Sinne des Lebens? Hat er Angst vor einem bedeutungsvollen Ereignis, das an Stelle vager Gedanken wie, ,,Wer bin ich'' besprochen werden kann?

6. Feedback als Orientierungshilfe nehmen. Der Therapeut nutzt die Reaktionen und das Feedback des Patienten, um zu bestimmen, wie sehr die Therapie strukturiert sein sollte. Gelegentlich kann die Therapie stärker improvisiert werden, wenn sich der Patient beispielsweise bemüht, Grundannahmen zu identifizieren.

7. Konzentration auf zielgerichtetes Verhalten. Die Therapie wird strukturiert, indem den Patienten beigebracht wird, sich auf zielgerichtetes Verhalten zu konzentrieren. Der ängstliche Patient neigt dazu, sich auf Verhalten zu konzentrieren, das zu der derzeit gegebenen Aufgabe in keiner Beziehung steht.

Prinzip 7: Kognitive Therapie ist problemorientiert.
Im Brennpunkt der kognitiven Therapie liegt die Lösung des Problems, das den Patienten in die Therapie führt, im Gegensatz zu den Therapien, in denen Individuen über Gefühle reden, die sie wegen vergangener Probleme haben, oder in denen sie nur indirekt über gegenwärtige Probleme reden in der Hoffnung, daß der Therapeut diese schon herausfinden wird. In der kognitiven Therapie wird vom Patienten erwartet – und er wird auch ermutigt –, Probleme zu bringen, die bearbeitet werden

können. Wenn der Patient keine Probleme mehr hat, wird die Therapie für gewöhnlich beendet.

Kognitive Therapie beschäftigt sich mit dem Hier und Jetzt, mit Problemen, die in diesem Augenblick vorhanden sind. Der Patient kann leicht zu gegenwärtigen Problemen Daten liefern; die Probleme sind dann leichter zu lösen. Gelegentlich können Probleme, die in der Vergangenheit bestanden, diskutiert werden, aber nur dann, wenn eine deutliche und explizite Beziehung zu einem gegenwärtigen Problem besteht.

Dem Patienten werden verschiedene Problemlösefertigkeiten vermittelt. Das Konzept ist, daß nicht alle Probleme des Patienten innerhalb der Therapie gelöst werden können, sondern der Patient soll Strategien zur zukünftigen Lösung von Problemen lernen.

Problemlösungsschritte sind (1) Lernen, Probleme zu identifizieren, (2) die Entstehungsursachen der Probleme feststellen, (3) für die Probleme verschiedene Lösungsmöglichkeiten entwickeln können, (4) in die Lage zu kommen, eine Lösungsstrategie für die Probleme auszuwählen, (5) die Strategien mit der höchsten Wahrscheinlichkeit auf Erfolg auswählen, (6) die Strategie versuchsweise auszuprobieren, (7) Feedback für das Experiment erhalten, (8) im Falle von Nichterfolg eine neue Strategie ausprobieren.

Gelegentlich wird der Patient seine Angstsymptome sehr schnell verlieren und erklären, daß er keine anderen Probleme mehr hat. Es ist eine gute Taktik, den Patienten noch während einiger weiterer Sitzungen in der Therapie zu halten, um zu sehen, ob der plötzliche Symptomverlust bestehen bleibt. Um den Patienten noch etwas länger in der Behandlung zu halten, kann der Therapeut ihn nach möglicherweise angsterzeugenden Situationen fragen, an denen er gerne arbeiten möchte.

Prinzip 8: Kognitive Therapie beruht auf einem entwicklungsorientierten Modell.
Es ist eine Grundprämisse der kognitiven Therapie, daß Menschen in bestimmten Bereichen fehlangepaßte Denk- und Verhaltensmuster gelernt haben. Kognitive Therapie ist ein Mittel, solchen Menschen zu helfen, auf eine adaptivere Weise mit ihren Streßerfahrungen umzugehen. Dieser Ansatz impliziert, daß die Patienten Angst nicht bekommen, weil sie irgendeine tieferliegende Motivation zur Angst haben, oder weil sie insgeheim die Symptome zur Befriedigung eines verborgenen Impulses brauchen, sondern daß sie vielmehr ungeeignete Mechanismen gelernt haben, um mit diesen unangenehmen Ereignissen umzugehen.

Kognitive Therapie basiert auf einem Entwicklungsmodell. Da einige Menschen ungeeignete Bewältigungsmechanismen entwickelt haben, können sie in einem gewissen Zeitraum auch adaptivere Mechanismen lernen.

Diese Vorstellung von Entwicklung ist von zentraler Bedeutung für die kognitive Therapie. Der Patient wird den adäquaten Umgang mit diesen Techniken lernen, indem er sie übt und nach der Therapie mit ihnen weitermacht. Alle in der Erziehung verwendeten Verfahren können auch in der kognitiven Therapie eingesetzt werden – schriftliche Hausaufgaben, das Empfehlen von Büchern, Patienten Vorträge besuchen lassen – und alles, was sonst noch Menschen hilft, neue Denk- und Handlungsweisen zu lernen.

Dieser pädagogische Ansatz impliziert das Konzept des „Lernens zu lernen", d.h., der Patient lernt nicht nur eine Reihe von Bewältigungsmechanismen, sondern er lernt, mehr Nutzen von diesen Erfahrungen zu haben. Ängstliche Menschen vermeiden bestimmte Situationen und lernen deshalb nichts über sie durch Erfahrung. Durch die Beseitigung dieser Barrieren erweitert der Patient seinen Entscheidungsspielraum. Lernen zu lernen ist daher mehr als nur die Entwicklung von Bewältigungstechniken. Es ist auch eine Möglichkeit, den Lernvorgang durch Vermeidung früherer Lernhindernisse zu aktivieren. Dieser pädagogische Aspekt der kognitiven Therapie ähnelt Singers (1974) Beschreibung des effektiven Therapeuten:
„Ebenso wie der Psychotherapeut als ein Techniker aufgefaßt werden kann, kann er in gewisser Hinsicht als ein Lehrer angesehen werden. D.h. nicht, daß er einen Vortrag halten soll, denn auch gute Lehrer wissen, daß dies nicht immer die beste Methode zur Beeinflussung ihrer Schüler ist. Dennoch besteht die Aufgabe des Therapeuten nicht nur darin, dem Patienten zu helfen, mehr über sich selbst herauszufinden. Er soll ihm auch helfen, neue Möglichkeiten, mit anderen Menschen umzugehen, und neue Sichtweisen verschiedener Lebenssituationen auszuprobieren. Wie der Lehrer hat auch der Therapeut ein theoretisches Hintergrundwissen, das über seine und die persönliche Erfahrung des Patienten hinausgeht. Dieses Wissen und diese Erfahrungen muß er dem Patienten auf eine möglichst nutzbringende Weise kommunizieren.
Attributionsänderungen, zu denen der Therapeut seinem Patienten verhelfen kann, zählen zu den Beispielen für diesen Ansatz." (S. 247)

Prinzip 9: Kognitive Therapie beruht auf der wissenschaftlichen Methode.
Theorie und Technik der kognitiven Therapie verlassen sich auf die wissenschaftliche Methode. Die wissenschaftliche Methode gebietet, daß Entscheidungen auf Grund der zu einem gegebenen Zeitpunkt bekannten Fakten getroffen werden. Niemand weiß 100% über eine Situation, aber man hat vorsichtige Hypothesen, die bestätigt oder widerlegt werden können. Die wissenschaftliche Methode impliziert sowohl eine Methode, ein Verfahren, um Tatsachen herauszufinden, als auch eine Einstellung zu Tatsachen. Die Methode ist insofern experimentell, als Hypothesen auf ihre Übereinstimmung mit der Wirklichkeit überprüft werden. Als Grundhaltung verläßt man sich auf die Tatsachen.

Die kognitive Theorie emotionaler Störungen ist ein Erklärungsansatz. Es wurde viel Arbeit darauf verwendet zu prüfen, ob die grundlegenden Hypothesen dieser Theorie fundiert sind. Sowohl Theorie als auch Therapie beruhen auf Daten. Dem Bemühen um empirische Belege wird für Theorie und für die Therapie besondere Bedeutung beigemessen.

Den Patienten wird beigebracht, eine wissenschaftliche Methode in ihrem alltäglichen Leben anzuwenden. Dieser Ansatz ähnelt George Kellys „Der Mensch als sein eigener Wissenschaftler" und Michael Mahoneys Vorschlag, Menschen beizubringen, die Prinzipien der Wissenschaft in ihrem Leben anzuwenden.

Folgende Richtlinien gelten für die Anwendung der wissenschaftlichen Methode in der Therapie:

1. Die Behandlung beruht auf der Versuch-und-Irrtum-Methode. In diesem Manual wurden eine Reihe von Therapieschritten beschrieben, die sich bei vielen ängstlichen

Patienten als nützlich erwiesen haben. Nicht alle Techniken werden jedoch bei allen Patienten wirken. Eine experimentelle Versuchs-Irrtum-Methode muß angewendet werden. Funktioniert eine Reihe von Strategien nicht, wird eine andere ausprobiert. Diese Richtlinien können auch falsch befolgt werden, wenn der Therapeut von einer Technik zur anderen springt, ohne lange genug abzuwarten, ob die zuerst probierte Strategie nun effektiv ist oder nicht. Viele Patienten haben das Problem, Dinge auszuprobieren und dann nicht lange genug bei ihnen zu verweilen, um etwas von ihnen lernen zu können.

2. Die wissenschaftliche Methode ist das System, auf dem die ganze Behandlung beruht. Die Methode wird immer angewendet, wenn ein ängstlicher Patient sagt: „Ich habe Angst, das auszuprobieren, weil ich versagen könnte." Die Erklärung zur Änderung dieses Gedankens beruht auf der wissenschaftlichen Methode. „Wir wissen nicht sicher, ob Sie versagen werden oder nicht. Wie wäre es mit einem Experiment, um das herauszufinden?" In der kognitiven Therapie wird großer Wert darauf gelegt, konkrete Daten zu erhalten.

3. Der Therapeut benutzt in der Behandlung wissenschaftliche Methoden, indem er Hypothesen über den Patienten formuliert und dann diese Hypothesen in der Therapie überprüft. Er probiert andere Hypothesen, wenn die ursprünglichen nicht mit der Wirklichkeit übereinstimmen.

4. Die wissenschaftliche Methode wird den Patienten beigebracht. Ihnen wird beigebracht, Annahmen als Hypothesen und nicht als erwiesene Tatsachen zu betrachten, Experimente durchzuführen, allen Tatsachen Beachtung zu schenken und nicht einige willkürlich nicht zu beachten und Hypothesen und Experimente entsprechend neu eintreffender Daten zu revidieren.

Prinzip 10: Hausarbeit ist ein zentrales Merkmal kognitiver Therapie.
Die kognitive Therapie wird darauf abgestimmt, dem Patienten zu zeigen, wie er die in der Therapie gelernten Verfahren in Alltagssituationen einsetzen kann, sowohl jetzt als auch in der Zukunft, wenn die Therapie beendet ist. Vor allem durch aktives Befolgen der Hausaufgaben zwischen den Sitzungen kann sichergestellt werden, daß die Verfahren auch allgemein angewendet werden können.

Hausaufgaben werden auch aus praktischen Gründen aufgegeben. Beim chronischen Angstpatienten sind einwöchige Sitzungen nicht ausreichend, um die lange empfundenen Ängste zu überwinden. Der Patient muß auch außerhalb der Therapie etwas tun, um von der Behandlung einen maximalen Nutzen zu haben.

Hausaufgaben verstärken und ergänzen den pädagogischen Aspekt der kognitiven Therapie. Häufig gibt der Therapeut folgende Erklärung für die Hausaufgaben: „Um Ihre Angst zu überwinden, müssen Sie Situationen, die Sie bisher vermieden haben, entgegentreten, natürlich allmählich und mit Hilfe von Techniken, die es Ihnen ermöglichen, mit der Angst umzugehen."

Hausaufgaben sind ein Experiment zur Unterstützung oder Widerlegung einer Hypothese, wie etwa die Annahme, daß man eine sehr traumatische Erfahrung machen wird, wenn man sich in eine gefürchtete Situation begibt. Hausaufgaben bieten eine Möglichkeit, dieses Experiment durchzuführen.

Hausaufgaben sind ein erstklassiges Mittel, durch das der Therapeut und der Patient notwendige Rohdaten erhalten, um Probleme festzumachen und geeignete Strategien zu entwickeln.

Die Hausaufgaben sollten gemeinsam festgesetzt werden: Der Patient erkennt dann, wozu er sie macht, und sie leuchten ihm ein. Eine Erklärung für die Zuweisung von Hausaufgaben sollte immer gegeben werden. Wenn der Patient nicht glaubt, daß Hausaufgaben sinnvoll sind, wird er sie wahrscheinlich nicht machen.
Der Therapeut hilft dem Patienten zu erkennen, ob es möglicherweise Hindernisse gibt, die ihn von der Durchführung seiner Hausaufgaben abhalten könnten. Diese Hindernisse werden besprochen und Möglichkeiten zu ihrer Beseitigung gesucht, wie Selbstanweisungen im Falle von *In-vivo*-Übungen. Der Therapeut identifiziert dysfunktionale Reaktionen auf Hausaufgaben und versucht, vom Patienten eine genaue Erklärung zu bekommen, warum er nicht in der Lage sein wird, die Hausaufgaben durchzuführen. Möglicherweise hält der Patient die Hausaufgaben nicht für effektiv, oder sie sind „dumm", „zu viel Arbeit", oder er meint einfach, sie würden nicht funktionieren. Alle diese Ideen werden besprochen, wenn sie auftauchen sollten. Der Therapeut sollte diese Gedanken nicht einfach zurückweisen oder übergehen. Diese Annahmen sind Stolpersteine, die den Patienten bei der Durchführung seiner Hausaufgaben behindern.
Der Therapeut muß zusammen mit seinem Patienten überprüfen, ob die Aufgaben nicht zu schwierig oder zu einfach sind, und er sollte dem Patienten versichern, daß es bei den Hausaufgaben kein „Versagen" gibt.
Spezifische Hausaufgaben für verschiedene Angstprobleme werden in den weiteren Kapiteln beschrieben.

Kapitel 3

Verfahren für Beratungsstunden

Die in diesem Kapitel beschriebenen Verfahren werden vom Therapeuten hauptsächlich während der Therapiesitzungen eingesetzt, im Gegensatz zu den In-vivo-Verfahren (die im nächsten Kapitel beschrieben werden), bei denen der Patient die Techniken außerhalb der Therapiestunden anwendet. Natürlich überschneiden sich beide Gruppen von Strategien.

Didaktisches.

Eine der Aufgaben des Therapeuten besteht darin, den Patienten über Angst aufzuklären. Nach einer Einschätzung der Probleme seines Patienten strukturiert der Therapeut das Erstinterview um die vom Patienten berichteten Beschwerden. Der Therapeut beschreibt dem Patienten detailliert die Symptome der Angst, um zu verhindern, daß sich sein Patient wegen dieser Symptome übermäßig sorgt. Da diese Symptome den Patienten belasten, werden sie in fast jedem Fall eine Quelle weiterer Angst. Der Therapeut muß die Symptome der Angst selbst gründlich verstehen, um diese Aufgabe erfüllen zu können.

Zu Angstsymptomen gehören

a) Kognitive Symptome: ängstliche Erwartung; allgemeine Furcht; Furcht vor Tieren, Fremden, Höhen, Krankenhäusern usw.; Konzentrationsmangel, Gedächtnisschwierigkeiten, Alpträume.

b) Emotionale Symptome: Spannungsgefühle, Sorgen, Reizbarkeit, Sterbensangst, Ruhelosigkeit, Unfähigkeit, sich zu entspannen, Weinen und eventuell auch depressive Verstimmungen.

c) Verhaltensmäßige Symptome: Vermeidung, Schlafstörungen – Einschlafstörungen, Durchschlafstörungen, zu frühes Aufwachen –, Schwierigkeiten, Arbeitsaufträge fertig zu bekommen. Im Interview können als verhaltensmäßige Anzeichen von Angst nervöse Unruhe, Zittern, Zusammenzucken, nervöser Gesichtsausdruck und Spannung auftreten.

d) Physiologische Probleme: Diese Probleme sind dem Patienten am lästigsten, und der Therapeut muß deshalb die physiologischen Symptome kennen. Zu ihnen gehören harte oder verspannte Muskeln, Zähneknirschen, Ballen der Fäuste, „Klingeln" im Ohr, ein Schleier vor den Augen, Prickelgefühl, heiße oder kalte Wallungen, Pochen in den Adern, zu Berge stehende Haare, Neigung zu schwitzen, Spannungskopfschmerzen, Schwindelgefühl, Erstickungsgefühl, Schluckbeschwerden, Bauchschmerzen, Völlegefühl, Übelkeit, Erbrechen, Durchfall, Verstopfung, häufiger und starker Drang zu urinieren, Gewichtsverlust, Seufzen, Beklommenheit in der Brust, Kloß im Hals, rasches Atmen, Benommenheit, trockener Mund, Veränderung im Menstruationszyklus, Entwicklung von Frigidität, Verlust des Interesses an Sexualität, dauernde Müdigkeit, zittrige Stimme, dauernd den Tränen nahe.

Infolge unterschiedlicher körperlicher Prädispositionen oder unterschiedlicher, durch

Modellernen erworbenen Familien- Reaktionsmuster variieren die spezifischen Angstsymptome von Patient zu Patient. Beispielsweise kann eine bestimmte Familie Angst durch Magenbeschwerden signalisieren. Der Therapeut muß auf ungewöhnliche Anzeichen von Angst achten. Z.B. können Angstpatienten die Empfindung von Lichtblitzen haben. Weiterhin muß der Therapeut sichergehen, daß die Symptome von einem Arzt untersucht wurden.

Es kommt vor, daß die Patienten durch eine organische Erkrankung hervorgerufene Symptome haben, die sie aber als Angst interpretieren. Die Symptome einer Virusinfektion können z.b. als Angst fehlinterpretiert werden. Anstatt sich zu sagen: „Ich werde krank, ich sollte lieber ins Bett gehen" sagen sie sich „Ich werde ängstlich", und dieser Gedanke erzeugt Angst.

Vermeiden Sie es, die Symptome in den Mittelpunkt zu stellen.

Der Therapeut kann folgende Erklärung geben, um zu verhindern, daß sich ein Patient zu sehr mit seinen Symptomen beschäftigt: „Angst besteht aus den Symptomen, über die wir gesprochen haben — Schwindel, Benommenheit, Kloß im Hals, verschiedene pochende Empfindungen, Schwitzen usw. Häufig macht man sich wegen dieser Symptome Sorgen. Sie werden als gefährlich interpretiert, als eine Warnung vor etwas Schrecklichem, das bald geschehen wird. Diese Vorstellung und diese Furcht erzeugen mehr Angst. Je ängstlicher man wird, desto stärker werden diese Symptome. Das Ganze beginnt zu kreisen. Mit anderen Worten bekommt man die Angst wegen der Angst — weil man sich zu sehr mit diesen Symptomen beschäftigt. Ein körperliches Symptom wird häufig stärker, wenn man selektiv auf es achtet. Absichtliches Ignorieren des Symptoms — so gut, wie Sie nur können — ist eine Bewältigungsstrategie. Konzentrieren Sie sich auf etwas anderes.

Diese Symptome ähneln dem Spannungskopfschmerz. Er verschwindet meistens, wenn Sie ihn in den Hintergrund treten lassen und einfach mit dem weitermachen, was Sie gerade tun. Die Symptome der Angst sind das Ergebnis von tausenden Jahren der Evolutionsgeschichte. Damals im Dschungel waren diese Symptome eine physiologische Reaktion auf eine tatsächliche Bedrohung. Vielleicht hatten sie eine Überlebensfunktion, um den Körper auf eine Handlung vorzubereiten — Kampf oder Flucht. Aber das ist nicht mehr so. In Wirklichkeit vermindern die Symptome die Chance, die Situation erfolgreich zu bewältigen."

Beim Gespräch über die allgemeine Natur der Angst sollte der Therapeut erwähnen, daß niemand völlig frei von Angst ist. Manche Patienten täuschen sich in diesem Punkt. Der Therapeut kann darauf hinweisen, daß ein gewisses Maß an Angst, insbesondere in unbekannten Situationen, angemessen ist. Es kommt nicht darauf an, angstfrei zu sein, sondern vielmehr die Angst bewältigen zu können und nicht von ihren Symptomen überwältigt zu werden. Ein gewisses Maß an Angst ist insofern zweckmäßig, als es die Aufmerksamkeit erhöhen kann. Auf dem Weg zu einem Bewerbungsgespräch beispielsweise ist ein gewisses Maß an Angst normal und zu erwarten. Häufig interpretieren ängstliche Patienten selbst ein niedriges Angstniveau als furchterregend oder als Symptom eines bevorstehenden Angstanfalls. Viele Bühnendarsteller glauben, daß ein gewisses Maß an Angst vor dem Auftritt — sogenanntes Lampenfieber — für eine große Leistung notwendig ist. Aber sie erliegen ihr nicht. Sie lassen sie gewissermaßen für sich arbeiten, um ihrer künstlerischen Leistung den letzten Schliff zu geben.

Erklärung der Therapiegrundlagen

In der ersten Sitzung gibt der Therapeut eine kurze Erklärung der kognitiven Angsttheorie und beschreibt den Ablauf der Behandlung. Er muß klarstellen, daß die Gedanken des Patienten entscheidend für den Erfolg der Behandlung sind. Hat ein Patient Verständnisschwierigkeiten, sollten die Erklärungen in eine ihm verständliche Sprache umformuliert werden. Fragen von differenzierten Patienten sollten offen behandelt werden, um eventuell vorhandene Zweifel auszuräumen. Z.B.: „Nach unseren Beobachtungen müssen Patienten, die diese Behandlung erhalten, keine Medikamente einnehmen."

Folgende Erklärung der kognitiven Therapie reicht im allgemeinen als Einführung aus:

„Die Symptome, die Sie empfinden (hier kann ein Überblick über die Symptome gegeben werden), haben alle eine Beziehung zu Ihrem Denken und zu Ihrer Interpretation verschiedener Lebenssituationen. Da wir alle individuell verschieden sind, reagieren wir unterschiedlich auf verschiedene Ereignisse. Aber sich ängstlich fühlende Menschen reagieren auf viele ihrer Probleme in ähnlicher Weise. Als Ergebnis Ihrer früheren Erfahrungen mit Menschen und mit Situationen haben Sie gelernt, auf eine besondere Weise zu reagieren. Wenn ich z.b. jemanden bitten würde zusamenzufassen, was ich Ihnen in den letzten fünf Minuten gesagt habe, würden einige daraufhin denken: ‚Das kann ich nicht', andere könnten denken ‚Warum soll ich das machen?', und wieder andere können die Vorstellung völlig ablehnen und meinen: ‚Das kann er nicht ernst meinen.' Jedes Individuum reagiert auf seine eigene, besondere Weise.

Am Anfang werden wir in unseren Sitzungen einige der Schwierigkeiten oder Probleme, die Sie derzeit haben, und Möglichkeiten zur Überwindung dieser Schwierigkeiten anschauen. Es wird für uns wichtig sein herauszufinden, wie Sie auf bestimmte Situationen in Ihrem Leben reagieren, und welche Auswirkung diese Reaktionen auf Ihre Gefühle haben. Durch die sorgfältige Beobachtung Ihrer Reaktionen werden wir ein besseres Verständnis davon gewinnen, wie Ihnen am besten geholfen werden kann. Dann können wir alternative Möglichkeiten des Umgangs mit Streß prüfen, insbesondere Verfahren, durch die Sie künftig lähmende Angstanfälle vermeiden können.

Wir haben diese Behandlung mit hervorragendem Erfolg bei vielen ängstlichen Menschen durchgeführt. Die meisten Verfahren werden Ihnen verständlicher werden, wenn Sie erst einmal mit Ihnen begonnen haben. Haben Sie irgendwelche Fragen, bevor wir weitermachen?"

Gelegentlich kann der Therapeut den Patienten bitten, Kapitel 6 (das Angstkapitel) in Beck „*Wahrnehmung der Wirklichkeit und Neurose*", zu lesen. Ist dies geschehen, sollte sich der Therapeut nach spezifischen Reaktionen auf dieses Material erkundigen. Der Therapeut kann an Hand verschiedener Beispiele zeigen, daß die Wirkung einer Situation auf eine Person von deren Einschätzung abhängt. Beispielsweise wird ein Mann, der noch nie ein Gewehr gesehen hat, keine Angst vor ihm haben.

Identifizierung automatischer Gedanken.

Die automatischen Gedanken und Vorstellungsbilder des Patienten sind das Rohmaterial der kognitiven Therapie. Die berichteten oder ausgelösten Bilder und Gedanken sind Daten, aus denen Schlußfolgerungen gezogen werden. Auch visuelle Vorstellungen und Gedanken, die zwischen den Therapiesitzungen auftreten, gehören zu ihnen. Der Patient erzählt sie dann ebenso wie das, was ihm während der Therapiestunde in den Sinn kommt.

Die Kognitionen bestehen aus introspektivem Material, das der Patient als Teil seiner Hausaufgaben niedergeschrieben hat, aus mündlichen Berichten des Patienten über seine Kognitionen bezüglich der Hausaufgaben und deren Durchführung während der Woche und aus Berichten des Patienten über Kognitionen oder Vorstellungsbilder, die er während der Therapiesitzung erlebt.

Die Berichte des Patienten können durch seine Erwartung, was der Therapeut zu hören wünscht, und durch seine eigene fehlerhafte Erinnerung verzerrt sein. Nach unserer Beobachtung kommen dem Patienten jedoch, wenn er Übung beim Erkennen seiner automatischen Gedanken hat, häufig Kognitionen, die ihn und auch den Therapeuten in ihrer Relevanz für sein Problem überraschen.

Der Therapeut kann automatische Gedanken (a.G.) auf verschiedene Weise herausbekommen. Dazu gehören auch Gedanken und Vorstellungen, die während der Therapiesitzung erlebt und berichtet werden.

a) Hausaufgaben: Der Patient wird zwischen den Therapiesitzungen (Hausaufgabe) automatischer Gedanken gewahr und notiert sie sofort.

b) „Instant-replay"-Technik: Der Patient ist sich negativer Gefühle bewußt, aber ist sich nicht über die vorangegangenen a.G. im klaren. Er verfolgt dann die Stimulus-Response-Sequenz zurück und erinnert sich so an die intervenierenden a.G.

c) Remote recall: Der Patient erinnert sich an ein vergangenes Ereignis, ist sich aber des a.G. nicht sicher. Beim Nachvollziehen des Ereignisses in Zeitlupentempo erinnert er sich an den automatischen Gedanken. Häufig kann der Patient nicht mit absoluter Sicherheit sagen, ob dies tatsächlich seine automatischen Gedanken waren.

d) „Als-ob-Methode" (Cognitive Rehearsal): Der Patient berichtet über die Vergangenheit, aber ist nicht in der Lage, eine eindeutige Kognition zu identifizieren. Er wird gebeten, das Ereignis noch einmal zu erleben, „als ob" es gerade jetzt geschehen würde, um den a.G. zu bestimmen. Die Wirkung ist noch ausgeprägter, wenn der Patient eine visuelle Vorstellung des Ereignisses hat.
Die „Als-ob"-Methode kann manchmal verstärkt werden, indem der Therapeut die Rolle einer anderen Person bei einer bestimmten Interaktion einnimmt.

e) Feststellung der Bedeutung eines bestimmten Ereignisses: Der Patient kann seinen a.G. nicht sicher identifizieren. Deshalb muß der Therapeut fragen, was das Ereignis für den Patienten bedeutet.

Alternativen explorieren.

Die geschlossene oder begrenzte Auffassung des ängstlichen Individuums von möglichen Folgen einer Konfrontation mit dem gefürchteten Objekt oder einer gefürchteten Situation schließt andere, neutralere Interpretationen aus. Ein Hauptziel des

Therapeuten besteht darin, den Patienten anzuregen, neben diesen düsteren Vorhersagen auch andere Möglichkeiten in Erwägung zu ziehen. Es gibt verschiedene Methoden, um dieses Ziel zu erreichen. Das Standardverfahren besteht für den Patienten darin, seine angsterzeugenden Gedanken niederzuschreiben, und dann nach alternativen Erklärungen oder Interpretationen zu suchen.

Ein Patient fürchtete, durch eine Prüfung seines Medizinstudiums zu fallen. Seine automatischen Gedanken kreisen um diese Furcht. Als sein Betreuer sich ihm gegenüber distanziert verhielt, dachte er: ,,Er vermeidet mich. Er wird empfehlen, daß ich durchfalle. Deshalb ist er so zurückhaltend." Alternative Erklärungen, die er sich erdenken konnte, waren:
a) Er (der Betreuer) ist gegenüber allen Medizinstudenten distanziert.
b) Es gibt einen realen Statusunterschied zwischen unseren Rollen.
c) Er könnte mich unabhängig von seinem Urteil über meine Fähigkeiten nicht mögen.
d) Selbst wenn er glaubt, ich sei inkompetent, gibt es noch andere Betreuer, die wissen, daß es nicht stimmt.

Der Patient vermochte es, seine Angst durch wiederholtes Nachdenken über die alternativen Interpretationsmöglichkeiten zu überwinden. Er erkannte schließlich, daß diese Alternativen fast immer richtiger und treffender waren und in der Situation zumindest sinnvoller, als seine ursprüngliche Einschätzung.

Analyse fehlerhafter Logik.

Der Therapeut kann überprüfen, wie folgerichtig der Patient seine Erfahrungen auffaßt, und bestimmen, ob Fehler oder Verzerrungen vorhanden sind. Dieses Verfahren verlangt vom Patienten eine ausführliche Beschreibung seines Problems. Er muß erklären, wovor er sich fürchtet, feststellen, ob diese Schlußfolgerung durch Fakten gestützt wird, *und sich dann entscheiden, ob diese Schlußfolgerung richtig ist.* Ein Patient fürchtete sich z.B. sehr davor, durch eine Prüfung zu fallen. Er hatte den vorangegangenen Test des Kurses bestanden, meinte aber, in diesem zu versagen. Außer seinen Gedanken hatte er keinen Grund für die Annahme, daß dieser Test schwieriger sein könnte. Er erkannte, daß dies eine voreilige Schlußfolgerung war. Diese Einsicht gestattete es ihm, seine Angst auf ein so niedriges Niveau zu senken, daß er seine Studien wieder aufnehmen konnte. Dadurch senkte sich seine Angst noch mehr. Nachdem er schließlich das Examen bestanden hatte, wurde dieser Erfolg als ein weiterer Beweis für die seinem Ziel entgegenwirkenden Effekte alogischer Schlußfolgerungen genutzt. Der Patient zieht aus den vorhandenen Daten typischerweise einige alogische Schlußfolgerungen. Eine Diskussion mit dem Patienten über deren Logik ist sowohl hilfreich als auch nützlich.

Der Patient kann seine Denkfehler feststellen, indem er in einer Spalte niederschreibt, was tatsächlich geschieht, in einer anderen Spalte seine automatischen Gedanken aufschreibt und dann in einer dritten Spalte die gefundenen Fehlerarten zusammenstellt. Z.B.:

Daten	Interpretation	Fehler
Ein Fremder schaute mich beim Aussteigen aus seinem Wagen an, als ich vorbeiging.	Ich bin angreifbar. Er sucht Ärger.	Ich gehe zu sehr von mir aus. Willkürliche Schlußfolgerung.

Eine andere Anwendung dieses Verfahrens besteht darin, den Patienten die dritte Spalte als einen „objektiven" Beobachter seines Verhaltens gebrauchen zu lassen. Die erste Spalte wird ein Bericht, was der Patient tut, die zweite ein Bericht seiner Gedanken und die dritte ein Bericht über die Sichtweise einer anderen Person (z.B. ein Freund/Therapeut).

Beispiel:

Daten	Interpretation	Interpretation des Beobachters
Ich betrat einen Laden und hörte eine Sirene.	Ich werde sterben. Nächstesmal gilt es mir.	**Diese Person hat eine Sirene gehört.** Das ist alles, was sie realistisch darüber sagen kann. Es betrifft ihre Situation nicht.

Diese Variation gibt dem Patienten darin Übung, seine Erfahrungen vom Aussichtspunkt eines neutralen Verbündeten anstelle eines Unheilspropheten zu sehen. Selbst wenn sie anfangs als eine „intellektuelle" Spielerei betrachtet wird, wird sie oft mit mehr Übung sinnvoller.

Der Therapeut kann seinem Patienten folgende Fragen stellen, um die Logik der Situation zu überprüfen. Der Patient stellt sich später ebensolche Fragen:

1) Was spricht dafür? (Der Therapeut und der Patient können sich zuvor einigen, was als akzeptable Beweise gelten sollen.)
2) Vereinfachen Sie eine kausale Beziehung? D.h., der Patient nimmt an, daß alles zusammenbricht, wenn er einen Fehler macht.
3) Verwechseln Sie einen Gedanken mit einer Tatsache? Folgendes Gespräch ist ein Fallbeispiel, wie dieses Konzept erklärt werden kann:

P: Ich habe Angst, daß etwas Schreckliches geschehen wird, wenn ich zu diesem Bewerbungsgespräch gehen sollte.
T: Was spricht dafür, daß etwas Schreckliches geschehen würde?
P: Ich weiß einfach, daß es passieren würde.
T: Haben Sie außer Ihren Gedanken einen weiteren Beweis dafür, daß es schrecklich sein wird?
P: Nein.
T: Es gibt einen Unterschied zwischen Gedanken und Tatsachen. – Z.B. – wie viele Beine hätte ein Hund, wenn Sie den Schwanz als Bein bezeichnen würden?
P: Fünf.
T: Stimmt nicht. Einen Schwanz als ein Bein zu bezeichnen macht ihn noch lange nicht zu einem Bein. Wenn Sie mit irgend einer ihrer Annahmen *dogmatisch* werden, haben Sie keine Chance, sie auf Ihre Wahrheit zu überprüfen.

4) Sind Ihre Interpretationen zu weit von den Daten entfernt, um zuzutreffen? Zu weit von dem entfernt, was man mit den fünf Sinnen erkennen oder was ein neutraler Beobachter bemerken würde?
5) Verwechseln Sie Ihre Interpretation der Fakten mit den Fakten selbst? (Es können nie *alle* Fakten bekannt sein.)
6) Denken Sie in Alles-oder-nichts-Kategorien, anstelle von Stufen oder Abstufungen? (Fast nichts ist „entweder-oder." Das ängstliche Individuum sieht häufig seine Erfahrungen als schwarz oder weiß.)
7) Verwenden Sie absolute Begriffe, die Fehlvorstellungen enthalten und nicht der Wirklichkeit entsprechen, wie „immer", „für immer", „niemals", „ich muß", „ich sollte", „ich kann nicht", „jedesmal"?
8) Greifen Sie Beispiele aus dem Zusammenhang heraus?
9) Sind an Ihrer Betrachtung kognitive Abwehrmechanismen beteiligt, also Rationalisierungen, Verleugnungen, Projektionen?
10) Aus welcher Quelle stammen die Fakten? (Die meisten Quellen hängen von voreingenommenen Interessen und der Vorerfahrung ab.)
11) Denken Sie in Kategorien von Wahrscheinlichkeit oder von Möglichkeit?
12) Verwechseln Sie niedrige Wahrscheinlichkeiten mit hohen Wahrscheinlichkeiten?
13) Gehen Sie davon aus, daß verschiedene Situationen identisch sind, ohne die Faktoren von Zeit, Ort und feinere Abstufungen oder Unterschiede zu berücksichtigen? Beispielsweise: „Ich weiß, daß ich mit dieser Situation nicht umgehen kann, weil ich in exakt solch einer Situation bereits einmal versagt habe."
14) Prüfen Sie die Situation genau genug, um zwischen dieser und anderen Erfahrungen unterscheiden zu können? (Je weiter Sie von einer Situation entfernt sind, desto mehr wird Sie vorangegangenen Situationen ähneln.
15) Beruhen Ihre Urteile mehr auf Introspektion als auf Fakten? („Ich werde ängstlich sein, wenn ich dort hingehe.")
16) Konzentrieren Sie sich zu sehr auf irrelevante Faktoren? „Drei Bekannte sind an Herzanfällen gestorben."

Beim Stellen dieser Fragen sollte der Therapeut einen Kreuzverhörstil vermeiden und darauf achten, nicht selbstgefällig, sarkastisch oder herablassend zu wirken. Eine teilnehmend-interessierte Haltung, die eine mögliche Bedrohung minimiert, ist zu empfehlen, wenn man sich nach sensiblen Bereichen erkundigt.

Informieren.

Manchmal wird die Angst des Patienten durch mangelnde oder falsche Information verschlimmert. Beispielsweise kennt der Patient, der sich vor dem Verrücktwerden fürchtet, meistens nicht die Symptome der Schizophrenie. Eine Erklärung der Unterschiede von Halluzinationen oder Wahnideen und den Symptomen von Angst kann oft zu einer gewissen Besserung führen.

Für gewöhnlich übertreibt der Patient die Wahrscheinlichkeit des von ihm gefürchteten Ereignisses. Könnte ein Mensch z.B. nur durch ein Flugzeugunglück sterben, würde er eine Million Jahre alt werden. Könnte er nur durch einen Autounfall ums Leben kommen, würde er fünftausend Jahre alt werden. Diese Informationen reichen für eine Heilung im allgemeinen nicht aus, aber sie können dem Individuum helfen, mögliche Gefahren neu einzuschätzen.

Ein weiterer Aufklärung bedürfender Aspekt von Wahrscheinlichkeiten ist als „Rettungsfaktor" bekannt. Der Patient erkennt nicht, daß es für jede mögliche Gefahr auch Faktoren gibt, die die negativen Möglichkeiten ausgleichen können. Beispielsweise sehen Menschen mit Angst an Krebs zu erkranken nicht, daß es medizinische und operative Mittel zur Behandlung der meisten Krebserkrankungen gibt. Menschen mit Furcht vor einem Überfall ignorieren die Vorstellung, daß ihnen Passanten oder die Polizei zu Hilfe kommen könnten. Gelegentlich kann dem Patienten sogar ein Rettungsfaktor direkt gegeben werden. Wenn jemand vor einem Panikanfall Angst hat und nicht weiß, was er dann tun soll, kann ihm ein Sedativum verschrieben werden. Es kann eingenommen werden, um Schlaf herbeizuführen, bis die Symptome abgeklungen sind.

Entkatastrophisieren: „Was ist, wenn ..."-Technik.

Der Patient nutzt nicht alle ihm zur Verfügung stehenden Informationen, wenn er sich schlimme Folgen vorhersagt. Bei Voraussagungen für die Zukunft stellt er meist nicht in Rechnung, daß diese düsteren Prophezeiungen in der Vergangenheit nicht eingetreten sind. Daher sollte der Therapeut versuchen, die Bandbreite der genutzten Informationen, auf der das Individuum seine Prognosen macht, zu erweitern und seine Zeitperspektive auszudehnen. Für gewöhnlich stellt sich das ängstliche Individuum das Eintreten des gefürchteten Ereignisses vor, und an diesem Punkt hört die Phantasie auf. Er sagt nicht voraus, welche natürlichen Konsequenzen das Ereignis hätte, wenn es tatsächlich eintreten sollte. Er übertreibt sie und nimmt an, für immer leiden zu müssen. Z.B. meinte ein Medizinstudent mit Furcht, vor seinen Kommilitonen reden zu müssen und dann lächerlich zu wirken, daß er solch eine Erfahrung niemals überstehen könnte (Beck, 1976). Anstatt die Befürchtung des Patienten für bare Münze zu nehmen, fragte ihn der Therapeut, was den genau passieren würde, wenn die *allerschlimmsten* Befürchtungen des jungen Mannes eintreffen sollten und er sich tatsächlich vor seinen Kameraden lächerlich machen würde. Wäre seine Karriere ruiniert? Würde ihn seine Familie verstoßen? Würde er sich schlecht fühlen? Wie lange? Und was dann? – Im Verlauf der Befragung erkannte der Student, daß er dem öffentlichen Reden eine unverhältnismäßig hohe Bedeutung beimaß. Beachten Sie, daß der Therapeut nicht darauf abzielte, den jungen Mann von der Vorhersage abzubringen, sein Vortrag werde nicht gut gelingen. Dadurch hätte er unnötigerweise seine weitere Glaubwürdigkeit aufs Spiel gesetzt. Andererseits gab der Therapeut durch diesen Fragestil seine Auffassung zu erkennen, daß die Verlegenheit und das Unbehagen, wie stark sie auch sein sollten, zeitlich begrenzt und daher ertragbar wären. Der Vortrag des Studenten vor seinem Seminar war schließlich schlecht aufgebaut und geplant (vielleicht wegen seiner Angst). Obwohl er sich in den folgenden Tagen niedergeschlagen fühlte, betrachtete er die Angelegenheit nicht als eine Katastrophe. Vor dem nächsten Vortrag verspürte er sehr viel weniger Erwartungsangst, und er berichtete, sich während des eigentlichen Vortrages ganz gut gefühlt zu haben. Wahrscheinlich nahm er die Konsequenzen einer schwachen Leistung als weniger bedrohlich wahr als zuvor.

Der Therapeut möchte, daß sein Patient genau herausfindet, was für ihn die letztendlichen Konsequenzen sind, damit er sich ihnen stellen kann. Dieses Verfahren trägt häufig zu einer Lösung des hindernden Problems bei und gestattet es dem Individuum, daran zu denken, was zu einer Besserung der Situation beitragen kann. Beispielsweise dachte ein Patient, der befürchtete, seine Stellung zu verlieren: „Ich werde mittellos sein." Er erkannte nicht, daß er immerhin noch Sozialhilfe empfangen und ja auch noch arbeiten könnte. Der erste Gedanke des Patienten ist: „Das ist das Ende." Nachdem er die Situation noch einmal analysiert hat, erkennt er, daß dies nicht der Fall ist. Er hat immer noch die Möglichkeit zu arbeiten und dann keine Sozialhilfe mehr empfangen zu müssen. Und selbst wenn er Sozialhilfeempfänger bleibt, muß er nicht so unglücklich wie jetzt mit seiner Angst bleiben. – Nachdem die schlimmsten Möglichkeiten ausgesprochen wurden, kann der Therapeut auf die Rettungsfaktoren, die persönlichen Stärken des Patienten und den möglichen Gewinn – etwa bessere Überlebensmechanismen – hinweisen.

Eine ganze Anzahl verschiedener Autoren, unter ihnen Bertrand Russell, haben empfohlen, zur Überwindung dieser Angst an ihre schlimmsten nur möglichen Konsequenzen zu denken. Oft sind Patienten abgeneigt, an das Schlimmste zu denken. Sie glauben, daß ihre Angst zunehmen wird, wenn über das gefürchtete Ereignis gesprochen wird. Die Angst mag anfangs tatsächlich zunehmen, aber nur zeitweilig. Nachdem die schlimmste Möglichkeit besprochen wurde, fühlt sich der Patient fast immer besser.

Eine weitere Überzeugung, die den Patienten daran hindern kann, sich dem Schlimmsten in Gedanken zu stellen, ist die Auffassung, daß Reden über das gefürchtete Ereignis es herbeiführt. Diese Annahme verschwindet jedoch rasch, wenn über das Thema geredet wurde. Ein weiterer Punkt, der für die Vermeidung des Themas zentral sein kann, ist der Gedanke: „Wenn ich das gefürchtete Ereignis nicht mehr katastrophisiere, wird es eintreten." Dem Patienten kann erklärt werden, daß seine Angst wahrscheinlich niedriger sein wird, nachdem er sich die schlimmsten Konsequenzen vorgestellt hat. Und er hat dann sogar mehr Mittel zur Verfügung, das gefürchtete Ereignis zu verhindern.

Patienten verwenden oft eine ganz persönliche Strategie, die sie davor bewahrt, an das gefürchtete Ereignis zu denken. Diese Versuche des „Gedankenstops" haben keinen Erfolg, da sie nur zu einem voreiligen Abbrechen der Auseinandersetzung mit dem Problem führen. Es taucht deshalb später wieder auf.
Eine von Patienten verwendete Methode zum vorzeitigen Abbrechen der Auseinandersetzung mit Problemen besteht darin, sich zu sagen: „Das ist doch lächerlich. Denk' nicht mehr daran", oder „Das ist doch dumm." Diese allgemeinen kindischen Worte unterbrechen den Denkvorgang – allerdings nur zeitweilig. Sullivan (1953) schreibt: „In unseren frühen Entwicklungsjahren hat jeder von uns – vielleicht in der gesamten Kindheit und gewiß später in der Jugendzeit – die Gelegenheit zu lernen, daß bestimmte Wortkombinationen und Gebärden die Gefahr von Angst verringern, wenn nicht sogar ganz beseitigen."
Wenn der Therapeut seinen Patienten eine Sorge als „lächerlich", „dumm", „nicht wichtig", „unbedeutend" oder mit ähnlichen Worten beschreiben hört, ist dies ein Warnsignal, weiter zu explorieren.

Dezentrieren.

Dezentrieren bezieht sich auf den Vorgang, den Patienten seine Grundannahme, im Mittelpunkt allen Geschehens zu stehen, anzweifeln zu lassen. Viele Individuen, die in der Öffentlichkeit oder in sozialen Situationen Angst verspüren, denken, daß jedermann sie beoachtet oder daß andere ihre Spannung oder Schüchternheit peinlich genau registrieren würden. Es besteht die Vorstellung, daß andere ihre Gedanken lesen könnten. Die allgemeine Strategie besteht für den Therapeuten darin, mit dem Patienten *konkrete Kriterien* auszuarbeiten, um zu bestimmen, wann er (und wann nicht) im Mittelpunkt der Aufmerksamkeit steht, und auf welche Verhaltensweisen oder Eigenschaften andere Menschen achtgeben. Beachten Sie, daß schon die Beschäftigung mit dieser Aufgabe einen Wechsel der Aufmerksamkeit erfordert, da die Perspektive einer anderen Person eingenommen werden muß. Sozial ängstliche Individuen sind typischerweise so mit ihren eigenen inneren Reaktionen beschäftigt, daß sie sehr wenig von den Reaktionen anderer auf sich wahrnehmen, obwohl sie paradoxerweise dem Menschen um sich herum eine scharfe Beobachtungsgabe und die äußerste Objektivität zuschreiben. Erkennen die Patienten, wie selten *sie* sorgfältig auf andere achten und wie beschränkt ihre eigenen Beobachtungen sind, werden sie gewahr, daß die Aufmerksamkeitsprozesse der meisten Menschen ähnlich eingeschränkt sind. Dadurch wird eine bessere Entspannung in sozialen Situationen möglich.

Kognitive Überprüfung.

Mit dieser Technik überprüft der Patient seine angsterzeugenden Kognitionen während der Beratungsstunden. Dieses Verfahren hat drei Ziele:
a) zu desensibilisieren,
b) automatische Gedanken zu entdecken und zu identifizieren und
c) einen Bewältigungsplan zu üben.

Bereits das Besprechen der angsterzeugenden Situation führt oft zu einer gewissen Besserung. Raimy (1975) hat ausführlich darüber berichtet. Er schreibt: ,,Mit der Technik wiederholter Überprüfung hat der Therapeut eine Gelegenheit, die Aufmerksamkeit des Individuums auf ein bestimmtes Problem zu lenken, und dann die kognitive Überprüfung zu wiederholen, bis eine andere, befriedigendere Lösung erreicht wird." (S. 79). Der Patient identifiziert automatische Gedanken, indem er frühere, mit Angst assoziierte Erfahrungen überprüft, oder indem er sich der Aussicht stellt, in eine gefürchtete Situation zu geraten. Der Patient überprüft genau die Empfindungen, die er dabei hat, und berichtet dann über sein Angstniveau und die diesem Gefühl vorausgehenden Gedanken.

Manchmal hat der Patient Angst, daß er mit einer auf ihn zukommenden Situation nicht fertig werden wird. Therapeut und Patient können gemeinsam verschiedene Strategien erarbeiten, die das Individuum anwenden kann, um der Angst Herr zu werden. Es kommt auf Bewältigung an, nicht auf einen besonders guten Erfolg. Ein Patient mit sozialen Ängsten z.B. könnte einen Plan aufstellen mit
a) Verwendung von Ablenkungstechniken,
b) zentrieren der Aufmerksamkeit auf die Aufgabe,
c) einer Stop-Technik für Vorstellungsbilder,

d) Verwendung einer Kurzform von Entspannungsübungen und
e) Nutzen dieses Ereignisses, um Hinweise über das eigene Denken zu sammeln.
Diesen Plan übt er daheim oder in den Beratungsstunden des Therapeuten, bevor er ihn in der wirklichen Situation ausprobiert.

Disattribution.
Häufig macht sich der Patient für ein Ereignis ganz allein verantwortlich. Er zieht Faktoren, die jenseits seiner Einflußmöglichkeit liegen, nicht in Betracht. Das Individuum ängstigt sich häufig wegen Ereignisse, über die es gar keine Kontrolle hat. Der Therapeut hilft dem Patienten zu erkennen, daß er nicht alles kontrollieren kann, und daß es Dinge jenseits seiner Einflußmöglichkeit gibt.

Das Verantwortungsgefühl des ängstlichen Patienten bezieht sich auf Ereignisse, die eine Bedeutung für die Zukunft haben. Für den Ausgang dieser Ereignisse macht sich der Patient völlig verantwortlich. Der erste Schritt besteht in der Identifizierung übermäßiger Verantwortungsgefühle durch den Patienten. Der Patient gibt zunächst an, wieviel Verantwortung er für ein Ereignis zu haben meint. Nach einem Gespräch über andere Möglichkeiten schätzt er dann das Ausmaß eigener Verantwortung neu ein.

Da er eine „stille Annahme" macht, ist sich der Patient häufig nicht der Tendenz, sich zu sehr für ein Ereignis verantwortlich zu fühlen, bewußt. Im Interview sollte der Patient darauf gezielt aufmerksam gemacht werden. Z.B.: „Sind Sie dafür zu 100% verantwortlich?", oder: „Wieviel Verantwortung, meinen Sie, haben Sie tatsächlich für den Ausgang dieses Ereignisses?" usw.

Der Therapeut hilft, das Verantwortungsgefühl realistischer zu machen. Nachdem Therapeut und Patient die Art und die Namen der an der Situation, für die sich der Patient verantwortlich fühlt, beteiligten Faktoren identifiziert haben, schätzt der Patient zuerst den relativen Einfluß jedes dieser Faktoren ein (vielleicht unter Verwendung eines anschaulichen Kreisdiagrammes). Dann schätzt er ein, wieviel Einfluß er auf jeden Faktor hat. Schließlich arbeitet der Therapeut mit dem Patienten daran, die tatsächliche Einflußmöglichkeit — in Prozent — auf das Ereignis einzuschätzen. Das Ergebnis wird dann mit dem ursprünglichen Gefühl, hundertprozentig verantwortlich zu sein, verglichen.

Vorstellungsverfahren.
Imaginative Verfahren sind für die Behandlung der Angst von entscheidender Bedeutung. Deshalb befaßt sich Kapitel 5 ausschließlich mit diesen Verfahren.

Hypothesen prüfen. Eines der Therapieziele besteht in der Förderung der Fähigkeit des Patienten, seine Gedanken genau zu beschreiben.
Wie bereits erwähnt sind dabei Überprüfung der eigenen Gedanken und ausführliches Beschreiben des Problems äußerst hilfreich. Ebenso ist es wichtig, daß das Individuum seine Gedanken als unbestätigte Hypothesen und nicht als gegebene Tatsachen auffaßt. Ein großer Teil der Hausaufgaben zwischen den Sitzungen dient auch der Überprüfung von Hypothesen.

Der Therapeut sollte den Patienten ermutigen, seine Vorhersagen schlimmer Konsequenzen niederzuschreiben, um sie später bewerten zu können. Auf diese Weise kann eine Sammlung schriftlicher Daten, die die katastrophalen Vorhersagen des Individuums widerlegen, angelegt werden. Tritt eine negative Konsequenz nach der anderen nicht ein, wird der Glaube an das gewisse, über ihm schwebende Unheil allmählich schwächer.

Das beste verhaltensmäßige Experiment zur Überprüfung dieser fehlangepaßten Hypothesen läßt sich während der Therapiesitzung durchführen. Es folgen einige Hypothesen, die in einer Sitzung überprüft werden können:
a) Ich bin zu ängstlich, um zu lesen.
b) Ich bin zu ängstlich, um auch nur einen Entwurf für einen Vortrag zu machen.
c) Ich bin zu nervös, um anzurufen und um eine Verabredung zu bitten.
d) Ich kann noch nicht einmal mit einem Fremden reden.
e) Ich kann überhaupt nichts tun, wenn dieses Symptom einsetzt.

Dysfunktionale Annahmen identifizieren und modifizieren.

Anfangs konzentriert sich die Therapie darauf, dem Patienten Erleichterung von seinen Angstsymptomen zu verschaffen. Später rücken die zugrundeliegenden Annahmen des Individuums – die es für Angst anfällig machen – in den Mittelpunkt der Behandlung. Während der ganzen Behandlung tauchen für gewöhnlich aufeinander bezogene Themen auf. Diese Themen kreisen um das fehlangepaßte Annahmensystem des Patienten.

Die angsterzeugenden Annahmen des Patienten werden aktiviert, wenn er in eine streßerzeugende Situation gerät, die an seinem besonderen wunden Punkt ansetzen. Diese Annahmen können seine Religion, seine Gesundheit, sein Wohlbefinden oder seine Leistungen betreffen. Meistens sind sie in extremen Alles-oder-nichts-Begriffen formuliert. Es folgen einige Beispiele für solche Annahmen:
a) Ich muß jederzeit Kontrolle haben.
b) Meine Leistung bestimmt meinen persönlichen Wert.
c) Ich muß von allen Menschen Anerkennung erhalten.
d) Ich darf nicht alleingelassen werden.
e) Ich darf keinen Fehler machen.
f) Ich darf keine Schwäche zeigen.
g) Ich muß mir große Sorgen über das Ungewisse und das Unbekannte machen.

Diese Regeln werden für gewöhnlich durch das Bezugssystem, die Familienerziehung oder die persönlichen Erfahrungen des Patienten unterstützt. Aus der Sicht des Patienten dienen diese Regeln dazu, etwas Unerwünschtes zu verhindern.

Anfangs bildet der Therapeut Hypothesen, die auf dem Annahmensystem seines Patienten beruhen. Später überprüft er sie mit dem Patienten auf ihre Übereinstimmung mit der Realität. Nachdem diese Annahmen identifiziert wurden, arbeiten Therapeut und Patient daran, sie zu modifizieren. Alle Techniken zur Veränderung automatischer Gedanken werden eingesetzt. Einsicht allein reicht selten aus, um diese Annahmen zu verändern. Für gewöhnlich muß der Patient diese Annahmen noch innerlich kritisieren, nachdem die Therapie bereits beendet ist.

100 # Kapitel 4

In-vivo-Verfahren

Kognitive Therapie beruht auf dem Prinzip des zustandsabhängigen Lernens, das heißt, der Patient lernt die Beherrschung seiner Angst besser, wenn er gerade ängstlich ist — daheim oder bei der Arbeit, als in den Therapiestunden. Auf die Therapiesitzungen beschränkte Diskussionen über die Angst reichen selten aus, um den Patienten von ihr zu befreien. Patienten können ermutigt werden, Angst während der Beratungsstunde aufkommen zu lassen. Oder man bittet sie vorbeizukommen, wenn sie sich gerade ängstlich fühlen, so daß die dann vorhandenen Gedanken und Vorstellungsbilder notiert und gezielte Wege zu ihrer Bewältigung geübt werden können. Es kann geschehen, daß ein Patient einfach über ein ihm Angst bereitendes Ereignis oder eine Situation redet und dabei zu einer realistischeren Beurteilung der Wahrscheinlichkeit kommt, daß dieses Ereignis nie stattfinden wird. Wenn er sich aber dann dem tatsächlichen Stimulus gegenüber sieht, wird er seiner Überzeugung von der Gewißheit des gefürchteten Ereignisses nachgeben. Da der Patient seine automatischen Gedanken immer wieder angreifen muß, bevor sie zu verschwinden beginnen, muß er zwischen den Sitzungen, wenn er gerade seine Angstsymptome erlebt, intensiv an der Therapie arbeiten.

Dieses Kapitel beschreibt Verfahren, die der Patient zwischen den Sitzungen durchführt. Diese Strategien werden als Hausaufgaben und Bewältigungstechniken aufgegeben, die der Patient üben kann, um sich Erleichterung von den Symptomen zu verschaffen. Der Therapeut sollte jedes Verfahren in den Sitzungen genau beschreiben. Beide sollten sich über die Nützlichkeit der Aktivität einig sein. Der Patient soll am Zusammenstellen besonderer Aufgaben teilnehmen. Er muß darauf vorbereitet sein, mit besonderen, eventuell bei der Durchführung des Verfahrens entstehenden Problemen umzugehen.

Es gibt Hinweise dafür, daß eine Vorwarnung der Patienten vor möglichen Unbequemlichkeiten oder mühsamen Aspekten der Hausaufgaben und anderer therapeutischer Aufgaben eine gewissenhafte Mitarbeit sicherstellen kann (Bedrosian, 1977).

Aktivitäten-Programme.

Der chronisch ängstliche Patient und der Patient mit einem hohen Angstniveau können von einer detaillierten Planung ihrer täglichen Aktivitäten — mit der Hilfe des Therapeuten — profitieren. Der Plan gibt dem Patienten eine gewisse Orientierung und ein Gefühl von Kontrolle. Diese Strukturierung ist ein Gegenmittel für die Aufgelöstheit und das Gefühl der Überwältigung des Patienten. Die geplanten Aktivitäten können eine Ablenkung von angsterzeugenden Gedanken bieten.

Der Therapeut sollte folgende Richtlinien beim Aufstellen des Aktivitäten-Programmes beachten.

a) Der Therapeut muß für diese Verfahren eine Erklärung geben, die der Patient akzeptieren kann.

b) Der Patient sollte sich zu jedem Zeitpunkt auf eine einzige Aufgabe konzentrieren und sich nicht um künftige Aufgaben sorgen. Hat er eine Aufgabe beendet, sollte er vor der nächsten Aufgabe einer angenehmen Beschäftigung nachgehen.
c) Ziel des Verfahrens ist es, überhaupt Aktivitäten zu unternehmen und nicht Meisterleistungen zu erbringen.
d) Die Planung ist flexibel. Geschieht etwas Unerwartetes, kann der Patient seine Zeitpläne ändern.
e) Aktivitäten, die das Interesse und die Konzentration des Patienten fesseln, sind am wirksamsten.
f) Der Aktivitäten-Plan sollte einen Bezug zu den gewöhnlichen Aktivitäten des Patienten haben.
g) Die Aktivität sollte nicht zu spezifisch und nicht zu unbestimmt sein.

Der Therapeut kann mit einem chronischen Patienten eine ganze Sitzung verbringen, um das Programm für nur einen Tag aufzustellen. Die letzte Aktivität des Tages besteht im Aufstellen des Planes für den folgenden Tag.

Diagramme und Tagebücher.

Als einen der ersten Schritte in der Angstbehandlung läßt man den Patienten seine Angst überprüfen. Der Patient wird gebeten, neben der Aufzeichnung situativer Variablen, wie Zeit, Ort und vorhergehende Ereignisse, auch die Stärke der Angst über einen gewissen Zeitraum hinweg zu messen. Bei diesem Verfahren wird der Patient angewiesen, die Angst in Einheiten „subjektiven Unbehagens" von 0 bis 100 auf der einen Achse und der Zeit − für gewöhnlich halbstündige Intervalle − auf der anderen Achse aufzuzeichnen. Dieses Diagramm liefert dem Therapeuten wichtige Informationen. Dem Patienten zeigt es, daß Angst meist einen Bezug zu externen Situationen hat und *zeitlich begrenzt* ist. Häufig glaubt der Patient inmitten eines Angstanfalles, daß die Angst niemals aufhören wird.

Der Patient sollte ein Tagebuch führen, um seine Bemühungen, sich vermiedenen Situationen zu stellen, zu notieren. Er sollte die Situation, das Ausmaß an Angst zu Beginn, die in der Situation verbrachte Zeit und das Ausmaß an Angst gegen Ende notieren. Die Diagramme und die Tagebücher haben den Zweck, den Patienten objektiver gegenüber seiner Angst zu machen und Beweise für Kontrolle von Angst zu geben. Selbstüberwachung ist eines der nützlichsten therapeutischen Hilfsmittel. Deshalb ist die Selbstüberwachung von Angst Pflicht. Diese Daten sind die Grundlage verschiedener anderer Techniken.

Automatische Gedanken zählen.

Eine Methode, durch die sich der Patient von seinen automatischen Gedanken distanzieren kann, besteht einfach darin, sie zu zählen. Dieses Verfahren gibt dem Patienten Kontrolle über diese Gedanken. Sie hilft zu erkennen, daß die Gedanken keine Reflexion der externen Realität sind, sondern vielmehr ein automatisches Geschehen.

Wir haben beobachtet, daß technische Hilfen den meisten Patienten die Identifikation und die Überwachung erleichtern, da sie sich meist der stereotypen, wiederholenden Natur ihrer negativen automatischen Gedanken nicht bewußt sind. Der Pa-

tient kann seine automatischen Gedanken auf verschiedene Weise zählen:
a) Der Patient kann auf kleinen Karteikarten jedesmal, wenn er einen automatischen Gedanken hat, einen Strich machen.
b) Er kann ein Armbandzählwerk verwenden, wie es beim Golfspielen gebräuchlich ist. Sie werden auch von Firmen vertrieben, die Geräte zur Verhaltensmodifikation liefern.
c) Er kann auch einen mit Perlen versehenen Zähler verwenden. Sie sind eine Abwandlung der Golfzähler und ähneln Armbanduhren.
d) Er kann einen billigen Taschenrechner aus dem Kaufhausangebot verwenden.
e) Er kann einen kleinen Maschenzähler, wie sie in Strickwarengeschäften verkauft werden, verwenden.
Ziel des Patienten ist es, seine Gedanken zu zählen — sonst nichts.

Nachdem der Patient durch den Therapeuten instruiert wurde, automatische Gedanken zu beachten und sie niederzuschreiben, und nachdem der Therapeut überzeugt ist, daß der Patient diese Kognitionen richtig identifiziert hat (und sie von gewöhnlichen oder adaptiven Gedanken) unterscheidet, sollte er den Gebrauch eines dieser Zähler demonstrieren. Der Patient teilt dann in der nächsten Sitzung die Anzahl dieser Gedanken mit.

Diese Methode kann auf verschiedene Weise abgewandelt werden.
a) Nur ein bestimmter Typus angsterzeugender Gedanken wird gezählt.
b) Nur auf dem Höhepunkt eines Angstanfalles zählen. Zählen führt häufig zu Kontrolle über diese Situation.
c) Zählen in Zeitstichproben, z.B. zwischen 17.00 und 19.00 Uhr.
d) Zählen in zufälligen Zeitstichproben von zehn Minuten, die durch einen Küchenwecker angezeigt werden.

Das Zählen ist nützlich, um dem Patienten zu demonstrieren, wie seine Angst durch seine Gedanken erzeugt, aufrechterhalten und intensiviert wird. In einigen Fällen ist das Aufzeigen automatischer Gedanken jedoch kontraindiziert. Wenn der Patient so in seinen negativen Gedanken versunken ist, daß er sich nicht auf irgendetwas anderes konzentrieren kann, muß er zunächst Übung bekommen, die Kognitionen zu ignorieren und sich auf seine derzeitige Aufgabe zu konzentrieren.

Ablenkungen.

Patienten können zur Reduktion ihrer Angst ablenkende Verfahren verwenden. Ablenkung ist eines der Hauptverfahren zur Angstbehandlung. Der Therapeut kann diese Technik zuerst in einer Beratungsstunde demonstrieren, um zu beweisen, daß er seine Angst kontrollieren kann. Bei der Unterweisung in diesem Ablenkungsverfahren als Bewältigungsfertigkeit bittet der Therapeut den Patienten zunächst, die Stärke seiner derzeitigen Angst einzuschätzen. Ist der Patient gerade nicht ängstlich, sollte er sich eine Situation vorstellen, die seine Angst erhöht. Der Patient wird dann angewiesen, sich auf irgendein Objekt im Raum zu konzentrieren, wie etwa die Jalousie, und sie detailliert zu beschreiben. Wie groß ist sie? Woraus ist sie hergestellt? Liegt irgendwo Staub auf ihr? Welche Farbe hat sie? Hat sie an den von der Sonne beschienenen Stellen eine andere Farbe? Wie ist ihre Oberflächenbeschaffenheit? Wie würde sie schmecken? Wirkt sie zerbrechlich? usw. Danach schätzt der Patient erneut die Stärke seiner Angst ein. Für gewöhnlich ist sie etwas niedriger. Wenn sie nicht niedriger ist, kann der Therapeut einen erneuten Versuch mit einer anderen Ablenkung unternehmen.

Sind die Übungen in den Beratungsstunden erfolgreich, kann der Patient die Ablenkungstechnik zwischen den Sitzungen anwenden. Dabei nimmt er seine Angst als Hinweisreiz, mit der ablenkenden Aktivität zu beginnen. Zur Ablenkung können Aktivitäten, wie Spazierengehen, Lesen, Telefonate, oder die verschiedenen Eigenschaften der Umgebung, dienen. Für gewöhnlich erfordern die besten Ablenkungen irgendeine Tätigkeit vom Patienten. Einige Patienten fühlen sich nach körperlicher Betätigung, wie Saubermachen oder Gartenarbeit, besser. Jede Aktivität, bei der der Patient sich konzentrieren muß, ist nützlich. Denn je mehr man sich auf eine Ablenkung konzentriert, desto weniger ist man sich seiner Angst bewußt. Einfache körperliche Tätigkeiten mit sich wiederholenden Bewegungen sind zweckmäßig, wenn das Angstniveau hoch ist, da der Patient dann keine komplizierten Bewegungen machen muß.

Die Aktivitäten sollten dem Patienten etwas zu tun geben und auch seine Konzentration erfordern. Feine Näharbeiten sind ebenso zweckmäßig wie energischere Aktivitäten, wie etwa Treppen hinaufrennen, einen forschen Spaziergang machen oder einen Tennisball mit dem Schläger auf den Boden schlagen. Die Aktivität kann ziemlich einfach sein — etwa die in einem bestimmten Zeitraum vorbeifahrenden Autos zählen. Wir haben mathematische Rätsel und einfache Zahlenspiele verwendet, wie sieben von hundert abziehen, und immer wieder sieben von der Differenz abziehen. Einige Patienten verwenden zur Ablenkung Taschenpuzzlespiele. Alle diese Ablenkungen sollten leicht verfügbar sein, sobald der Patient ängstlich wird. Dabei ist es das Ziel des Patienten, sich ganz in die Ablenkung zu vertiefen.

Der Patient kann lernen, sich durch Erhöhung seiner sensorischen Aufmerksamkeit von seiner Angst abzulenken. Bei diesem Verfahren fokussiert der Patient seine Aufmerksamkeit auf seine Umgebung und setzt dabei so viele Sinnesmodalitäten wie möglich ein: Geschmack, Hören, Geruchsinn, Körperempfindungen und die geschärfte visuelle Wahrnehmung. Das Verfahren ist häufig bei negativ grübelnden Patienten wirksam.

Je mehr Sinnesmodalitäten der Patient nutzt, desto weniger grübelnde Angstgedanken werden ihm kommen, und desto stärker ist die Erleichterung von seinen Symptomen. Tätigkeiten, die sensorische Überlastung mit sich bringen, wie eine kalte Dusche z.B., können ebenfalls nützlich sein. Verfahren mit visueller Vorstellung, die zur Ablenkung dienen können, werden in Kapitel 7 beschrieben.

Patienten, die in ihrer Angst völlig aufgehen, müssen unter Umständen drastischere Formen der Ablenkung verwenden. Einige Patienten sind dazu übergegangen, zur Ablenkung von ihrer Angst Kuhglocken zu läuten. Lautes Singen und rhythmisches Klatschen ist ein wirksamer Gegenstimulus. Einige Patienten haben bemerkt, daß Schallplattenspielen und energisches Tanzen dazu die Wirkung hat, ihre Aufmerksamkeit von den Angstsymptomen abzulenken und außerdem ein Gefühl körperlicher Lebendigkeit fördert. Offensichtlich, „music hath charm".[1]

---

1) „... doch üben Töne Zauberkraft...". Ein Zitat aus „Maß für Maß" (IV i I 16) von W. Shakespeare. Übersetzung von Schlegel und Tieck. Reinbek: Rowohlt, 1964.

Ziemlich häufig kann sich der Patient nur für wenige Minuten ablenken. Wie bei anderen kognitiven/verhaltenstherapeutischen Verfahren wird der Patient angewiesen, sich zunächst nur kurz von der Angst abzulenken und dann später die Zeitdauer des Verfahrens zu verlängern.

Verhaltensexperimente.
Kognitive Therapie besteht aus mehr als einfacher Überredung und Beruhigung – das ist zwar an sich hilfreich, aber nicht wirksam genug, um die kognitiven Verzerrungsmuster und dysfunktionalen Einstellungen des Patienten zu ändern. Die Stärke der kognitiven Therapie liegt in der dynamischen Beziehung zwischen Therapeut und Klient. Beide arbeiten als Untersuchungsteam daran, ,,Experimente für die wirkliche Welt" zu entwerfen, um die Validität von Hypothesen, auf denen dysfunktionale Annahmen aufbauen, zu überprüfen.

Außerhalb der Therapie unternimmt der Patient verschiedene solcher Experimente, um die Validität seiner angstbezogenen Ideen und Überzeugungen zu überprüfen. In der Therapiesitzung werden geeignete Situationen konstruiert, in denen der Patient Tatsachen über seine Annahmen erfahren kann. Hat der Patient beispielsweise soziale Ängste, kann der Versuchsplan festlegen, daß er auf Parties geht, um herauszufinden, ob er trotz seiner Angst zurechtkommen kann. Glaubt ein Individuum, anfällig für Herzattacken zu sein, könnte für es das Experiment angeordnet werden, eine Herzklinik aufzusuchen, die ein Laufband zur Diagnose von Herzerkrankungen einsetzt. Dieser Versuch kann dann durch eine In-vivo-Aufgabe einem weiteren Test unterzogen werden.

Das folgende Fallbeispiel illustriert, wie wichtig es ist, eine solide ,,Datenbasis" zu erhalten, bevor mit gezielten Interventionen begonnen wird (Beck & Bedrosian, in Druck). Eine Frau, die zeitweilig an paranoiden Täuschungen litt, antizipierte Zurückweisung und Ablehnung auch nachdem sich ihre psychotischen Symptome bereits gelegt hatten. Ihre Antizipation von Zurückweisung beruhte auf der Annahme zu wissen, was andere über sie dachten. Sie wurde deshalb gebeten, in der Therapiestunde ein Verhaltensexperiment durchzuführen, um die Richtigkeit ihrer ,,E.S.P." (außersinnliche Wahrnehmung) zu bestimmen. Sie versuchte mehrfach, die Gedanken des Therapeuten zu erraten, die er auf Karteikarten niedergeschrieben hatte. Sie täuschte sich jedesmal. In der folgenden Woche wiederholte sie dieses Experiment jeden Abend mit ihrem Ehemann, und wiederum täuschte sie sich vollkommen. Danach arbeitete sie daran, sich jedesmal, wenn sie automatisch Ablehnung oder Zurückweisung ihrer Mitmenschen voraussagte, an ihr Versagen beim Gedankenlesen zu erinnern. Außerdem wies das Experiment auf die Notwendigkeit hin, die Eindeutigkeit der Kommunikation zwischen der Patientin und ihrem Ehemann zu verbessern. Auf dieses Problem hatte der Therapeut bereits seit einiger Zeit erfolglos hingewiesen.

Verhaltensexperimente sind besonders nützlich bei der Behandlung von Patienten, die an milden Angstzuständen leiden. Eine Frau Mitte zwanzig verspürte beispielsweise Panikanfälle in Geschäften, in der Münzwäscherei, der Cafeteria und anderen öffentlichen Plätzen. Ihre Angst war mit der Überzeugung verbunden, daß etwas Furchtbares geschehen müßte. Infolgedessen schränkte sie die Gelegenheiten, bei denen sie ihr Haus verlassen mußte, ein. Gemeinsam mit ihrem Ehemann begleitete der Therapeut sie zum Eingang verschiedener Läden. Ihre Angst schwand allmählich, als sie ihre Besorgungen in einem Geschäft nach dem anderen erfolgreich erledigen konnte, ohne die antizipierten Konsequenzen zu erfahren. Sie hatte jetzt größeres Vertrauen in ihre Fähigkeit, selbständig einkaufen zu gehen.

Schriftliche Hausaufgaben.

Eine Hauptstrategie besteht darin, den Patienten zu unterrichten, seine automatischen Gedanken zu erkennen und ihnen ausgeglichenere Anschauungen entgegenzusetzen. Wir haben ein besonderes Formular („Aufzeichnung dysfunktionaler Gedanken") entworfen, um dem Patienten bei der Analyse seiner angsterzeugenden Gedanken zu helfen (siehe Anhang). Die Patienten werden gebeten, das Formular möglichst rasch, nachdem sie ängstlich wurden, auszufüllen. Gelegentlich wird der Patient dazu nicht in der Lage sein. In solchen Fällen füllt der Patient das Formular bei der nächstbesten Gelegenheit aus. Diese Aufzeichnungen werden dann in die Therapie mitgebracht und bilden die Grundlage für einen Großteil der Therapiesitzung.

Die Aufzeichnung dysfunktionaler Gedanken ist ein integraler Bestandteil der Behandlung. Zuerst werden die Patienten gebeten, die ersten drei Spalten der Aufzeichnungen abzuschreiben (a. Situationen, die zu Angst führen, b. dabei empfundene Emotion und Stärke der Emotion, c. automatische Gedanken und Überzeugung von diesen Gedanken). Diese Aufgabe hilft dem Patienten zu lernen, Veränderungen seiner Angst zu überwachen, automatische Gedanken zu erkennen und ihre Beziehung zur Angst wahrzunehmen. Wenn der Patient diese Fertigkeit meistert, ist er so weit, Erwiderungen auf die automatischen Gedanken zu geben. Der Therapeut sollte sicherstellen, daß der Patient weiß, was er mit den Formularen machen soll. Der Therapeut behält Kopien von diesen Formularen, um zugrundeliegende Annahmen des Patienten entdecken zu können.

Problemlösen.

Nachdem der Patient diese Probleme versteht, wird ihm ein allgemeines Problemlöseverfahren beigebracht, das er immer verwenden kann, wenn problematische Situationen entstehen. Denn er wird nicht alle entstehenden Probleme antizipieren können. Dieses Verfahren besteht aus verschiedenen Schritten:
a) Bestimmen, was das Problem ist, und was in der Umwelt zur Erhöhung der Angst beiträgt. Für diesen Schritt muß dem Patienten gezeigt werden, wie er eine funktionale Analyse des Problems durchführen kann.
b) Spezifische Probleme, an denen gearbeitet werden kann, und Ziele, die angestrebt werden können, definieren.
c) Kreatives Problemlösen, „Brainstorming", so viele Ideen wie möglich finden und Wege zum Umgang mit diesem Problem entwickeln. Der Therapeut kann in dieser Sitzung als Modell dienen.
d) Entscheidungen treffen. Entscheiden, welche dieser Strategien die größte Aussicht hat, das Problem erfolgreich zu lösen.
e) Feedback und Bewertung. Messen Sie die Effektivität eines Lösungsversuchs oder schauen Sie, wie gut er funktioniert hat.

Allgemein formuliert muß der Patient einen Plan entwickeln oder eine Methode lernen, um die Verbindungen der Kette übermäßiger Angstzustände zu brechen. Ein neues Muster wird geschaffen, das Veränderungen in der Lebensführung, im Verhalten und im Denken fördert.

Toleranz erhöhen.

Ein therapeutisches Ziel besteht darin, den Patienten eine bessere Angsttoleranz zu vermitteln. Eine größere Angsttoleranz verringert das Ausmaß der Angst vor der Angst. Anstelle von oder in Reaktion auf den Gedanken: ,,Ich kann es nicht ertragen", wird der Patient ermutigt, sich zu sagen: ,,Ich bin stark genug, das auf mich zu nehmen", oder: ,,Ich werde stoppen, wie lange ich es ertragen kann, und die Zeit allmählich verlängern." Mit Übung können Menschen lernen, ihre Toleranz gegenüber fast allen Formen von Unannehmlichkeiten zu erhöhen.

Der Therapeut kann seinem Patienten dann erklären, daß er durch die Erhöhung seiner Angsttoleranz sich selbst stärkt und sich gegen zukünftige Angst ,,impft". Durch die Beobachtung, tatsächlich ein hohes Angstniveau tolerieren zu können, ohne erregt zu werden, entsteht im Patienten häufig das Gefühl erhöhter Kontrolle, das wiederum die sich emporschraubenden Effekte der Angst aufhalten kann.

Häufig flüchtet sich der Patient bei seinen Versuchen, die Angst zu bewältigen, in fehlangepaßte Verhaltensmuster, wie zu langes Schlafen, übermäßiges Essen, übermäßige Masturbation oder übermäßiges Trinken. Der Patient kann seine Angsttoleranz erhöhen, indem er die Zeitspanne zwischen dem Beginn des Angstgefühls und dem Ausweichen in diese habituellen Fluchtmechanismen ausdehnt. Das Aufschieben einer adaptiven Gegenmaßnahme (wie Ablenkung), wenn sich der Patient bedroht fühlt, kann ebenso das Toleranzniveau erhöhen.

Einige Patienten müssen lernen, bestimmte Angstniveaus zu tolerieren. Patienten vermeiden angsterregende Situationen und verpassen so die Gelegenheit, ihre unrealistischen Gedanken zu überprüfen. Der Therapeut erklärt ihnen, daß sie weniger empfindlich werden, wenn sie sich in diese Erfahrung hineinstürzen oder einfach ,,dabeibleiben". Häufig vermeiden die Patienten Situationen, die sie als gefährlich wahrnehmen, und erreichen daher keine Geschlossenheit dieses Feldes. Der Therapeut erklärt seinem Patienten, daß es zwar sehr verlockend ist, den kurzzeitigen Schmerz oder die Schwierigkeiten zu vermeiden. Aber es ist besser, sowohl die kurzfristigen als auch die langfristigen Konsequenzen von Handlungen in Betracht zu ziehen. Darüber hinaus gibt es wirklich keinen Grund, warum der Patient nicht einige Schwierigkeiten oder Unannehmlichkeiten im Leben ertragen sollte. Nachdem er den Patienten gefragt hat, ob er denn nicht schon einigen Schwierigkeiten in der Vergangenheit getrotzt hat, die er seinerzeit für unerträglich hielt, erklärt ihm der Therapeut, daß er einigen psychologischen Schmerz ertragen muß, um Kontrolle über seine Angst zu gewinnen.

Der Therapeut kann den Patienten auf einige der Arbeiten von Albert Ellis (1978) verweisen, der ausführlich über dieses Thema geschrieben hat. Ellis schreibt: ,,Sie können Ihre Behauptung, Ihr schlechtes Verhalten nicht ertragen oder tolerieren zu können, anzweifeln, indem Sie sich fragen: ‚Inwiefern kann ich es nicht ertragen? Beweise mir, daß ich es nicht kann. Ich welcher Hinsicht kann ich es nicht?'

Wenn Sie auf diesen Fragen bestehen, kommt die ziemlich offensichtliche Erwiderung: ‚Natürlich kann ich mein Verhalten ertragen, egal wie sehr ich es nicht mag. Ich kann sogar alles ertragen, was ich tue, oder was in diesem Universum existiert, solange ich noch existiere. Selbst wenn mir das Allerscheußlichste, was nur möglich ist, zustoßen sollte – wenn mich eine Dampfwalze etwa überfährt –, kann ich es natürlich ertragen, solange ich nicht daran sterbe. Sterbe ich allerdings daran, existiere ich nicht mehr, und die Frage, ob ich es aushalten oder ertragen kann, erübrigt sich dann!'

Mit anderen Worten: Wenn immer Sie behaupten, etwas *nicht ertragen* oder *nicht aushalten* zu können, ist diese Aussage sinnlos. Denn noch einmal: Was existiert, existiert wirklich. Sie können *alles* ertragen, was Ihnen zustößt, bis Sie sterben. Selbst wenn eine Horde von Unholden Sie langsam zu Tode foltert, können Sie *trotzdem* Ihre Folter ertragen, bis Sie an ihr sterben. Die Behauptung ‚Ich kann es nicht ertragen, daß diese Rohlinge mich foltern' stimmt einfach nicht. Sie können es *immer* ertragen, gleichgültig *wie* wenig es Ihnen gefällt. Wahrscheinlich ist es besser, einige der Dinge, die Sie nicht mögen, nicht zu ertragen – wie z.B. gefoltert zu werden. Vielleicht sollten Sie sich sogar eher umbringen, als sie zu erleben. Aber bis Sie sich selbst umbringen, können Sie alles, was sie hassen, mißbilligen oder womit Sie sich nicht abfinden zu können meinen, ertragen. Oder, wie ich meinen Klienten immer wieder versichere: ‚Sie können immer hinnehmen, was Sie nicht mögen. Aber Sie *müssen* das natürlich nur selten tun' "(S. 26).

Zusammenfassend ist es also eines der Ziele der Behandlung, die Toleranz des Patienten gegen Schmerz zu erhöhen, indem dieser sich in angsterzeugende Situationen begibt und allmählich die Zeit, die er in dieser Situation verbleibt, ausdehnt. Er kann sich dazu einer Reihe von Verfahren, wie Selbstinstruktion und Bewältigungsvorstellungen, bedienen, um dieses Ziel zu erreichen.

Entspannung.

Der Therapeut kann Entspannungsverfahren verwenden, um dem Patienten zu demonstrieren, daß er über eine gewisse Kontrolle seiner Symptome verfügt. Standardisierte Entspannungsverfahren können verwendet werden. Goldfried & Davison (1976) beschreiben verschiedene aktive Entspannungsmethoden. Wir messen Vorstellungsbildern in der Entspannung besondere Bedeutung bei. Dieser Punkt wird in Kapitel 5 weiter ausgeführt.

Gelegentlich wenden wir auch eine von Meichenbaum (1974) entwickelte Entspannungskurzform an. Es folgen die Therapeutenanweisungen:
„Ich möchte Sie bitten, Ihre Brust- und Rückenmuskulatur zu spannen und gespannt zu halten. Das können Sie erreichen, indem Sie Ihren Brustkorb mit kurzen, tiefen Atemzügen füllen. Beginnen wir mit kurzen, tiefen Atemzügen. Behalten Sie jeden Atemzug ein." (Hier führt der Therapeut die Atemübung vor. Der Patient atmet ebenfalls ein.) „Füllen Sie den Brustkasten, und halten Sie die Luft an. Öffnen Sie jetzt Ihre Lippen ein wenig, und atmen Sie langsam aus. Gut. Achten Sie auf das Entspannungsgefühl und die Wärme, die Sie beim langsamen Ausatmen erzeugen können. Gut." (Pause, um den Patienten zu seiner normalen Atmung zurückkehren zu lassen.) „Lassen Sie uns jetzt noch einmal die Brust- und Rückenmuskulatur an-

spannen, indem Sie den Brustkasten mit kurzen, tiefen Atemzügen füllen. Halten Sie den Atem an. Spüren Sie die Spannung oberhalb der Brust und im ganzen oberen Teil Ihres Körpers? Erzeugen Sie jetzt das Entspannungsgefühl durch langsames Ausatmen. Öffnen Sie die Lippen, und lassen Sie die Luft langsam heraus. Langsam. Gut. Beachten Sie den Unterschied zwischen den Gefühlen von Spannung und Entspannung, die Sie erzeugen konnten."

Während der Patient ruhig sitzt, sagt der Therapeut: „Man kann durch Atmen ein Gefühl der Entspannung erzeugen. Durch langsames, tiefes Einatmen und langsames Ausatmen kann man jedes Spannungs- und Angstgefühl kontrollieren. Diese Atemtechnik ist durch die Wirkung der Atmung auf die Herzfrequenz und den übrigen Körper besonders effektiv. Richtiges Atmen verlangsamt die physiologischen Prozesse und senkt die Erregung. Versuchen wir noch einmal die Atemübung. Versuchen Sie es diesmal allein. Atmen Sie langsam ein. Öffnen Sie dann Ihre Lippen und lassen Sie die Luft langsam heraus. Versuchen Sie es." Diese Runde kann noch einmal wiederholt werden.

Der Therapeut kann dem Patienten auch vorschlagen: „Sie können die Entspannung vertiefen und Spannungsgefühle wegtspannen, indem Sie sich beim langsamen Ausatmen die Worte ‚Entspannung' und ‚Ruhe' vorstellen. Denken Sie sich oder stellen Sie sich diese Wort vor, wenn Sie langsam ausatmen. Zwischen den Sitzungen, beim Üben der Entspannung und des langsamen, tiefen Atmens, oder beim Lernen, oder vor oder während einem Test ist diese Übung besonders hilfreich." Die Anwendung von Selbstinstruktionen wurde von Dorothy Yates (1946) angeregt und wird von Richardson in seinem Therapiemanual (1973) behandelt. Die Einbeziehung der Selbstinstruktion in der ersten Übungsphase ist eine Vorstufe des späteren Selbstinstruktionstrainings.

Beim Vorführen des Einatmens macht der Therapeut etwa einen Atemzug pro Sekunde, füllt die Lunge mit etwa vier oder fünf Atemzügen, hält dann die Luft für etwa fünf Sekunden an und atmet schließlich etwa weitere zehn Sekunden aus. Die Atemfolge dauert ungefähr zwanzig bis dreißig Sekunden. Natürlich können diese Parameter auf die Eigenschaften von Therapeut und Patient zugeschnitten werden. Der Therapeut sollte seinen Patienten den Atem nicht bis zur Atemlosigkeit anhalten lassen, sondern sollte ihm genug Zeit zum langsamen, tiefen Ausatmen geben. Erklären Sie dem Patienten beim Training und auch nachher, wenn alle wieder sitzen, den Unterschied zwischen kurzem, scharfen Ein- und Ausatmen, das zu einer Erhöhung der Herzfrequenz führt, und einer Folge langsamen Ein- und Ausatmens, die die Körpervorgänge und die Herzfrequenz beruhigen.

Der Therapeut kann eine Entspannungskassette anfertigen, die sich der Patient daheim anhören kann, wenn er einen Angstanfall oder Einschlafstörungen hat. In der kognitiven Therapie ist Entspannung ein *Hilfsverfahren* — ein Mittel zum Zweck. Entspannungsähnliche Übungen und Meditationen werden verwendet, um eine Erleichterung von Symptomen zu verschaffen und es dem Patienten zu ermöglichen, seine dysfunktionalen Annahmen zu untersuchen.

In-vivo-Desensibilisierung.

In fast jedem Fall muß sich der Patient schließlich mit der angstauslösenden Situation konfrontieren, um seine dysfunktionalen Annahmen zu widerlegen. Deshalb ist In-vivo-Desensibilisierung (bei der das Individuum sich der Situation stellt) ein entscheidendes Element der Angstbehandlung. Im allgemeinen müssen die Patienten, bevor sie ihre Annahmen ändern, in einer letzten Analyse das erleben, was sie für furchterregende Situationen halten, und entdecken, daß sie sich täuschen. Das Individuum mit Angst vor Fremden muß Fremden entgegentreten. Das Individuum mit Angst vor einer degenerativen Krankheit muß lernen, nicht vor Behinderten davonzulaufen. Das Individuum mit Angst, allein zu sein, muß lernen, diesen Zustand zu ertragen und sich schließlich der eigenen Gesellschaft zu erfreuen.

Es folgen einige Richtlinien und Techniken, die für die In-vivo-Desensibilisierung verwendet werden.

a) Shaping.

Der Therapeut muß daran denken, daß die gefürchtete Situation den Patienten meistens entsetzt. Deshalb muß er sich der gefürchteten Situation allmählich nähern. Geht der Patient ganz unvermittelt in eine gefürchtete Situation, kann dieser Versuch nach hinten losgehen. Shaping wird während der gesamten Behandlung angewendet. Es ist ein entwicklungsorientiertes, einen Schritt nach dem anderen nehmendes Vorgehen. Jeder Schritt, der unternommen werden soll, wird durch die Sicherheit des Patienten bestimmt. Ihm wird erklärt, daß er einen Schritt nach dem anderen machen soll, um seine Furcht zu überwinden, daß es keinen einfachen Ausweg gibt, aber daß der Prozeß wahrscheinlich nicht so schwer ist, wie er ihn sich vorstellt.

b) Hierarchie.

Die Stufen bei der In-vivo-Desensibilisierung werden in einer Hierarchie, die von der am wenigsten ängstigenden bis zur am stärksten ängstigenden Situation reicht, angeordnet. Als wichtigste Regel gilt, daß der Patient keine Situation verläßt, bevor sein Angstniveau abgesunken ist. Verläßt er sie, bevor die Angst abgenommen hat, sollte er in sie zurückkehren und in ihr verbleiben, bis die Angst abgenommen hat. Ist er dann immer noch nicht in der Lage, in der Situation zu bleiben, sollte er eine Stufe tiefer steigen. Wahrscheinlich hat er einen zu großen Schritt auf einmal gemacht. Durch die sukzessive Annäherung an ein Ziel kann sich der Patient allmählich zum erwünschten Verhalten vorarbeiten. Hat jemand beispielsweise Angst vor Höhen, kann er damit beginnen, zuerst in den ersten Stock eines Gebäudes zu gehen und dort zu bleiben, bis er sich sicher genug fühlt, um in den nächsten Stock zu gehen usw., bis er sich in den obersten Stock des Gebäudes begeben kann. Bereits das Aufstellen einer Hierarchie von Schritten, die auf eine Konfrontation mit einer gefürchteten Situation hinführt, kann eine kognitive Umstrukturierung bewirken. Der Patient erkennt, daß sein umfassenderes Problem in konkrete, bewältigbare Schritte aufgeteilt werden kann. Der erfolgreiche Abschluß jedes einzelnen Schrittes zeigt dem Patienten, daß er das Ziel durch seine Bemühungen und mit seinen eigenen Fertigkeiten erreichen kann. Häufig hat der Patient bei der Durchführung einer abgestuften Aufgabe einen „cognitive click" (Begriff von Mahoney)[1] und kann dann

---
1) „Aha-Erlebnis"; d.Ü.

größere Schritte auf das gefürchtete Objekt hin machen. Wahrscheinlich erkennt er, daß seine Bedenken falsch waren und er die Gefahr überschätzt hat.
Jeder Schritt kann als ein unabhängiges Experiment, als eine zu prüfende Hypothese angesehen werden. Neben der Widerlegung kognitiver Verzerrungsmuster gibt jeder Schritt die Gelegenheit, weitere Informationen, z.B. begleitende visuelle Vorstellungen, zu erhalten. Die Aufgabe sollte so gestellt werden, daß es nicht um Bestehen oder Versagen geht. Selbst wenn der Patient nicht in der Lage ist, eine Situation zu ertragen, kann er immer noch Informationen über das Ereignis sammeln, die dann in der Therapie Verwendung finden.

c) Motivation.
Wie bereits erwähnt, ist der Patient in der Beratungseinrichtung stärker motiviert, sich in die angstauslösende Situation zu begeben, als er es in der wirklichen Situation ist. Je weiter er von der Situation entfernt ist, desto geringer ist seine Angst. Kommt er der Situation jedoch näher, schwindet der Wunsch, sich mit ihr zu konfrontieren, und die Furcht nimmt zu. Deshalb muß der Therapeut seinen Einfallsreichtum und seine klinische Erfahrung einsetzen, um zu erreichen, daß der Patient die Aufgabe wenigstens versucht. Das Standardvorgehen besteht darin, dem Patienten eine Erklärung für das Experiment zu geben und die Aufgabe als nicht erfolgs- oder mißerfolgsbezogen darzustellen. Selbst wenn der Patient in der Situation nicht völlig erfolgreich ist, wird er Informationen (Vorstellungsbilder und Selbstverbalisationen) sammeln, die in der Therapie verwendet werden. Die Motivation wird also gesteigert, indem man den Patienten für das Experiment interessiert und ihn geneigt macht, diese Techniken allmählich auszuprobieren.
Eine weitere Methode zur Stärkung der Motivation besteht darin, den Patienten den ersten Schritt zur Konfrontation mit der gefürchteten Situation hin unternehmen zu lassen. Der Therapeut kann dem Patienten sagen: „Ich weiß, daß Sie jetzt Lust haben, das auszuprobieren. Aber je näher man einer Sache kommt, vor der man sich fürchtet, desto weniger möchte man sie wirklich machen. Aber wenn man einen ersten Schritt auf die Aktivität hin unternommen hat — wie etwa anderen von ihr zu erzählen —, kann dies eine wirksame Motivation werden. Versprechungen können die Selbstkontrolle des faulen Menschen sein."
Der Therapeut muß aufpassen, daß dieses Verfahren nicht nach hinten losgeht. Wenn die Situation zu furchterregend ist, bricht der Patient unter Umständen sein Versprechen. Möglicherweise denkt er dann: „Ich habe alle enttäuscht." Und dieser Gedanken kann depressive Gefühle auslösen. Wie bei anderen Verfahren bemüht sich der Therapeut, die Situation so zu strukturieren, daß es kein Versagen gibt.

d) Selbstinstruktion.
Eine Methode, die der Patient zur Überwindung seiner Furcht und seiner Überzeugungen von der angsterzeugenden Situation verwenden kann, ist das Üben von Selbstinstruktionen. Bei diesem Verfahren sagt sich der Patient aktiv Sätze wie: „Bleib' in der Situation!" „Bleib' aufgabenbezogen, und die Angst wird schwächer!" „Was ist mein Ziel?" „Bewerte Dich nicht selbst!" Und der Patient kann seinem „Körper" befehlen, an bestimmten Orten zu bleiben oder sich in sie zu begeben. Selbstinstruktionen sind wirkungsvoller, wenn der Patient laut zu sich spricht.
Diese Selbstinstruktionen können auf kleine Karteikärtchen geschrieben und als

Teil des Bewältigungsplanes für die Angstsituation verwendet werden. Der Therapeut betont, daß der Patient tatsächlich Kontrolle über seinen Körper hat, zumindest jedenfalls über seine groben motorischen Bewegungen, wenn nicht gar über die feineren Angstsymptome. Der Therapeut kann darauf hinweisen, daß dieses Unterfangen nicht einfach ist, aber daß der Patient sich durch aktive Selbstgespräche zwingen kann, in die Situation hineinzugehen und in ihr zu verbleiben. In der Therapiesitzung kann der Patient Selbstanweisungen im Rollenspiel mit dem Therapeuten üben. Im Rollenspiel gibt sich der Patient Selbstanweisungen, um gegen derzeit vorhandene angsterzeugende Gedanken anzukämpfen. Der Therapeut kann dieses Verfahren im Rollenspiel vormachen, um seinem Patienten ein erstes Mal den Gebrauch von Selbstinstruktionen zu demonstrieren. Gerät das Individuum in die wirkliche Situation, kann sie dieses Rollenspiel zum Modell nehmen.

e) Co-Therapeuten bei der In-vivo-Desensibilisierung.
Familienmitglieder des Patienten oder „significant others" aus dem Leben des Patienten können für die In-vivo-Desensibilisierung eine große Hilfe sein. Eine andere Person kann z.B. dem Patienten bei den ersten Schritten seiner Aufgabenhierarchie als Hilfstherapeut zur Seite stehen. (Gelegentlich haben wir in unserer Klinik auch Angehörige anderer Berufsgruppen eingesetzt; ausführlicher beschrieben in Kapitel 12). Ein Fallbeispiel für eine In-vivo-Desensibilisierung ist eine Klientin von Beck, die sich vor Fahrstühlen fürchtete. Im Büro glaubte sie, daß die Wahrscheinlichkeit, im Fahrstuhl stecken zu bleiben und zu ersticken, etwa eins zu zehntausend war. Beck begleitete sie dann zum Fahrstuhl. Als sie sich ihm näherte, schätzte sie die Chance zu ersticken auf fünfzig zu fünfzig ein. Er fuhr dann mit ihr im Fahrstuhl auf und ab, um sie etwas zu desensibilisieren und herauszufinden, was für Vorstellungen ihr dabei in den Sinn kamen. Nachdem sie einige Male herauf- und hinabgefahren waren, verschwanden die Vorstellungsbilder. Zurück im Büro schätzte sie die Chancen gegen das Unglück so hoch wie ursprünglich ein. Ein allmähliches Desensibilisierungsprogramm wurde dann für sie aufgestellt.
Co-Therapeuten können eingesetzt werden, um dem Patienten zu helfen, sich auf die seine Angst nährenden Vorstellungsbilder und Gedanken zu konzentrieren und sie zu identifizieren. Die wichtigste Funktion des „significant other" besteht darin, dem Individuum zu helfen, in der Situation zu bleiben, bis die Angst niedriger wird. Allmählich wird der Hilfstherapeut von diesem Vorgang ausgeschlossen. Der „significant other" sollte folgende allgemeine Regeln befolgen: a) Verstärken Sie kleine Schritte; b) nörgeln Sie nicht an der anderen Person herum; c) machen Sie den Vorgang zu einer gemeinschaftlichen Anstrengung und d) überlassen Sie der anderen Person die Führung.

f) Telefonische Therapie.
Eines der Hilfsmittel, mit denen der Therapeut seinen Patienten beim Üben der Techniken zur Entwicklung von Toleranz und/oder zur Desensibilisierung unterstützen kann – wie Selbstinstruktionen, Vorstellungsübungen und andere, in den Sitzungen entwickelte Verfahren –, ist das Telefon. Wie bereits erwähnt ist in zustandsabhängiger Therapie von entscheidender Bedeutung, daß der Patient die Bewältigungsmethoden auf dem Höhepunkt seiner erlebten Angst übt. Durch Telefonkontakt zu diesem Zeitpunkt kann er in der Anfangsphase eines allmählichen Desensi-

bilisierungsprogramms die Unterstützung und Ermutigung des Therapeuten erhalten, wenn Zeit und Entfernung eine solche Hilfe andernfalls unmöglich machen würden. Einige Therapeuten konnten Patienten helfen, die sich am anderen Ende des Landes befanden. Widerstrebt es dem Patienten, den Therapeuten anzurufen, weil er ein Schuldgefühl hat, die Zeit des Therapeuten in Anspruch zu nehmen oder ihn zu unmöglichen Zeiten zu stören, kann der Therapeut mit ihm ein Abkommen schließen. Die Telefonkontakte können als Therapiezeit gelten und entsprechend berechnet werden.

g) Verhaltenstraining.
Für viele ängstliche Patienten ist soziale Interaktion ein Teilaspekt der gefürchteten Situation. Durch Verhaltenstraining (Rollenspiel) kann der Patient auf irgendwelche ihn möglicherweise belastende soziale Situationen vorbereitet werden. Indem der Therapeut mit seinem Patienten verschiedene soziale Interaktionen im Rollenspiel übt, kann er adaptive soziale Reaktionen modellhaft vorspielen.

Ein Hauptaspekt kognitiver Therapie ist die Beurteilung von Gedanken und Ideen, die das Verhalten stören. Viele ängstliche Patienten handeln eher wegen dysfunktionaler Annahmen als wegen fehlender sozialer Fertigkeiten selbstunsicher. Diese Gedanken können im Rollenspiel ausgelöst und dann angegriffen werden.

Das Verhaltenstraining gibt dem Patienten eine kognitive Landkarte, die er verwenden kann, wenn er in die gefürchtete Situation gerät. Sein Selbstvertrauen wird dadurch gestärkt. Besondere Probleme, die der Patient voraussieht — beispielsweise kritisiert zu werden —, können in der Beratungseinrichtung geübt werden, bevor der Patient sie in vivo erfährt. Probleme, die den Patienten hindern, soziale Begegnungen zu wagen, können mit dieser Methode festgestellt und verändert werden. Der folgende Wortwechsel illustriert dies:

P: Nach dem Rollenspiel verstehe ich, warum ich nicht dahin gehen kann. Die Leute werden mich zum Schweigen bringen.
T: Wir können einige Entgegnungen für diesen Fall üben. Aber hat es irgendwelche Vorteile, wenn jemand wirklich versucht, Sie zum Schweigen zu bringen?
P: ... Nun, ich nehme an, wahrscheinlich könnte ich lernen, wie man damit umgeht.

Nachdem der Patient vom Therapeuten auf dieses „Zum-Schweigen-gebracht-Werden" durch Rollenspiel „geimpft" wurde, hatte der Patient genug Selbstvertrauen, dem Treffen beizuwohnen. Es erwies sich als weniger bedrohlich als angenommen.

Psychopharmakologie.

Der ängstliche Patient wird davor gewarnt, übermäßige Mengen an Stimulantien, wie Kaffee, Tee und Kola, zu sich zu nehmen. Bei einigen Patienten kann bereits eine einzige Tasse Kaffee eine physiologische Erregung hervorrufen. Sie wird dann leicht als Angst fehlinterpretiert, und eine Kettenreaktion setzt ein.

Der ängstliche Patient sollte auch übermäßigen Alkoholgenuß einschränken. Viele Patienten trinken Alkohol zur Kontrolle ihrer Angst. Trinken macht den Patienten jedoch anfälliger für Angst und angstähnliche Symptome, und er gerät in einen Teufelskreis.

Schließlich wird der Patient davor gewarnt, zu lange nichts zu essen. Viele Symptome eines niedrigen Blutzuckerspiegels (Hypoglykämie) ähneln denen der Angst und können daher fälschlicherweise für Angst gehalten werden. Auch kann ein niedriger Blutzuckerspiegel anfällig für Angst machen. Hat der ängstliche Patient den Verdacht, daß sein Blutzuckerspiegel niedrig ist, ist es für ihn ratsam, etwas Protein zu sich zu nehmen – ein Glas Milch z.B. oder ein hartgekochtes Ei.

Kapitel 5

Imaginative Verfahren

Die Bedeutung der Vorstellung.

In Anbetracht von Singers Befunden (1974), daß 96% der normalen Erwachsenen alltäglich Tagträume haben, ist es überraschend, daß in der heutigen psychotherapeutischen Literatur nur vereinzelt über die Bedeutung spontaner Phantasien (Tagträume) berichtet wird. Tatsächlich sind sich viele Patienten der Häufigkeit ihrer Tagträume nicht bewußt, wenn sie und bevor sie nicht gebeten werden, von ihnen zu erzählen. Selbst Patienten, die sich ihrer Tagträume bewußt sind, sprechen für gewöhnlich nicht über sie, bevor sich der Psychotherapeut gezielt nach ihren Wachphantasien erkundigt.

Bereits in Kapitel 2 wurde unsere Beobachtung erwähnt, daß 90% der ängstlichen Patienten berichten, unmittelbar vor und während ihrer Angst Vorstellungsbilder zu haben, sich in Gefahr zu befinden (Beck, Laude & Bohnert, 1974), wenn sie gezielt nach diesen Phantasien befragt werden. Diese visuellen Erlebnisse haben den gleichen allgemeinen Inhalt wie verbale Kognitionen, nämlich physische oder psychische Traumen oder beides. Wurden die Patienten gebeten, die Phantasien im Interview zu erleben, konnten sie sich das unangenehme Ereignis vorstellen. Beim Entstehen der visuellen Szene fühlten sie sich ängstlich.

Zwei Beobachtungen können die Beziehung von Phantasie und Angst aufklären helfen. Erstens stellt die Phantasie häufig eine Verzerrung der Realität dar. Zweitens sind die Patienten von der Validität der Phantasie in veränderlichem Ausmaß überzeugt. Es ist daher möglich, daß die affektiven Reaktionen und das offene Verhalten des Patienten stärker mit dem Inhalt der Phantasie als mit der Wirklichkeit kongruent sind. Chapman (1967) berichtet z.B. von vier Fällen, in denen vier Patienten visuelle Phantasien von Christus am Kreuz hatten und dann eine gekreuzigte Körperhaltung annahmen.

Eine Frau, die außer einer Akrophobie asymptomatisch war, erlebte eine furchterregende Phantasie, als sie sich mit ihrem Ehemann im obersten Stockwerk eines Wolkenkratzers befand. Sie hatte die Vorstellung, aus dem Fenster zu stürzen. Die Phantasie war so lebhaft und wirklich, daß sie „Hilfe" rief. Als sie ihr Ehemann daraufhin fragte, warum sie um Hilfe riefe, erkannte sie, daß der Sturz aus dem Fenster eine reine Vorstellung war.

Zahlreiche ähnliche klinische Beobachtungen legen nahe, daß ein Individuum auf eine vorgestellte Szene so zu reagieren vermag, als ob sie tatsächlich geschehe. Die Überzeugung eines Individuums von der Identität einer intern erzeugten Phantasie mit der derzeitigen externen Wirklichkeit kann als ein Kontinuum angesehen werden, das von völliger Überzeugung bis zu völligem Unglauben reicht. Ist eine unrealistische bildhafte Vorstellung so mächtig und unerschütterlich, daß der Patient an ihre Authentizität trotz gegenteiliger Beweise glaubt, kann sie als visuelle Halluzination angesehen werden. Der Glaube an die Übereinstimmung einer Phantasie mit der

Wirklichkeit kann jedoch von Augenblick zu Augenblick schwanken. Ein nichtpsychotisches Individuum kann die Phantasie teilweise oder völlig mit der externen Realität verwechseln, bis es die Gelegenheit zur Realitätsprüfung der Phantasie bekommt. Obwohl der Tagtraum zeitweilig erlebt werden kann, als ob er Realität sei – so wie der Träumer den Traum im Schlafzustand erlebt –, ist das nichtpsychotische Individuum in der Lage, seine Objektivität wieder zu erlangen und das Phänomen als Phantasie einzustufen. Später kann die Phantasie wiederkehren und muß erneut an der Wirklichkeit überprüft werden. Diese Fluktuation der Lebendigkeit und Glaubhaftigkeit von Phantasien läßt sich bei neurotischen Zuständen, wie Angstreaktionen, Phobien und Depressionen, beobachten.

Die Macht induzierter Phantasien, sei es nun in der systematischen Desensibilisierung, der Hypnotherapie oder bei anderen therapeutischen Eingriffen, kann sogar damit in Zusammenhang stehen, daß der Patient in gewissem Ausmaß auf das phantasierte Ereignis so reagiert, als ob es tatsächlich geschehen würde. Stern & Kaplan (1967) präsentierten experimentelle Beweise, daß selbstinduzierte Phantasien autonome Veränderungen erzeugen. Eine Phantasie kann einem Alptraum ähneln, in dem man versucht, im Schlaf um Hilfe zu rufen. „Völliger Unglaube" ist dann die Reaktion beim Aufwachen.

Patienten enthüllen diese Vorstellungsbilder selten, wenn der Therapeut nicht gezielt nach ihnen fragt. Die folgenden Beispiele visueller Vorstellungen wurden nicht berichtet, bevor die Patienten nach ihnen befragt wurden.

Ein Busfahrer hatte wiederholte Phantasien, beim Fahren seines Busses in einen Unfall zu geraten. Jede der Phantasien hatte so intensive Angst ausgelöst, daß er Urlaub nehmen mußte. – Ein anderer Patient, dessen Angst sich nach einem Autounfall einstellte, erlebte in seiner Phantasie den Unfall ständig wieder. – Eine dritte Patientin bekam auf die Nachricht, daß ihre beste Freundin Krebs habe, Phantasien von einem Unheil, das sie oder andere ihrer Familienmitglieder befiel. In allen diesen Fällen erzeugten diese Phantasien ein unangenehmes Gefühl.

Diese Fälle sind bemerkenswert, weil die Patienten von ihrer Angst erleichtert wurden, als es ihnen gelang, die Phantasien zu beherrschen. Es sollte beachter werden, daß keiner dieser Patienten psychotisch war.

Vorstellungsbilder identifizieren.

Der Therapeut kann seinem Patienten folgende Fragen stellen, um diese Vorstellungsbilder herauszubekommen:
    Sehen Sie ein Bild vor sich, wenn Sie denken?
    Würden Sie es bitte beschreiben?
    Ist es farbig?
    Hören Sie Töne?
    Bewegen sich die Bilder?
    Bewegt sich etwas anderes?
    Riechen Sie etwas?
    Hören Sie etwas?
    Haben Sie taktile Empfindungen?

Wie lebendig ist das Bild?
Ist es ein passives oder ein aktives Bild?
Ist es ein Bild auf einer Leinwand?
Geschieht gefühlsmäßig viel?

Vorstellungsbilder und Verhalten.

Zunehmend mehr Literatur weist auf den tiefgreifenden Effekt hin, den Phantasien auf das Verhalten haben können. Verfahren wie die Entspannungstechniken von Grantly Dick Read zur Geburtsvorbereitung (1953) und Techniken zur Hypnoseinduktion (1967) nutzen bildhafte Vorstellungen. Induzierte Vorstellungen wurden einmal von Freud verwendet (1895). Ahsen (1965) und Brown (1967) haben in der jüngeren Vergangenheit über den Gebrauch induzierter Vorstellungen zur Klärung der Probleme des Patienten berichtet.

Die Auswirkung von Vorstellung und Visualisation auf das Verhalten wird durch die Effektivität von Phantasietechniken beim Erlernen bestimmter motorischer Fertigkeiten demonstriert. Induzierte Vorstellungen haben sich zur Verbesserung von Leistungen, wie Pfeile werfen, Freiwürfe beim Basketball und Zielen mit dem Hockeyschläger, erwiesen. Viele Menschen haben entdeckt, daß sie ihre Angst reduzieren und ihre Leistungen beim öffentlichen Reden oder anderen Streß erzeugenden Situationen verbessern können, wenn sie sich die Situation wiederholt in der Phantasie vorstellen, bevor sie eintritt (Proben in der Phantasie). Diese Beobachtungen legen nahe, daß Phantasien zum Erreichen von Fertigkeiten und zur Überwindung von Angst in alltäglichen Situationen und auch in psychopathologischen Fällen beitragen können.

Spontane Phantasien können ebenso wie induzierte Phantasien eine ergiebige Quelle für Material sein, das zum Verständnis des Problems des Patienten beiträgt. Systematische Studien, die vor über achtzig Jahren von Galton und in jüngerer Zeit von Singer (1966) durchgeführt wurden, weisen darauf hin, daß visuelle Vorstellungen häufig im Wachzustand des normalen Individuums vorkommen. Chapman (1967) hat darüber hinaus Beweise erbracht, daß pathologisches offenes Verhalten auf bestimmten Phantasien des Patienten beruht. Verschiedene Autoren haben das Vorkommen von Vorstellungsbildern in der freien Assoziation der Psychoanalyse bemerkt.

Therapeutische Verwendung von Phantasien.

Die therapeutische Nutzung von Phantasien wurde durch die von verschiedenen psychotherapeutischen Schulen verwendeten theoretischen Vorgehensweisen und spezifischen therapeutischen Verfahren eingeschränkt. Der Verhaltenstherapeut nutzte Vorstellungen in der systematischen Desensibilisierung, aber strukturierte deren Inhalte durch gezielte Anweisungen. Der Psychoanalytiker andererseits verwendet für gewöhnlich keine induzierten Vorstellungen. Wenn der Patient spontane Phantasien berichtet, tendiert der Psychoanalytiker dazu, sich mit ihrer Abwehrfunktion anstatt ihren konkreten Inhalten zu befassen.

Autonome oder „unkontrollierte" Phantasien entstehen ohne die Absicht des Probanden. Sie halten an und wiederholen sich trotz aller Versuche, sie zu unterbrechen. Chapman (1967) beobachtete dieses Phänomen bei psychotischen Patienten. Die Stichprobe des Autors bestand demgegenüber aus neurotischen Patienten.

Fall 1: Ein zwanzigjähriger Parkhauswächter wurde in der ambulanten psychiatrischen Klinik des Hospital of the University of Pennsylvania betreut. Drei Wochen zuvor hatten die Bremsen eines Fahrzeugs versagt, das der Patient im vierten Stock eines Parkhauses rückwärts einparken wollte. Der Wagen durchbrach das Geländer. Der Patient blieb eineinhalb Stunden in dem Wagen gefangen, der auf einem Sims 27 Meter über der Straße hin und her schaukelte. Während der ganzen Zeit fürchtete er, daß der Wagen abstürzen und er getötet würde.

Danach hatte der Patient erhebliche Angst. Sie dauerte bis zu seinem Besuch in der Klinik an. Eine Woche zuvor hatte er einen anderen Arzt aufgesucht, der ihm dreimal täglich Librium verschrieben hatte. Die Symptome nahmen jedoch nicht ab.

Erst gezieltes Befragen des Patienten über Tagträume führte zu der Entdeckung, daß er beständig Phantasien von dem Unfall hatte. In diesen Phantasien wiedererlebte er ständig das traumatische Ereignis. Sie hatten folgende Eigenschaften:
1) Sie waren autonom:
   a) Der Patient erlebte sie, ohne ihr Erscheinen zu wollen.
   b) Sie wurden regelmäßig durch externe Stimuli, wie Berichte von anderen Unfällen, ausgelöst. Häufig aber entstanden sie ohne irgendeinen externen Stimulus.
   c) Hatte eine Phantasie einmal begonnen, konnte der Patient nicht „abschalten". Sie setzte sich wiederholt fort, bis er abgelenkt wurde oder schlafen ging.
2) Hatte der Patient die Phantasie, erlebte er sie, als ob das traumatische Ereignis gegenwärtig geschehen würde. Das heißt, er konnte nicht zwischen der Phantasie und dem vorangegangenen wirklichen Unfall unterscheiden.
3) Sein Entsetzen und seine Angst fluktuierten entsprechend der Ereignisfolge in seiner Phantasie.

Im Erstinterview wurde der Patient dazu bewegt, mehrere *erfolgreiche* Episoden aus seinem Leben zu phantasieren. Er wurde dann gebeten, sich das unangenehme Ereignis, das er vor drei Wochen erlebt hatte, vorzustellen. Er ließ die Phantasie entstehen und wurde offensichtlich ängstlich und entsetzt, als seine Vorstellung ablief. Nach wenigen Minuten unterbrach der Interviewer die Phantasie, indem er zu ihm sprach.

Schilderung fehlangepaßter Denkgewohnheiten.

Durch ein Gespräch über die spontan erlebte Phantasie vor dem eigentlichen psychotherapeutischen Interview läßt sich der Inhalt des jeweiligen Problems sehr viel genauer bestimmen. In mancher Hinsicht ist dieses Verfahren analog zum Bericht von Traummaterial und der Interpretation von Symbolen und Vorstellungsbildern. Außerdem können Therapeut und Patient durch die Beschäftigung mit dem vom Patienten in Assoziation zu seinen Phantasien gelieferten Material ein besseres Verständnis seines spezifischen psychologischen Problems erhalten.

Fall 2: Ein sechsundzwanzigjähriger Patient berichtete, sich von seiner Verlobten abgelehnt zu fühlen, obwohl sie nichts getan hätte, das diese Reaktionen berechtigte. Er berichtete dann, daß dieses Gefühl am vergangenen Tag bei einem Picknick mit seiner Verlobten und seinem besten Freund begonnen hatte. Obwohl seine Verlobte und sein Freund ihm Beachtung geschenkt hatten, fühlte er sich unbehaglich. Dann erinnerte er sich, beim Picknick folgenden Tagtraum gehabt zu haben: „Jane (seine Verlobte) und Bob (sein Freund) fingen an, einander verliebt anzuschauen. Sie tauschten Signale aus, mich loszuwerden. Sie verabredeten sich, später am Abend zusammenzukommen. Ich bekam das alte Gefühl, abgelehnt zu werden – dabei sein wollen, aber draußen gehalten und nicht gewollt zu werden. Dann schlichen sie sich fort, neckten sich und hatten sexuellen Verkehr miteinander. Dann sagten sie es mir, und ich machte mit ihr Schluß, obwohl ich gleichzeitig einen tiefen Verlust spürte." Nach dieser Phantasie fühlte er sich von seiner Verlobten abgelehnt, obwohl sie weiterhin sehr zärtlich zu ihm war.

Nachdem er die Phantasie in der Therapiestunde erzählt hatte, kam ihm ein Strom von Assoziationen: „Bob erinnert mich daran, mit meinem Bruder zu konkurrieren. Im Vergleich zu ihm spielte ich immer nur die zweite Geige. Er war immer besser als ich. Alle mochten ihn mehr als mich."

Der Patient konnte dann eine Beziehung zwischen seiner unangenehmen Reaktion beim Picknick und seiner früheren Erwartung, vom Bruder verdrängt zu werden, sehen. Er visualisierte seine Verdrängung durch Bob analog zum Triumph seines Bruders über ihn. Ihm wurde klar, daß seine eifersüchtige Reaktion und seine Empfindsamkeit nicht durch die wirkliche Situation zu rechtfertigen waren.

Identifizierung des spezifischen Inhalts kognitiver Verzerrungsmuster.

Die Ähnlichkeit des Inhalts verbaler und bildhafter Kognitionen legt nahe, daß sie im gleichen konzeptuellen System entstehen. Die kognitive Reaktion auf eine Situation wird durch das besondere, von ihr aktivierte kognitive Muster geformt. Ist ein bestimmtes kognitives Muster hyperaktiv (wie in verschiedenen psychopathologischen Zuständen), dann tendieren die spontanen verbalen und die spontanen bildhaften Kognitionen dazu, von diesen hyperaktiven kognitiven Mustern bestimmt zu sein.

Oft bleibt ein bestimmtes Problem trotz der gewöhnlichen Bemühungen, es durch Beschreibung, Assoziieren, Exploration, Sondierung und Reflexion näher zu definieren, unklar. In vielen Fällen konnten induzierte Vorstellungen das Problem klären und ergaben wichtige Anhaltspunkte für die Erklärung übertriebener und nicht angemessener Reaktionen. Die Erklärungen für diese Reaktionen werden im allgemeinen aus den groben Realitätsverzerrungen der Phantasien des Patienten ersichtlich.

Ein Patient war aufgeregt, weil ein von ihm verfaßter Aufsatz bei seinen Professoren keine positiven Reaktionen auslöste. Ein Gespräch über seine Reaktion unter dem Aspekt seiner Gefühle von Deprivation und verletztem Stolz hob seine gedrückte Stimmung nicht. Der Autor schlug dann vor, eine auf das Ereignis bezogene Phantasie entstehen zu lassen. Der Patient berichtete: „Ich bin sehr klein. Ich sitze in einem Restaurant und habe ein Lätzchen umgebunden. Die Kellnerin beachtet mich nicht. Sie bedient mich nicht. Ich fühle mich sehr mies."

Diese Phantasie ermöglichte es, die Reaktion hinsichtlich seiner Vorstellung, ein kleiner Junge zu sein, dem etwas Lebenswichtiges — nämlich Nahrung — entzogen wurde, zu diskutieren. Nach dem Erkennen dieser „Reaktion eines kleinen Jungen" war der Patient nicht mehr so aufgeregt.

Dieser Fall illustriert, wie die Konzeptualisierung einer Situation die Reaktion auf die Situation bestimmt. Durch die Induzierung von Phantasien kann das Individuum die spezifischen Details seiner Konzeption der Situation erkennen, an ihnen eine Realitätsprüfung vornehmen und kognitive Verzerrungen korrigieren. Die Standardverfahren der freien Assoziation oder des direkten Gesprächs können bei der Erhellung des Problems versagen. Seine Darstellung in der Phantasie bringt es jedoch scharf ins Blickfeld. Ist das verzerrte Bild einmal korrigiert, fühlt sich der Patient besser und kann die Situation erfolgreicher meistern.

Ein fünfunddreißigjähriger verheirateter Mann erzählte, daß er seit einigen Tagen sehr aufgeregt sei, weil ihm ein Geschäft im Ort andere Fenster als die von ihm bestellten geliefert hatte. Er fürchtete sich sehr bei der Vorstellung, den Geschäftsführer anzurufen und auf der Lieferung der richtigen Fenster zu bestehen. Er konnte nicht erklären, warum er sich so sorgte. Der Therapeut schlug dann vor, sich den Verlauf des Gespräches vorzustellen. Er berichtete die folgende Phantasie: „Ich befand mich im Büro des Geschäftsleiters. Ich sprach mit dem Geschäftsleiter. Ich war noch immer ich, aber ich sah jünger aus, obwohl ich noch genauso groß war. Dann wurde ich kleiner und jünger, bis ich ungefähr sieben war. Ich war ein kleiner Junge. Ich brachte meine Angelegenheit nicht vor, sondern flehte und jammerte. Der Geschäftsführer wurde größer — überlebensgroß —, rot im Gesicht und bedrohte mich mit seinem Handrücken. Ich schaute ihn unterwürfig an. Er wurde wütend, schrie mich an und hörte mir nicht zu."
Bei dieser Vorstellung fühlte sich der Patient frustriert und sehr ängstlich.
Der Patient hatte sofort eine Erinnerung, die in Beziehung zu dieser Phantasie stand. Er sagte: „Das erinnert mich daran, wie mein Vater auf mich wütend war. Ich versteckte mich hinter meiner Mutter und sagte ‚Ich mag ihn nicht'. Ich steckte meinen Kopf zu weit vor, und mein Vater griff wütend nach mir."
Der Therapeut schlug dem Patienten dann vor, die Phantasie zu wiederholen. Er berichtete die Phantasie folgendermaßen:
„Diesmal habe ich mit dem Geschäftsführer nur telefoniert. Er erklärte mir, daß die Fenster, die ich erhalten habe, im wesentlichen die gleichen wie die bestellten seien. Ich erwiderte, daß sie nicht gleich seien. Er sagte, daß sie sogar besser als das von mir bestellte Muster seien, das übrigens ausgelaufen wäre. Ich sagte, daß die von mir bestellten Fenster besser seien. Ich sagte ihm, daß er mir minderwertige Sicherheitsfenster geschickt hätte, und daß ich sie nicht akzeptieren würde."
Obwohl der Patient bei der zweiten Phantasie etwas Angst hatte, war er auch selbstsicherer. Er fühlte sich jetzt zuversichtlich, sich für seine Rechte einsetzen zu können. Seine Sorge vor dem Telefongespräch war sehr viel niedriger, und er konnte sich aktiver um das Problem kümmern.

Auch in diesem Fall hatte sich der Patient eine Veränderung seiner selbst vorgestellt, d.h., er wurde kleiner und die andere Person größer. Interessant ist dabei, daß er eine spontane Erinnerung an eine Szene mit seinem Vater in der Kindheit hatte. Seine erste Visualisation schien stark durch die Kindheitserinnerung geprägt zu sein. Die Darstellung seiner eigenen und der anderen Person war in der zweiten Phantasie realistischer.

Techniken zur Veränderung von Vorstellungsbildern.
Diese Techniken sollten zuerst in der Beratungseinrichtung angewendet werden. Der Patient sollte sie dann auch außerhalb der Beratungsstunden üben.

1. Abschalt-Technik:
Diese Technik ist besonders wirksam bei Patienten, die ein traumatisches Ereignis, wie einen Autounfall, wiedererleben.
Die therapeutische Strategie besteht darin, den Patienten durch Erhöhung des sensorischen Inputs die autonomen Phantasien „abschalten" zu lassen. Trillerpfeife blasen, Läuten von Kuhglocken, in die Hände klatschen, oder einfach „aufhören" rufen sind einige der Methoden zur Unterbrechung von Phantasien. Gleichzeitig werden die Patienten angewiesen, sich auf die unmittelbare Umgebung zu konzentrieren, wenn sie in ihre Phantasien vertieft sind, und zu versuchen, laut die Gegenstände um sie herum genauestens zu beschreiben. Die Angst des Patienten ist jedesmal, wenn die Phantasie auf diese Weise unterbrochen wurde, stark verringert. Er kann dann lernen, die angsterzeugende Phantasie durch eine angenehmere Phantasie zu ersetzen.
Mit jeder erfolgreichen Übungssitzung zur Kontrolle dieser Phantasien werden die visuellen Vorstellungen weniger durch unangenehme Inhalte mit Beschlag belegt. Ein Patient z.B. hatte wiederholte Vorstellungsbilder zu sterben. Der Therapeut bat ihn, diese Phantasien durch in die Hände klatschen zu unterbrechen. Ziel dieses Manövers war es, dem Patienten Kontrolle über diese wiederkehrenden Phantasien zu geben. Er wurde dann angewiesen, die Phantasie zuzulassen. Er beschwor die Bilder herauf. Sie waren wieder von Angst begleitet. Der Therapeut klatschte dreimal in die Hände und unterbrach damit die Phantasie. Der Patient gab an, daß die Phantasie verschwunden war. Dieses Verfahren wurde mit Zeitabständen von mehreren Minuten zwischen der Phantasie und dem Klatschen wiederholt. Bei der Unterbrechung der Phantasie schwand jedesmal die Angst. Der Patient übte dann diese Technik, seine Phantasien durch Klatschen zu vertreiben.
Der Patient kam in der folgenden Woche noch dreimal. Jedesmal berichtete er von einer ausgeprägten Abnahme seiner Angst und seiner Phantasien. Er konnte seine Phantasien anhalten (und damit auch seine Angst), indem er sich ablenkte, z.B. wenn seine Frau oder er selbst in die Hände klatschten oder wenn er fernsah. Er übte auch, die unangenehme Vorstellung durch eine angenehme zu ersetzen, sobald sie im Entstehen war. Beim nächsten Besuch einen Monat später war er, abgesehen von jeweils einer kurzen, von mäßiger Angst begleiteten Phantasie pro Woche, ohne Symptome.

2. Wiederholungen:
Dieser Fall illustriert, wie Intensität und Dauer von Angst reduziert und sie sogar ganz beseitigt werden kann, wenn der Patient trainiert wird, seine angsterzeugenden Phantasien zu kontrollieren.
Nur in wenigen Fällen nähert sich der Inhalt der vor dem Interview erlebten Phanta-

sie mit jeder Wiederholung der Realität. Der inhaltlichen Veränderung der Phantasie folgt dann eine bleibende Einstellungsänderung.
Ein vierundzwanzigjähriger Patient hatte für seine Freundin ein Geschenk gekauft. Kurz darauf hatte er den Gedanken, daß sein Geschenk unpassend sei. Er hatte eine spontane Phantasie, daß sie negativ reagieren könnte. Nach der Phantasie hatte er Angst, ihr das Geschenk zu geben. Im Interview wurde der Patient gebeten, die Phantasie zu wiederholen. ,,Sie öffnet das Päckchen. Ihr Gesicht ist von Ekel und Schmerz erfüllt. Sie ist wirklich enttäuscht. Sie versucht es zu verbergen und gibt vor, es zu mögen. Allein bei der Vorstellung fühle ich mich übel."
Auf die Bitte, die Phantasie zu wiederholen, berichtete der Patient folgende Episode: ,,Sie öffnet das Päckchen. Sie ist angenehm überrascht. Ihr Gesicht drückt Überraschung aus, weil sie nicht so ein schönes Geschenk erwartet hatte. Sie mag es wirklich. Sie ist von meiner Aufmerksamkeit beeindruckt. Sie schaut mich an und küßt mich."
Die zweite Phantasie stimmte mehr mit dem ihm bekannten Geschenk seiner Freundin und mit ihren früheren Reaktionsweisen überein. Als er ihr das Geschenk später überreichte, ähnelten die tatsächlichen Ereignisse ziemlich der zweiten Phantasie.
Mit der Zeit wird der Inhalt von Phantasien durch sukzessive Wiederholungen vernünftiger und realistischer. Geht es in der Phantasie um ein antizipiertes Ereignis, verändert sie sich von einem unwahrscheinlichen zu einem wahrscheinlicheren Ergebnis. Der Mechanismus sieht wie folgt aus: Bei der Wiederholung der Phantasie überprüft der Patient automatisch die ursprüngliche Phantasie und formt sie zu einer genaueren Widerspiegelung der Realität. (Diese spontane Modifikation von Phantasien durch Wiederholung geschieht nicht häufig. In den meisten Fällen neigt der Patient dazu, die gleichen Phantasien bei der Wiederholung zu reproduzieren.)
Erlebt ein Patient Angst in Verbindung mit einer Situation, kann sie gelegentlich durch sukzessives Vorstellen der Situation ausgelöscht oder reduziert werden, selbst wenn sich der Inhalt der Phantasie nicht ändert. In den weiter unten beschriebenen Fällen übertrug sich die Veränderung des unangenehmen Affektes auch auf eine Alltagssituation.
Im folgenden Fall war der unangenehme Affekt Ekel als Reaktion auf sexuelle Annäherungsversuche. Wiederholung des Ereignisses in der Phantasie führt zu einer befriedigenderen sexuellen Beziehung.
Eine dreißigjährige Frau berichtete, sich jedesmal zu ekeln, wenn sich der Ehemann ihr körperlich näherte. Als sie um ein Beispiel für diese Reaktion gebeten wurde, sagte sie: ,,Gestern abend waren wir auf einer Party. Er kam zu mir und legte seine Hand auf meine Schulter. Ich ekelte mich. Ich weiß nicht, warum. Ich ekelte mich einfach."
Die Patientin wurde gebeten, sich das Ereignis in bildhafter Form ins Gedächtnis zurückzurufen. Sie konnte es sich mit den verschiedenen Details so lebendig vorstellen, daß sie sich ebenso sehr ekelte. Sie wurde dann gebeten, sich das Bild noch mehrmals vorzustellen. Das Ekelgefühl schwand mit jeder sukzessiven Phantasie, so daß es bei der vierten Wiederholung nicht mehr vorhanden war.
Die Patientin sagte dann: ,,Ich sehe jetzt, wie widerlich es war, so zu reagieren. Es tut mir wirklich leid für ihn. Er hat versucht, nett zu sein, und ich habe ihn behandelt, als ob er abstoßend wäre."

Anscheinend folgte den Wiederholungen in der Phantasie ein Einstellungswandel gegenüber ihrem Ehemann. Bei der Aussicht auf körperlichen Kontakt zu ihm empfand sie ihn nicht mehr als ekelhaft. Sie hatte daraufhin auch eine sexuelle Beziehung zu ihrem Ehemann, ohne dabei negative Gefühle zu haben.

Ein dreiunddreißigjähriger Patient fühlte sich wegen eines bevorstehenden Bewerbungsgesprächs mit einer Reihe von leitenden Angestellten sehr ängstlich. Seine Phantasie war einfach: ,,Ich stehe in der Mitte des Raumes, und sie bombardieren mich mit Fragen." Bei dieser Phantasie empfand er eine zeitweilige Steigerung der Angst. Bei jeder Wiederholung der Phantasie wurde seine Angst jedoch geringer. Bei der vierten Wiederholung war die Angst minimal.

Der Therapeut fragte ihn, wie er sich beim Gedanken an das bevorstehende Interview fühle. Er sagte: ,,Es ängstigt mich nicht mehr. Ich nehme an, daß ich es schon deichseln werde. Und wenn nicht, ist es noch nicht das Ende der Welt." Später berichtete er, bei dem Interview nur minimale Angst gehabt zu haben.

Es ist bemerkenswert, daß auch in diesem Fall das Angstgefühl erheblich reduziert wurde, ohne daß sich der Inhalt der Phantasie änderte. Die Erklärung hierfür liegt in der Einstellungsänderung des Patienten zum fraglichen Ereignis. Er betrachtet die Situation nicht mehr als Katastrophe. In beiden Fällen blieb die Minderung des unangenehmen Affektes auch nach der Therapiesitzung bestehen.

3. Zeitprojektion:
Wenn eine Person wegen einer bestimmten Situation aufgeregt ist, hilft es ihr manchmal, sich die Situation in sechs Monaten, in einem Jahr oder mehrere Jahre vom gegenwärtigen Zeitpunkt aus vorzustellen. Kann sie sich auf diese Weise in die Zukunft projizieren, gewinnt sie zu dem gegenwärtig beunruhigenden Ereignis eine größere Distanz.

Beck (1967) hat schon früher eine Technik beschrieben, die den Pessimismus depressiver Patienten durch Induktion von Phantasien über die Zukunft vermindert. Lazarus (1968) hat eine ähnliche Technik beschrieben, die er ,,Zeitprojektion" nannte. Diese Technik wurde in den folgenden Fällen verwendet, um gegen unvernünftige oder unverhältnismäßige Reaktionen anzukämpfen, die sich auf eine bestimmte Lebenssituation beziehen.

Ein dreißigjähriger Patient regte sich sehr wegen der Mitteilung auf, daß sein neugeborenes Kind einen Bruch habe, der eine geringfügige Operation erforderte. Dieses Problem machte ihm solche Sorgen, daß er sich auf nichts anderes mehr konzentrieren konnte. Er katastrophisierte im Interview nicht nur das psychische Trauma, das die Operation für das Kind bedeuten würde, sondern auch allen möglichen der Operation folgenden körperlichen Schaden. Der Therapeut bat ihn dann, sich in der Phantasie die Situation in sechs Monaten vorzustellen. Er hatte die folgende Phantasie:
,,Das Baby sitzt in der Familie. Es hat einen Verband um die Leiste, aber ansonsten sieht es gut aus. Gelegentlich scheint es einen Schmerzstich zu haben."
Der Therapeut schlug dem Patienten dann vor, sich die Situation in drei Jahren vorzustellen. Er hatte folgende Phantasie:
,,Das Kind ist jetzt absolut gesund, und ich kann sehen, wie es mit anderen Kindern spielt." Nach einer Diskussion über diese Phantasie schwand die Angst des Patienten vor der Operation.

Eine sehr attraktive sechsunddreißigjährige Frau wurde von dem Gedanken gequält, daß ihr Ehemann ihr untreu sei. Diese Möglichkeit sah sie als eine Katastrophe an und glaubte, nicht weitermachen zu können, wenn sie entdecken sollte, daß ihr Mann wirklich untreu wäre. Der Therapeut sagte dann zu der Patientin: „Nehmen wir an, Sie entdecken, daß Ihr Ehemann Ihnen untreu ist. Stellen Sie sich Ihre unmittelbare Reaktion darauf vor, Ihre Reaktion eine Woche später und sechs Monate später." Die Patientin berichtete folgende Sequenz von Phantasien:
Unmittelbare Reaktion: „Ich fühle mich sehr schlecht, aber ich bin auch sehr wütend auf ihn. Ich finde das verdammt unverfroren. Ich habe eine bessere Behandlung verdient und sag's ihm."
Eine Woche später: „Ich bin immer noch wütend auf ihn. Aber ich fange an, mir Pläne für meine Zukunft zu machen."
Sechs Monate später: „Ich weiß jetzt, daß ich eine sehr attraktive Frau bin, und daß ich an eine neue Ehe denken kann. Viele Männer interessieren sich für mich. Ich bin attraktiv und Männer beachten mich. Meinem Mann tut es leid, was er getan hat, und er kriecht zu mir zurück. Aber ich bin nicht sicher, ob ich ihn jetzt will. . . . Ich glaube, daß ich mir Zeit lasse und später entscheide, ob ich die Ehe weiterführen möchte."
Nachdem die Patientin diese Phantasien erlebt und berichtet hatte, fühlte sie sich besser. Ihre quälende Sorge um den möglichen Seitensprung ihres Gatten war merklich verringert. Gleichzeitig fühlte sie sich ihrem Mann näher und zärtlicher verbunden.

4. Metaphern:
Der Therapeut kann adaptives Verhalten überzeugender vorschlagen, wenn er alternative Sichtweisen der Situation mit Hilfe von lebendigen, plastischen Bildern darstellt.
Eine Patientin war in den letzten drei Jahren unfähig zu schreiben. Früher hatte ihr Schreiben viel Spaß gemacht. Sobald sie zu schreiben begann, hatte sie den Gedanken, daß ihr Talent für immer verloren sei.
In seinem Büro bat der Therapeut die Patientin niederzuschreiben, was ihr in den Sinn kam. Nachdem sie mehrere Zeilen geschrieben hatte, legte sie den Bleistift nieder.
P: Ich kann es nicht. Ich kann es wirklich nicht. Nichts von dem, was ich schreibe, taugt etwas.
T: Es ist nur wichtig, daß Sie irgend etwas schreiben. Es ist nicht wichtig, ob es gut oder schlecht ist, sondern es ist wichtig zu schreiben.
P: (nachdem sie einige weitere Zeilen geschrieben hatte) Das ist Scheiße. Es ist wirklich nicht gut. Ich kann wirklich nicht schreiben.
T: Achten Sie nicht auf die Qualität, sondern auf die Quantität. Schreiben Sie, bis Sie zwanzig Zeilen geschrieben haben.
P: Aber warum soll ich mich bemühen, etwas zu schreiben, wenn es doch nichts taugt?
T: Schreiben ist genauso wie Pumpen. Wenn eine Pumpe drei Jahre lang nicht mehr benutzt wurde, hat sich viel Dreck und Rost angesammelt. Sie müssen eine Zeitlang pumpen, bis das schmutzige Wasser abgelaufen ist. Genau das haben Sie gemacht — Sie fangen nach drei Jahren wieder zu pumpen an, und das

Wasser kommt braun aus der Leitung. Weil es nicht klar ist, schließen Sie, daß es nichts taugt – und hören wieder mit dem Pumpen auf! Aber Sie müssen das Wasser laufen lassen, bis es nach einiger Zeit wieder klar und frei fließt. Daher kommt es nicht auf die Qualität, sondern auf die Quantität des Schreibens an. Setzen Sie sich eine bestimmte Anzahl von Zeilen, die Sie schreiben wollen. Kommen Sie dann wieder und bewerten Sie erst später. Viele professionelle Autoren können ihre Arbeit erst beurteilen, wenn nach dem eigentlichen Schreiben eine gewisse Zeit verstrichen ist.

5. *Entkatastrophisieren des Vorstellungsbildes:*
Eine Diskussion mit dem Patienten über den Inhalt des Vorstellungsbildes kann oft helfen, diesen zu verändern, wie folgendes Gespräch illustriert:
P: Ich habe immer wieder die Vorstellung, einen Herzanfall zu bekommen.
T: Was passiert mit Ihnen, nachdem Sie den Herzanfall haben?
P: Ich sehe, wie ich sterbe und hilflos bin. Das ist alles, was ich sehe. Ich spüre, daß es eine Vorwarnung oder eine E.S.P. (außersinnliche Wahrnehmung) ist. Irgend so was.
T: Sie haben diese Vorstellungen, und nichts passiert?
P: Ja. Ich habe sie ständig, und nichts passiert.
T: Wir haben Dutzende von Patienten mit diesen Bildern hier gehabt, und selten geschieht etwas. Ich schlage vor, daß Sie Ihre Bilder sorgfältig beobachten und schauen, was passiert.
P: Aber wenn nun tatsächlich etwas passiert?
T: Die Phantasie ist immer schlimmer als die Wirklichkeit. Vor einigen Jahren hatte ich einen interessanten Fall. Dieser Patient hatte eine sich wiederholende furchterregende Vorstellung. Er besitzt ein Unternehmen. In seiner Phantasie starb einer seiner wichtigsten Angestellten. Er sieht, wie es mit seinem Unternehmen bergab geht. Er muß Sachen tun, die er nicht tun kann. Er selbst verfällt und muß ins Krankenhaus. In seiner Phantasie verlor er sein Unternehmen und seine Freiheit. Nun, ob Sie es glauben oder nicht, aber nach sechs Monaten geschah es tatsächlich. Einer seiner wichtigsten Manager starb. Und sonst nichts. Nichts von alledem, was in seinen Vorstellungen geschehen war. Ihm war nicht in den Sinn gekommen, daß andere Angestellte die Aufgaben übernehmen konnten, und daß er mit der Situation besser umgehen könnte, als er gedacht hatte. Er hatte das Vorhandensein positiver Aspekte – die wir als Rettungsfaktoren bezeichnen – übersehen. Die Phantasie ist fast immer schlimmer als das wirkliche Ereignis. Es kommt darauf an, Phantasien nicht als Tatsachen aufzufassen.
P: Also, wenn ich tatsächlich durch einen Zufall einen Herzanfall haben sollte, heißt das noch nicht, daß ich sterben muß.
T: Nein, das müßten Sie nicht.

In vielen Fällen hat das unerwünschte Bild auf das angstanfällige Individuum einen Effekt, der als kognitive Konditionierung angesehen werden kann. Er erlebt spontan eine visuelle Vorstellung – etwa einen Autounfall –, die dann in ihm verbale Kognitionen vom katastrophisierenden Typ erzeugen: „Was wäre, wenn ich einen Unfall haben sollte? Wenn ich nicht ständig auf der Hut bin, könnte das passieren. Und selbst dann könnte ein mechanisches Teil versagen, eine Reifenpanne oder ein

Bremsversagen . . ." Diese Selbstgespräche erhöhen allmählich das Angstniveau und erzeugen weitere furchterregende Vorstellungsbilder.
Die Identifikation dieses kognitiven Prozesses ist für gewöhnlich bereits ein positiver Schritt hin auf vermehrte Kontrolle. Der Patient setzt dann die in diesem Kapitel beschriebenen Techniken ein, um sich entweder gegen das Bild zu desensibilisieren oder die kognitiven Reaktionen darauf bewußt zu formen. Dies geschieht durch Überprüfung der Fakten einer Situation, durch Ersetzen des negativen durch ein positives Vorstellungsbild, das der Patient zuvor geübt haben mag. Schließlich verschwindet die Vorstellung wie viele andere bedeutungslose Gedanken und Bilder, die durch das Bewußtsein ziehen.

6. *Induzierte Vorstellung:*

Bei der Induzierung von Vorstellung ist es der erste Schritt festzustellen, ob der Patient seine negativen Vorstellungen oder Phantasien allmählich in positive verändern kann. Da es dem Patienten oft schwerfällt, solch eine Veränderung zu machen, besteht eine Strategie darin, ihn zunächst nur bestimmte Aspekte des Vorstellungsbildes verändern zu lassen (wie die negative Reaktion einer anderen Person auf ihn) und dann allmählich weitere Elemente zu verändern. Der Therapeut kann eine der folgenden, metaphernartigen Methoden verwenden, um dem Patienten bei der Veränderung seiner Phantasie zu helfen.

a) Fernsehgerät: Der Patient schaltet das Programm um. Er schaltet sich in verschiedene Aspekte der Phantasie ein und aus.

b) Ein Film: Der Patient führt in einem Film Regie. Er bestimmt neue Einstellungen und verändert die Szenen, bis hin zum Schnitt verschiedener Szenen durch den technischen Regisseur.

c) Malen oder Zeichnen: Der Patient sieht seine Vorstellung als Gemälde. Er löscht bestimmte Teile und hebt andere hervor.

Der Therapeut kann dem Patienten eine bestimmte Phantasie vorschlagen und den Inhalt so strukturieren, daß das vorgestellte Verhalten adaptiver als das reale Verhalten des Patienten ist. Z.B. glaubte ein Patient, zu einem gegebenen Ereignisablauf keine Alternative zu haben. Er wurde gebeten, sich eine willentlich beeinflußbare oder alternative Ereignisabfolge in der Phantasie vorzustellen. Im folgenden Fall führte kognitives Proben zu adaptiverem Verhalten.

Eine Patientin berichtete, einen Streit mit ihrem Vater gehabt zu haben. Obwohl sie eine fünfunddreißigjährige Frau mit jugendlichen Kindern war, hatte sie noch immer keine Technik entwickelt, um mit ihrem Vater selbstsicher umzugehen. Sie erzählte von einem Vorfall der letzten Woche, bei dem ihr Vater sie ausführlich kritisiert hatte. Er beendete seine Kritik mit dem Satz: „Warum erziehst Du Deine Kinder nicht besser, damit sie Dich mehr respektieren?" Bis zum Interview fühlte sie sich durch diesen Wortwechsel sehr verletzt. Nachdem sie dieses Erlebnis dem Therapeuten berichtet hatte, fühlte sie sich noch schlechter. Er schlug ihr vor, sich das gleiche Ereignis in der Phantasie vorzustellen, mit einem Unterschied: Sie solle ihrem Vater erklären, daß er kein Recht habe, so mit ihr zu sprechen.
Sie hatte diese Phantasie und fühlte sich etwas besser. Allerdings wurden Schuld- und Angstgefühle aufgewühlt. Sie dienten als Ansatzpunkt für ein Gespräch über einen reiferen Umgang mit ihrem Vater. Als Ergebnis kam sie mit ihrem Vater sehr viel besser zurecht, wenn er sie kritisierte.

7. Proben des Zielverhaltens:
In der kognitiven Therapie werden Vorstellungsbilder am häufigsten zum Üben eines angestrebten Zielverhaltens geübt. Es ist ein Standardverfahren, den Patienten sich jedes neue Verhalten, z.b. zu einem Bewerbungsgespräch zu gehen, und auch vorher vermiedenes Verhalten, wie Freunde anrufen, vorstellen zu lassen. Der Patient stellt sich das erwünschte Verhalten zunächst in der Beratungsstunde und später als Hausaufgabe vor. Dem Patienten wird erklärt, daß er zunächst an einem sicheren Ort üben soll. Er kann dann mögliche Probleme vorhersehen und sich vorbereiten, mit ihnen umzugehen. Stellt sich der Patient z.b. vor, eine Arztpraxis aufzusuchen, kann er sich verschiedene negative Reaktionen und Strategien für den Umgang mit ihnen vorstellen.

Viele der Techniken und Übungen in der Beratungseinrichtung verwenden Vorstellungen als Hilfsverfahren. Das Einüben von Selbstsicherheit beispielsweise kann zunächst in der Vorstellung geschehen. Ein anderes Beispiel für die Verwendung von Vorstellung zur Übung des angestrebten Verhaltens sind ganze, in der Therapie ausgearbeitete Bewältigungsprogramme. Der Patient stellt sich eine Vielzahl von Bewältigungsstrategien vor. (Wenn ich eine Rede halte, werde ich vorher üben. Wenn ich ängstlich werde, spreche ich zu mir, um mich zu beruhigen. Ich werde keine voreiligen Schlüsse ziehen, wie gut ich sein werde. Ich werde langsam sprechen.) Dieser adaptive Plan wird zuerst in der Vorstellung durchgegangen, bevor er tatsächlich angenommen wird.

8. Positive Vorstellung:
In den meisten Fällen arbeitet der Therapeut mit Patienten an einer positiven Szene, die er als Bewältigungstechnik verwenden kann. Der Patient stellt sich vor, an einem angenehmen Ort zu sein. Der Therapeut arbeitet sehr eng mit dem Patienten zusammen, um herauszufinden, welche Vorstellung der Patient am angenehmsten empfindet, etwa eine Szene auf dem Land, oder im Wald, am Strand, oder in einem besonderen Raum, den sich der Patient vorstellt – kurzum, die entspannende, sichere Szene sollte so gestaltet werden, daß sie den Bedürfnissen und Neigungen des Patienten entspricht. Dem Patienten wird die Erklärung gegeben, daß er auf diese Situation anders reagieren kann – weniger ängstlich und selbstsicherer –, wenn er sich einen sicheren, angenehmen Ort vorstellen kann.

Diese positiven Bilder werden vom Patienten auch als Ablenkungstaktik benutzt, wenn er tatsächlich ängstlich ist. Wird das Individuum Opfer der angsterzeugenden Vorstellungsbilder, kann es ein Stop-Verfahren verwenden und dann zum positiven Bild, das es entwickelt und geübt hat, übergehen. Diese positive Vorstellung kann auch verwendet werden, wenn der Patient Schwierigkeiten mit dem Einschlafen hat. Dabei werden rhythmische, entspannende Vorstellungsbilder bevorzugt.

Bei der Ausarbeitung der positiven Vorstellungen berücksichtigt der Therapeut alle Sinnesmodalitäten: Geschmack, Geruch, Hören, Tastempfindungen – alles in lebendigen Details. Die folgende Szene ist ein Beispiel für Vorstellungen, die der Therapeut verwenden kann:

„Stellen Sie sich an einem frischen Frühlingstag vor. Sie spazieren in einen Wald hinein, in dem Sie schon einmal waren. Der Himmel ist blau, und ein paar Wolken stehen dort oben, hoch über den Ästen der Bäume. Sie fühlen sich sehr glücklich und

entspannt. Beim Laufen auf dem Weg zerbrechen Zweige und Äste. Sie sehen einen kleinen Bach vor sich. Sie ziehen Ihre Schuhe und Strümpfe aus und steigen hinein. Mit den Füßen spüren Sie die erfrischende Kühle des Wassers. Ihre Füße prickeln, während Sie über die Steine staksen und durch den Bach waten. Auf der anderen Seite ist eine üppige grüne Wiese. Sie hören die Vögel singen. Sie versuchen ihre kurzen, rhythmischen Pfeiftöne nachzuahmen. Die Luft ist vom Geruch süßen Grases erfüllt. Fast können Sie die Frische des Frühlings schmecken. Sie finden eine große Eiche und lehnen sich gegen die rauhe Rinde des Stammes. Sie spüren das weiche Moos unter ihren nackten Füßen. Sie schauen auf und sehen zwischen den raschelnden Blättern Flecken des blauen Himmels mit den vorbeischwebenden weißen Wolken. Sie atmen langsam und tief. Sie fühlen sich völlig ruhig und sicher. Genießen Sie diese Szene einige Minuten."
Der Patient übt dann diese Szene zu Hause. Meistens wird sie zunehmend entspannender, und oft sammeln sich weitere, lebendige sensorische Einzelheiten aus der Vorstellung des Patienten.

9. Bewältigungsvorstellung:
Beim gemeinsamen Entwickeln einer Vorstellungsszene präsentiert sie der Therapeut oft so, daß sie eine Hierarchie von Bewältigungsfertigkeiten aktiviert. Ein Patient hatte Angst vor musikalischen Auftritten. In der ersten vorgestellten Szene war die Audienz sehr angetan. In der zweiten gibt es von der Audienz überhaupt keine Reaktion. (Lazarus, 1976, nennt diese Methode die Null-Reaktion.) Während er spielt, ist überhaupt keine Reaktion zu bemerken. Als nächstes stellt sich der Patient vor, daß er auftritt und die Audienz gelangweilt ist. Der Patient stellt sich vor, ängstlich zu werden und das Gefühl zu bewältigen. In der letzten Phase stellt sich der Patient vor, daß die Audienz extrem negativ auf ihn reagiert, viel schlimmer als eigentlich zu erwarten ist. (Eine detaillierte Beschreibung einiger dieser Vorstellungstechniken findet der Leser bei Lazarus, 1976).
Lazarus nennt diese übertriebene Situation die „Steigerungstechnik":
„Die Steigerungstechnik erweist sich unter anderem deshalb als so hilfreich, weil sie eine natürliche Widerstandsbarriere durchbricht. Es ist menschlich, vor unangenehmen Gedanken zurückzuweichen. Sind Situationen widerlich und unangenehm, gibt es eine Tendenz, sie zu vermeiden. Vermeiden wir es, an negative Gefühle zu denken oder sie durchzuarbeiten, werden wir ihrer nur selten Herr werden. Durch die Steigerung der möglichen Konsequenzen treten wir der Wirklichkeit nicht nur entgegen, sondern transzendieren die Situation und können sie mitfühlender betrachten. Auf diese Weise können wir eine bessere Einsicht in das Problem bekommen und Möglichkeiten zum Umgang mit Mißgeschick ersinnen" (S. 23).
Eine andere Version der Bewältigungsvorstellung besteht darin, den Patienten sich eine andere, ihm bekannte Person bei der Bewältigung der angsterzeugenden Situation vorzustellen. Um das weiter oben beschriebene Beispiel zu verwenden — der Patient könnte sich seinen Lehrer vorstellen, wie er auftritt und mit der ablehnenden Reaktion des Publikums umgeht. Eine erweiterte Version dieser Bewältigungsvorstellung läßt sich den Patienten als jemanden vorstellen, der in einem bestimmten Bereich hervorragende Fertigkeiten besitzt. Er könnte sich z.B. als Leonard Bernstein bei einer Aufführung vorstellen. Ein Individuum mit sozialer Angst könnte sich als John Wayne, Mike Douglas oder Dinah Shore vorstellen. Dies ist eine Ab-

wandlung der Rollentherapie mit festgelegten Rollen und dessen, was Lazarus als übertriebenes „role-taking" bezeichnet. Sie wird zunächst in den Beratungsstunden geübt. Später kann sie der Patient auch außerhalb der Beratungsstunden üben.

Individuen, die sich vor Begegnungen mit einer einschüchternd wirkenden Person oder Personen fürchten, kann manchmal durch eine Bewältigungsvorstellung geholfen werden, die ihnen den furchterregenden, ehrfurchtgebietenden Aspekt nimmt. Eine Frau, die sich davor fürchtete, einer Gerichtsverhandlung beizuwohnen, fühlte sich besonders durch den Gedanken an die vielen Rechtsanwälte und andere Würdenträger in ihrer Amtskleidung und ihren dreiteiligen Anzügen eingeschüchtert. Durch die Vorstellung dieser Personen in ihrer Unterwäsche konnte sie ihre Ehrfurcht überwinden. Ein Musiker glaubte, das Publikum würde nur darauf warten, es ihm bei jedem kleinen Fehler, den er machen sollte, heimzahlen zu können. Er stellte sich vor, wie sie alle an kleinen Tischen saßen, Bier tranken, sich unterhielten und nicht besonders auf sein Spiel achteten, das für sie nur ein Teil einer allgemein angenehmen Atmosphäre war.

Singer (1978) nennt vier weitere Formen der Bewältigungsvorstellung. Bei diesem Verfahren stellt sich der Patient vor, gemeinsam mit dem Therapeuten durch die gefürchtete Situation zu gehen. Hat eine Patientin Angst, ihr Haus zu verlassen, kann sie sich vorstellen, gemeinsam mit dem Therapeuten einkaufen zu gehen. Sie beschreibt dem Therapeuten die Szene und ihre Gefühle. Das wird mit der Patientin in der Beratungsstunde geübt. Sie beschreibt dem Therapeuten die Situation, als ob er mit dabei wäre. Später stellt sich die Patientin vor, auf sich alleine gestellt zu sein. Ist die Patientin dann wirklich in der Situation, kann sie sich vorstellen, die Szene dem Therapeuten zu beschreiben. Sie kann sie detailliert beschreiben. „Gut, ich fühle mich ängstlich. Jetzt gehe ich durch die Tür." usw. Bei der Vorstellung, die Aufgabe durchzuführen, ist dies eine gute Ablenkungstechnik für die Patientin.

Träume.

Bildhafte Phantasien haben eine Beziehung zu Trauminhalten. Bei einigen Patienten ist die Ähnlichkeit zwischen den Traummotiven und den Motiven der Phantasie frappierend.

In einer Arbeit über Nacht- und Tagphantasien stellten wir eine signifikante Beziehung zwischen dem manifesten Inhalt der Phantasien und der Träume fest. Die Beziehung zwischen verschiedenen kognitiven Ereignissen läßt sich am besten auf einem Kontinuum darstellen. Es reicht vom Verbalen zum Visuellen; wir haben automatische Gedanken, spontane Tagträume, Halluzinationen – evtl. durch Drogen induziert – und Träume.

Gemäß dem kognitiven Traummodell strukturieren bestimmte kognitive Muster den Inhalt der Wachphantasien und anderer Vorstellungsempfindungen im Wachzustand, ebenso wie den Inhalt von Träumen. Diese kognitiven Muster sind für jedes Individuum charakteristisch. Bei psychiatrischen Patienten sind sie idiosynkratische Konzeptualisierungen der eigenen Person und der Außenwelt. Es kann kein Zweifel daran bestehen, daß einige Träume eindeutige Wunscherfüllungen sind. Ein Experiment z.B. ergab, daß Probanden unter Nahrungsdeprivation eine höhere Inzidenz von auf Essen bezogenen Träumen hatten als die Kontrollgruppe. Auf Grund unserer Untersuchungen habe ich jedoch geschlossen, daß dies nicht immer und noch nicht einmal meistens der Fall ist. Das kognitive Modell bietet damit eine alternative Erklärung zu Freuds Maxime, daß der Traum der Hüter des Schlafes sei oder der Wunscherfüllung diene.

Es ist ein vernünftigerer Ansatz, die Interpretation der Traumberichte als eine Art Biopsie der psychologischen Prozesse des Patienten zu verstehen. Das kognitive Modell bietet einen nützlichen Rahmen zur Analyse dieser Prozesse. Nach diesem Modell dramatisiert der pathogene Traum die Weise, auf die ein Individuum sich, die Welt und die Zukunft sieht. Im Verlaufe des Wacherlebens werden bestimmte, für das Individuum kennzeichnende kognitive Muster aktiviert, die aber durch Reaktionen auf externe Stimuli verdeckt werden können. Werden im Schlaf die äußeren Reize abgeschnitten und ein bestimmter Erregungszustand erreicht, üben diese Muster (oder Schemata) einen maximalen Einfluß auf das Denken des Individuums aus und manifestieren sich in den Traumthemen.

Kognitive Muster – Schemata – üben einen unterschiedlichen Einfluß auf die Träume des Individuums aus. Obwohl einige Träume eine prosaische Widerspiegelung von Tagesereignissen sein können, enthüllen die häufig wiederkehrenden pathogenen Träume eine besondere Konzeptualisierungsweise.

Ängstliche Patienten werden häufig durch Alpträume und Angstträume geplagt. Beispiele für sich wiederholende Angstträume sind: „Ein Alligator war nahe daran, mich zu beißen." „Ich fiel von einem Gebäude herab." „In dem Raum war eine gefährliche Kraft." In diesen Träumen sind die Gefühle Furcht, Erschrecken, Beunruhigung oder andere gefahrenbezogene Emotionen. Aber obwohl es im Ablauf des Traumes eine Gefahr oder eine Bedrohung gibt, kommt es nicht zu einem Schaden, einer Verletzung oder einem Verlust.

Um solchen Patienten zu helfen, sollte der Therapeut zunächst das oben erwähnte kognitive Traummodell vorstellen. Viele Patienten, die von Freuds Theorie gehört haben, daß Träume unerfüllte Wünsche oder unterdrückte Impulse darstellen, sind durch solch eine Interpretation ihrer Träume beunruhigt. Die Zahl, Häufigkeit und Intensität dieser Alpträume kann reduziert werden, wenn die Angst im Wachzustand unter Kontrolle kommt.

Entscheidet sich der Therapeut, am manifesten Trauminhalt zu arbeiten, kann er sich eines der im vorangegangenen Kapitel dargelegten Verfahren bedienen und die Träume wie automatische Kognitionen behandeln. Vorstellungsmethoden können besonders wirksam sein. Der Patient kann z.B. einen Traum wieder und wieder visualisieren und sich so im Therapiezimmer gegen ihn desensibilisieren. Oder er kann absichtlich den Inhalt der Vorstellungsbilder ändern.

Für Patienten mit dem Problem wiederkehrender Alpträume kann der Therapeut katathymes Bilderleben von Hanscarl Leuner verwenden. (Eine detailliertere Darstellung dieses Verfahrens findet sich bei Singer, 1974.)[1]

---

[1] Hanscarl Leuner publiziert auf deutsch, z.B. „Katathymes Bilderleben", Thieme-Verlag, Stuttgart, 1970. (d.Ü.)

Nach Leuners Methoden stellt sich der Patient den Traum wieder vor, aber ändert einiges an seinem Inhalt. Beim Traum z.B. von dem Alligator kann der Patient dem Alligator etwas Gutes tun — ihm etwa ein Keks geben. Oder er kann sich den Alligator als freundlichen ,,Muppet" vorstellen. Beim Traum, aus dem Fenster zu stürzen, kann der Therapeut die Phantasie so lenken, daß sich ein mehrfarbiger Fallschirm öffnet und das Gefühl des Individuums von Furcht in Vergnügen umschlägt. Und beim Traum von einer bösen Kraft im Raum kann sich der Patient der Kraft stellen und im Raum bleiben, bis er sich entweder an die Kraft gewöhnt hat oder diese den Raum verlassen hat.

Kapitel 6

Therapiesitzung

Dieses Kapitel enthält ein ausführliches Manuskript einer Demonstrations-Therapiesitzung. Bei diesen Demonstrationen wurde das Individuum gebeten, für die Therapie ein Problem in allgemeinen Begriffen zu schildern, ohne jedoch den eigentlichen Inhalt des Problems zu enthüllen. Dieses Vorgehen wurde gewählt, um die Anonymität zu wahren und um zu zeigen, daß diese Therapieform auch dann durchgeführt werden kann, wenn die Einzelheiten des Falles nicht preisgegeben wurden.

T: Beschreiben Sie mir bitte in allgemeinen Begriffen, wovor Sie Angst haben, aber ohne mir genau zu sagen, was Ihr Problem ist.
P: Es geht um Entscheidungen.
T: Gut. Also die Entscheidung hat möglicherweise einen Verlust zur Folge, wenn die Sache schief geht — das klingt jetzt vielleicht wie zwanzig Fragen auf einmal.
P: Ja, die Entscheidung bedeutet entweder auf Nummer Sicher zu gehen, indem ich nichts tue, oder etwas zu unternehmen, mit dem Risiko eines negativen Resultats.
T: Ist dieses negative Resultat ein greifbarer oder ein immaterieller Verlust, wie der Verlust von Selbstachtung oder des Respektes Ihrer Mitmenschen?
P: Ja, es besteht die Möglichkeit, daß andere schlecht von mir denken. Also ich schätze, daß es beides ist.
T: Gibt es einen greifbaren Verlust, wenn Sie Ernst machen und die Entscheidung treffen? Verlieren Sie Geld, Ihre Stelle — derartige Dinge?
P: Nun, es gibt eine geringe Chance, etwas zu verlieren, wenn ich Ernst mache und mich entscheide, und es dann schlecht ausgeht.
T: Denken Sie einen Moment an die Situation. Wie hoch schätzen Sie die Wahrscheinlichkeit, diesen immateriellen Verlust an Selbstachtung zu erleiden?
P: Wahrscheinlich 90%.
T: Und den materiellen Verlust?
P: Oh, etwa 20%.
T: Können Sie mir sagen, was Sie befürchten, wenn Sie es ausprobieren, aber ohne mir das eigentliche Problem zu sagen?
P: Na, einige Leute würden sagen, daß ich ein Dummkopf bin.
T: Und was würde noch passieren?
P: Naja, ich schätze, daß sie einfach weniger von mir halten würden.
T: Was könnte schlimmstenfalls passieren?
P: Nun, ich schätze, daß sie mich für inkompetent halten und bei dieser Meinung bleiben.
T: Gibt es noch etwas neben dieser Meinung, daß Sie inkompetent seien?
P: Es könnte Folgen haben. Es könnte meine berufliche Karriere gefährden.
T: Haben Sie irgendwo in der Ferne ein ähnliches Problem? Sie möchten gerne etwas ausprobieren, aber Sie halten sich zurück, weil Sie daran denken, was die

Leute von Ihnen denken werden — besonders, daß Sie für einen Dummkopf gehalten werden könnten?
P: Ja, mir kommt wenigstens eine sehr ähnliche Situation in den Sinn.
T: Gut, schön; behalten Sie das andere Problem im Hinterkopf, und wir reden über dieses Problem. Okay. Nehmen Sie an, daß die Leute glauben, Sie seien ein Dummkopf. Worauf beruht diese Annahme?
P: Na, es ist etwas Neues, das vorher nicht gemacht wurde. Jedenfalls von mir nicht.
T: Häufig erzeugt es Angst, etwas anders zu machen. Das kommt daher, daß Sie sich der Sache nicht sicher sind. Aber warum eigentlich sollten die Leute denken, daß Sie in dieser Situation ein Dummkopf sind?
P: Nun, ich bin mir nicht sicher, daß sie mich für einen Dummkopf halten würden. Vielleicht wundern sie sich nur, warum ich es mache.
T: Schön, es macht einen Unterschied, ob die Leute Sie für einen Dummkopf halten oder sich wundern, warum Sie etwas tun. Nun, meinen Sie, die Leute würden einen Unterschied machen zwischen dem Gedanken, daß Sie ein Dummkopf sind, und dem Gedanken, daß Sie sich dumm verhalten haben?
P: Hm, wo ist der Unterschied?
T: Dumm handeln ist ein spezifisches Verhalten, eine Handlung, die nicht in Ihrem eigenen Interesse ist. *Dummkopf* hingegen ist ein pompöseres, übergeneralisiertes Konzept. Es ist ein feststehendes Etikett und berücksichtigt Veränderungen nicht.
P: Gut, ich schätze, daß sie wahrscheinlich nur denken werden, daß ich dumm handele.
T: Okay. Die Leute glauben also, daß Sie dumm handeln. Und worauf beruht diese Gewißheit? Das ist mir noch nicht klar.
P: Nun, ich habe keine andere Gewißheit, als daß ich es noch nie gemacht habe, und daß es einigermaßen ungewöhnlich ist.
T: Wieviel Prozent der Leute würden es für dumm halten?
P: Wahrscheinlich nicht alle. Wahrscheinlich nur wenige.
T: Sind das einflußreiche Leute?
P: Nein. Die einflußreichen Leute würden sich eigentlich gar nicht darum kümmern. Sie würden es vielleicht sogar gut finden.
T: Also, Sie glauben, daß nur einige wenige denken werden, Sie handelten dumm. Und die Wahrscheinlichkeit ist gering, daß die einflußreichen Leute denken, Sie würden dumm handeln. Ist das richtig?
P: Ja.
T: Okay. Nehmen Sie an, daß Sie die Mehrheit für dumm hielte. Glauben Sie, daß sie dann den Fehler begehen würden, Sie für einen Dummkopf zu halten?
P: Nein, wahrscheinlich würden sie es nicht.
T: Aber nehmen Sie nur der Diskussion willen einmal an, daß die Leute Sie doch für einen Dummkopf halten. Wie groß sind dann die Chancen, daß sie auf Grund dieses Ereignisses etwas für Ihre Karriere Abträgliches unternehmen?
P: Das weiß ich nicht. Ich weiß nur, daß sie es tun könnten. Aber wenn wir darüber so sprechen, erscheint es nicht sehr wahrscheinlich.
T: Vorhin habe ich Sie gebeten, die Augen zu schließen und sich die Chancen vor-

zustellen, an Selbstachtung zu verlieren. Sie haben etwa 90% genannt. Was meinen Sie jetzt, nachdem wir einige Minuten darüber gesprochen haben?
P: Wahrscheinlich 50%.
T: Allein durch Reden über diese Dinge kann man oft eine realistischere Betrachtung erlangen. Aber leider kann Ihre Überzeugung, daß etwas Schlechtes passieren wird, wieder auf 95% hochklettern, sobald Sie wieder in der angsterregenden Situation sind. Vielleicht können wir später einige Wege ausarbeiten, mit Ihrer Angst in der angsterzeugenden Situation umzugehen. Aber lassen Sie uns zunächst über die Vorteile, die Sie durch das Eingehen des Risikos erreichen könnten, sprechen. Wir haben bereits über die Nachteile gesprochen.
P: Gut. Ich könnte schließlich mit meiner Karriere vorankommen. Ich könnte etwas anderes, aufregenderes machen.
T: Sie würden mehr gemäß Ihren Wünschen als aus Furcht arbeiten.
P: Das ist richtig.
T: Gut; als Nachteil besteht die Möglichkeit – obwohl gering –, daß die Leute schlecht über Sie denken, und sogar die Möglichkeit, daß die Handlung einige negative Rückwirkungen haben könnte. Und auf der positiven Seite könnten Sie wirklich etwas aus Ihrem Job machen, das Ihnen Freude bereitet. Es könnte eine Erfahrung persönlichen Wachstums sein. Ist das richtig?
P: Ja, ich glaub' schon.
T: Immer, wenn man ein Risiko eingeht oder etwas Neues unternimmt, besteht die Gefahr, daß es nach hinten losgeht. Daheimbleiben bedeutet wenig Risiko. Aber um sich zu entwickeln, muß man sich möglichen auftretenden Problemen stellen. Das macht eben das Risiko aus. Ohne das Risiko eines negativen Resultates würden Sie sich in der Situation nicht ängstlich fühlen. Wie ist jetzt Ihre Einstellung?
P: Nin, ich neige dazu, es auszuprobieren und zu sehen, was passiert.
T: Häufig ist das eine gute Strategie – die tatsächlichen Konsequenzen herauszufinden. In neunzig Prozent aller Fälle sehen die Dinge in der Phantasie schlimmer aus als in der Wirklichkeit. Häufig müssen Sie sich über die Logik der Bequemlichkeit hinwegsetzen. Diese Logik sagt: Warum etwas tun, das möglicherweise Unbequemlichkeiten verursacht? Aber Sie müssen sich über diese Sicherheit hinwegsetzen, wenn Sie sich nicht mit wenig im Leben zufriedengeben wollen. Für einen großen Teil der langfristigen Befriedigung und Vergnügen im Leben muß man sich über die Logik von Bequemlichkeit und Sicherheit hinwegsetzen. Gab es in der Vergangenheit eine ähnliche Situation, in der Sie ein Risiko eingegangen sind, obwohl Sie sich vor negativen Konsequenzen gefürchtet haben?
P: Ja, ich glaube sogar mehrmals.
T: Und wie ist es ausgegangen?
P: Im allgemeinen sehr gut. Es sind Dinge, die ich dann wirklich gemacht habe, und ich bin sehr froh, daß ich solche Risiken auf mich genommen habe.
T: Sind das Aktivitäten, vor denen Sie sich jetzt fürchten?
P: Einige, manchmal. Aber nicht immer.
T: Das ist ein psychologisches Prinzip – wenn Sie etwas Neues tun und es wiederholen, nimmt die Angst allmählich ab. Aber sie verringert sich nur, wenn Sie es wirklich üben.

P: Ich weiß, wovon Sie reden.
T: Okay, kommen wir zum Problem zurück. Wir haben über die Vor- und Nachteile gesprochen. Häufig sind Menschen ängstlich, weil sie eine absolute Garantie wollen, daß alles gut ausgeht. Sie wollen nicht zugestehen, daß irgend etwas schief gehen könnte. Trifft das auf Ihren Fall zu?
P: Natürlich möchte ich nicht, daß etwas schief geht.
T: Das ist verständlich. Aber Sie müssen sich darüber im klaren sein, daß es keine Garantie dafür gibt, daß alles gut laufen wird. Sie können nur von Wahrscheinlichkeiten ausgehen. Wenn ich Sie richtig verstehe, gibt es eine sehr niedrige Wahrscheinlichkeit, daß die Dinge so schlecht wie erwartet ausgehen, und eine hohe Wahrscheinlichkeit, daß Sie für das Risiko eine gute Entschädigung erhalten.
P: Ja, ich glaube, das ist richtig.
T: Reden wir ein wenig über den schlechtestmöglichen Ausgang. Das ist, so wie ich es verstehe, dumm zu handeln, oder zumindest so auf andere Leute zu wirken, die dann schlußfolgern würden, daß Sie ein Dummkopf sind. Und in diesem Glauben, daß Sie ein Dummkopf sind, würden Sie Ihnen etwas Schlechtes antun. Ist das das Schlimmste, was passieren könnte?
P: Ja, ich glaube.
T: Könnten Sie diesen äußerst negativen Ausgang der Ereignisse überstehen?
P: Ja, ich glaube schon, daß ich es überstehen könnte.
T: Können Sie einen Vorteil darin sehen, es zu überstehen?
P: Naja, eigentlich könnte ich lernen, so was zu überleben und mich nicht so sehr um die Meinung der Leute zu kümmern.
T: Häufig ist es schon ein großer Gewinn, etwas ungeachtet des möglichen Ergebnisses nur zu versuchen. Falls es schlecht ausgeht, könnte es ein weiterer wichtiger Gewinn für Sie sein, daß Sie es überleben und bewältigen konnten. Ob Sie nun gewinnen oder verlieren, nachdem Sie das Risiko auf sich genommen haben, ist vielleicht gar nicht der wichtigste Aspekt. Der wichtigste Aspekt könnte sein, ob Sie es überhaupt versuchen, und wie Sie damit umgehen, wenn es schief läuft. Sie können Ihre eigenen Reaktionen kontrollieren und bestimmen, ob Sie das Risiko eingehen. Die Reaktionen der anderen können Sie nicht kontrollieren. Zur menschlichen Entwicklung gehört das Eingehen von Risiken und Überlebenlernen dazu.
P: Gut, ja. Ich weiß, wovon Sie sprechen.
T: Haben Sie den Film „*Rocky*" gesehen?
P: Ja, er hat mir gefallen.
T: Was war der springende Punkt in „*Rocky*"?
P: Ich glaube, die Idee war einfach, „Ihr Bestes" zu geben. Es kommt nicht darauf an, ob Sie gewinnen oder verlieren, sondern nur, ob Sie das Risiko, Ihr Bestes zu geben, eingehen.
T: Sehen Sie eine Parallele zu Ihrem Fall?
P: Ja es gibt eine Ähnlichkeit. Eigentlich kann ich nur mein Bestes geben und es dann ganz durchstehen, anstatt mir ständig Sorgen zu machen, ob ich gewinnen oder verlieren werde.
T: Und wenn es so schlecht ausgehen sollte, wie Sie befürchten, könnten Sie damit leben. Stimmt das?

P: Ja, ich glaub' schon. Ich denke, nach dem Abwägen aller Vor- und Nachteile glaube ich, daß es für mich definitiv am besten ist, es zu probieren.
T: Wie können Sie sicher gehen, daß Sie es anpacken werden und es ausprobieren? Häufig hat man sich entschlossen, ein Risiko einzugehen. Je näher man der Situation kommt, desto größer wird die Angst, bis man sich schließlich doch entscheidet, es nicht zu versuchen. Man fängt an, auf Grund verschiedener Befürchtungen anstatt von Wünschen oder Bedürfnissen zu operieren.
P: Ich schätze, ich könnte es vorher festlegen und erzählen, daß ich es machen werde.
T: Das ist eine gute Idee. Wenn Sie jemandem erzählen, daß Sie es vorhaben und schon die Maschine in Gang gebracht haben, sind Ihre Chancen, es ganz durchzuziehen, erheblich verbessert. Versprechungen sind die Selbstkontrolle des Trägen. Wie wollen Sie Ihre Leistung beurteilen? Wenn Sie ein Risiko eingehen, kann es zwar gut laufen, aber Sie neigen eventuell dazu, es schlecht zu beurteilen.
P: Ich bin mir nicht sicher.
T: Häufig fühlt man sich merkwürdig, wenn man etwas Neues macht, so, als ob es eigentlich nicht von einem selber kommt. Und in einer gewissen Weise stimmt das auch. Ich schlage vor, daß Sie sich auf diese Möglichkeit vorbereiten. Machen Sie sich klar, daß Sie vielleicht glauben werden, die falsche Entscheidung getroffen zu haben, nachdem Sie das Risiko eingegangen sind. Lassen Sie sich etwas Zeit, bevor Sie voreilig zu diesem Schluß kommen. Welche Beziehung hat dieses Problem zu dem anderen Problem, an das Sie gedacht haben?
P: Ja, das ist ein weiterer Fall, in dem ich Angst habe, dumm zu wirken, wenn ich etwas ausprobiere. Deshalb probiere ich es nicht.
T: Gut, worin besteht jetzt der Unterschied zwischen dumm handeln und ein Dummkopf sein?
P: Ich habe immer geglaubt, es wäre das gleiche. Aber ich vermute, *dumm* sein heißt sich dumm verhalten, und ein Dummkopf ist ständig dumm.
T: Kennen Sie jemand, der ständig dumm ist?
P: Nein.
T: Kennen Sie jemanden, der nie etwas Dummes anstellt oder dumme Fehler macht?
P: Mir fällt niemand so ohne weiteres ein.
T: Häufig ziehen Menschen voreilige Schlußfolgerungen über Charaktereigenschaften oder Persönlichkeiten an Hand von wenigen Beispielen, in denen Menschen offensichtlich dumm handeln. Aber ich kann nicht verstehen, wie man einen Menschen als einen Dummkopf bezeichnen kann. Was ist übrigens ein Dummkopf?
P: Ich bin mir nicht sicher. Ich nehme an, ein Dummkopf ist jemand, der dumm handelt.
T: Ist ein Dummkopf geistig zurückgeblieben?
P: Nein. Wir haben uns als Kinder als Dummkopf bezeichnet. Und ich glaube, daran denke ich.
T: Hatten Sie ein Vorstellungsbild, als Sie eben die Augen geschlossen haben?
P: Ja.

T: Können Sie mir sagen, was Sie sich vorgestellt haben?
P: Ich konnte meinen Bruder sehen, wie er mich einen Dummkopf (hebräisches Wort) nennt, als ich klein war und dumme Sachen angestellt habe.
T: Diese Vorstellungsbilder sind ziemlich wichtig, weil sie häufig eine peinliche Situation oder etwas, worüber wir uns Sorgen gemacht haben, wieder vorspielen. Es gibt verschiedene Möglichkeiten, mit solchen Bildern umzugehen. Man hat die Möglichkeit, zu sich ,,Aufhören" zu sagen. Oder zwicken Sie sich, um sich zu zeigen, daß es nicht wirklich geschieht. Es könnte sein, daß Ihnen in Ihrer Situation dieses Bild kommt. Wäre es möglich, daß die Annahme, ein Dummkopf zu sein, auf Ihre frühe Familienerfahrung zurückgeht?
P: Vielleicht sind Sie da auf etwas gestoßen.
T: Wenn wir noch einige weitere Sitzungen hätten, könnten wir über Ihre Annahme, automatisch das zu werden, was andere von Ihnen denken, reden. Dieses Konzept macht vielen Menschen Schwierigkeiten. Kennen Sie jemanden, den Sie als Dummkopf klassifizieren würden? Ich denke dabei immer an den Dummkopf des Kartenspiels, den Joker. Dann gibt es noch den Dummkopf in der Literatur. Aber da – bei Shakespeare z.B. – ist der Narr intelligenter und hat tiefere Einsichten als alle anderen, muß es aber hinter Humor und Unsinn verstecken.
P: Ich glaube, ich weiß gar nicht, was ein Dummkopf eigentlich ist.
T: Ein Dummkopf ist eine jener Abstraktionen, die in Wirklichkeit gar nicht existieren. Trotzdem reden und handeln Menschen, als ob es sie wirklich gäbe. Jeder hat eine andere Vorstellung, was ein Dummkopf eigentlich ist. Vielleicht können Sie jetzt zusammenfassen, worüber wir gesprochen haben.
P: Gut, dieses Problem – so, wie wir darüber gesprochen haben, handele ich auf der Basis meiner Befürchtungen anstatt meiner Wünsche. Wahrscheinlich betrachte ich die Dinge in einer extremen Weise, ohne die geringe Wahrscheinlichkeit eines negativen Ergebnisses zu erkennen. Und wenn die Sache schlecht ausgeht, bin ich immerhin das Risiko eingegangen, und es könnte sogar gut für mich sein. Wir haben auch darüber gesprochen, daß dieses Problem zu meiner Besorgnis um die Meinung anderer Menschen von mir in Beziehung steht – daß ich in ihren Augen ein Dummkopf sein könnte, und daß *Dummkopf* ein sinnloser Begriff ist.
T: Und was glauben Sie sind die Chancen, daß es schlecht ausgehen wird, wenn Sie das Risiko eingehen?
P: Eigentlich glaube ich null Prozent. Anscheinend kann ich davon profitieren, egal was passiert.

Kapitel 7

Besondere Angststörungen I

In diesem und im nächsten Kapitel werden verbreitete Angststörungen beschrieben. Dieses Kapitel behandelt soziale Ängste, Leistungsangst und Angst, die sich auf die Gesundheit und das allgemeine Wohlbefinden bezieht. Kapitel 8 behandelt Sterbensangst, Angst wegen sexueller Probleme, Angst vor dem Alleinsein, Angst vor Kritik, akute Angstanfälle und fehlangepaßte Verhaltensweisen zur Reduktion von Angst. Diese Reihe von Störungen erhebt keinen Anspruch auf Vollständigkeit. Sie soll nur die am häufigsten zur Behandlung kommenden Angstformen umfassen.

Der Leser sollte sich davor hüten, alle Patienten mit Ängsten aus einer dieser breit angelegten Beschreibungskategorien für identisch zu halten. Die Manifestation jedes allgemeinen Angsttypus variiert von Individuum zu Individuum. Dennoch gibt es zwischen den Patienten, die an einer besonderen Form der Angst leiden, ausreichende Gemeinsamkeiten, um eine Diskussion in solchen Obergruppen zu rechtfertigen.

Klassifikationen.

Diese Ängste können nach verschiedenen Kriterien klassifiziert werden. Akute Angst bezieht sich auf rasches Entstehen des Angstzustandes des Patienten innerhalb einiger Tage. In den meisten dieser Fälle fluktuiert die Stärke der Angst, aber sie ist nie auf einem Nullpunkt. Leidet der Patient an akuten Angstanfällen, überfällt ihn die Angst rasch, verursacht schweres Leiden und behindert häufig völlig. Die Anfälle können von wenigen Minuten bis zu einigen Stunden dauern. Ihre Häufigkeit variiert stark. Treten diese akuten Angstanfälle wenigstens einmal pro Woche auf, werden sie als häufig angesehen. Treten sie ein- oder zweimal im Monat auf, gelten sie als gelegentlich. Der Begriff „chronischer Beginn" bezieht sich auf eine langsame, schleichende Entstehung des Zustandes. Einige Patienten mit chronisch einsetzender Angst können sich nicht an eine völlig angstfreie Zeit erinnern. Unter Umständen hat der chronische Angstpatient die Angstanfälle nicht besonders häufig.

Wir haben beobachtet, daß sich in schweren, akuten Zuständen die Vorstellung des Patienten um die Furcht vor körperlichem Unglück oder die Furcht vor einer zwischenmenschlichen Katastrophe oder um beides dreht. In chronischen oder in weniger schweren Zuständen ist das gefürchtete Ereignis oder Trauma von einer weniger „ernsten" Natur: die Erwartung, kritisiert oder abgelehnt zu werden oder zu versagen. Bei akuten und bei chronischen Fällen haben die Gedanken, die kurz vor dem Einsetzen oder der Intensivierung der Angst auftreten, ähnliche Eigenschaften. In den schwereren Fällen glaubt der Patient, daß das gefürchtete Ereignis sehr wahrscheinlich eintreten wird. Selbst in den weniger schweren Fällen erscheint dem Patienten die Kognition einer drohenden Gefahr plausibel und die Wahrscheinlichkeit, verletzt zu werden, groß. Trotz einer Vorgeschichte wiederholter entgegengesetzter Erfahrungen kehrt die Antizipation einer drohenden Gefahr wieder, wenn der Patient dem typischen Stimulus ausgesetzt ist.

Soziale Angst.

Viele Patienten haben Furcht, die sich um zwischenmenschliche Beziehungen und andere soziale Situationen dreht. In allen Fällen müssen Therapeut und Patient gemeinsam daran arbeiten, die spezifische Furcht zu entdecken. Es folgen häufige Sorgen des sozial ängstlichen Patienten.

Annahme, daß andere die Gedanken des Patienten lesen können. Häufig meinen ängstliche Patienten, andere könnten an ihren Selbstzweifeln erkennen, daß sie soziale Furcht haben. Der Patient glaubt, daß jeder ihm kommende Gedanke leicht von anderen erkannt werden kann. Da dies eine Annahme ist, über die der Patient vielleicht noch mit niemandem gesprochen hat, muß der Therapeut gezielt nach ihr fragen. Häufig zögert der Patient, sich an sozialen Aktivitäten zu beteiligen, weil er glaubt, andere könnten seine Gedanken lesen und seine Furcht entdecken. Diese Annahme führt weiter zu der Schlußfolgerung, in sozialen Situationen der Gnade seiner Mitmenschen ausgeliefert zu sein, und wenig oder keine Kontrolle über die soziale Situation ausüben zu können.

Ziemlich häufig projiziert der Patient in die Gedanken anderer, was er über sich selbst denkt. Der Patient kann z.B. denken: ,,Ich bin dumm." ,,Ich bin unfähig. Mir fällt nicht ein, was ich sagen soll." Aus diesen Gedanken wird dann leicht: ,,Die Leute glauben, daß ich Angst vor ihrer Meinung habe. Sie werden denken, daß ich dumm bin. Die Leute wissen, daß ich nichts zu sagen weiß und daß ich unfähig bin." Diese Annahme, andere könnten ihre Gedanken lesen, verschwindet meistens, wenn die Patienten lernen, ihre dysfunktionalen Gedanken über sich selbst in sozialen Situationen zu korrigieren und zu ändern.

Wie in Kapitel 4 beschrieben kann der Therapeut mit dem Patienten ein Experiment zur Überprüfung der Annahme, andere könnten seine Gedanken lesen, durchführen.

Annahme, andere hätte eine schlechte Meinung von ihm. Diese Idee ähnelt der oben beschriebenen. Der Therapeut kann darauf hinweisen, daß wir sehr selten wissen, was ein anderer Mensch denkt. Wir wissen nur, was er uns sagt, und auch das kann falsch oder unzutreffend sein. Wir müssen uns nach ihrem Handeln richten: also danach, wie gut uns Leute behandeln. Es ist wichtiger, auf diese Handlungen als auf hypothetische Vorstellungen über ihre Gedanken zu achten. Denn letzten Endes ist die gute Meinung einer Person von Ihnen irrelevant, wenn Sie schlecht von ihr behandelt werden. Darüber hinaus erkennt der Patient oft nicht, daß viele Menschen so sehr mit ihren eigenen internen Prozessen beschäftigt sind, daß sie andere kaum beachten.

Eine Strategie für einen solchen Patienten besteht darin, sich auf das Verhalten anderer Menschen zu konzentrieren. Er wird zu einem Forscher und findet heraus, wie sich andere Menschen verhalten, was sie denken, wie sie sich kleiden, welche Körpersprache sie haben, welcher Gesichtsausdruck ihre Worte begleitet. Dieser Ansatz, sich auf andere zu konzentrieren, dient als Ablenkung und läßt sich den Patienten weniger mit sich selbst beschäftigen.

Annahme, daß andere seine Gefühle erkennen und sich durch seine Angst abgestoßen fühlen. Eine weitere, verwandte Auffassung des ängstlichen Patienten ist es, daß andere Menschen leicht erkennen, daß er ängstlich ist und deshalb schlechter über ihn denken. Der Therapeut kann feststellen, ob das Individuum das Ausmaß der geäußerten Angstsymptome übertreibt. Sehr häufig hat der Patient nur ein Minimum an Angstsymptomen gezeigt und hat eine übertriebene Vorstellung davon, wieviel Angst er tatsächlich zu erkennen gibt. Der Patient kann sich durch Videoaufzeichnungen überprüfen, oder er kann andere bitten, sein Verhalten in angstauslösenden Situationen zu kommentieren. Oft zeigt der Patient tatsächlich einige Angstsymptome. In solchen Fällen kann der Therapeut ansprechen, daß in unserer Gesellschaft eine Reihe von Menschen diese Symptome zeigen, während es andere nicht tun. Sie fällen dann automatisch Werturteile. Aber selbst wenn einige Leute gelegentlich Werturteile fällen, sind die Konsequenzen nicht unbedingt negativ. Ihr Urteil ist nicht verläßlicher oder verbriefterweise richtig als das Urteil des Patienten.

Der Patient kann glauben, daß sein Auftreten wegen seiner Angst unzureichend ist. Der Therapeut erklärt dann, daß es trotz Angst möglich ist, in sozialen Situationen gut aufzutreten. Wertet der Patient das Ausmaß an Empathie und Verständnis der Mitmenschen für Angst ab, kann der Therapeut darauf hinweisen, daß fast jeder schon einmal an Angst gelitten hat.

Viele Patienten unterschätzen die Toleranz anderer und rechnen nicht mit ihrer Rücksichtnahme. Der Patient kann andere nach ihren Einstellungen zu ängstlichen Menschen befragen und herausfinden, ob sie tatsächlich eine so negative Meinung von ängstlich wirkenden Menschen haben. Der Therapeut kann auch ermitteln, ob der Patient selbst abfällige Bemerkungen über ängstliche Menschen macht oder eine schlechte Meinung von ihnen hat. Möglicherweise glaubt er, daß andere ängstliche Menschen unterdrücken, weil er selbst eine schlechte Meinung von Menschen hat, die ängstlich sind. In diesem Fall können die Ideen des Patienten modifiziert werden.

Angst als normale Reaktion. Patienten beachten häufig nicht, daß unter bestimmten Umständen — wie etwa vor einer wichtigen Versammlung, am Anfang von Parties — sehr viele Menschen ängstlich werden, und daß dies eine normale Reaktion auf die Situation ist. Der Therapeut kann den Patienten darüber informieren, daß sich die Angst anderer Menschen auf ihn übertragen kann. Als Ergebnis sagt er sich: ,,Irgend etwas muß hier furchterregend sein." Erkennt der Patient diese Reaktion, kann er sich auf die Individuen konzentrieren, die nicht ängstlich sind und sie als Modell nehmen. Eine andere Strategie hält das Angstniveau in der sozialen Situation durch Ablenkung niedrig. Z.B. richtet der Patient seine Aufmerksamkeit auf konkrete Einzelheiten, wie die Muster auf dem Porzellan oder den Gläsern, auf das Verfließen oder den Kontrast von Farben, oder auf die Bestimmung der Stilrichtung der Möbel — alles, was ihn von seiner Angst ablenkt.

Wird der Patient noch immer durch die physiologischen Symptome des niedrigen Angstniveaus gestört oder belästigt, die viele Menschen vor wichtigen Ereignissen, wie vor Konzerten, öffentlichen Vorträgen, Erstatten eines umstrittenen Berichts, empfinden, kann er daran denken, daß diese Symptome die Anstrengung seines Körpers darstellen, sich auf die Situation vorzubereiten. Das rasche Atmen verschafft ihm mehr Sauerstoff. Tiefes Atmen unterstützt diese Funktion. Ein rascherer Puls und ein nervöses Zittern indizieren ein zur Vorbereitung auf Höchstleistung steigendes Energieniveau. Durch abwechselndes Spannen und Entspannen verschiedener Muskelgruppen kann er seine Energie kontrollieren und sie doch für den Moment, in dem er sie braucht, bereithalten. Er sollte die Einstellung haben, sich dafür zu gratulieren, daß sein Körper so völlig auf die Erfordernisse reagiert. Zu diesem Zweck kann eine „Regieanweisung" vorher ausgearbeitet und geübt werden.

Beschämung, Angst zu zeigen. Viele Patienten schämen sich, weil sie vor anderen Angst zeigen. Die Scham kommt von der Annahme des Patienten, daß er deswegen als kindisch, schwach, dumm oder minderwertig beurteilt wird. Häufig sagt er sich dann: „Ich wirke wie ein Trottel. Es ist furchtbar, so zu wirken." Da die Patienten diese Beschämung nicht leicht zugeben, muß sich der Therapeut direkt nach ihr erkundigen. Um dem Patienten zu zeigen, daß er dieses Gefühl der Beschämung selbst erzeugt, kann der Therapeut fragen: a) Haben Sie sich für etwas geschämt, für das Sie sich nicht mehr schämen? b) Beschämt Sie etwas, das andere nicht beschämt? c) Sind andere über etwas beschämt, das Sie nicht beschämt?

Dem Patienten kann gesagt werden, daß er einen großen Teil seines Leidens und seines Unbehagens durch eine Anti-Beschämungs-Philosophie vermeiden kann. Der Patient kann beispielsweise, wenn er ängstlich wird, seine Empfindung in eine Übung gegen das Sich-Schämen verwandeln, indem er seine Angst nicht versteckt. Er sagt jemandem, daß er ängstlich ist oder bei einer bestimmten Gelegenheit ängstlich war. Verfolgt er diese Strategie der „offenen Tür" lange genug, wird seine Angst abnehmen.

Einige Patienten konnten diese „Politik der offenen Tür" gegenüber ihrer Scham und anderen Formen der Angst aufrechterhalten, indem sie ihren Freunden oder Verwandten übertriebene Berichte des Ereignisses gaben, das in ihnen diese unangenehmen Gefühle auslöste. Eine Person, die sich dafür schämt, eine Kündigung erhalten zu haben oder in einem Bewerbungsgespräch abgewiesen worden zu sein, kann darüber wie in einer Schnulze berichten, mit melodramatischen Einzelheiten – mit vorgestellter Orgelmusik, die im Hintergrund spielte, als ihm die Nachricht mitgeteilt wurde („der letzte Schlag"), wie er innerlich und äußerlich reagiert hat, sein Zustand äußerster Not und/oder Demütigung, in den er sich gestoßen sieht. Erkennt er dann, daß die Situation gar nicht so schlimm sein kann, wie er sie dargestellt hat, wird er sich bewußt, daß er eigentlich Glück hat, solche extremen Positionen zu vermeiden, und daß „nichts so schlimm ist, daß es nicht noch schlimmer kommen könnte". Die Verwendung melodramatischer Gebärden bei dieser „Weh mir!"-Aufführung – Händeringen, sich die Faust an den Kopf schlagen, sich an den Kopf fassen, sich die Haare raufen – hilft dem Individuum, alles herauszulassen und eine völlige Katharsis zu erleben. Dann kann es sich daran machen, die durch die Situation wirklich gestellte Aufgabe vernünftig zu lösen.

Wir haben eine Kassette von Albert Ellis über *„Overcoming Shame"* als Hausaufgaben für Menschen, denen ihr Schämen Schwierigkeiten machte, verwendet. Bei einer Reihe von Patienten hat sie sich als sehr effektiv erwiesen.

Annahme, daß die Anerkennung anderer entscheidend für das eigene Wohlbefinden ist. Diese Vorstellung liegt einem großen Teil der sozialen Ängste zugrunde. Anerkennung suchendes Verhalten, das dem Wunsch entspringt, angenommen und von allen gemocht zu werden, ist in unserer Kultur ziemlich verbreitet. Ideen, die dieser Annahme zuwiderlaufen, sind in unserer Kultur auch vorhanden. Die ängstliche Person zieht diese alternativen, funktionalen Ideen jedoch nicht in Erwägung. Eine Methode, mit der der Therapeut seinen Patienten dazu bringen kann, seine Annahme noch einmal zu durchdenken, zieht den Patienten in ein Streitgespräch über die Auffassung, daß wir zu jeder Zeit die Anerkennung aller Menschen haben müßten. Wird diese Aussage in absoluten Begriffen formuliert, kommt fast allen Patienten die Erkenntnis, daß sie dysfunktional ist. Nachdem ihnen die Gründe, warum es dysfunktional und fehlangepaßt ist, die Anerkennung aller Mitmenschen zu brauchen, gegeben wurden, können sie diese Gedanken auf ihre eigene besondere Situation anwenden. Es folgen einige typische Gedanken, die Patienten geäußert haben: (1) Es ist unmöglich, die Anerkennung aller Menschen zu bekommen, weil jeder verschieden ist. (2) Was einem Menschen gefällt, mag einem anderen nicht gefallen. (3) Langfristig kann man sich nur selber zufriedenstellen. (4) Wenn anderen Ihr Verhalten gefällt, stellen die sich damit selbst zufrieden. (5) Durch die ständige Sorge, die Anerkennung anderer zu finden, bleibt Ihnen nicht genug Gefühlsenergie, um am Leben wirkliche Freude zu finden. (6) Diejenigen, die die meiste Anerkennung von anderen bekommen, scheinen sich am wenigsten um sie zu bemühen. (7) Durch das starke Bemühen, von vielen Leuten Anerkennung zu bekommen, schrecken Sie sie nur ab. Sie überlegen sich, was mit Ihnen nicht stimmt, wenn Sie sich so sehr um Anerkennung bemühen. (8) Sie machen andere Menschen für sich verantwortlich. (9) Sie können auch sehr gut ohne die Anerkennung anderer Menschen zurechtkommen. (10) Selbst wenn Sie heute die Anerkennung einiger Leute bekommen, müssen Sie sich morgen darum sorgen, sie sich zu erhalten. (11) Vielleicht war es für sie als Kind wichtig, die Anerkennung anderer zu haben, als Sie darauf angewiesen waren, daß Sie Ihre Bedürfnisse befriedigen. Aber für Sie als Erwachsenen ist das nicht so wichtig.

Der Therapeut kann unter Bezug auf das besondere Problem des Patienten die Beweise dafür, daß er die Anerkennung anderer nicht benötigt, diskutieren. Er kann auch verschiedene Techniken verwenden, um dem Patienten zu helfen, gegen diese Annahme anzugehen. Der Patient kann sich auch aktiv in eine Situation begeben, in der er nicht die Anerkennung anderer hat, um zu lernen, ohne sie auszukommen. Der Therapeut kann Bibliotherapie verwenden und dem Patienten Lesestoff aufgeben, der sein Verständnis der dysfunktionalen Natur seiner Suche nach Anerkennung verstärkt. Bücher wie *„Der Wunde Punkt"* von Dyer und *„A quide to rational living"* von Ellis & Harper können neben Büchern über selbstsicheres Verhalten mit dem gleichen Thema empfohlen werden.

Wahrgenommene Defizite der sozialen Fertigkeiten. Die Furcht vieler Menschen, ihre sozialen Fertigkeiten seien unzureichend, ist oft eine unzutreffende Einschätzung. Beispielsweise nehmen einige Personen die Tatsache, keine großen Redner zu sein, als Beweis dafür, daß ihnen soziale Fertigkeiten abgehen. Hier kann der Therapeut betonen, wie wichtig es in jedem sozialen Austausch ist, ein guter Zuhörer zu sein. Der Therapeut kann bemerken, daß der Zuhörer nicht nur geschätzter als der Redner ist, sondern daß man beim Zuhören auch mehr neue Informationen aufnimmt als beim Reden. Ein anderer Aspekt dieser Überzeugung von fehlenden sozialen Fertigkeiten ist die Klage des Patienten, in sozialen Situationen nur „small talk" (Plaudern) machen zu können. Der Patient erkennt die notwendige Funktion des „small talk" nicht. Der Therapeut kann ihm helfen zu verstehen, daß ein gewisses Ausmaß sowohl notwendig als auch angemessen ist. Menschen müssen sich zunächst einmal oberflächlich kennenlernen, bevor sie ihre tieferen Bereiche offenbaren können. Wenn der Patient mit irgendwelchen sozialen Fertigkeiten Schwierigkeiten hat, können sie im Rollenspiel geübt und in der Therapiesitzung geprobt werden. Häufig sind es jedoch eher die Gedanken des Individuums, die seine sozialen Fertigkeiten beeinträchtigen, als das Fehlen einer bestimmten Fertigkeit in seinem Verhaltensrepertoire. Beim Problem, „small talk" zu machen, kann als Übung eine populäre Zeitschrift oder Zeitung, die viel über Menschen interessierende Themen schreibt, gelesen werden. In einer Sitzung kann ein Gespräch über diese Themen geübt werden. Der *National Enquirer* [1] ist voller Artikel über derartige menschlich interessierende Themen und kann dem Patienten Material zur Übung von „small talk" bieten. Der Patient kann auch die Aufgabe bekommen, am Tag loszugehen und eine bestimmte Menge „small talk" mit seinen Nachbarn, Zimmergenossen oder mit jemandem, den er in einem Supermarkt trifft, zu machen — mit dem Ziel, in irgendeiner Form soziale Interaktion zu haben. Vor allem soll er versuchen, kein sehr persönliches Gespräch zu führen oder auf tiefere Probleme zu kommen.

Furcht vor Zurückweisung. Die Furcht vor Zurückweisung ist eine verbreitete Quelle von Angst. Der Therapeut kann mit dem Patienten besprechen, was Zurückweisung für ihn bedeutet. Die Bedeutung ist von Patient zu Patient verschieden. Es folgt ein Beispiel, wie dieses Thema behandelt werden kann:

P: Ich habe Angst, dieses Mädchen zu fragen, weil sie mich zurückweisen wird.
T: Was würde es für Sie bedeuten, wenn sie Sie zurückweist?
P: Nun, ich nehme an, daß ich nicht gut bin.
T: Zurückweisung ist ein hartes Wort. Es legt nahe, daß Sie jemand völlig verstößt. Ich stelle mir vor, daß eine Mutter ihr Kind völlig ablehnen kann, indem sie es in einen Fluß wirft. Aber Sie reden mit jemandem, der es ablehnt, mit Ihnen auszugehen. Nun gut — wie könnte sie Sie ablehnen?
P: Ganz einfach, Sie würde einfach nichts mit mir zu tun haben wollen.
T: Sie so abzulehnen, wie Sie den Begriff gebrauchen — als totale Unzulänglichkeit —, erscheint mir unmöglich zu sein. Kennt Sie das Mädchen, das sie vielleicht bitten wollen, mit Ihnen auszugehen?
P: Nein, ich glaube nicht.
T: Sie könnte es ablehnen, mit jemandem auszugehen, der ihr völlig unbekannt ist. Das heißt aber sicherlich nicht, daß sie *Sie* ablehnt. Sie kennt Sie kaum. Alles, was sie ablehnen kann, ist Ihr Vorschlag einer Verabredung. Es kann viele Gründe geben, warum sie nicht mit Ihnen ausgehen will.
P: Ich verstehe, was Sie meinen. Man kann mich nicht dadurch völlig ablehnen, daß man nicht mit mir sprechen will. Sie lehnt nur ab, mit einem Unbekannten zu reden.
T: Sie können in Ihrem Umgang mit Mädchen besser werden. Aber Sie müssen immer davon ausgehen, daß eine gewisse Anzahl ablehnen wird, nur weil sie Sie nicht kennt. Es kommt darauf an, es zu versuchen. Allein der Versuch ist ein Erfolgserlebnis für sich.

---
1) Ein Boulevardblatt der Regenbogenpresse; d.Ü.

P: Gut, ja. Aber wenn sie mich *doch* kennen und mich trotzdem ablehnen würden.
T: Ja, wir können diesen Gedanken weiter verfolgen. Niemand kennt einen anderen Menschen vollständig. Wenn ein Mädchen Sie nicht sehen will, beruht ihre Reaktion häufig auf dem, was sie für ihr bestes Urteil hält. Natürlich könnte sie es sein, die einen großen Fehler macht. Oder sie kennt Sie nicht in verschiedenen Situationen, oder sie weiß nicht, wie Sie in der Zukunft sein werden. Sie kann ihre eigenen persönlichen Gründe haben, Sie falsch zu beurteilen. Z.B. könnten Sie das Mädchen an jemanden erinnern, mit dem sie in der Vergangenheit eine schlechte Erfahrung gemacht hat. Sie müssen neben persönlichen Gründen für die Ablehnung einer Verabredung, einer Freundschaft oder einer Heirat noch mehrere andere Aspekte in Erwägung ziehen. Die Ablehnung beruht auf einem Werturteil der Person. Der eine mag klassische Musik, der andere Rockmusik. Dieses Werturteil sagt nichts über den Wert der Musik an sich aus, nur über die Vorlieben einer Person. Halten Sie es für vernünftig, Ihren Selbstwert darauf aufzubauen, ob eine andere Person mit Ihnen Zeit verbringen möchte oder nicht?
P: Ich glaube nicht. Es bringt mich in eine Alles-oder-nichts-Position.
T: Und weiter, eine sich über alles hinwegsetzende Furcht vor Zurückweisung stört den reibungslosen Ablauf von Beziehungen. Eine übermäßige Sorge vor Zurückweisung kann herbeiführen, was man nicht will.

Der Furcht vieler Patienten vor sozialen Verhaltensweisen, wie um Verabredungen zu bitten, liegt die Furcht vor Zurückweisung zugrunde. Das therapeutische Ziel ist es, den Patienten um Verabredungen bitten zu lassen, mit dem Gewicht auf dem *Versuch* und nicht dem tatsächlichen Zustandekommen einer Verabredung. Der Patient sollte die Situation auf diese Weise gestalten. Er kann davon ausgehen, daß jedes Mädchen, dem er sich nähert, schon verheiratet ist oder einen Freund hat, so daß sie ihn natürlicherweise ablehnt. Natürlich ist es ein Pluspunkt, wenn sie zustimmt, mit ihm auszugehen.

Für den Patienten ist es eine gute Strategie, dieses Verhalten zunächst in der Therapiestunde zu üben. Einer der Vorteile dieser Übung besteht darin, vom Patienten Probleme, die er vorhersieht, zu erfahren, so daß er auf sie vorbereitet werden kann. Folgendes Gespräch illustriert dies:

P: Ich stelle mir vor, daß sie sagen würde, mit mir nicht gehen zu können, weil sie einen Freund hat. Dann wurde es ganz leer in mir. Ich wurde ängstlich. Ich wußte nicht, was ich sagen sollte.
T: Es ist sinnvoll, die möglichen Reaktionen im voraus zu planen, damit Sie in dem Augenblick keinen Rückschlag erleben. Eine mögliche Antwort wäre: „Ich habe mir schon gedacht, daß jemand, der so nett ist wie Du, einen Freund hat. Aber ich hab' mir gedacht, ich frage trotzdem!"

Zusätzlich zu diesen angstreduzierenden Verfahren kann der Therapeut dem Patienten soziale Fertigkeiten beibringen, wenn es ihre Situation erforderlich macht. Wir haben Angehörige anderer Berufsgruppen aus unserem Team als Hilfstherapeuten eingesetzt — irgend jemanden außer dem Haupttherapeuten —, um den Patienten soziale Fertigkeiten und das Bitten um Verabredungen üben zu lassen. Diese Übung kann am Telefon oder unmittelbar von Person zu Person durchgeführt werden. Eine Reihe von möglichen Reaktionen, von angenehmen bis zu unangenehmen, wird festgelegt. Z.B. können die Reaktionen bei einem Patienten mit der Angst, um Verabredungen zu bitten, von „Ja, ich möchte gerne" bis „Warum rufen Sie mich an? Ich kenne Sie nicht einmal!" reichen. Nach jeder dieser Reaktionen schreibt der Patient seine automatischen Gedanken nieder und bespricht sie mit dem Therapeuten. Außerdem erhält er von der mitwirkenden Person Feedback, wie er seine sozialen Fertigkeiten verbessern kann, und auch genaues Feedback über sein Verhalten.

Angst vor Autoritätspersonen. Häufig hat der Patient soziale Angst vor Autoritätspersonen, wie Vorgesetzten, Eltern, Vermietern und anderen Personen mit einem höheren sozialen Status. Zuerst versucht der Therapeut, die Gründe für die Mystifizierung von Autoritätspersonen zu bestimmen. Zu typischen Verzerrungen gehören: Verkleinerung des Selbst und Vergrößerung der Autoritätsperson; falsche Wahrnehmung der Beziehung, z.b. eine private mit einer Geschäftsbeziehung verwechseln; Reaktion auf eine Autoritätsperson, als ob sie eine Person aus einem früheren Lebensabschnitt, wie etwa der Vater, wäre.

Das Ziel der Therapie besteht darin, diese Verzerrungen so zu korrigieren, daß der Patient andere Personen auf gleichem Niveau sieht und nicht höher stellt als sich selbst. Es ist dann möglich, der Beziehung zu Autoritätspersonen eine symmetrischere Form zu geben.

Selbstsicherheitstraining ist hilfreich. Der Therapeut kann mit dem Patienten verschiedene Situationen im Rollenspiel üben, bevor sie in vivo mit dem Chef oder den Eltern ausprobiert werden. Es ist entscheidend, auf die *zeitliche Abstimmung* der Selbstsicherheit hinzuweisen. Der Patient sollte sorgfältig Zeit und Umgebung seines selbstsicheren Verhaltens gegenüber der Autoritätsperson wählen. Da nicht jedermann günstig auf selbstsicheres Verhalten reagiert, sollte der Therapeut den Patienten auf mögliche unangenehme Aspekte solcher Begegnungen vorbereiten. Die verschiedenen möglichen Reaktionen der anderen Person auf selbstsicheres Verhalten werden zusammengestellt und besprochen, bevor der Patient das Verhalten ausprobiert.

Leistungsangst.

Das Selbstwertgefühl von der Leistungsfähigkeit abhängig machen. Das Individuum mit Leistungsangst begeht häufig den Fehler anzunehmen, daß seine Leistung bei irgendeiner Aufgabe ein Test für die eigene Fähigkeit oder den Selbstwert ist. In Folge wird das Individuum in der Leistungssituation äußerst ängstlich, weil es die Situation so strukturiert hat, daß das eigene Selbstwertgefühl vom Ergebnis abhängt. Es ist therapeutisches Ziel, den Unterschied zwischen dem eigenen Verhalten und dem gesamten Selbst zu diskutieren, die Tatsache zu beweisen, daß man Fehler begehen kann und dennoch angemessene Leistungen bringen kann, und daß das Selbst Erfahrungen transzendiert. Verschiedene Techniken können verwendet werden, um dem Patienten diese Ideen nahezubringen.

Leistungsängste können von einem generalisierten Grundniveau an Angst überlagert oder akut und spezifisch sein. Zu den Leistungsängsten, mit denen Patienten häufig kommen, gehören Testangst, Redeangst, Angst vor musikalischen Auftritten und Angst davor, im Beruf ein bestimmtes Tätigkeitsfeld zu übernehmen. Die besonderen Annahmen und Verzerrungen, die solchen Leistungsängsten zugrunde liegen, variieren von Patient zu Patient. Es folgen einige verbreitete dysfunktionale Einstellungen, die mit Leistungsangst in Verbindung stehen.

Das Bedürfnis herauszuragen, und übermäßige Sorge um die Bewertung der eigenen Leistung durch andere. Viele der im vorangegangenen Abschnitt über soziale Ängste behandelten Punkte treffen auch für dieses Thema zu. Häufig beruht die Angst eines Patienten auf der Überzeugung, besser als alle anderen sein zu müssen oder auf der Annahme, daß seine Arbeitsstelle eine hervorragende Leistung erfordert. Dieses Bedürfnis, mehr zu leisten, ist häufig durch ein übertriebenes Konkurrenzstreben und den dysfunktionalen Wunsch nach Anerkennung bedingt. Daraus ergibt sich natürlich die Annahme, daß die Meinung anderer über ihn wichtiger als seine eigene Meinung von sich ist. Die Vor- und Nachteile dieser Einstellung können in der Therapie diskutiert werden. Der Patient versucht häufig, aus unpersönlichen geschäftlichen Beziehungen „Liebesverhältnisse" zu machen. Ein Individuum mit Angst an seiner Arbeitsstelle glaubte, von den anderen nicht mehr gemocht zu werden, wenn er seine Arbeit nicht mehr perfekt leisten sollte. Durch die Trennung seiner Beziehungen zu Personen bei der Arbeit von seinen persönlichen Beziehungen konnte er diese Vorstellung überwinden. Mit der Entscheidung, nicht mehr eine phantastische Leistung bringen zu müssen, konnte er sich auf eine Aufgabe konzentrieren, die ihn befriedigte.

Furcht, Fehler zu machen. Im Zentrum der Leistungsangst liegt häufig die Annahme, bei der Durchführung von Aufgaben keine Fehler machen zu dürfen. Die Person meint, eine perfekte Rede halten zu müssen, eine perfekte Testleistung erbringen zu müssen, keinen Fehler bei der Arbeit machen zu dürfen. Im Grunde denkt der Patient in Alles-oder-nichts-Begriffen und glaubt, entweder eine mehr als zufriedenstellende Leistung zu bringen oder ganz zu versagen. Er erkennt nicht, daß Leistung als ein Kontinuum angesehen werden kann und daß es fast unmöglich ist, bei vielen Aufgaben völlig zu versagen. Patienten zögern häufig, diese Vorstellung aufzugeben. Sie glauben, völlig zusammenzubrechen, wenn sie Fehler zugeben. Der Therapeut kann betonen, daß man nach hervorragenden Leistungen streben kann, ohne zu erwarten, sie auch wirklich zu erreichen. Wie Browning schrieb: „Das Streben eines Menschen muß seine Reichweite *übertreffen* – wozu gäb's sonst einen Himmel?"
Häufig setzt sich das Individuum mit Leistungsangst ein hohes Ziel in einem Bereich, in dem ihm Kenntnisse oder Fähigkeiten fehlen, oder es will gar nicht besonders viel Zeit investieren, um das selbst gesteckte Ziel zu erreichen. Und dennoch scheint ein hohes Anforderungsniveau mit einem Minimum an Fehlern es ängstlich zu machen. Ein Patient war z.B. bei Verwaltungsaufgaben und schriftlicher Arbeit äußerst gut. Er übertrug seinen gewohnten hohen Leistungsstandard auf einen Bereich, in dem er nicht besonders gut war und in den er auch nicht viel Zeit investieren wollte. Der Therapeut verhalf ihm hier zu der Erkenntnis, daß man nicht in allen Bereichen ausgezeichnet sein muß. Für einen sterblichen Menschen ist das sogar unmöglich. Ziemlich häufig erkennt der Patient, wenn er nach einer bestimmten Leistung gefragt wird, daß auch das Begehen von Fehlern einen Nutzen haben und als Teil der Lernerfahrung betrachtet werden kann. Es folgen einige allgemeine Ideen, die der Therapeut zum Thema „Fehler machen" diskutieren kann:

1) Man lernt nur, indem man Fehler macht, durch „Versuch-und-Irrtum". Wäre man in allen Dingen perfekt, hätte man keine Gelegenheit zu lernen.
2) Wer niemals Fehler macht, strengt sich wahrscheinlich nicht genug an. Man kann Fehler vermeiden, wenn man immer im Trott bleibt und tagein, tagaus das gleiche treibt. Aber solch einem Leben würde völlig jene „Würze" fehlen, die ein wichtiger Bestandteil von Freude und auch von Entwicklung ist.
3) Wir machen ohnehin alle Fehler. Die Haltung, daß Sie niemals Fehler machen, ist eine Hochstapelei, wirkt Ihren Zielen entgegen und gibt Ihnen garantiert das Gefühl von Frustration und Unzulänglichkeit.
4) Was lohnt, perfekt gemacht zu werden, lohnt auch, daß man es dürftiger macht – mit Ausnahme gewisser Aktivitäten, die einen geringen oder gar keinen Fehlerspielraum lassen, etwa Drahtseilakte oder Trapezakrobatik. Um etwas Neues und Verschiedenes auszuprobieren, das wir wirklich möchten, müssen wir meistens einige Fehler hinnehmen. Man kann nicht Ski laufen oder irgend etwas anderes lernen, ohne die Bereitschaft, am Anfang noch recht schwach darin zu sein. Wollen wir diese Aktivitäten wirklich unternehmen, und sind sie in unserem eigenen besten Interesse, lohnt es sich auch, sie anfangs nur dürftig oder „so gerade eben" zu machen, anstatt sie ganz zu unterlassen.
5) Fehler sollten als freundliche Erinnerung, besser zu werden, oder als hilfreiches Feedback betrachtet werden und nicht als Grund für Selbstvorwürfe.
6) Diejenigen, die in verschiedenen Bereichen hervorragende Leistungen erbracht haben, waren meist auch bereit, Risiken einzugehen. Sie haben ihre Fehler erkannt und aus der Lektion gelernt, was es zu lernen gab.
7) Es ist wichtig, einen Fehler nur als einen Fehler anzusehen, und nicht als Zeichen, die eigenen Fähigkeiten zu verlieren oder „abzusacken". Wenn man mit der Karriere vorankommt, heißt das noch nicht, daß einem keine Fehler mehr unterlaufen können.
8) „Willkommen unter uns." Jeder macht Fehler. Wer niemals Fehler macht, könnte intolerant werden und kein Verständnis mehr für andere haben.

Zur Unterstützung dieser Ideen kann Bibliotherapie aufgegeben werden. Ein Buch, das diese Lebensphilosophie vertritt, ist *„Only the Best"* von Wallace Hildick (1973). In Hildicks Buch gibt es ein Kapitel über das Respektieren von Fehlern. Dieses Kapitel betont, daß einige Menschen vor allem deshalb auf ihren Gebieten hervorragende Leistungen erbringen können, weil sie Fehler anerkennen und zugeben und sie dann korrigieren.

Katastrophisierende Einstellung zum Zeitfaktor. Häufig hat das Individuum mit Leistungsangst eine falsche Vorstellung vom Zeitfaktor. Beispielsweise trat in einer Gruppe von Schwesternschülerinnen, die einen Test machen mußten, immer wieder die Vorstellung auf, daß sie nicht genug Zeit hätten, um ein etwaiges Versagen wettzumachen. Sie glaubten, daß ihre Karrieren beendet wären, wenn sie in diesem einen Test versagen sollten. Die Zeit, meinten sie, arbeitete gegen sie. Sie müßten das erwünschte Ergebnis jetzt haben, weil sie nie wieder eine Chance hätten, es noch einmal zu versuchen. Es machte keinen Unterschied, ob die Schülerin neunzehn oder, wie in einem anderen Fall, siebenundfünfzig war. Alle glaubten, daß das Zeitelement eine tyrannische und möglicherweise vernichtende Kraft sei.

Der Therapeut erklärte, daß der Zeitbegriff willkürlich ist, und daß man selten nur einmal im Leben die Chance hat, etwas zu versuchen. Im Gegenteil, meistens gibt es mehrere Gelegenheiten, es noch einmal zu versuchen. Daher das alte Sprichwort: „Schaffst Du es nicht beim ersten Mal, versuche, versuche es wieder." Das menschliche Erfahrung wiedergebende Sprichwort sagt nicht: „Wenn beim ersten Mal... bist Du erledigt. Also gib's auf." Der Patient erkennt oft nicht, daß sich die Fertigkeit, die ihm Sorgen bereitet, erst entwickeln muß, und daß er mit der Zeit und Anstrengung ein höheres Niveau erreichen wird. Anfangs, wenn er noch lernt, wird er natürlich noch Fehler machen und nicht so gut sein, wie er gerne möchte.

Katastrophisieren. Da das Individuum mit Leistungsangst die Folgen von Versagen bei einer bestimmten Aufgabe katastrophisiert hat, können die in Kapitel 3 zum Umgang mit Katastrophisieren beschriebenen Verfahren befolgt werden.

Furcht, die hohe Norm nicht halten zu können. Wie bereits erwähnt, sind hohe, willkürlich gesetzte Normen häufig die Ursache von Leistungsangst. Eine weitere Quelle der Leistungsangst ist die Furcht, ein durch eine früher erbrachte Leistung gesetztes Fähigkeitsniveau nicht halten zu können. Der Schüler, der ständig glatte Einsen bekommt, fängt an, sich zu sorgen, nicht mehr so gut zu sein, daß andere dies aber von ihm erwarten und er es einfach nicht schaffen kann. Die Person, die eine technische Aufgabe sehr erfolgreich erfüllt hat, meint plötzlich, keinen Fehler machen zu dürfen. Weil er die Aufgabe so lange perfekt gemacht hat, werden andere ihm keinen Fehlerspielraum mehr zugestehen.

Der Therapeut kann diese Themen mit dem Patienten besprechen und betonen, daß jedem ein Fehlerspielraum zugestanden wird. Wer eine Bilanz hoher Leistungen vorweisen kann, hat sich auch einen größeren Fehlerspielraum verdient, als wenn sie solche Normen nie erreicht hätten. Der Therapeut kann auch andeuten, daß es auch einen gewissen Wert hat, Fehler zu machen, da Fehler einer Sache nicht immer völlig abträglich sind. Sie können auch den Weg zur Entwicklung eines neuen Verfahrens weisen, neue Hürden aufzeigen oder eine neue Perspektive gewähren. Die Wissenschaft ist durch die Versuchs-und-Irrtums-Methode fortgeschritten. Hat jemand also einen Fehler gemacht, bleibt für ihn immer noch der tröstliche Gedanke, daß er davon lernen kann. Und dann hat das Lernen aus Fehlern immer noch einen nützlichen Nebeneffekt: Man versteht die Schwierigkeiten und Hindernisse gut genug, um andere von ihnen zu unterrichten und ihnen helfen zu können, diese Probleme zu lösen.

Nichtaufgabenbezogenes Denken. Häufig wird der mit einer ihn ängstigenden Aufgabe beschäftigte Angstpatient von nichtaufgabenbezogenen Gedanken überflutet – Gedanken an die Beurteilung seiner Leistung, oder an seine Angstsymptome, jedenfalls nicht an die unmittelbare Aufgabe. Als Gegenstrategie kann der Therapeut mit solchen Patienten einen Text mit Selbstinstruktionen zusammenstellen, an die sich der Patient in den angsterzeugenden Arbeitssituationen halten kann. Es folgen einige Beispiele für Selbstinstruktionen, die für einen Patienten mit Furcht, bei Hörproben seiner Musikschule vorzuspielen, entwickelt wurden. „Denk' dran – bleib ruhig. Konzentrier' Dich auf die Musik. Kümmere Dich nicht um die Bewertung. Gut, jetzt kommt eine schwierige Partie. Mach' Dir deswegen keine Sorgen. Konzentrier' Dich nur auf die Musik. Keine Gedanken, ob Du jetzt die Aufnahme in die Schule schaffen wirst oder nicht. Konzentrier' Dich auf das, was Du machst. Werde nicht ängstlich. Alles wird gut gehen. Okay, bewerte nicht, wie gut Du bist. Spiel' nur das Stück. Gut, jetzt kommt eine schwierige Partie. Spiel' sie einfach. Kümmere Dich nicht darum, wie gut Du bist. Bewerte es nicht. Spiele einfach, wie es kommt. Entspanne Dich. Laß locker. Okay, ich glaub' nicht, daß ich die Partie gut gespielt habe. Mach' Dir deswegen keine Sorgen. Spiel' nur, so gut Du kannst. Mach' Dir über nichts Sorgen. Spiel' nur das Stück zu Ende. Alles wird gut sein. Mach' Dir keine Sorgen drum. Bleib nur bei der Musik."

Annahme, daß der Wille keine Macht über die Angst hat. Häufig glaubt der Patient, bei der Angelegenheit gar keine Wahl zu haben, daß seine Angst ganz von alleine komme, weil sie eine automatische Reaktion ist, und daß er über sie keine Kontrolle haben wird, egal was er auch tut. Der Therapeut kann sich bemühen, seinem Patienten zu zeigen, daß er Strategien zum Umgang mit der Leistungsangst entwickeln kann. Auch wenn er vielleicht nicht in die Position kommt, sie völlig kontrollieren zu können, wird er sie doch gut genug handhaben können, um eine Störung seiner Leistung zu verhindern. Es folgt das Beispiel eines Gesprächs zwischen einem Therapeuten und einem an Leistungsangst leidenden Patienten. Der Therapeut kann zum Patienten sagen: „Bis zu einem gewissen Grad haben Sie die Wahl, wie Sie diese Erfahrung strukturieren wollen. Obwohl es schwierig ist, Angst vollständig zu überwinden, haben Sie einigen Spielraum, wie Sie mit dem Gefühl umgehen. Die Alternativen können deutlicher gemacht werden, indem Sie die negativen und die positiven Möglichkeiten, mit dem Problem umzugehen, auflisten. Sollen wir schauen, ob wir diese beiden Pläne machen können?"

Therapeut und Patient entwickelten dann die folgenden beiden Pläne:

Plan A
1. Grübele über die Rede, bevor Du sie hältst.
2. Mach' Dir Sorgen, wie gut Du bist; sorge Dich um das Ergebnis und die Meinung anderer Leute.
3. Sei konkurrenzorientiert.
4. Beobachte Deine Leistung übertrieben.
5. Lege Wert darauf, „großartig" zu sein.
6. Übertreibe was passiert, wenn Du eine schlechte Rede hältst.
7. Sage voraus, daß Du dieses Problem niemals beherrschen wirst.
8. Stelle Dir in der Phantasie vor, daß Du steckenbleibst und Dich verhaspelst und nichts mehr weißt.
9. Glaube, daß Du auf die anderen nervös wirkst, so daß sie schlecht von Dir denken.
10. Mach' Dir solche Sorgen, daß Du Dich nicht auf die Rede vorbereitest.

Plan B
1. Sei aufgabenbezogen.
2. Konzentriere Dich auf die Aufgabe, eine Rede zu halten.
3. Strebe nach Bewältigung, nicht nach einer meisterhaften Leistung.
4. Sei nicht konkurrenzorientiert und vergleiche Dich nicht mit anderen. Konzentriere Dich auf Deinen eigenen Auftritt.
5. Erkenne, daß niemand perfekt sein kann.
6. Imitiere jemanden, der gut reden kann (eine „fixed-role"-Übung).

7. Mache die Beurteilung Deines Selbstwertes nicht von diesem einmaligen Verhalten abhängig.
8. Übe Deine Rede.

Der Therapeut kann dann sagen: „Gut, Sie sehen, daß Sie die Wahl haben, Plan A oder Plan B. Gleichgültig welchen Sie wählen – ich empfehle Ihnen, sich an ihn zu halten." Selbst wenn der Patient den nichtadaptiven Plan wählt, was selten geschieht, kann der Therapeut mit ihm die Vor- und Nachteile der Wahl und die an ihr beteiligten Faktoren diskutieren.

Zu ängstlich zum Üben. Der Patient kann es vermeiden, sich auf eine Leistung vorzubereiten, zu üben oder zu lernen, weil er nicht daran denken möchte. Das ist natürlich zielwidrig. Der Therapeut sollte den Patienten ermutigen, die von ihm gefürchteten Verfahren und Leistungen zu üben. Übung allein kann zu einer Erleichterung führen. Es ist besonders wichtig, daß der Patient *den Beginn* der gefürchteten Leistung oder Handlung übt. Häufig ist der Beginn einer Aktivität mit dem größten Maß an Angst verbunden. Ein Patient, der sich davor fürchtet, eine Rede zu halten, bekommt z.B. nicht die Empfehlung, die ganze Rede auswendig zu lernen. Er sollte sich an die ersten vier oder fünf Zeilen erinnern und sie immer wieder üben, bis er sie ganz natürlich hervorbringt. Dieses Verfahren reduziert die Angst meistens ausreichend, um den Patienten zu befähigen, auch den Rest der Rede zu halten. Das gleiche Verfahren gilt für Auftritte vor einem Publikum: Den ersten Teil überlernen, so daß der Anfang fließend kommt.

Gelegentlich reduziert der Patient seine Angst so sehr, daß er eine Leistung unter seinem Niveau bringt. Sollte dies geschehen, kann der Therapeut dem Patienten versichern, daß solch ein Ergebnis gelegentlich zu erwarten ist, und daß er sich leicht an die Situation anpassen kann.

Der Patient sollte versuchen, am Üben und an dem eigentlichen Auftritt so viel Freude wie möglich zu haben. Die Betonung liegt dabei auf Freude als Ziel, und nicht darauf, vor anderen Leuten als „Erfolg" dazustehen. Der Patient erkennt, wenn er sich selbst zufriedenzustellen lernt, daß es nicht so wichtig ist, andere zufriedenzustellen. In Anlehnung an Lincoln: Du kannst alle Menschen manchmal zufriedenstellen und einige Menschen immer. Aber Du kannst nicht alle Menschen immer zufriedenstellen. Zumindest kann man versuchen, sich selbst zufriedenzustellen."

Ein Angstgefühl vor einer Leistung sollte dem Patienten ein Hinweis sein, der ihn gemahnt, zu proben oder zu üben. Oft sind Patienten abgeneigt zu üben. Deshalb muß der Therapeut hervorheben, daß das Überlernen einer Aufgabe eine gute Möglichkeit zur Erleichterung von der Angst ist. Der Patient sollte üben, bis die Angst auf ein erträgliches Niveau reduziert ist. Überlernen kann eine effektive Methode zur Bewältigung von Angst sein. Viele Menschen leisten in Situationen wie Reden halten oder bei Tests vor allem deshalb so wenig, weil sie sich nicht vorbereitet haben. Als eine nervöse junge Sängerin einmal die große Wagner-Sopranistin Kirsten Flagstad fragte, wie sie es nur schaffe, vor einem Auftritt so gelassen zu bleiben, antwortete Flagstad: „Ich habe eine ganz einfache Regel, an die ich mich immer halte: Alles wissen."

Der Therapeut kann erklären, daß es immer ein gewisses Maß an Angst zu tolerieren geben wird. Das ist der Preis für Wachstum. Der große Violinist Isaac Stern sagte einmal: „Lernen, auf der Bühne zu spielen, heißt in Wirklichkeit zu lernen, gut mit der Furcht zu leben!" Will der Patient überhaupt keine Angst empfinden, hat er nur die Wahl, zu Hause oder zumindest der Bühne fernzubleiben. Aber da er gewählt hat, was er für sein eigenstes Interesse hält, muß er eine Störung seines alltäglichen Lebensganges tolerieren. „Wer nicht wagt, der nicht gewinnt."

Redeangst und ihre Behandlung: Ein Fallbeispiel.

Z., ein Universitätsprofessor, hatte keine Schwierigkeiten, in seinen Seminaren oder zwanglos vor großen Gruppen zu reden. Aber wenn er vor einem großen Publikum einen Vortrag halten sollte, hatte er solche Angst, daß er derartigen Verpflichtungen aus dem Wege ging. Damit verschenkte er einen Teil seiner eigenen Möglichkeiten.

Sein Problem wurde in zwei Komponenten unterteilt. Die primäre Komponente war seine Erwartungsangst, die schon Wochen, bevor die offizielle Rede angekündigt war, erheblichen Streß verursachte – Sorgen, Schlaflosigkeit, Kraftverlust. Die sekundäre Furcht bestand in dem Unbehagen, das er während und kurz vor der Rede verspürte.

Das primäre Problem wurde zuerst behandelt. Z. wurde erklärt, daß er nicht reagieren sollte, wenn er sich der ersten Anzeichen seiner Erwartungsangst – also der Angst vor der Angst – bewußt werden sollte. Er sollte die Grübelgedanken, die sein Gefühl der Bedrohung verstärkten, vermeiden. Wenn es ihm nicht gelänge, seine Angst zu ignorieren, sollte er sich mit der Aufgabe beschäftigen, einen Stapel Karteikarten auspacken und sich Ideen für die Rede notieren. Waren alle Ideen bereits ausgearbeitet, sollte er fünf Minuten lang die Rede üben, entweder laut, wenn er allein war, oder still vor sich hin.

Zu den fünfminütigen Proben wurde ihm folgendes erklärt: Als Erwiderung auf seine Beschwerde, daß dieses Verfahren zu zeitaufwendig sei, wurde ihm bewußt gemacht, daß Sorgen mehr Zeit und Energie verbrauchen als das Üben seiner Rede. Da er es wegen seiner Befürchtung, das Denken an die Rede würde ihn ängstlicher machen, vermieden hatte, sie zu üben, demonstrierte ihm das Proben, daß er seine Reaktionen kontrollieren und aufgabenbezogener werden kann, ohne seiner Angst nachzugeben. Um dieses Gefühl der Kontrolle zu erhöhen, wurde ihm gesagt, er solle versuchen, Freude am Üben zu haben, und nicht zu versuchen, eine „großartige" oder „perfekte" Rede zu halten. Ihm wurde erläutert, daß das Gefühl einer bevorstehenden Gefahr, wie er es zunächst empfindet, zwar unwillkürlich ist. Die Interpretation dieses Signals, was es wirklich bedeutet, wie genau oder zuverlässig es ist und ob er die Nachricht überhaupt „abkaufen" soll, befindet sich aber unter seiner Kontrolle.

Um dieses Gefühl der Kontrolle zu fördern, wurde Z. ermutigt, so viele Reden anzunehmen, wie sein Terminplan erlaubte. Durch die Reaktion auf die Herausforderung, eine Rede zu halten, würde er zwei Fliegen mit einer Klappe schlagen. Er könnte seine Gewohnheit, gefürchtete Redesituationen zu vermeiden, überwinden, und er könnte Gelegenheit bekommen, seine Angst-Kontrolltechniken zu üben.

Das sekundäre Problem – die kurz vor und während der Situation verspürte Angst – wurde folgendermaßen beschrieben: Im Augenblick unmittelbar bevor er sich an eine größere Menge wenden muß, empfindet er die physiologischen Symptome der Angst: den raschen Puls, Atemnot, Benommenheit und ein Depersonalisationsgefühl. Diese Signale lösen die Kognition aus: „Oh, nein! Jetzt geht es wieder los! Es ist so schlimm, wie es nur kommen kann." Trotz dieser Reaktion beginnt er mit seiner Rede. Wenn sie gut läuft und seine Symptome verschwinden, denkt er: „Gott sei Dank, ich bin fast durch! Ich hab's geschafft!" Dieser Gedanke erinnert ihn an die Angstsituation, in der er sich befindet, und er hört die Zittrigkeit in seiner Stimme und fühlt sich wieder ängstlich. Wenn schließlich alles vorbei ist und unabhängig davon, wie sehr man ihm zu seinem Erfolg gratuliert, sagt er zu sich selbst: „Nicht noch einmal, wenn ich es vermeiden kann."

Um ihm zu helfen, mit dieser Form der Angst umzugehen, wurde das Problem von vier verschiedenen Seiten angegriffen und ihm Methoden zum Umgang mit diesen verschiedenen Aspekten des Problems vorgeschlagen. Zunächst wurde ihm erläutert, daß nach vor kurzem veröffentlichten Statistiken 50% der Befragten Redeangst mit den bekannten physiologischen Symptomen als ihre Hauptangst ansahen. (Wenn mehr Menschen Reden halten müßten, würde der Prozentsatz steigen.) Die durch Hyperventilation verursachte Benommenheit war das am meisten Beschwerden bereitende Symptom. Er wurde gebeten, zwei Minuten zu hyperventilieren, um ihm zu zeigen, daß die Atmung eine beeinflußbare Funktion ist. Danach bemerkte er eine Empfindung, die dem ähnelte, was er kurz vor einer Ansprache an eine große Versammlung verspürte. Ihm wurde gezeigt, daß eine andere Möglichkeit zur Erzeugung und zur Kontrolle dieser Symptome darin besteht, zu hyperventilieren und dann in eine Papiertüte zu atmen, um die Benommenheit zu nehmen. Er wurde ermutigt, hyperventilieren zu üben, dann absichtlich zu unterbrechen und die vorgestellten Zuhörer im Hintergrund des Raumes zu fragen, ob sie ihn hören könnten. Dadurch sollte ihm geholfen werden, mit der Angst in dieser Situation besser fertig zu werden. Beim Warten auf die Antwort sollte er einen tiefen Atemzug nehmen, den Atem anhalten und langsam ausatmen. Diese Atemtechnik – die der beim Yoga geübten ähnelt – kann auch als Ablenkung dienen, wenn sich Angstgedanken ansammeln. Während er tief einatmet, könnte er auf solche Gedanken antworten: „Mir wird nicht schwindelig werden. Das sind nur Angstsignale, keine Gefahrensignale."

Ein zweiter Aspekt seines Problems bestand in der Art und Weise, wie er sein Angstgefühl interpretierte. Während fast jedermann vor einer wichtigen Rede eine gewisse physiologische Erregung verspürt, bewerten sie einige Redner als „gute Zeichen", die zeigen, daß man „psychisch vorbereitet" und „bereit ist, alles zu geben". Z. wurde empfohlen, sich selbst zu sagen, daß einem das Reden auch Spaß machen kann, und dies vorher zu üben. Um es erfreulich zu machen, sollte er versuchen, jede Gelegenheit einer Rede in eine Situation zu verwandeln, die ihm Spaß machen könnte, das heißt in weniger förmliche und weniger strukturierte Situationen. Er könnte z.B. mit der Frage beginnen, ob jemand irgendwelche Fragen zu einem bestimmten Thema hätte, um zu gewährleisten, daß er diese Punkte auch in seiner Rede behandelt. Er könnte seine Zuhörer an der Situation beteiligen, indem er schon zu Beginn des Vortrags Kontakt zu ihnen herstellt. Damit würde er auch das Aufkommen von Angst verhindern und es leichter machen, Spaß daran zu haben. Durch Freude würde schmerzliche „Angst" in eine angenehme Erregung verwandelt werden.

Ihm wurde geraten, seine angsterregenden Kognitionen am Anfang – „Oh, oh, jetzt geht es schon wieder los" – und am Ende – „Jetzt bin ich fast durch, endlich!" –

mit dem Gedanken zu beantworten, daß es eigentlich keinen Grund gäbe, sich ängstlich zu fühlen, und daß er sich freue, die Gelegenheit zum Beantworten von Fragen zu haben und zum Verständis des Themas beitragen zu können.

Ein dritter Aspekt des Problems bestand in der extremen Angst, die er kurz vor Beginn der Rede und in ihren ersten Momenten empfand. Ihm wurde empfohlen, seine Selbstsicherheit und sein Selbstvertrauen durch Auswendiglernen des ersten oder der ersten beiden Abschnitte seiner Rede zu stärken. Damit könnte er es vermeiden, sich vor den Auswirkungen der Angst zu ängstigen. Denn er wüßte dann, daß seine Rede, wie ängstlich er sich bei ihrem Beginn auch fühlen sollte, ganz von alleine und ohne Schwierigkeiten in Gang kommen würde.

Um ihm den Angst erregenden Mechanismus verständlich zu machen, wurde ihm schließlich die Theorie erklärt, daß wir biologisch programmiert sein könnten, uns ängstlich zu fühlen, wenn man von vielen Augen angeschaut wird. Bei vielen Säugetierspezies ist Blickkontakt ein Zeichen von Feindseligkeit und Aggression. Vermeidung von Blickkontakt ist oft ein Zeichen von Submissivität oder für Abneigung, einen Kampf einzugehen. Wir dachten, daß er über dieses bißchen Information nachdenken und so zu einer etwas humorvolleren Haltung zu der universellen Situation, als einzelner vor der Menge zu stehen, gelangen könnte. Die Kognition, daß seine Situation eigentlich ziemlich weit vom einsamen Wolf oder dem Herausforderer einer wütenden Menge sei, sollte ihn an die Absurdität von Angst erinnern. Er könnte lernen, sich am Anblick all der gebannten, auf eine nützliche und interessante Information wartenden Gesichter zu ergötzen.

Obwohl Z. seine Angst nicht völlig überwand, gelang es ihm, sie mit den oben beschriebenen Vorgehensweisen gut genug zu bewältigen, um nicht durch sie in seiner Karriere gestört zu werden.

Bibliotherapie. Zwei für von Leistungsangst geplagte Menschen empfehlenswerte Bücher sind „*The Inner Game of Tennis*" (1974) und „*Inner Tennis*" (1976) von W. Timothy Gallwey. Ebenso wie der große Zenmeister D.T. Suzuki in seinem bekannten Buch „*Zen oder die Kunst des Bogenschießens*" nicht nur über das Bogenschießen schrieb, verwendet Gallwey das Tennisspiel als Beispiel dafür, wie sich ein Akteur in irgendeinem Bereich von den nagenden Denk- und Gefühlsgewohnheiten befreien kann, die das Lernen und das Gleichgewicht, von dem Lernen und flüssiges Handeln abhängen, stören. Er zeigt, wie wichtig eine innere Vorstellung des Zieles ist, und gibt praktische Ratschläge und Techniken zur Erreichung des erstrebenswerten kreativen Zustands entspannter Konzentration.

Kontrollangst.

Diese Annahme hat den Wunsch zum Mittelpunkt, Ereignisse zu kontrollieren, die jenseits der eigenen Einflußmöglichkeiten liegen, wie einen Herzanfall haben oder Krebs zu bekommen. Einerseits glauben die Patienten, daß sie solch eine Entwicklung verhindern können oder verhindern sollten, und andererseits glauben Sie, nichts tun zu können, weil es jenseits ihrer Einflußmöglichkeit ist. Diese Beliebigkeit erregt in ihnen Furcht.

Der Therapeut muß mit dem Patienten die Tatsache diskutieren, daß viele Ereignisse jenseits unserer Kontrolle liegen, und daß das Akzeptieren dieser Lebenstatsache zu einer Milderung der Angst führen kann. Wie bei anderen Formen der Furcht kann der Patient glauben, daß er die Kontrolle verliert, und daß das gefürchtete Ereignis eintreten wird, wenn er diese Tatsache akzeptiert. Diese Verzerrung muß häufig zuerst behandelt werden.

Angst um Gesundheit und Wohlbefinden.
Häufig kommen Patienten mit auf ihre Gesundheit und ihr allgemeines Wohlbefinden bezogener Furcht zum Therapeuten. Wie bei den anderen Formen der Angst haben die Patienten verschieden dysfunktionale Einstellungen, die diesem Angsttypus zugrunde liegen.

Viele Patienten, die wegen eines gesundheitlichen Problems ängstlich sind, können oft keinerlei Beweise zur Rechtfertigung ihrer Furcht vor einem Herzanfall, vor Krebs oder anderen Krankheiten oder Behinderungen liefern. Eine gründliche medizinische Untersuchung reicht oft aus, um diese Verzerrungen zu korrigieren und von der Angst zu erleichtern. Aber viele Patienten lassen sich keinen Arzttermin geben, weil sie sich vor den Untersuchungsergebnissen fürchten. Daher ist es das erste Ziel des Therapeuten, sie zu motivieren, ihre Furcht geringer werden zu lassen und medizinische Experten aufzusuchen. Diese Motivation kann durch *Shaping* erreicht werden.

Patienten mit Furcht vor Herzanfällen können zu einer Klinik überwiesen werden, die ein Laufband hat. Der Patient erlebt viele Symptome einer Herzattacke, aber kann ohne weiteres sehen, daß er keinen Herzanfall hat. Weitere Befunde der Ärzte, die zeigen, daß sie kein Herzleiden haben, beruhigen sie noch mehr. Der erste Schritt besteht also darin, den Patienten die Tatsachen prüfen zu lassen, anstatt sie zu ignorieren und sich Furcht ansammeln zu lassen.

Natürlich kann der Patient auch tatsächlich ein organisches Leiden haben. Der Therapeut muß dann einen anderen Kurs einschlagen und Verzerrungen des Patienten aufdecken. Z.B.: ,,Was würde es für Sie bedeuten, tatsächlich einen Herzanfall zu haben?''

Der Patient wird wahrscheinlich nicht nur die Wahrscheinlichkeit, vom gefürchteten Leiden befallen zu werden, sondern auch dessen Auswirkungen übertreiben. Der Therapeut muß sich direkt nach den schlimmsten Befürchtungen des Patienten erkundigen. Er kann den Patienten beispielsweise fragen: ,,Was eigentlich ist denn so furchterregend an Krebs?'' Es könnte der Kontrollverlust sein, daß andere sich um ihn kümmern müssen, oder bettlägerig zu sein. Oft wird der Patient nicht über diese Konsequenzen sprechen wollen. Aus diesem Grund muß der Therapeut seine Fragen zeitlich sorgfältig abstimmen, um den Patienten zu ermutigen, über seine schlimmsten Befürchtungen zu reden. Nachdem der Patient seine letztendliche Befürchtung geäußert hat, kann der Therapeut mit ihm über die Fakten des Leidens und über die Chancen für oder wider sein Entstehen sprechen.

Für gewöhnlich hat der Patient nicht bis zu den schlimmsten Konsequenzen gedacht und konnte seine Zweifel und Befürchtungen nicht zerstreuen. Der Patient, der nach einer oberflächlichen Lösung strebt, macht Bemerkungen wie: ,,Oh, ich möchte nicht daran denken." „Das wäre schrecklich." „Ich kann nicht daran denken." Es ist aber eine der Strategien kognitiver Therapie, den Patienten über sein Problem reden zu lassen. Es hilft den Patienten, sich zu desensibilisieren, und macht ihnen die „Rettungsfaktoren" bewußt. Ein Patient hatte z.b. das Vorstellungsbild, einen Herzanfall zu haben. Das war sein furchterregendster Gedanke, aber er folgte nicht allen Konsequenzen einer solchen vorgestellten Möglichkeit. Der Therapeut fragte: „Gut, was passiert als nächstes, wenn Sie einen Herzanfall haben? Wird jemand kommen und sie ins Krankenhaus bringen?"

Der Patient erkennt normalerweise nicht die Rettungsfaktoren für das gefürchtete Ereignis, wie folgendes Gespräch illustriert.

Die Patientin war von einem Mann überfallen worden, der sie vergewaltigt und dabei mit einem Messer bedroht hatte. Sie hatte wiederholt Vorstellungsbilder, dem Mann wieder zu begegnen.

T: Was ist in Ihrer Vorstellung das Schlimmste, das Ihnen passieren könnte?
P: Dem Mann wieder begegnen.
T: Wo stellen Sie sich vor, ihm zu begegnen?
P: In einem leeren U-Bahnabteil.
T: Was würde passieren?
P: Ich möchte nicht daran denken.
T: Ich weiß, aber ich glaube, daß es Ihnen helfen wird, es durchzudenken.
P: Ich stelle mir vor, daß er ein Messer haben wird.
T: Gut. Was dann?
P: Ich glaube, das Schlimmste ist, daß er mein Gesicht zerschneiden wird.
T: Ist das Ihre schlimmste Befürchtung?
P: Ja.
T: Wie ist es mit sexueller Bedrängung?
P: Ich hab' mehr Angst, daß er mich schneiden wird.
T: Und was dann? Haben Sie Angst, daß er Sie umbringen wird?
P: Nein, davor habe ich keine Angst. Ich glaube, da hört meine Phantasie auf.
T: Was glauben Sie würde passieren?
P: Ich würde irgendwie ins Krankenhaus kommen.
T: Was würde im Krankenhaus passieren?
P: Sie würden mich wieder zusammennähen.
T: Was könnte dann schlimmstensfalls passieren?
P: Ich hätte eine große Narbe in meinem Gesicht.
T: Was könnten Sie mit der Narbe machen?
P: Ich könnte sie durch eine Schönheitsoperation entfernen lassen.
T: Wie wir bereits besprochen haben, ist die Wahrscheinlichkeit dieses Ereignisses sehr niedrig. Aber selbst wenn es passieren sollte, gibt es Rettungsfaktoren.

Die Patientin führte ihre schließliche Besserung zum großen Teil auf dieses Gespräch zurück.

Manchmal benützen wir zur Modifizierung katastrophisierender Gedanken eine RET(rational-emotive Therapie, d.Ü.)-Technik. Der Patient wird gebeten einzuschätzen, wie katastrophal das Ereignis sein würde. Fast immer sagt der Patient: 100 Prozent. Der Therapeut erwidert dann: „Die schlimmste Möglichkeit ist 99, und das wäre, langsam zu Tode gefoltert zu werden. Es könnte immer noch schlimmer sein, denn es wäre langsamer. Wie schätzen Sie, mit dieser Überlegung im Hinterkopf, Ihre schlimmste Befürchtung ein?" Der Patient schätzt seine Furcht meist niedriger ein. Mit dieser Methode kann der Therapeut den Patienten seine Furcht relativ zu anderen aversiven Ereignissen neu einschätzen lassen.

Die „Magik" des Sorgens.

Die Patienten können der Meinung sein, sich vor etwas sorgen zu müssen. Maultsby (1975) hat über diese Prädisposition ausführlich geschrieben: „Sobald ich mich entscheide, sorgenfrei und gelöst zu sein, scheint immer etwas Schlimmes zu passieren."

Diese Neigung, eine Ursache-Wirkungs-Beziehung zwischen Sorglosigkeit und dem Beginn von Pech zu sehen, ist für gewöhnlich das Ergebnis magischen Denkens. Solche Menschen sorgen sich meist chronisch. Sie glauben (oder verhalten sich zumindest so, als ob sie es glaubten), daß ernstes, intensives Sorgen unerwünschte Ereignisse abwehrt. Diese Überzeugung macht sie ängstlich davor, mit dem Sorgen aufzuhören.

Gibt es zu einem gegebenen Zeitpunkt keinen logischen Grund für Sorge, sorgen sich diese Menschen, etwas übersehen zu haben, wovor sie sich sorgen sollten. Die einzige Zeit, in der sie sich sorglos und entspannt fühlen, ist der kurze Moment vor dem Augenblick, in dem sie bemerken, daß es nichts zu sorgen gibt und dem Zeitpunkt, von dem an sie sich sorgen, daß es nichts zu sorgen gibt. Es ist, als ob das Fehlen von Sorge ein Zeichen für ein heranschleichendes Unheil ist, bis sie es durch „die Macht magischen Sorgens" abzuwehren beginnen.

Die Sorge, sich um nichts sorgen zu müssen, maskiert sich als „logische Besorgnis", unbemerkt einen möglicherweise katastrophalen Fehler gemacht zu haben. Diese Besorgnis führt zu zwanghaftem Suchen, das stets mit der Entdeckung eines eingebildeten „nahen Unheils" endet. Diese „Entdeckung" wird dann als Rechtfertigung genommen, die gewohnheitsmäßige „Weh'-mir!"-Haltung einzunehmen (S. 194). Der Therapeut hilft dem Patienten, sich dieses mental-emotionalen Prozesses bewußt zu werden, die von ihm repräsentierte Verzerrung zu erkennen und den Fehler durch logische Analyse und Realitätsprüfung zu korrigieren.

Kapitel 8

Besondere Angststörungen II

Dieses Kapitel setzt die Diskussion über häufige Angststörungen fort. Es enthält eine Darstellung von Interventionsverfahren bei Furcht, verrückt zu werden, Sterbensangst, Furcht vor sexuellem Verhalten und sexuell abweichendem Verhalten, chronischer Angst und fehlangepaßten Methoden zum Umgang mit Angst sowie kognitiver Therapie für koronare Herzerkrankungen begünstigende (Typ A) Verhaltensmuster.

Furcht, verrückt zu werden.

Phrenophobie. Die Furcht, verrückt zu werden, ist unter ängstlichen Patienten weit verbreitet. Sie kann sich als Furcht des Patienten, die ,,Kontrolle zu verlieren'', oder in antisozialem Verhalten ausdrücken. Sie kann auch in Form von Furcht, einen anderen Menschen zu verletzen, auftreten. Beispielsweise kann sich eine Mutter davor fürchten, rasend zu werden und ihr Baby aus dem Fenster zu werfen. Der Patient kann sich fürchten, andere anzugreifen, wenn er die Kontrolle verliert. Diese Gedanken, andere zu schädigen, sind für den Patienten meist sehr quälend.

Viele Patienten haben eine andere, primäre Störung und entwickeln anschließend die sekundäre Furcht, ihren Verstand zu verlieren. Die Angstsymptome des Patienten verstärken zusammen mit der Überzeugung, daß die Symptome weiterhin bestehen werden, die Vorstellung ,,ich werde verrückt''. Häufig hängt die Weise, in der sich diese Furcht manifestiert oder wie sie vom Patienten aufgefaßt wird, von seiner früheren Lerngeschichte ab. Der Therapeut kann sich auf verschiedene Weise nach ihr erkundigen. Raimy schreibt z.B.: ,,Man stößt also ständig auf klinische Arbeiten, die das Vorhandensein der Phrenophobie bestreiten, obwohl es auch viele Patienten und Klienten gibt, die widerstrebend die Furcht, ,,verrückt zu werden'', zugeben. Durch die große Zahl umgangssprachlicher Begriffe und Beschönigungen, die diese Fehlvorstellungen umgeben, wird ihre Entdeckung noch weiter erschwert. Neben der ziemlich offenen Sorge, ,,den Verstand zu verlieren'', ,,geisteskrank zu werden'' oder ,,verrückt zu werden'', sind in unserer Kultur ziemlich viele andere Begriffe gebräuchlich, wie ,,Nervenzusammenbruch'', ,,durchdrehen'', ,,zusammenbrechen'', ,,überschnappen'' oder ,,nicht alle Tassen im Schrank haben''. Um es dem Kliniker noch weiter zu erschweren, gebraucht der Patient seine Begriffe möglicherweise auf recht idiosynkratische Weise. Beispielsweise hatte ein einunddreißigjähriger College-Absolvent mit einer schweren Depression während mehrerer Monate im Krankenhaus beständig eine Phrenophobie bestritten. Als ich ihn am Tag seiner Entlassung noch einmal fragte, ob er sich jemals vor dem Verrücktwerden gefürchtet hatte, erwiderte er erheblich gereizt, daß ihn solche Gedanken niemals geplagt hätten. Seine Hauptsorge sei gewesen, emotional so labil zu werden, daß ,,ich für den Rest meines Lebens eingesperrt würde''. Viele Therapeuten wissen auch, wie leicht selbst gebildete Patienten Neurose mit Psychose verwechseln: ,,Wir sind alle verrückt'', sagte einmal ein Patient mit einer zwanzigjährigen Geschichte gelegentlicher Hospitalisierungen wegen schwerer Angst (S. 104).

Der Therapeut sollte nicht zögern, den Patienten nach seiner Furcht zu fragen. Viele Therapeuten fragen nicht, weil sie fürchten, daß ihre Erwähnung den Patienten eine Furcht entwickeln läßt, die er noch gar nicht hat. Einen Angstpatienten nach Furcht vor dem Verrücktwerden zu fragen, entspricht dem Befragen eines depressiven Individuums nach seinen suizidalen Vorstellungen. Der Therapeut gibt dem Patienten diesen Gedanken nicht ein. Wenn der Patient keine Suizidgedanken oder keine Furcht vor dem Verrücktwerden hat, wird diese Frage auch nicht diese Idee erzeugen. *Hat* der Patient sie aber, verschafft ihm die Erkundigung des Therapeuten nach ihr einige Erleichterung. Der Therapeut kann sagen: ,,Häufig werden Menschen ängstlich, die glauben, verrückt zu werden oder den Verstand zu verlieren. Haben Sie jemals ähnliche Gedanken gehabt?"

Fehlinformationen. Die breite Öffentlichkeit ist falsch über die Natur psychischer Krankheiten informiert. Populäre Begriffe wie ,,Nervenzusammenbruch" sind vage und schlecht definiert. Daher ist es nicht überraschend, daß viele Patienten falsche Vorstellungen von Verrücktheit haben. Viele glauben, daß Angst äquivalent mit Verrücktwerden ist. Der Therapeut sollte die Unterschiede zwischen Angst und psychotischem Verhalten, das anders als sie durch Halluzinationen und feste Wahnvorstellungen geprägt ist, klarstellen.

Raimy bemerkt, daß fast alle Psychotiker glauben, ,,verrückt zu werden". Psychotiker haben offensichtlich die gleichen stereotypen Ansichten von Verrücktheit wie die allgemeine Bevölkerung — daß Verrückte suizidal und mordlustig sind, sexuelle Überfälle machen und einen vollständigen Identitäts- und Kontrollverlust erleiden. Der Therapeut sollte sich nach den speziellen Vorstellungen des Patienten von der Verrücktheit und insbesondere nach dessen Auffassung von ihren kausalen Ursachen erkundigen. Ein Patient z.B. hatte Schlafschwierigkeiten, und je weniger er schlief, desto ängstlicher wurde er. Dieser Teufelskreis beruhte auf seiner Vorstellung: ,,Wenn man nicht genug schläft, wird man verrückt."

Gab es in der Familie des Patienten keine Schizophrenien, kann der Therapeut auf den erblichen und natürlich auch den Umweltfaktor bei der Entstehung der Schizophrenie hinweisen.

Furcht vor Kontrollverlust. Dieser Furcht vor dem Verrücktwerden liegt häufig die Angst des Patienten, Kontrolle zu verlieren, zugrunde. Der Patient glaubt, daß er irgendwie keine Kontrolle über seine Gefühle hat und völlig ohne Einfluß auf die Führung seines Lebens sein wird. Diese Vorstellung hat ihre Quelle häufig in der persönlichen Angstgeschichte. Patienten glauben oft, daß Angst durch ,,tief verwurzelte", unbewußte Wünsche verursacht wird, die durchbrechen und eine psychotische Episode auslösen können.

Diese ,,naive" Theorie ist häufig bei Patienten ein Problem, die zuvor eine psychoanalytische Therapie gemacht haben. Unter Umständen muß der Therapeut dem Patienten die kognitive Theorie der Angst mehrere Male erklären. Der Therapeut betont, daß Angst nicht das Ergebnis vorbewußter unterdrückter Wünsche ist, sondern von der Wahrnehmung einer Situation durch die Person verursacht wird. Es sollten klare, auf die Gegenwart bezogene Beispiele, wie die Einschätzung einer Situation zu Angst führen kann, verwendet werden. Der Therapeut kann dem Patienten erklären: ,,Wenn Sie sich sagen, ,Diese Symptome sind ein Zeichen, daß ich den Verstand verliere. Ich kann es nicht kontrollieren', werden Sie erschrecken und noch mehr Angst bekommen."

Über-Kontrolle. Viele Patienten übertreiben ihre Angst durch die Annahme: „Ich muß diese Angst kontrollieren." Sie glauben, daß etwas Schlimmes mit ihnen passieren wird, wenn sie nicht gegen die Angst intervenieren. Solche Patienten ohrfeigen sich sogar beim Versuch, ihre Angst zu kontrollieren. Durch dieses Gefühl, die Angst kontrollieren zu *müssen,* wird sie meistens noch verstärkt.

Der Therapeut bespricht mit diesem Patienten, wie Beachtung der Angst und Versuche, sie zu kontrollieren, seinem Ziel entgegenwirken. Der Therapeut kann sagen: „Man kann nicht immer unmittelbar an den Angstsymptomen arbeiten, sondern man muß den Denkprozeß verändern, der diese Symptome verschlimmert. Dazu können Taktiken wie Ablenkung und erhöhte Angsttoleranz verwendet werden."

Der Therapeut kann auch einen anderen Weg beschreiten und dem Patienten erklären, daß er sehr wohl Kontrolle über seine Emotionen hat, sehr exakte Kontrolle sogar. Er denkt ängstigende Gedanken und befiehlt daher seinen Nerven, in einem Erregungszustand zu sein. Menschen haben Kontrolle über ihre Emotionen, die von ihren Gedanken beeinflußt werden. Niemand hat Kontrolle über die Gefühle eines anderen Menschen. Diese Art von Kontrolle des Patienten ist jedoch fehlangepaßt. Der Therapeut kann außerdem darauf hinweisen, daß der Patient eine adaptivere Kontrolle seiner Emotionen erhält, wenn er es lernt, seine Gedanken zu kontrollieren. Patienten lernen es, durch die Verwendung der verschiedenen, in der Behandlung beschriebenen Techniken ihre Angst zu kontrollieren. Dennoch sollte sich der Patient nicht zwingen, seine Symptome zu kontrollieren oder sich zu sehr um Kontrolle zu sorgen, weil er sonst sein Problem verschlimmert.

Der Therapeut kann dem Patienten erklären, daß er, obwohl er keine vollständige „adaptive" Kontrolle über seine Angstsymptome hat, sehr wohl Kontrolle über seine groben Muskelbewegungen hat. Er kann seinen Körper zwingen, sich dort hin zu bewegen, wo er es möchte. Er kann in einer Situation, die er als furchterregend empfindet, bleiben und trotz seiner Angstgefühle agieren. Der Therapeut kann neuere Untersuchungen zitieren, die zeigen, daß man nach dem Rauchen von Marihuana Kontrolle darüber hat, ob man berauscht wird oder nicht. Die meisten Menschen haben die ähnliche Erfahrung gemacht, die Stärke ihres Rausches nach Alkoholgenuß kontrollieren zu können.

Behauptet der Patient, keine Kontrolle über seinen Körper zu haben und sich nicht zwingen zu können, sich in die gefürchtete Situation zu begeben, kann der Therapeut fragen: „Würden Sie sich für zehn Millionen Dollar in diese Situation begeben, oder um Ihr eigenes Leben oder das Leben eines von Ihnen geliebten Menschen zu retten?" Die meisten Patienten stimmen zu, daß sie sich unter solch drastischen Umständen zwingen könnten, sich in die Situation zu begeben.

Gedanken mit der Wirklichkeit verwechseln. Die Person, die sich davor fürchtet, verrückt zu werden, ist ein hervorragendes Beispiel, wie sich Individuen ängstigen und ihre eigenen Symptome zur Aufrechterhaltung des Furchtprozesses verwenden können. Bei der Behandlung dieser besonderen Störung muß der Therapeut mehrfach betonen, daß diese Idee oder dieser Gedanke, vielleicht verrückt zu werden, nicht mit der Wirklichkeit übereinstimmt. Solche Gedanken führen ein Eigenleben und sind nicht unbedingt eine Widerspiegelung objektiver, verifizierbarer Tatsachen. Manchmal wird der Patient diese Vorstellung, verrückt zu werden, aufgeben, insbesondere im Gespräch mit dem Therapeuten und in den Beratungsstunden. Aber inmitten eines Angstanfalles ist die Vorstellung, verrückt zu werden, allmählich die Kontrolle zu verlieren, und der Gedanke, daß dieser Zustand ewig anhalten wird, überwältigend. Der Therapeut kann dem Patienten erklären, daß diese Überzeugungen kontingent mit einer Reihe von Faktoren stärker werden – mit der Stimmung des Patienten, seiner körperlichen Verfassung (ob er sich gesund fühlt oder eine Viruserkrankung hat) und der Art und dem Kontext der Situation. Die Überzeugung von den Annahmen ändert sich mit diesen Variablen.

Hat der Patient begonnen, seine Gedanken zu überprüfen, wird er wahrscheinlich bemerken, daß ihr Auftreten an bestimmte Stimuli gekoppelt ist. Diese Erkenntnis führt zu einer weiteren Einsicht – daß die Annahmen sich ändern und nicht mit Tatsachen gleichgesetzt werden können.

Das Aufstellen einer eigenen Schätzskala für die Überzeugung von Annahmen ist eine Methode, mit der den Patienten die Veränderbarkeit von Annahmen gezeigt werden kann. Der Patient schätzt die Stärke seiner Annahme zu bestimmten Gelegenheiten ein: in der Beratungsstunde; wenn er nicht ängstlich ist; wenn er leicht ängstlich und schließlich, wenn er sehr ängstlich ist.

Hier ist ein Beispiel für eine individuelle Schätzskala:

Stimme gar nicht zu. Stimme völlig zu.
0 ———————————————————— 10

1. Ich werde verrückt. _____
2. Ich werde immer diese Angstsymptome haben. _____
3. Diese Symptome führen zu einer Psychose. _____
4. Ich kann nichts tun, um diesen Zusammenbruch zu verhindern. _____
5. Ich erzeuge meine Angst durch meine Einschätzung der Situation. _____
6. Angstanfälle sind zeitlich begrenzt und nichts, wovor ich mich fürchten muß. _____
7. Angst ist unangenehm, aber nicht gefährlich. _____
8. Wie sehr ich mich auch bemühe – ich habe Angst, verrückt zu werden. _____
9. Ich muß mir um dieses Problem große Sorgen machen. _____

Gedanken versus Handeln. Häufig glauben Patienten, daß sie, wenn sie Gedanken oder Vorstellungsbilder davon haben, sich antisozial zu verhalten, schließlich die Kontrolle verlieren und tun werden, was sie zu tun befürchten. Diese Annahme haben für gewöhnlich Individuen mit der Furcht, andere zu verletzen. Z.B.: Die Gedanken eines Patienten mit der Furcht, einen Fremden auf der Straße anzugreifen, kreisen um das Thema „Ich kann mir nicht trauen". Er verwechselte Gedanken mit Handlungen. Es ist Aufgabe des Therapeuten hervorzuheben, daß das Vorhandensein dieser Gedanken kein Hinweis dafür ist, sie auch auszuführen. Dies wird durch das folgende klinische Gespräch illustriert:

P: Ich habe Angst, wild zu werden und Leute auf der Straße anzugreifen. Ich werde äußerst angespannt und habe Angst, daß ich das tun könnte.

T: Verstehen Sie den Unterschied, einen Gedanken zu haben und ihn auch auszuführen?
P: Ich weiß, daß ich es nicht tun werde, aber trotzdem bringt mich der Gedanke aus der Fassung.
T: Glauben Sie, daß andere Menschen die gleichen Gedanken haben könnten?
P: Ich habe noch nie daran gedacht. Ich habe angenommen, daß sonst niemand diese Gedanken hat.
T: Diese Art von Gedanken oder Vorstellungen ist gar nicht so ungewöhnlich. Wahrscheinlich haben die meisten Menschen irgendwelche Tagträume oder bizarre Gedanken − Gedanken daran, mit jemandem, den sie sehen, Sex zu haben, Gegenstände zu zerschmettern, sich verrückt aufzuführen. Aber die meisten Menschen regen sich wegen solcher Gedanken nicht auf.
P: Schön, wie gehen sie denn damit um?
T: Einige finden sie ganz spaßig. Andere tun sie ab oder nehmen sie nicht ernst. Das Ziel ist, diese Gedanken als zufällige Daten zu betrachten, als ob sie etwas darstellen, das sie auf einem Fernsehschirm sehen. Leute, die ängstlich werden, konzentrieren sich auf diese Gedanken. Dann fangen sie an, sich zu fragen: „Warum habe ich diese Gedanken?" Sie jagen sich selbst Furcht ein, anstatt zu erkennen, daß viele dieser Gedanken automatisch sind. Sie kommen einfach. Es gehört zur menschlichen Natur, verschiedene Gedanken zu haben. Viele unserer Gedanken sind recht bizarr und ganz anders als das, was wir tun könnten. Diese Gedanken zu haben bedeutet jedoch nicht, daß wir sie ausführen werden. Viele Menschen haben Gedanken daran, eine Bank auszurauben, oder alle möglichen anderen antisozialen Gedanken, aber sie würden sie niemals ausführen. Sie haben jederzeit Kontrolle, diese Gedanken auszuführen oder es bleiben zu lassen.
P: Ich verstehe, was Sie meinen. Aber mir erscheint es einfach merkwürdig oder furchterregend, daß ich solche Gedanken, andere angreifen zu wollen, haben soll.
T: Gut. Sie interpretieren Ihre Gedanken einfach als furchterregend. Diese Interpretation ist dysfunktional. Es besteht eine große Wahrscheinlichkeit, daß Ihre Gedanken in Beziehung zu irgendeinem anderen Aspekt Ihres Lebens stehen. Sie könnten z.B. auf eine bestimmte Person wütend sein und richten Ihren Ärger gegen andere. Das müssen wir untersuchen, obwohl es nicht unbedingt in Ihrem Fall zutreffen muß. Wenn Sie auf jemanden wütend sind, könnten wir an Möglichkeiten arbeiten, damit umzugehen. Ich möchte betonen, daß es einen Unterschied gibt zwischen ausgelösten Gedanken, Gedanken, die Sie haben wollen und automatischen Gedanken, die einfach kommen. Es sind meist die automatischen Gedanken, auf die Sie nicht überreagieren wollen.

Rettungsfaktoren. Das Individuum mit der Angst, verrückt zu werden, zieht häufig nicht die Rettungsfaktoren in Betracht. Sollte jemand beispielsweise schizophren werden, gibt es Medikamente und andere Verfahren zu ihrer Behandlung. Der Therapeut kann diese Faktoren erwähnen, selbst wenn er glaubt, daß das Individuum niemals psychotisch wird. Er kann diesen Gedanken etwa folgendermaßen erklären: „Nehmen wir an − nur um des Argumentes willen −, daß Sie einen psychotischen Anfall haben werden. Was nützt es, sich davor zu sorgen? Die Furcht davor macht Ihnen das Leben schwer. Wenn Sie schizophren oder psychotisch werden sollten,

stehen Ihnen noch eine Reihe von Möglichkeiten zur Verfügung. Sie können sich in ein Krankenhaus begeben, Sie können versuchen, das Leiden zu kurieren oder Medikamente einnehmen. Aber Sie brauchen keine Furcht zu haben, daß es so weit kommt. Was würden Sie tun, wenn Sie psychotisch würden?"
P: Nun, ich könnte ins Krankenhaus gehen.
T: Was würde man im Krankenhaus mit Ihnen machen?
P: Nun, man würde mir Medikamente geben, Schlaftabletten oder irgend was.
T: Und was würde dann geschehen?
P: Ich habe Angst, panisch.
T: Es ist nicht möglich, immer panisch zu bleiben.
P: Gut, Sie sagen, daß die meisten Patienten in psychiatrischen Krankenhäusern einen kurzen Aufenthalt haben. Niemand bleibt wie früher für immer in ihnen. Aber was ist, wenn ich durch die Straßen laufe und ein herumstreichender Psychotiker werde?
T: Wenn es mit Ihnen so weit wäre, würden Sie sich sehr anstrengen, es nicht so weit kommen zu lassen. Sie könnten eine Therapie machen. Sie könnten ein Medikament einnehmen. Sie könnten verschiedene Möglichkeiten ausprobieren.

Bedeutung. Der Therapeut sollte den Patienten fragen, was es für ihn bedeutet, einen ,,Nervenzusammenbruch" zu haben oder ,,den Verstand zu verlieren". Was wären die indirekten Folgen, die ihn sich schlecht fühlen lassen? Häufig ist die sekundäre Furcht die Furcht vor der Meinung anderer Menschen. Der Patient könnte die im vorangegangenen Kapitel beschriebenen Techniken oder Strategien anwenden. Macht sich der Patient um seine Karriere Sorgen, kann der Therapeut darauf hinweisen, daß, wenn seine Diagnose aus irgendeinem Zufall völlig danebenliegen und der Patient doch einen psychotischen Schub haben sollte, derartige Anfälle zeitlich begrenzt sind und er wieder zu seiner Arbeit zurückkehren kann.

Der Therapeut kann mit seinem Patienten das Konzept sozialer Freiräume besprechen: Über einen gewissen Zeitraum kann man sich ein Polster an sozialer Toleranz schaffen. Von diesem Vorrat kann man zehren, wenn man emotionale Schwierigkeiten hat.

Sterbensangst.

Wie bereits erwähnt muß der Therapeut auf individuell unterschiedliche Eigenarten der Angst seiner Patienten achten. Viele ängstliche Patienten sorgen sich vor dem Tod. Die Weise, wie diese Sterbensangst empfunden wird, unterscheidet sich erheblich von Individuum zu Individuum.

Nehmen Sie folgende vier Fälle. Patientin 1 fürchtete sich vor einem plötzlichen Tod durch Herzanfall oder Ersticken. Diese Furcht entstand nach zwei Erlebnissen, darunter eine Ohnmacht, die mit Schmerzen im Brustkorb und Atemnot in Verbindung stand. Die Patientin hielt sie für Herzanfälle. Diese Idee wurde durch die offenkundige Besorgnis ihrer Ärzte bei ihrer Beobachtung im Krankenhaus verstärkt. Es fand sich jedoch kein Hinweis auf eine Herz- oder irgendeine andere Krankheit. Das Ausbleiben einer fachkundigen Erklärung ihrer Symptome trug zu ihrer willkürlichen Schlußfolgerung, an einer ernsten Herzkrankheit zu leiden, bei. Die Reaktion ihrer überängstlichen Mutter, die ihr ein Heim-Sauerstoffgerät kaufte, und das häufige Gemahnen an Verwandte, die in recht frühem Alter an „Herzleiden" gestorben waren, unterstützten die Vorstellung der Patientin, ständig in Gefahr eines plötzlichen Todes zu schweben.

Patientin 2 andererseits sorgte sich besonders darum, an einer schleichenden Krankheit zu sterben, was für sie mit chronischen Schmerzen, Auszehrung und Entstellung verbunden war. Sie hatte eine enge Freundin, die an einer chronischen, progressiv verlaufenden neurologischen Krankheit litt. Die Patientin hatte drei Monate lang an unerklärlichen Schmerzen und Sensibilitätsstörungen gelitten, bis der Arzt ihr erklärte, ihre Symptome seien auf einen „eingeklemmten Nerv" zurückzuführen. Obwohl ihre körperlichen Symptome verschwanden, blieb die Vorstellung zurück, möglicherweise an einer chronischen, tödlichen Krankheit zu leiden, die so lange als gutartiger Zustand fehldiagnostiziert werden könnte, „bis es zu spät sei". Die Patientin meinte, daß ihr großes Mißtrauen gegenüber der Diagnose auf dem Fall ihrer Cousine beruhte, die ungefähr in ihrem Alter an einem Unterleibskrebs gestorben war. In den entscheidenden Monaten war der Krebs als gutartige Geschwulst fehldiagnostiziert worden. Daher interpretierte sie jede ungewöhnliche Empfindung ihrer Körpers als Anzeichen einer fortschreitenden Krankheit und ängstigte sich vor ihr. Diese Gedanken kulminierten schließlich in einem schweren Angstanfall.

Patientin 3 fürchtete sich, vor Angst zu sterben, wenn sie noch einmal ebensoviel Panik empfinden sollte, wie sie bei einem äußerst entsetzlichen Ereignis ihres Lebens verspürt hatte, als sie allein in der Nacht von einem bewaffneten Mann vergewaltigt wurde. Die damals empfundene emotionale Erregung erschien ihr stark genug, um ihrem Verstand einen bleibenden Schaden zuzufügen. Allein in der Wohnung zu sein oder allein durch die Stadt zu spazieren, löste Phantasien aus, angegriffen zu werden. Es muß betont werden, daß im Mittelpunkt ihrer Furcht nicht die Gefahr einer neuerlichen Vergewaltigung an sich stand, sondern vielmehr die Konsequenzen des von ihr erwarteten Entsetzens. Sie hielt es für wahrscheinlich, zumindest vorübergehend gelähmt zu werden und von dem Schrecken zu sterben.

Patientin 4 sorgte sich vor allem um die Folgen eines plötzlichen unerwarteten Todes. Sie fürchtete sich wegen einer streng orthodoxen katholischen Erziehung vor einem Leben nach dem Tode in ewiger Verdammnis, wenn sie unvorbereitet sterben sollte. In einer für Eindrücke empfänglichen Periode ihrer frühen Kindheit war sie verwarnt worden, daß sie in ihrem Schlaf unvorbereitet und ohne Vorwarnung sterben und in der Hölle aufwachen könnte, wenn sie faul und sündig leben würde. Danach fühlte sie sich für irgendein unvorhersehbares Ereignis, das ihren plötzlichen Tod herbeiführen könnte, besonders anfällig.

Die wichtigste Lektion dieser Fälle für den Therapeuten ist, daß er sich nach der spezifischen Furcht seines Patienten erkundigen sollte. Ein Standardverfahren besteht darin, den Patienten zu fragen, was die Sterbensangst für ihn bedeutet. Ist es die Unsicherheit, die er fürchtet, die Ungerechtigkeit, oder zu leiden? Der Therapeut kann nach visuellen Vorstellungsbildern fragen, und er kann herausfinden, ob eine dem Patienten nahe stehende Person kürzlich verstorben ist. In dem Fall kann er sich nach wiederkehrenden Reaktionen in Angedenken an diesen Todesfall erkundigen.

Bedürfnis nach Sicherheit. Eine häufig zugrundeliegende Annahme des Individuums ist das unrealistische Verlangen nach Sicherheit, eine selbst auferlegte Intoleranz gegen das Unbekannte. Es folgen einige allgemeine Gedanken, die aus „*Overcoming the Fear of Death*" von David Cole Gordon modifiziert wurden. Der Therapeut kann sie verwenden, wenn er dieses Thema mit seinem Patienten bespricht. a) Leben wir nicht ständig mit dem Unbekannten? b) Wissen wir, was im nächsten Augenblick passiert, der, noch während wir denken, zu Vergangenheit wird? c) Wissen wir, was hinter der nächsten Ecke lauert, sowohl wörtlich als auch bildhaft gemeint? d) Wissen wir, wen wir als nächsten treffen und was sie sagen werden? e) Leben wir nicht in einer gewissen Weise immer mit dem Unbekannten? f) Warum dann sollten wir uns davor fürchten? g) Wir müssen die Tatsache akzeptieren, daß es Dinge gibt, die wir nicht kennen und von denen wir aller Voraussicht nach auch nichts wissen werden. h) Wir wissen, daß es Abschnitte in unserem Leben gibt, in denen wir in einer anderen Form existieren, z.B. bevor wir geboren werden. Ist nicht das Leben in seiner ganzen Form durch den Zyklus von Geburt, Sterben, Wiedergeburt und Wiedererschaffung gekennzeichnet? i) Warum sollten wir uns davor fürchten, was mit uns nach dem Tode geschieht, wenn wir nichts über den Zustand vor unserer Geburt wissen?

Der Therapeut weist darauf hin, daß es im Leben keine Sicherheit gibt. Das Leben ist ein Geheimnis; Sicherheit zu verlangen heißt etwas zu verlangen, das es nicht gibt. Dieses Verlangen macht uns unglücklich und ängstlich. Das Leben wäre übrigens ziemlich langweilig, wenn wir alles wüßten – ohne Geheimnisse und Wunder. Das Unbekannte macht das Leben interessant und würzt es mit Überraschung.

Der Therapeut kann dem Patienten erklären, daß die Sorge vor dem Tod einen hindert, die für persönliches Wachstum und psychische Gesundheit entscheidenden Risiken einzugehen. Der Tod ist unvermeidlich, gleichgültig wie sehr man sich vor ihm sorgt. Es kommt vielmehr darauf an, ob man die Wirklichkeit akzeptiert oder sich mit Wunschdenken abgibt. Therapeut und Patient können über den natürlichen Kreislauf des Lebens reden: Selbst Sterne und Sonnensysteme vergehen. Alle uns bekannten Formen des Lebens gehen schließlich zugrunde. Wie Shakespeare es ausdrückte: „Our little life is rounded with a sleep."[1]

Der Therapeut kann seinen Patienten auch fragen, wie er es sich vorstellt, selbst niemals wie andere Menschen zu sterben. Solch ein Mensch müßte ständig neue Freunde finden, da von ihm geliebte Personen hinwegsterben würden. Der Therapeut kann den Patienten sogar bitten, die *Legende vom ewigen Juden* zu lesen. In ihr wurde der Fluch ausgesprochen, daß dieser Mann niemals sterben und ewig auf dem Antlitz der Erde herumwandeln müsse, während von ihm geliebte Personen dem natürlichen Kreislauf folgen, sterben und ihn einsam zurücklassen.

Magisches Denken: Der Patient kann glauben, daß Sich-Sorgen-Machen den Tod abwehrt und daß er sterben wird, wenn er sich nicht mehr sorgt. Der Therapeut kann mit ihm die Irrationalität dieser Vorstellung diskutieren und darauf hinweisen, daß Angst vor dem Tode ein Hindernis für das Überleben ist. Der Therapeut kann die Parabel vom *Tod in Teheran* erwähnen. In dieser Geschichte läuft der sich offen-

---

[1] „... und dies kleine Leben umfaßt ein Schlaf..."; W. Shakespeare: „Der Sturm" (IV, 148). Übersetzt von Schlegel/Tieck. Rowohlt-Verlag, Reinbek, 1963.

sichtlich fürchtende Diener zum Herren und sagt: „Kann ich eines Eurer Pferde ausleihen, um nach Teheran zu reiten?" Der Herr fragt: „Warum willst Du ein Pferd leihen?" Der Diener antwortet: „Eben habe ich im Haus den Tod getroffen, und er hat mir Furcht eingejagt. Ich muß bei Sonnenuntergang in Teheran sein." Der Herr stimmte zu und ging dann ins Haus, wo er den Tod traf. Er wurde wütend auf den Tod und sagte: „Warum hast Du meinen Diener so erschreckt?" Der Tod entgegnete: „Ich habe ihm keinen Schrecken eingejagt. Ich war nur überrascht, ihn hier zu sehen, weil ich ihn heute abend in Teheran treffen soll."

Der Therapeut kann darauf hinweisen, daß es dysfunktional ist, sich vor dem Tod zu sorgen. Je mehr man sich um den Tod Sorgen macht, desto weniger wird man sich des Lebens erfreuen. Er ähnelt dem Geizhals, der so damit beschäftigt ist, Geld anzuhäufen, daß er sich niemals am Nutzen seines Geldes erfreut. Geld muß man ausgeben oder hergeben, um etwas davon zu haben. Angst vor dem Tod hindert einen daran, ein erfülltes und glückliches Leben zu führen und hält einen davon ab, vom Leben zu bekommen, was man von ihm erwartet.

Magisches Denken besteht im Kern in der Annahme, „Wenn ich mich durch die Sorge vor meinem Tod selbst unglücklich mache, werde ich nicht sterben. Dann werde ich mehr Zeit haben, um mich unglücklich vor dem Tod zu sorgen."

Tod ist unfair. Gelegentlich basiert die Angst des Patienten auf der „Warum gerade ich?"-Haltung, also der Annahme, daß es unfair ist, für den Tod auserkoren zu sein, während sich andere weiter des Lebens erfreuen. Für den Patienten ist die Vorstellung unerträglich, daß ihm etwas Ungerechtes angetan wird. Der Therapeut kann darauf hinweisen, daß a) das Leben in vielerlei Hinsicht unfair ist; b) daß Fairness ein willkürliches Konzept ist. Was dem einen fair erscheint, erscheint dem anderen unfair; c) daß solch eine Sorge dysfunktional ist. Niemand kann sich des Lebens erfreuen, wenn er sich darum sorgt, ob alles so klappt, wie er es gerne hätte; und d) daß Fairness genau wie Normalität oder Perfektion ein abstraktes Konzept ist, das nur in den Köpfen der Menschen und nicht in der Wirklichkeit existiert. Logischerweise würde sich das Individuum mit dieser Annahme nicht vor dem Tod fürchten, wenn alle Menschen auf der Erde gleichzeitig sterben müßten.

Tod oder Sterben ist schmerzhaft. Viele Patienten glauben, daß der Tod ein Zustand des Leidens ist. Der Therapeut kann mit dem Patienten über das Fehlen von Beweisen für diese Annahme diskutieren. Die Tatsachen weisen vielmehr darauf hin, daß der Tod ein Zustand des Nichtseins ist – die Abwesenheit von Empfindungen jeder Art. Die Auffassung des Patienten, daß Tod mit Leiden gleichbedeutend ist, kann von seinen religiösen Überzeugungen herrühren. Folgende Punkte sollten bei einem Gespräch über das Thema Hölle beachtet werden:

a) In der Regel sind langatmige Diskussionen über Religion nicht hilfreich.
b) Es kann nützlich sein, mehr auf dem konkreten Niveau des Faktischen zu bleiben als über nur Vorgestelltes zu sprechen.
c) Der Therapeut kann fragen, ob einige der Annahmen auf Erfahrungen der Kindheit beruhen und eigentlich nicht länger geglaubt werden müssen.
d) Der Therapeut kann sich erkundigen, ob es andere Aspekte der Religion, z.B. Vergebung, gibt, die dem Konzept ewiger Verdammnis entgegenwirken.

e) Der Therapeut kann über die Zweckmäßigkeit dieser Annahmen diskutieren. Helfen sie dem Patienten, ein ethischeres oder moralischeres Leben zu führen?
f) Der Therapeut kann sich erkundigen, ob der Patient irgendwelche Vorstellungsbilder hat, die seine Angst erhöhen.
g) Der Therapeut muß darauf achten, nichts zu sagen, das die religiösen Vorstellungen seines Patienten in einer Weise angreift, die den Patienten von ihm entfremdet.

Anstelle von Furcht vor dem Tod als Zustand haben einige Patienten Furcht vor dem Sterben, als einem Prozeß, den sie für unerträglich schmerzhaft halten. Es folgen einige Gedanken, die aus *„Overcoming the Fear of Flying"* von Albert Ellis übernommen und bearbeitet wurden, die der Therapeut mit seinem Patienten ansprechen kann:
a) Niemand weiß, wie er sterben wird.
b) Sorge und Grübeln mindern nicht das möglicherweise mit diesem Vorgang verbundene Leiden.
c) Der Tod kann nur auf eine von zwei Weisen eintreten: schnell oder langsam. Schnell zu sterben bedeutet, daß es keine Schmerzen gibt, vor denen man sich sorgen müßte. Und langsam zu sterben bedeutet, daß Medikamente zur Linderung möglicherweise auftretender Schmerzen eingesetzt werden können.
d) Neuere Untersuchungen haben gezeigt, daß Menschen, die für einen bestimmten Zeitraum klinisch tot waren und wieder ins Leben zurückgeholt wurden, den Tod nicht als eine unangenehme Erfahrung empfunden haben, ganz im Gegenteil.

Der Therapeut kann diese Punkte ansprechen, um die Patienten alternative Sichtweisen von Sterben und Tod in Betracht ziehen zu lassen und sie zu ermutigen, eigene Argumente für die Entgegnung auf ihre Einstellungen von Furcht und Grauen zu entwickeln. Durch eine Diskussion kann der Therapeut diesen Patienten helfen, ihre Furcht vor dem Tod zu bewältigen.

Der Therapeut kann seinen Patienten Lesestoff aufgeben, in dem die Furcht vor dem Sterben philosophisch oder praktisch diskutiert wird. Ein bereits erwähntes Buch ist *„Overcoming the Fear of Death"* von David Cole Gordon (1970). Dr. Gordon vertritt die These, daß der Tod nicht als eine Geißel oder Strafe, sondern als eine Erfüllung des Lebens kommt. Der Therapeut kann auch Bücher von Alan Watts zu lesen geben. Dr. Watts schreibt über die Auffassung des Zen von Leben und Tod als zwei Teile eines Ganzen. In *„How to Master Your Fear of Flying"* (1972) bespricht Albert Ellis eine Vielzahl verbreiteter Einstellungen zum Tod sowie alternative Sichtweisen. *„Lives of a Cell"* (1974) von Lewis Thomas zeigt, wie alle Lebewesen miteinander verbunden sind, und daß der Tod eigentlich Leben ist, das seine Form wandelt.

Philosophische Diskussionen sind nicht mit allen Patienten effektiv. Für einige Patienten ist es wichtiger, ihnen bei der Korrektur ihrer verzerrten Einstellungen zu Leben und Tod zu helfen, anstatt sie in eine philosophische Auseinandersetzung zu ziehen. Einigen Patienten jedoch kann eine abstraktere Diskussion helfen.

Furcht vor sexuellem Verhalten.

Einige Patienten haben Angst vor verschiedenen sexuellen Angelegenheiten, von Angst vor sexueller Betätigung bis hin zu Angst vor verschiedenen Formen sexuell abweichenden Verhaltens. Die an anderen Stellen dieses Manuals beschriebenen Verfahren gelten auch für diese verschiedenen Ängste der Sexualität. Viele dieser Befürchtungen können durch pädagogische Methoden bereinigt werden.

Während einige Patienten ängstlich sind, weil sie abweichende sexuelle Verhaltensweisen ausüben – etwa Promiskuität, Fetischismus, Homosexualität oder Transvestismus –, gibt es eine große Zahl von Patienten, die ängstlich sind, weil sie sich fürchten, ein sexuell abweichendes Verhaltensmuster anzunehmen.

Zur Illustration der Strategie kognitiver Therapie bei derartigen sexuellen Problemen werden spezifische Techniken für den Umgang mit Angst vor der Homosexualität dargestellt.

Obwohl mit den sich in unserer Gesellschaft wandelnden Geschlechtsrollen auch Frauen häufiger dieses Problem haben, ist es bei Männern sehr viel verbreiteter als bei Frauen. Dieser Abschnitt beschreibt Verfahren für Menschen, die sich fürchten, homosexuell zu werden, aber nicht aktiv homosexuell sind.

Folgende Punkte können angesprochen werden:
1) Der Therapeut kann betonen, wie wichtig es ist, Gedanken, Gefühle und Handlungen nicht zu verwechseln. Ein Individuum kann wegen Vorstellungsbildern, sich homosexuell zu verhalten, sehr ängstlich sein, obwohl es keine sexuellen Antriebe hat oder jemals homosexuellen Verkehr hatte. Der Therapeut kann auf den Unterschied zwischen Gedanken und tatsächlichem Empfinden hinweisen. Es folgt eine Methode, mit der Arnold Lazarus den Unterschied erklärt:

P: (seufzt tief) Nun, ich wäre ängstlich, einen homosexuellen Annäherungsversuch an sie zu machen.
T: Haben Sie schon homosexuelle Neigungen oder Erfahrungen gehabt?
P: Nicht bewußt. Außer als ich ungefähr neun Jahre alt war. Aber dem habe ich damals keine große Bedeutung beigemessen. Nein, es ist nur, daß ich diese ... hm, perversen Gefühle bekomme. Es ist so, als ob ich, sagen wir mal, einen Ort sehe, an dem „Gefahr. Zurückbleiben!" steht. Ich frage mich nur, wie es wäre, wenn ich das Zeichen ignoriere.
T: Was würde passieren, wenn Sie mir einen homosexuellen Annäherungsversuch machen würden?
P: Hm, Mann! Ich überlege. Schauen Sie, ich meine, wissen Sie, daß ich es als eine Art Zwang machen würde? Wenn ich Sie für einen Homosexuellen oder vielleicht einen Bisexuellen hielte – ich würde es niemals tun.
T: Okay. Ich bin weder homosexuell noch bisexuell. Also was würde passieren?
P: Hm, ich schätze, daß Sie sich ekeln und mich halb umbringen würden.
T: Wäre es nicht möglich, daß ich sage: „Oh, seien Sie nicht albern! Keiner von uns beiden ist homosexuell." Warum müßte ich gewalttätig reagieren?
P: Wie können Sie so sicher sein, daß ich es nicht bin?
T: Es gibt einen himmelweiten Unterschied zwischen homosexuellen Gedanken und homosexuellen Gefühlen.
P: (lacht) Ich weiß nicht, warum ich lache. (Lacht weiter.) Wissen Sie, ich hab' solch ein starkes Gefühl der Erleichterung. (Atmet tief ein und aus.) Was für ein Durcheinander! Okay! Gut! Okay! Die Furcht ist weg. Können Sie sich das vorstellen? (lacht) Ich kann mir als Mann und mit einem Mann trauen.

Ich weiß, daß das verrückt klingt. Sehen Sie, ich kann es nicht in Worte fassen. Ich weiß nur, daß etwas passiert ist, und das einzige Wort, das mir in den Sinn kommt, ist, daß ich erleichtert bin.

2) Glaubt ein Patient, keine Kontrolle über seine Handlungen zu haben und vielleicht etwas zu tun, das er nicht tun möchte, dann kann ihm der Therapeut erklären, daß er sehr wohl seine Handlungen kontrollieren kann. Entscheidet er sich, homosexuelles Verhalten auszuüben, hat er immer noch die Möglichkeit, sich anders zu entscheiden. Wird es zu einem Zwang, kann er sich dagegen behandeln lassen.

3) Der Therapeut kann an der verzerrten Auffassung des Patienten arbeiten, daß es das schlimmste Schicksal der Welt ist, homosexuell zu sein. Patienten können abgeneigt sein, diese Auffassung fallen zu lassen, weil sie eventuell als eine Form des magischen Sorgens der Auffassung sind, von der Homosexualität beherrscht zu werden, wenn sie sie nicht mehr katastrophisieren.

4) Der Therapeut kann überlegen, ob ein männlicher Patient Angst davor hat, mit Frauen zusammen zu sein oder eine Beziehung mit Frauen einzugehen. Ziemlich häufig haben Individuen Furcht, eine Beziehung zu Frauen aufzunehmen.

5) Die Angst des Patienten: „Ich habe Furcht, ein Homosexueller zu sein", ist eine Übergeneralisierung. Niemand geht umher und sagt: „Ich bin ein Heterosexueller." Es ist richtiger zu sagen: „Ich bin ein Mensch, der manchmal mit einer Person des gleichen Geschlechts sexuellen Verkehr hat oder haben möchte." Sexuelle Neigungen sind ein Verhaltensmerkmal, keine allumfassende Definition des Selbst.

6) Der Therapeut kann die Person fragen, ob sie glaubt, nichts zu sein, wenn sie nicht perfekt ist. Das ist „Alles-oder-nichts-Denken". Es kann sein, daß die Furcht vor der Homosexualität eine symbolische Angelegenheit ist. Der Patient meint, daß dies das Schlimmste ist, was ihm passieren könnte. Seine Furcht vor der Homosexualität kann in Wirklichkeit eine Furcht sein, nicht perfekt zu sein oder zu erscheinen, das heißt, nicht den gesellschaftlichen Vorstellungen von Vollkommenheit zu entsprechen.

7) Wenn Patienten ängstlich sind, glauben sie häufig, eine Person des gleichen Geschlechts zu brauchen, weil sie sich zu schwach fühlen, um mit dem Leben fertig zu werden. Der Therapeut kann erklären, daß viele Menschen mit ihrer Geschlechtsrollenidentifikation Schwierigkeiten haben. Mit der Veränderung der Geschlechtsrollen in der Gesellschaft haben viele Menschen Probleme mit ihrer Geschlechtsrolle. Ihr Geschlechtsrollenkonzept kann verzerrt sein. Mit zunehmender Durchdringung der Gesellschaft von Toleranz und Freiheit werden die Geschlechtsrollenstereotype verschwinden, und die Vorstellungen von Geschlechtsrollen und sexuellen Funktionen werden weniger verzerrt und konfus werden.

Chronische Angst.

Da der chronisch ängstliche Mensch an vielen einzelnen Formen von Furcht leidet, braucht er meist eine längere Therapie. Allgemeine Strategien sind:
1) Verhaltenstherapeutische Interventionen werden häufiger verwendet, und zwar vor allem, um die Erfahrungen des Patienten zu strukturieren und angsterzeugenden Verhaltensmechanismen entgegenzuwirken.

2) Besondere Techniken werden verwendet, um den Patienten am Grübeln zu hindern. Dazu gehören a) Gedanken zählen, b) Stimulierung der sensorischen Bewußtheit, c) Überprüfung anderer, mit diesen Gedanken auftretenden Variablen, d) Ersetzen des Grübelns durch ein anderes Ritual, e) Entwickeln starker Gegenargumente gegen Grübelgedanken, f) diese laut hersagen, g) Bandaufnahmen dieser Argumente, dann den Kassettenrecorder ausstellen und abhören der Antworten, sobald das Grübeln wieder beginnt, h) ein Gummiband schnappen lassen oder Liegestütze machen, wenn ernstes Grübeln beginnt (Maultsby, 1975), i) Verschieben des Grübelns auf eine bestimmte Zeit bei Nacht, d.h., sich durch einen Handel gegen sie abschotten.
3) Die Therapie kann sich auf die Annahme des Patienten „Ich werde mich immer mit den schlechten Dingen, die mir geschehen können, beschäftigen und mich sorgen müssen" konzentrieren. Dieser Glaube an die magische Macht des Sorgens ist bei chronisch ängstlichen Patienten die Norm.
4) Der Therapeut kann mit dem Gatten des chronisch ängstlichen Patienten zusammenarbeiten. Als „significant other" kann der Gatte als Co-Therapeut wirken, um dem Patienten zu helfen, sich auf bestimmte Aufgaben zu konzentrieren.

Fehlangepaßtes Bewältigungsverhalten.

Zur Kontrolle seiner Angst kann der Patient verschiedene selbstdestruktive Verhaltensweisen ausüben, z.b. Alkohol- oder Drogenmißbrauch, übermäßiges Essen oder übermäßige sexuelle Aktivität.

Die sekundären Probleme verselbständigen sich häufig. In solchen Fällen konzentriert sich die Therapie gleichzeitig auf die Angst und das fehlangepaßte Verhalten. (Für Arbeit an abhängigen und fehlangepaßten Verhaltensweisen siehe Beck & Emery, *Individual Treatment Manual for Cognitive Behavioral Psychotherapy of Drug Abuse*, 1977.) Für den Patienten besteht eine allgemeine Strategie darin, durch Aufschieben des fehlangepaßten Verhaltens seine Angsttoleranz zu erhöhen. Das Ziel besteht darin, die Toleranz zu verbessern und sich nicht mit einer unmittelbaren Erleichterung von den Symptomen zufrieden zu geben. Über kognitive Techniken hinaus können verhaltenstherapeutische Interventionen verwendet werden, darunter abgestufte Aufgabenprogramme, strukturierte Erfolgserlebnisse, Selbstsicherheitstraining und verschiedene Erfolgs- und Vergnügenserlebnisse. Dem Patienten mit diesen Problemen wird erklärt, wie sich Verhaltensketten entwickeln. Er wird sehr dazu ermutigt, Strategien zum Aufbrechen solcher Ketten zu entwickeln. Besonderer Wert wird auf den Gebrauch von Verzögerungstechniken und alternativem Verhalten gelegt. Ein Patient beispielsweise rannte schnurstracks zur nächsten Kneipe, wenn er ängstlich war. Er trank so lange, bis sich seine Angst verringert hatte. Dieses Verhaltensmuster verstärkte sein fehlangepaßtes Denken „Ich kann nicht damit fertig werden". Auf eine subtile Weise wurde es ihm sogar angenehm gemacht. Da er sehr an dieser Gewohnheit hing, wurde er instruiert, ein aktives alternatives Verhalten auszuführen, bevor er sich diesen „Luxus" erlaubte. Durch direkte Erfahrung lernte er rasch, daß ihn die Unterbrechung der Verhaltenskette an diesem Punkt daran hinderte, automatisch davonzulaufen. Es vermittelte ihm auch ein „time-out"-Verfahren zur Änderung seiner Kognitionen.

Ärger als Bewältigungstechnik.

Einige Patienten verwenden als Strategie zum Umgang mit ihrer Angst Ärger. Durch diese Methode vermeidet es das Individuum, sich ängstlich zu fühlen, indem es sich auf die Schlechtigkeit einer anderen Person oder auf die Widrigkeit der Situation konzentiert, und wird ärgerlich. Manchmal kann diese Technik nützlich sein. Ein Patient z.b., der sich vor einer Gerichtsanhörung fürchtete, konnte dieser Furcht entgegenwirken, indem er in sich Ärger auslöste. Diese Form der Bewältigung ist jedoch häufig nicht adaptiv, wie das folgende Beispiel zeigt. (Die Patientin wurde von Sonja Fox in Gruppenbehandlung betreut.)

Die Patientin beschrieb ihre Stimmung ständig als „ärgerlich", wenn sie der Gruppe ihre Aufzeichnung dysfunktionaler Gedanken vortrug. Ein bemerkenswertes Beispiel für ihre Verwechslung zeigte sich bei ihrem Bericht, „wütend" gewesen zu sein, als sie mitten in der Nacht auf dem Weg zum Flughafen durch einen die Sicht behindernden Schneesturm fuhr. Die Situation würde normalerweise Furcht auslösen, die dann zu vorsichtigerem Fahren führen sollte. Die unbeabsichtigte kognitive Transformation ihrer Furcht in Wut führte jedoch zu leichtsinnigem und impulsivem Fahren, ein Verhalten, das beinahe mit einem Unfall endete. Ihre zwischenmenschlichen Beziehungen wurden ebenso dramatisch und beständig durch diese mangelnde Diskrimination beeinflußt. Die Individuen, mit denen sie interagierte, hätten vielleicht auf ihre soziale Angst mit Verständnis und Toleranz reagiert. Die Verwandlung ihrer Gefühle in Ärger, der sich in wütendem, feindseligem Verhalten ausdrückte, löste jedoch bei ihren Interaktionspartnern defensive, verständnislose und allgemein feindselige Reaktionen aus. Durch direktes Feedback und verschiedene gemeinsame Erfahrungen verhalfen ihr die Gruppenmitglieder zur Diskrimination von Situationen, in denen Ärger angemessen und konstruktiv und Situationen, in denen Ärger unangemessen und destruktiv wirkt.

Diese Patientin konnte sich daran erinnern, daß sie sich in ihrer Kindheit immer, wenn sie ärgerlich wurde, gesagt hatte: „Ich verliere die Beherrschung." Diese Kognition resultierte in Gefühlen von Machtlosigkeit und Depression. Ärger hingegen führte unweigerlich zu einem Gefühl von Kontrolle, weil sie die Kognition hatte: „Ich bekomme nur, was ich will, wenn ich schreie und brülle." Sie lernte daher, interne Angstsignale automatisch in eine Wutreaktion zu verwandeln, selbst wenn das höchst unangemessen war. Doch allmählich wirkte sich das Gesetz der fallenden Grenzerträge aus. Der ständige Gebrauch von Ärger als einzigem Bewätigungsmechanismus wurde schließlich ineffektiv und erzeugte sowohl in ihrem beruflichen Leben als auch in ihrem sozialen Leben ständige zwischenmenschliche Schwierigkeiten.

Das folgende Beispiel zeigt, wie eine kognitive Analysetechnik in einem ähnlichen Fall angewendet wurde.

Ein fünfundzwanzigjähriger verheirateter Mann berichtete, sich wegen eines bevorstehenden Besuchs seiner Mutter wütend zu fühlen. Er sagte wiederholt: „Ich will sie einfach nicht hier haben." Aber die Gründe für seinen Ärger konnte er nicht näher erläutern. Allein das Reden über seine Eltern und insbesondere seine Mutter schien seine Wut zu vergrößern. Der Autor schlug vor: „Warum versuchen Sie nicht, sich Ihre Mutter bildhaft vorzustellen?" Der Patient berichtete dann die folgende Phantasie: „Meine Mutter ist in dem Bild. Sie ist ein großer pelziger Affe. Ihr Gesicht

ist ganz pelzig. Sie ist so groß, daß sie den ganzen Raum einnimmt. Ich bin in der Ecke. Ich bin eingesperrt und kann nicht heraus."
Um weitere Daten über seine Ansicht von seiner Mutter zu erhalten, schlug der Autor ihm vor, eine weitere Phantasie vom Besuch seiner Mutter zu haben. Der Patient berichtete folgendes: „Jemand sitzt auf meinem Kopf. Es ist eine kleine Figur. Sie dreht an Knöpfen auf meinem Kopf."
Nachdem er diese Phantasien erlebt hatte, erkannte der Patient, daß er von seiner Mutter ein verzerrtes Bild hatte, und daß sein Ärger eine Reaktion auf diese verzerrte Ansicht von ihr war. Er erwartete, von einem allmächtigen Wesen überwältigt, gefangen und kontrolliert zu werden. Nachdem er über dieses bizarre Bild seiner Mutter nachgedacht hatte, konnte er ihre Besuche realistischer betrachten. Er erkannte, daß er mit der Situation umzugehen vermochte. Als Ergebnis dieser Erkenntnis fühlte er sich nicht mehr wütend auf sie.

Kontrolle von Streß in der Persönlichkeit vom Typ A

Seit Meyer Friedman und Ray Rosenmann das Konzept des Typ-A-Verhaltens aufstellten, — das für koronare Herzerkrankungen anfällig macht — und dazu erste Untersuchungen unternahmen, wurden auf diesem Gebiet sehr viele weitere Untersuchungen durchgeführt. Obwohl einige Arbeiten etwas kontrovers sind, gibt es Hinweise dafür, daß dieser Persönlichkeitstypus stärker dazu neigt, das für koronare Herzerkrankungen anfällig machende Verhaltensmuster zu manifestieren. Die Hauptkomponente dieses Verhaltensmusters besteht in der Reaktionsweise auf Streß. Verhaltensmäßige, angstreduzierende Methoden wurden erfolgreich zur Behandlung dieses Typ-A-Verhaltens (Suinn, 1978) eingesetzt. Eine der Empfehlungen in den Berichten des „Forum on Coronary-prone Behavior" (Department of Health, Education and Welfare, Public Health Service, National Institute of Public Health Publication NIH 781451) empfiehlt kognitive Umstrukturierung der streßerzeugenden Gedanken des Patienten als eine möglicherweise effektive Strategie.

Gentry (1977) schreibt: „Es wird deutlich, daß ein großer Teil des für koronare Herzerkrankungen anfällig machenden Verhaltens, das von Individuen mit hohem Risiko für diese Krankheiten gezeigt wird, direkt in Verbindung zu Gedanken, Einstellungen, Annahmen und Lebensphilosophien, mit denen sie die Welt um sie herum betrachten, in Beziehung steht. Z.B.: „Ich muß mich beeilen und alles fertig bekommen, sonst denken die Leute, daß ich nicht planmäßig vorgehe und nicht zurechtkomme" und „wenn ich nicht wenigstens 16 Stunden am Tag arbeite und das sieben Tage in der Woche, werde ich keinen Erfolg haben!" (S. 296).
Es folgen einige allgemeine Interventionen.

1. Übungen zum Setzen von Zielen und Abklären von Werten. Ziel dieser Übung ist es, den Patienten genau definieren zu lassen, was er vom Leben erwartet. Häufig unternimmt der Patient mit Streß in Verbindung stehendes Verhalten, um etwas zu erreichen, das er gar nicht will. Seine Ziele sind vage, und trotzdem hat er das Gefühl, sie erreichen zu müssen. Diese Aufgabe hat zum Ziel, den Patienten nachdenklicher zu machen und genau ausdrücken zu lassen, was er will. Nachdem dies geklärt ist, kann der Patient herausfinden, wie er seine Ziele mit einem Minimum an Streß erreichen kann.

2. Zeiteinteilung. Häufig sind Patienten wegen schlechter Zeiteinteilung unter Streß. Diese Unzulänglichkeit wird oft dadurch bewirkt, daß wichtige Aufgaben aufgeschoben werden, bis sie eine streßerzeugende Dringlichkeit bekommen. Dieser Zustand ist als „Termin-itis" (deadline-itis) bekannt. Durch das Setzen von Prioritäten kann solch verschleppendes Verhalten modifiziert werden. Als Hauptstrategie lernt das Individuum, *die wichtigsten Dinge zuerst* zu tun, und diese Regel dann in eine Gewohnheit zu verwandeln. Dadurch gewährt es sich Zeit für die Aufgabe, vor der es sich sorgt, ohne Zeit und Energie darauf verschwenden zu müssen, die Gedanken an sie zu unterdrücken oder dem Impuls, sie zu erledigen, zu widerstehen. Viele Patienten − insbesondere nicht selbständig arbeitende Patienten − sind es nicht gewöhnt, sich ihre Zeit einzuteilen und Prioritäten zu setzen. Ihnen kann gezeigt werden, wie sie mit ihrem Zeitplan zur Kontrolle des Streßniveaus besser umgehen können.

3. Entspannungsverfahren. Es gibt verschiedene Entspannungsverfahren, die der Therapeut seinem Patienten beibringen kann. Unter ihnen ist das „Anxiety-Management-Training" von Suinn, bei dem der Patient lernt zu bemerken, wann er ängstlich wird, und dann die sich verspannenden Muskeln als Hinweisreize für Entspannung zu nehmen. Diese Methode hat bei Typ-A-Verhalten erwiesenermaßen einigen Erfolg. Die Patienten können unterwiesen werden, wie sie entspannt arbeiten können. Viele Patienten haben den Eindruck, entspannt effektiver zu arbeiten. Dabei ist das Ziel, den Patienten nur eine Sache zur Zeit machen zu lassen.

4. Die Anzahl Freude bereitender Aktivitäten erhöhen. Häufig ist der Patient so sehr mit seiner Angst beschäftigt, daß er andere, ihm Freude bereitende Aktivitäten aufgibt. Der Patient wird gebeten, einzuschätzen, wieviel Vergnügen er derzeit erlebt, und das Ausmaß dann allmählich zu erhöhen. (Manchmal sind Patienten nach Myokardininfarkten depressiv. Verschiedene zur Behandlung der Depression verwendete Verfahren können hier eingesetzt werden.)

5. Betonung von erprobenden, nicht-wettbewerbsorientierten Aktivitäten. Der Patient wird ermutigt, versuchsweise alternative Aktivitäten zu unternehmen, insbesondere nicht-wettbewerbsorientierte athletische Aktivitäten. Ist die Aktivität anstrengend, wie Waldlauf z.B., sollte er mit ihr allmählich und nach einer medizinischen Untersuchung beginnen.

6. Überprüfen von Gedanken. Dem Patienten wird *beigebracht,* die ihn streßerfüllt machenden Gedanken *zu überprüfen* und dann gegen sie anzugehen. Beispiele für solche Gedanken sind: „Ich muß das erledigen." „Ich habe keine Zeit." „Ich fühle mich gehetzt." „Wenn ich das nicht erledige, wird etwas Schlimmes passieren." „Ich muß soviel erledigen und muß alles jetzt erledigen." Wie das weiße Kaninchen in *Alice im Wunderland* schauen sie ständig auf ihre Uhr und klagen: „Ich bin zu spät." Nachdem die Patienten gelernt haben, sich solcher Gedanken bewußt zu werden, wird ihnen beigebracht, auf diese Gedanken zu antworten, etwa „Ich habe viel Zeit. Es ist wichtiger, mich zu beruhigen als mich aufzuregen." „Ich mach' eins nach dem anderen. Ich kann nicht mehr machen, als ich machen kann." Auf dem Wege zu einer Verabredung, zu der er zu spät kommen *könnte,* sagt sich der Patient wahrheitsgemäß: „Ich bin solange nicht zu spät, bis ich nicht dort bin."

7. Ablenkungstechniken. Den Patienten können zur Kontrolle ihres Stresses Ablenkungsübungen und Übungen zur Erhöhung der sensorischen Bewußtheit beigebracht werden.

8. Erkennen zugrundeliegender Annahmen. Der Patient kann lernen, die zugrundeliegenden Annahmen zu ändern, die ihn zu Typ-A-Verhalten drängen. Etwa „Um glücklich zu sein, muß ich anerkannt werden." „Ich muß vollkommen sein." „Alles muß klappen." „Ich kann nicht langsamer werden."

9. Verwendung visueller Vorstellungen von Bewältigung. Der Patient kann lernen, visuelle Vorstellungen zu verwenden, wenn er in die streßerzeugende Situation gerät. Sie befähigen ihn, den Streß zu bewältigen (siehe Kapitel 5 über Vorstellungsverfahren.)

10. Entwicklung zwischenmenschlicher Fertigkeiten. Die zwischenmenschlichen Beziehungen des Patienten können nachgelassen haben. Dieses Defizit kann durch Überarbeitung überspielt werden. Methoden zur Verbesserung sozialer Fertigkeiten können verwendet werden.

11. Identifikation kognitiver Verzerrungsmuster. Der Therapeut sollte prüfen, ob kognitive Verzerrungsmuster vorhanden sind, insbesondere beim Zeitkonzept des Patienten. Häufig nimmt der Patient sein Alter als Entschuldigung, so hart zu arbeiten.

12. Veränderung von Geschlechtsrollen-Stereotypen. Möglicherweise muß der Patient lernen, seine vorgefaßten Meinungen von Tätigkeiten, die in unserer Kultur von einem Mann bzw. von einer Frau erwartet werden, zu ändern. Z.B. können Kochen, Brot backen, Sticken, Blumen stecken und andere häusliche oder künstlerische Freizeitbeschäftigungen als nicht männlich angesehen werden. Der Therapeut sollte sich nach den Hobbys des Patienten erkundigen. Entschuldigt sich der Patient wegen seiner Freizeitbeschäftigungen oder spricht er mißbilligend über sie, können Geschlechtsrollen-Stereotype dafür verantwortlich sein.

13. Modifikation der „Impulsivität". Bringen Sie dem Patienten bei, reflektiver zu werden. Meichenbaums Selbstanweisungen können dabei hilfreich sein.

14. Tägliche Anwendung dieser Methoden. Alle diese Methoden zur Änderung des Lebenswandels müssen täglich angewendet werden. Alltägliche Anwendung ist ein entscheidender Faktor und sollte in die Behandlung eingebaut werden.

Kapitel 9

Therapiesitzung mit einer Angstpatientin

In der im folgenden beschriebenen Therapiesitzung macht die Patientin Fortschritte in Richtung auf die Therapieziele, nämlich: Besserung der Angstsymptome, unter denen sie in der letzten Zeit litt, und stärkeres Vertrauen in ihre eigene Fähigkeit, Techniken und Strategien anzuwenden, die ihr helfen sollen, künftige, wohl unangenehme, aber doch kontrollierbare Anfälle dieser Art in den Griff zu bekommen. Zur Wahrung der Anonymität der Patientin, zur stärkeren Verdeutlichung des therapeutischen Vorgehens und aus Gründen der Platzersparnis erscheint diese Beschreibung der Sitzung gegenüber dem tatsächlichen Verlauf in leicht abgeänderter Form.

Wie sich in der Sitzung herausstellt, ist das aktuelle Problem der Patientin die Prüfungsangst. Diese Angst bringt sie dazu zu katastrophisieren und hindert sie daran, sich auf die Prüfung vorzubereiten. Die Patientin will eine Prüfung ablegen, nach deren Bestehen sie sich als ,,Klinische Psychologin" bezeichnen darf. Sie macht sich Sorgen um die Auswirkungen, die ein Nichtbestehen der Prüfung für ihre Kinder haben würde; sie denkt dabei vor allem an die Zeit, die sie weiterhin für ihr Studium aufbringen müßte und in der ihre Kinder ohne sie auskommen müßten; sie macht sich ferner Sorgen um die finanziellen Konsequenzen eines Nichtbestehens, und sie macht sich Sorgen um alle Konsequenzen, die ein Nichtbestehen für ihre momentanen Patienten hätte, zu denen sie den Kontakt abbrechen müßte.

Obwohl schon in früheren Sitzungen ausführlich auf ihre Probleme eingegangen wurde, fühlt sie sich immer noch unsicher hinsichtlich ihrer Fähigkeit, mit Angst fertig zu werden. Nach einer langen Zeitspanne, in der sie relativ frei von Symptomen war, hatte sie kürzlich wieder einen schweren Anfall. Die Anstrengungen des Therapeuten richten sich daher darauf, die in vergangenen Sitzungen erzielten Fortschritte zu festigen; ferner sollen die Themen dieser Sitzungen noch einmal durchgegangen werden, um sicherzustellen, daß sie wirklich von dem Gelernten profitiert hat. Auch müssen die noch ungelösten Probleme angegangen werden, wobei der Patientin dabei geholfen werden muß, die Probleme logisch und rational zu betrachten. Schließlich sollen mit der Patientin die Techniken und Strategien eingeübt werden, die sie in die Lage versetzen, allein mit ihrer Angst fertig zu werden und nicht den lähmenden Auswirkungen der Angst zu erliegen. Bei der Durchführung dieses Programms wird der Therapeut viele der Methoden anwenden, die bereits in vorangegangenen Kapiteln dieses Buches dargestellt und diskutiert worden sind.

Zum Übergang zwischen den früheren Sitzungen und dieser Sitzung faßt der Therapeut die Haltung der Patientin zu der Prüfung in drei Sätzen zusammen: ,,Ich bin nicht in der Lage, den Stoff zu lernen; ich werde in Panik ausbrechen; ich werde durchfallen (Katastrophe)." Der Therapeut weist die Patientin zunächst darauf hin, daß die Angst des Typs ,,Was ist, wenn . . .?" ganz charakteristisch für Angstpatienten und somit nichts Außergewöhnliches ist. Er sagt ihr, daß er in der nächsten Sitzung bei dieser Art zu denken und dem daraus resultierenden Katastrophisieren ansetzen wird (T 6).

Die Patientin erklärt selbst, daß ihre Neigung zu katastrophisieren zum Teil durch Schuldgefühle verursacht wird, die sie aufgrund des Gedankens, nicht genügend Zeit mit ihren Kindern zu verbringen, hat (und die sie noch stärker haben wird, wenn sie die Prüfung wiederholen muß). Der Therapeut versucht daraufhin, durch Fragen die automatischen Gedanken herauszufinden, die sich bei ihr einstellen, wenn sie sich vorstellt, daß sie die Nachricht erhält, durchgefallen zu sein (T 8). Die nachfolgende Diskussion ergibt, daß sie einmal das traumatische Erlebnis hatte, wegen eines fehlenden Punktes bei einer Prüfung durchgefallen zu sein. Aufgrund dieser schmerzhaften Erinnerung empfand sie übermäßige Empathie, als sie von anderen hörte, die am Heiligabend die Nachricht erhielten, daß sie durchgefallen waren.

Der Therapeut wiederholt ihre Gedanken in der von ihr dargelegten Folge und versucht dadurch, ihr die völlig unlogische Basis ihrer Schlußfolgerungen klarzumachen. Als sie jedoch dabei bleibt, daß ihre Interpretation der Fakten richtig sei, fragt er sie, was sie auf eine solche Behauptung entgegnete, wenn jemand anderes sie vertreten würde. Bei der Widerlegung wird sie sich selbst ihrer verzerrten Gedanken bewußt (P 16 – P 19).

Nachdem dieses Problem gelöst ist, bearbeitet der Therapeut ihre Annahme, daß sie im Falle des Nichtbestehens der Prüfung den Schmerz, der durch die Trennung von den Patienten verursacht würde, nicht ertragen könnte. Er erinnert sie durch gezielte Fragen an frühere Zeiten, in denen sie ganz glücklich war, ohne überhaupt von der Existenz dieser Menschen zu wissen. Er hilft ihr so, sich klarzumachen, daß sie sehr wohl in der Lage ist, mit einer solchen Trennung fertig zu werden (T 23 – P 33). Er geht dann das Problem der Honorarzahlungen an, die sie bekommen würde, wenn sie eine geprüfte klinische Psychologin wäre, und die ihr für einige Monate entgingen, wenn sie die Prüfung nicht bestünde. Bei diesem Problem hält der Therapeut sie dazu an, sich in die Zukunft zu versetzen und den kleinen verlorenen Betrag zu vergleichen mit dem Geld, das sie verdienen wird, wenn sie schließlich die Prüfung bestanden hat.

Um eine vernünftigere Einschätzung ihrer Lage zu verstärken, wird ein Dialog durchgespielt, der zwischen den Patienten und ihr stattfinden könnte für den Fall, daß sie für eine kurze Zeit ihre Tätigkeit einstellen müßte (T 65 – T 70). Indem sie die Rolle der Patienten spielt, kann sie die von ihr gefürchteten Reaktionen der Patienten zum Ausdruck bringen; sie kann gleichzeitig den Effekt spüren, den die wirklichkeitsgetreue, ehrliche Erklärung des Therapeuten hat. Ihr wird nicht nur klar, daß die Patienten mit der Beendigung der Therapie fertig werden können, sondern sie ist sogar ganz begeistert bei dem Gedanken, daß dies für die Patienten und sie selbst eine wertvolle Erfahrung sein kann (P 75 – P 77).

Im weiteren Verlauf der Sitzung versucht der Therapeut, andere angsterzeugende Annahmen herauszufinden. Er hilft ihr, diese zu überprüfen unter Berücksichtigung der Tatsachen, die sie übersehen hat. Als sie sich beispielsweise aufregt bei dem Gedanken, Patienten zu verlieren, erinnert er sie daran, daß es aufgrund der zeitlichen Begrenztheit einer kognitiven therapeutischen Behandlung ein Zeichen von Erfolg ist, wenn man Patienten verliert. Während der ganzen Sitzung zeigt er ihr, daß er als ihr Kollege ihre Gefühle nachempfinden kann, und er teilt ihr seine Erfahrungen mit.

Mit der Frage, ob die eigene Wertschätzung von den Ergebnissen einer Prüfung abhängig sein kann, spricht er ein anderes charakteristisches Kennzeichen von Leistungsangst an (T 99).
Als er sie bittet, diese Verbindung von Selbstbewertung und Leistung zu bekämpfen, äußert die Patientin die Ansicht, es sei schlimmer, nur wegen einem oder zweier fehlender Punkte durchzufallen als wegen vieler fehlender Punkte. Bei der Patientin wird die Tendenz deutlich, zwanghaft Dinge zu bereuen oder zu bedauern. Ihre Selbstvorwürfe bilden die Kehrseite der Medaille, auf deren Vorderseite in Hinblick auf die Zukunft der angsterzeugende Satz eingraviert ist: „Was ist, wenn..." (P 105). Beides zeigt, daß die Patientin lernen muß, stärker die Gegenwart zu beachten und zu erleben. Nachdem sie die irrationalen Aspekte ihrer zwanghaften Gedanken erkannt hat, lehrt der Therapeut sie Techniken, die sie in die Lage versetzen sollen, diese zwanghaften Gedanken zu kontrollieren und sich auch von ihnen zu befreien.

Die Patientin und der Therapeut gehen verschiedene Strategien durch, die die Patientin in Zukunft anwenden kann, um Angst und speziell auch die Angst, die mit dieser Prüfung zu tun hat, zu überwinden. Ein kurzes Durchspielen von Angst, hervorgerufen durch eine bestimmte Vorstellung, gibt der Patientin das beruhigende Gefühl, daß sie die Bewältigungstechniken gut beherrscht (T 132).
Durch die Bemerkung, daß mit dem Erreichen neuer Ziele auch neue Ängste entstehen werden (P 135), die für sie aber keinen Schrecken mehr bedeuten, beweist die Patientin, welche Fortschritte sie bereits gemacht hat.

Am Ende der Sitzung gehen Patientin und Therapeut noch einmal durch, was gelernt worden ist. Der Therapeut faßt seine eigene Auffassung bezüglich des Endes von Therapien zusammen: Ob eine Therapie positiv oder negativ endet, man kann aus der Erfahrung lernen und daran wachsen (T 150). Durch seine Enttäuschung über die geringe Zahl ihrer Angstanfälle legt er der Patientin nahe, ihre Angstanfälle als willkommene Gelegenheiten zum Üben der Bewältigungsstrategien zu betrachten und die Anfälle nicht als Plage und Mißgeschick zu sehen, die es unter allen Umständen zu vermeiden gilt (T 152). Der Therapeut fragt sie nach negativen Gefühlen während der Sitzung (T 156). Die Patientin hat nichts Negatives anzumerken; sie sagt, daß sie Vertrauen hat zu den Techniken, die sie jetzt angewandt hat, und sie sagt dem Therapeuten, was sie zwischen dieser Sitzung und der folgenden üben möchte. Die Sitzung endet also positiv.

Teil I: Wiederholung der wesentlichen Punkte der vorangegangenen Sitzung, um dann die Ziele dieser Sitzung festlegen zu können.
1. Die Patientin faßt zusammen, was in der vorangegangenen Sitzung behandelt worden ist; der Therapeut strukturiert die Information (P 1 − T 2).
2. Der Therapeut erfragt Einzelheiten bezüglich des Katastrophisierens (T 2).
3. Die Patientin rekonstruiert die Gedankenkette, die mit dem gefürchteten Ereignis assoziiert ist (P 2 − P 4).
4. Der Therapeut legt fest, daß das ungelöste Problem des Katastrophisierens in dieser Sitzung bearbeitet werden soll (T 5).

Teil II: Die neue Sitzung beginnt mit dem Fokussieren des zu behandelnden Symptoms, d.h. dem Fokussieren des Katastrophisierens.
1. Der Therapeut fragt, warum das gefürchtete Ereignis als eine mögliche Katastro-

phe betrachtet wird, um so die Bedeutung des Ereignisses für die Patientin festzustellen (T 6 − P 7).
2. Gebrauch bildhafter Vorstellungen, um automatische Gedanken hervorzurufen (T 8 − P 9).
3. Die Ausführungen der Patientin über die Bedeutung automatischer Gedanken enthüllen eine exzessive empathische Reaktion gegenüber dem Mißgeschick anderer (T 11 − P 11).
4. Der Therapeut fragt die Patientin nach Fakten, die mit der Situation in Verbindung stehen. Die Patientin äußert eine irrige Annahme, die auf dem Glauben an eine gewisse ,,Fairness" beruht (T 12 − P13).
5. Der Therapeut wiederholt ihre Idee in etwas objektiveren Begriffen und schlägt Rollentausch vor, um der Patientin eine realistischere Perspektive zu ermöglichen (T 14 − T 16).
6. Die Patientin erkennt, daß ihre Annahme unrealistisch ist, aber möchte sie nicht ändern (P 16 − P 22).

Teil III: Logik und Fakten vs. Unlogik und Gefühle
1. Der Therapeut befragt die Patientin über die Zeit ihres Lebens, in der das Problem noch nicht vorhanden war (T 23 − T 27).
2. Die Patientin bestätigt den Erfolg, den sie bei der Bewältigung früherer Erlebnisse hatte (P 27 − P 31).
3. Der Therapeut definiert klar das logische Problem, das zur Debatte steht; die Patientin modifiziert ihre ursprüngliche Position (T 32 − P 33).
4. Der Therapeut untersucht die Grundlage ihrer Angst und demonstriert so, daß die Angst nicht logisch begründet ist (T 34).
5. Der Therapeut diskutiert die Situation in Hinblick auf die Fakten (T 35 − T 55).

Teil IV: Fokussieren dessen, was die Patientin als primäres Anliegen ansieht.
1. Durch Fragen wird das Problem, auf das eingegangen werden soll, festgelegt (T 55 − P 61).
2. Das Rollenspiel hilft der Patientin bei der Entwicklung von Objektivität und der Erweiterung ihrer Perspektive (T 65 − P 70).
3. Diskussion und Analyse der Ideen, die während des Rollenspiels entwickelt wurden, und der relevanten Bewältigungstechnik (T 71 − P 77).
4. Diskussion und kognitive Wiederholung der Reaktionen, die auf das gefürchtete Ereignis erfolgen sollen, um so die Fähigkeiten zur Bewältigung zu überprüfen (T 78 − P 97).
5. Fragen zur Aufdeckung der Annahmen, die die Wurzel ihrer negativen Gefühle sind (T 98 − P 106).
6. Beschreibung der Technik, die der Patientin hilft, mit zwanghaften Ängsten fertig zu werden (T 107 − P 110).

Teil V: Schlußphase
1. Diskussion der Techniken zur Bekämpfung noch vorhandener Angst (T 111 − T 125).
2. Diskussion verschiedener Strategien zur Bekämpfung der Angst *in vivo* (T 125 − P 131).
3. Angstinduzierung mit Hilfe von Vorstellungsbildern, um die Bewältigungsstrategie zu üben (T 132 − P 132).

4. Positive Vorstellungen einschließlich einer realistischen Vorstellung von in der Zukunft zu überwindender Angst (P 135).
5. Der Therapeut faßt die Übungen und Strategien zusammen, die von der Patientin durchzuführen sind.
6. Der Therapeut und die Patientin gehen die Sitzung noch einmal durch (T 149), fassen die Hauptpunkte zusammen (P 149); der Therapeut wiederholt die neue Bewältigungsphilosophie (T 150) und hilft der Patientin, sich des guten Fortschritts bewußt zu werden (T 152 – T 156).
7. Der Therapeut fragt nach negativen Empfindungen in dieser Sitzung und wiederholt die Techniken, die die Patientin vor der Prüfung und vor der nächsten Sitzung üben soll (P 155).

T – 1	Können Sie ein wenig das zusammenfassen, was wir in der vorigen Sitzung besprochen haben?
P – 1 P. faßt voran- angegangene Sitzung zu- sammen.	Nun, ich kam mit dem Problem der Prüfungsangst, weil ich in etwa 3 Wochen meine Psychologieprüfung ablegen werde. Und ich machte mir sehr, sehr große Sorgen darum, ob ich wohl überhaupt lernen könnte mit meiner Angst, die das Lernen beeinträchtigen könnte; ich machte mir außerdem große Sorgen darum, ob ich wohl während des Examens in Panik geraten und durchfallen werde. Und ich dachte, daß das eine Katastrophe wäre und mich ziemlich ruinieren würde. Wir haben dann mehrere Sachen gemacht; zum Beispiel haben wir, glaube ich, das Problem besprochen, ob es wirklich eine Katastrophe wäre oder nicht. Wir haben ein Rollenspiel in Hinblick auf meine Tochter gemacht und in Hinblick darauf, wie sie wohl reagieren würde, wenn ich durchfiele; wir haben also die Vorstellung überprüft, daß es eine Katastrophe wäre durchzufallen.
P. beschreibt Rollenspiel zur Bekämpfung des Katastro- phisierens.	
P. beschreibt Vorstellungs- bilder.	Wir sind auch einige visuelle Vorstellungsbilder durchgegangen, und ich habe mir einige positive Dinge vorgestellt, beispielsweise, daß ich den Brief aufmache und sehe, daß ich bestanden habe. Ein anderes Beispiel war, daß ich auf einen Prüfungsbogen schaue und Fragen sehe, die ich beantworten kann. Was war da noch ...
T – 2 T. Faßt die 3 Hauptpunkte zusammen.	Wir wollen die beiden Dinge noch einmal zusammenfassen, bevor wir fortfahren. Sie hatten also drei Probleme. Sie hatten das Gefühl, daß Sie große Angst hatten vor der bevorstehenden Prüfung. Sie hatten also erstens das Gefühl „Ich kann nicht lernen", zweitens das Gefühl „Ich werde in Panik geraten, wenn ich in der Prüfung bin" und drittens „Ich werde dann durchfallen, und das wird eine Katastrophe für mich sein." Darauf also hatten Sie sich in der letzten Sitzung konzentriert. Sie haben jetzt als erstes gesagt, daß wir darüber gesprochen haben: „Warum wäre das eine Katastrophe?" Und der in diesem Zusammenhang wichtige Gedanke war, daß ängstliche Leute sich immer sagen „Was ist, wenn das passiert?" und „Wäre es nicht schrecklich, wenn das passierte?" Die Leute denken viel darüber nach, aber häufig nicht genug insofern,
T. stellt heraus, daß ihre Hal- tung typisch für Angstpatienten	

ist. T. leitet von vorangegangener Sitzung zu dieser über. P – 2	als sie die Sache nicht zu Ende denken. Wir haben uns also gefragt: „Angenommen, Sie fielen tatsächlich durch, warum wäre das so schrecklich? Warum wäre das eine Katastrophe?" Und was war da die Gedankenkette, die von da an ablief? Wir wollen das jetzt ein bißchen rekonstruieren. Nun, ich glaube, ich würde meine Kinder ziemlich enttäuschen. Ich hatte ihnen versprochen, daß dies meine letzte Prüfung sein würde, für die ich abends noch lernen müßte und keine Zeit für sie hätte. Wenn ich jetzt durchfiele, dann hätte ich weiterhin keine Zeit für meine Kinder.
T – 3	Sie sagen sich also: „Wenn ich durchfalle, werden meine Kinder mich weiterhin entbehren müssen; ich werde meine Kinder enttäuschen, und das wäre schrecklich."
P – 3	Mhm.
T – 4	Aber irgendwie müssen Sie aus dieser Falle herauskommen. Es erscheint schrecklich, aber warum wäre es wirklich so schrecklich? Es hört sich so an, als wäre es eine echte Katastrophe.
P – 4	Ich glaube, in gewisser Hinsicht stellt es für mich immer noch eine echte Katastrophe dar; meine Überzeugung hat sich da noch nicht ganz geändert.
T – 5	Gut, das ist also etwas, womit wir uns noch beschäftigen müssen.
P – 5	Ja, ganz sicher.
(Eigentlicher Beginn der neuen Sitzung.)	
T – 6	Nun, wir wollen uns jetzt einmal damit befassen. Vielleicht wäre es eine Katastrophe. Warum wäre es eine Katastrophe, wenn Ihre Kinder enttäuscht würden? Was wäre daran so schrecklich?
P – 6 P. spricht über die Bedeutung des vorgestellten Ereignisses.	Ich weiß nicht, ob es für sie so schrecklich wäre. Wir haben schon einmal darüber gesprochen, was ich tun würde, wenn ich durchfiele, wie ich meine Zeit einteilen würde beispielsweise. Ich bin mehr oder weniger zu dem Ergebnis gekommen, daß ich dann im Sommer arbeiten könnte, in der Zeit, in der die Kinder für zwei Monate in Ferienlagern sein könnten. Ich glaube, ich habe das Gefühl, daß das meinen Sommer kaputtmachen würde. Ich könnte es zwar so machen, aber ich würde es nicht gerne tun. Ich hatte mich so auf einen arbeitsfreien Sommer gefreut, und das würde in gewisser Weise meinen Sommer kaputtmachen. Wenn ich an meine Kinder denke, nun, ich müßte wohl wieder viel lernen, wahrscheinlich im September. Die Wiederholungsprüfung würde im Oktober stattfinden, und selbst wenn ich mich schon im Sommer vorbereiten würde, müßte ich sicher auch noch direkt vor der Prüfung einiges tun. Ich würde mir auch Sorgen machen, wie ich es wohl emotional verkraften würde, wieder für die Prüfung arbeiten zu müssen, nachdem ich bereits einmal durchgefallen bin. Ich glaube also nicht, daß der Sommer so günstig ist. Ich glaube, daß es vor allem meine eigenen beruflichen Pläne durcheinanderbringen würde, ich denke dabei weniger an meine Familie.

T – 7	Sie sorgen sich also weniger darum, daß Sie Ihre Kinder und Ihre Familie enttäuschen würden. Sie sagen, daß vor allem Ihre eigenen beruflichen Pläne durcheinander geraten, wenn Sie die Prüfung nicht schaffen.
P – 7	Ja, ich glaube, daß ich dabei schon mehr an mich selbst denke. Ich glaube, daß sich meine Haltung da ein wenig geändert hat. Zur Zeit mache ich mir mehr Sorgen um mich und meine Reaktionen, wenn ich durchfalle, als Sorgen um meine Familie.
T – 8 T. proloziert bestimmte Vorstellungen, um an die automatischen Gedanken heranzukommen.	Okay. Was wären dann Ihre automatischen Gedanken? Welche Gedanken würden Ihnen kommen? Wir wollen uns einmal vorstellen, daß Sie die Prüfung hinter sich haben. Sie haben Ihr Bestes gegeben, und dann gehen Sie zum Briefkasten und ziehen diese kleine Karte heraus, auf der steht: „Liebe Ethel, wir bedauern, Ihnen mitteilen zu müssen, daß Sie trotz Ihrer recht ansprechenden Leistung die erforderliche Punktzahl nicht ganz erreicht haben und die Prüfung wiederholen müssen." Wie würden Sie sich dann fühlen?
P – 8	Sehr schlecht.
T – 9	Was wären dann Ihre Gedanken?
P – 9	Nun, zunächst einmal hätte ich das Gefühl, daß ich in der Prüfung ziemlich genau das geleistet hätte, was ich überhaupt leisten kann. Ich habe sehr hart dafür gearbeitet, und deshalb habe ich ein gewisses Gefühl von Hilflosigkeit. Denn, nachdem ich bereits mein Bestes gegeben habe, sehe ich nicht ganz, wie ich mich verbessern kann. Vielleicht werde ich immer bei dieser Prüfung durchfallen. Vielleicht ist dies die letzte Prüfung, die ich nie bestehen werde, und darüber werde ich nie hinauskommen.
T – 10	Okay.
P – 10	Okay?
T – 11 T. fordert die Patientin auf, Ihre Gedanken noch ausführlicher darzustellen.	Was würden Sie sonst noch denken?
P – 11	Nun, es hat direkte Auswirkungen auf meinen Beruf. Ich möchte gern mit einigen von den Leuten weiterarbeiten, mit denen ich jetzt in der Psychotherapie zusammenarbeite. Wenn ich aber die Prüfung nicht bestehe, wird das nicht möglich sein. Es gibt also keinen Ausweg. Ich betrachtete diese Prüfung als die letzte Schwierigkeit, die ich noch überwinden muß. Ich habe immer gehofft, mit vielen dieser Leute weiterhin zusammenarbeiten zu können. Zwei wesentliche Dinge haben sich nun ereignet. Erstens ist die Prüfung nun viel wichtiger für mich, als sie es das letzte Mal war, als ich Sie sah. Das Gesetz ist jetzt durch, das vorsieht, daß auch Psychologen von den Krankenkassen bezahlt werden kön-

	nen. Während also die Prüfung noch vor ein oder zwei Wochen viel weniger Bedeutung hatte, ist sie jetzt ganz enorm wichtig. Vorher war die Prüfung fast nur eine formale Angelegenheit, und die Prüfung hat wirklich nicht allzuviel bedeutet, aber jetzt stehen ganz reale Berufschancen für mich auf dem Spiel. Es ist jetzt also viel wichtiger für mich, daß ich bestehe, als es vorher war. Die zweite wesentliche Sache ist folgende: Ich habe mich eine Zeitlang, ungefähr bis gestern, ganz gut gefühlt, gestern aber war es ganz schlimm. Ich hatte den ganzen Tag nur Angst. Der Grund war, daß ich einen Brief von einer Organisation erhalten hatte, der ich angehöre, und in diesem Brief wird die Erfahrung von jemandem beschrieben, der diese Prüfung abgelegt hat. Es wurde also in dem Brief beschrieben, was in der Prüfung verlangt wurde, und das war auch alles noch ganz in Ordnung; aber in dem Brief stand auch, daß vielen schon ihr Weihnachtsfest verdorben wurde durch den negativen
P. zeigt Empathie.	Bescheid, der am Heiligabend ankam. In dem Brief stand also viel über die lange Wartezeit vor der Bekanntgabe der Ergebnisse. Die Leute haben verzweifelt in Harrisburg angerufen, um herauszufinden, ob sie bestanden hatten oder nicht.
T – 12	Wieviel Prozent der Leute haben bestanden?
P – 12 Übertreibung, Annahme basiert nicht auf realen Informationen.	Das weiß ich nicht.
T – 13	Okay.
P – 13 „Gerechtigkeitsidee" verursacht Angst. Zurückführung auf ursprüngliches Trauma.	Und es war da eine ganze Diskussion abgedruckt, speziell über die Leute, die es nur wegen zwei oder drei Punkten nicht geschafft hatten, und es wurde beschrieben, wie man sich fühlt, wenn man mit 63 Punkten z.B. bei einer Prüfung durchgefallen ist, wenn 65 Punkte zum Bestehen reichten. Dies alles erinnerte mich an mein Erlebnis mit der Französischprüfung, bei der mir so etwas tatsächlich passiert ist.
T – 14 T. wiederholt die Gedanken, um damit der Patientin eine objektivere Betrachtungsweise zu ermöglichen. T. überprüft Richtigkeit des Gedankens zusammen mit der Patientin.	Okay. Wir wollen uns jetzt einmal die verschiedenen Gedanken näher betrachten, die Sie im Moment beunruhigen. Der erste Gedanke war: „Wenn ich einmal durchgefallen bin, bedeutet das, daß ich wahrscheinlich wieder durchfallen werde. Ich habe so hart gearbeitet und habe mein Bestes gegeben, ich weiß also wirklich nicht weiter. Ich kann mich beim Lernen von diesem Stoff gar nicht mehr verbessern. Wenn ich die Prüfung also jetzt nicht bestehe, dann ist das Kapitel damit abgeschlossen." Klingt das vernünftig?

P – 14	Ja.
T – 15	Wirklich?
P – 15	Ja, es hört sich für mich immer noch wie ein ganz richtiges Gefühl an.
T – 16 T. überprüft die Behauptung durch Rollenwechsel.	Nun, was würden Sie zu jemandem sagen, der diese Behauptung aufstellt?
P – 16 P. erkennt, daß die vorangegangene Reaktion unvernünftig war.	Wie ich einer solchen Behauptung entgegentreten würde? Ich würde sagen, daß das alles sehr unwahrscheinlich ist. Besonders, wenn man das Ziel nur ganz knapp verfehlte . . . Es geht ja dann nur darum, die Punktzahl durch die Beantwortung von 6 oder 7 Fragen zu erhöhen, und die Wahrscheinlichkeit, daß das nicht gelingen würde, ist sehr gering. Zweitens hätte man die Prüfungserfahrungen vom ersten Mal und könnte sich besser vorstellen, wie so eine Prüfung aussieht, als man es sonst kann.
T – 17	Klingt das vernünftig?
P – 17	Ja, das klingt vernünftig.
T – 18 T. wiederholt Verzerrung.	Wie vernünftig ist es doch, folgendermaßen zu argumentieren: „Wenn ich einmal durchfalle, werde ich wahrscheinlich wieder durchfallen. Ich habe hart gearbeitet und mein Bestes getan, ich weiß jetzt also wirklich nicht weiter und kann mich auch in der Zukunft nicht verbessern."
P – 18 P. erkennt Verzerrung.	Stimmt, es ist nicht vernünftig. Es war so ein Gefühl . . . Ich erkenne jetzt, daß es nicht stimmt.
P – 19	Es hört sich nicht realistisch an.
T – 20 T. wiederholt den zweiten angsterzeugenden Gedanken.	„Aber andererseits stimmt es doch, daß, wenn ich die Prüfung nicht bestehe, ich diesen Sommer nicht mehr mit denselben Leuten psychotherapeutisch zusammenarbeiten kann, und das wäre schrecklich; ich könnte es einfach nicht aushalten, wenn . . ."
P – 20 P. modifiziert die vom Therapeuten übertriebene Version ihre Behauptung.	Nein, ich könnte es ertragen, aber es wäre schwierig.
T – 21	Es würde schwierig sein?
P – 21	Ja. Das würde es.
T – 23 T. zielt auf Informationen ab, die die Haltung der Patientin widerlegen.	Wie lange haben Sie mit diesen Leuten zusammengearbeitet?

P – 23	Oh, ungefähr ein Jahr.
T – 24 T. veranlaßt die Patientin, sich an eine Zeit zu erinnern, als sie sehr gut ohne diese Leute auskommen konnte, die sie nun angeblich braucht.	War das Leben sehr schwer, bevor Sie diese Leute kennengelernt haben?
P – 24	Ja, sicherlich.
T – 25	Und wie war dann das Leben, nachdem Sie diese Leute kennengelernt haben?
P – 25	Nun, ich würde es schon überleben. Das ist gar keine Frage.
T – 26	Aber Sie waren nur gerade in der Lage zu überleben, bevor Sie die Bekanntschaft dieser Leute gemacht haben. Und nachdem Sie sie kennengelernt haben, tat sich der Himmel auf?
P – 26	Nein, das würde ich nicht sagen, außer daß es . . .
T – 27	Waren Sie jemals glücklich, bevor Sie diese Psychotherapieleute kennengelernt haben?
P – 27	Ja.
T – 28	Tatsächlich?
P – 28	Sicherlich.
T – 29	Sie waren also dazu fähig, glücklich zu sein, bevor Sie mit diesen Leuten zusammenarbeiteten?
P – 29	Ich könnte schon damit fertig werden. Ich bin nicht sicher . . . Ich müßte mit den Gefühlen der Enttäuschung fertig werden und . . .
T – 30 T. versucht, sie an die Bewältigung früherer Probleme zu erinnern.	Nun, wie würden Sie damit fertig werden?
P – 30 P. nimmt eine positive Bewertung vor.	Ich mußte ja schon einmal vorher damit fertig werden. Bei dem Beruf, den ich vor diesem hatte . . . mußte ich die Beziehung zu etwa 10 Leuten abbrechen, ich habe das alles also schon einmal durchgemacht, und ich habe mich sehr schlecht dabei gefühlt, so wie ich es jetzt tun würde. Ich habe also schon Erfahrung darin.
T – 31	Sie haben also die Beziehungen zu jemandem abgebrochen, haben es überlebt und haben es gut überstanden?
P – 31	Oh ja, bestimmt.
T – 32	Okay. Manchmal stellen Sie folgende Behauptung auf: „Ohne diesen Menschen kann ich nicht glücklich sein." Meistens ist es jemand, den Sie kennengelernt haben, nachdem Sie geboren waren,

	und bevor Sie diesen Menschen kennengelernt haben, waren Sie ganz glücklich und zufrieden. Was nun diese Leute anbetrifft, mit denen Sie in der Psychotherapie zusammenarbeiten, so glaube ich sicher, daß es Spaß macht, mit ihnen zu arbeiten, und ich glaube
T. macht das zugrundeliegende logische Problem deutlich.	sicher, daß es für Sie eine ganz angenehme Situation ist. Aber glauben Sie wirklich, daß das Dasein dieser Leute eine unabdingbare Voraussetzung dafür ist, daß Sie glücklich und zufrieden sind? Ist das realistisch? Müssen Sie unbedingt mit diesen Leuten zusammenarbeiten?
P – 32	Nein. Ich glaube nur, daß es sonst schwieriger ist, das ist alles. Ich sage nicht, daß es unmöglich ist, aber es macht es sicher für mich schwerer ... Wir haben ja schon das letzte Mal darüber gesprochen ... eine private Praxis etwa im Dezember aufzumachen; es wäre für mich einfacher, jetzt oder beispielsweise im Juli anzufangen. Ich glaube nicht, daß es sonst unmöglich ist.
T – 33 T. betont, daß bestimmte Ereignisse wertvolle Erfahrungen darstellen, aus denen man lernen kann.	Es gibt Dinge, die noch schwerer sind. Wissen Sie, das Leben besteht ja nicht nur aus einer Serie von Erfolgen. Man hat auch schon einmal einen Rückschlag, und der gibt ihnen die Möglichkeit herauszufinden, ob Ihre Stimmung und Ihr Selbstwertgefühl davon abhängen, daß alles nach Ihrem Willen läuft. Eine Enttäuschung ermöglicht einem die Erkenntnis, daß Enttäuschungen einen nicht unbedingt zerstören, und daß sie nicht die Selbstbeurteilung und das Selbstwertgefühl beeinträchtigen müssen. Sie sagen sich jetzt: „Es ist schlecht, daß Psychologen jetzt Zahlungen von den Krankenkassen erhalten können, denn dadurch wird es viel wichtiger für mich, die Prüfung zu bestehen, und wenn ich noch ein paar Monate warten muß, dann entgeht mir ziemlich viel Geld."
P – 33 P. versucht, eine logische Erklärung einer irrationalen Reaktion zu geben; ihre Aussagen dabei sind ziemlich verworren.	Ich habe daran gar nicht so sehr gedacht ... Als ich wußte, daß die Gesetzesvorlage kommen würde, wußte ich, daß ich in zweierlei Weise darauf reagieren würde ... Wenn die Gesetzesvorlage nicht verabschiedet würde, wäre ich ziemlich deprimiert, weil ich das Gefühl hätte, als legte ich eine Prüfung ab, die doch überhaupt keine Bedeutung hätte, daß ich praktisch von solch einer Prüfung überhaupt keinen Vorteil hätte. Diese Befürchtung ist zum Glück vorbei. Zumindest lerne ich für eine Prüfung, von der ich glaube, daß sie für mich wichtig ist, und daß es nicht nur eine Zeitverschwendung ist. In gewisser Weise also hat sich meine Angst verstärkt, aber ich habe auch das Gefühl, daß ich etwas sehr Richtiges tue.
T – 34 T. enthüllt die unvernünftige Basis der Angst und gibt eine realistischere Interpretation.	Ja, aber sehen Sie, Ihre Angst hat sich vergrößert, weil Sie etwas Positives in etwas Negatives umwandeln. Sie sagen, daß es zwei Möglichkeiten gibt – entweder legen Sie die Prüfung jetzt ab und bekommen diese Versicherungszahlungen von jetzt an bis zum Dezember und weiterhin Ihr ganzes Leben lang, oder Sie legen die Prüfung im November ab und bekommen die Versicherungszahlungen von Dezember an für den Rest Ihres Lebens. Wir wollen

	einmal annehmen, daß Sie Ihre Praxis im Dezember eröffnen; in welchem Verhältnis würden dann die Ihnen entgangenen Versicherungszahlungen stehen im Vergleich zum im gesamten Leben verdienten Einkommen?
P – 34	Da habe ich keine Ahnung. Wahrscheinlich wären die entgangenen Zahlungen nicht sehr viel im Vergleich zum gesamten Lebenseinkommen.
T – 35	Nicht viel? Warum?
P – 35	Sie sprechen jetzt über 6 Monate oder so. Ich glaube nicht, daß das so stark ins Gewicht fällt ...
T – 36	Ich spreche über den Zeitraum zwischen dem kommenden Dezember und Ihrem Tod.
P – 36 P. erkennt die Logik der Interpretation des Therapeuten.	Ich glaube nicht, daß 6 Monate etwa zwischen Juli und Dezember sehr stark ins Gewicht fallen würden, wenn man einmal an das gesamte Lebenseinkommen denkt.
T – 37	Sie werden also wirklich in der Zeit nicht so viel verdienen oder auch verlieren. Und wenn das Gesetz nicht durchgekommen wäre, würde das gesamte Einkommen, das Sie im Leben erzielen können, viel niedriger liegen, als dies nun der Fall sein wird.
P – 37	Oh ja, ich bin sehr froh, daß das Gesetz durch ist.
T – 38 T. faßt realistischen Standpunkt zusammen.	Das Gesetz ist also verabschiedet, und aufgrund dessen wird Ihr Einkommen entweder von 10 auf 100 Einheiten oder von 10 auf 99 Einheiten klettern, und Sie machen sich nun Sorgen über den Unterschied zwischen 99 und 100, statt daß Sie sich sorgen um den Unterschied zwischen 99 und 10; stimmt das nicht?
P – 38 P. läßt die spezielle Angst fallen und interpretiert die Angst neu.	Nein. Ich glaube, meine Hauptsorge ist, daß ich in den 6 Monaten nicht mit den Leuten zusammenarbeiten kann, mit denen ich gerne zusammengearbeitet hätte; es ist weniger das Einkommen.
T – 39	Nehmen wir einmal an, Sie würden die 6 Monate nicht mit den Leuten zusammenarbeiten können. Warum ist das so schrecklich?
P – 39	Es ist nicht schrecklich ... Es wäre nur der Verlust von etwas, für das ich mich im Moment sehr engagiere ... Ich würde gern dort weitermachen.
T – 40 T. sucht nach logischer Erklärung.	Ja, aber warum ist das negativ? Worin steckt überhaupt der Nachteil? Meinen Sie, daß das das einzige ist, was sie tun können und was Sie glücklich machen wird? Oder ist es etwa ein unwiederbringlicher Verlust, wenn Sie das Einkommen nicht haben? Oder ist Ihre Sorge, daß Sie später nicht mehr mit diesen Leuten zusammenarbeiten können? Oder was ist es?
P – 40	Nun, ich denke wirklich, daß ich später nicht mehr mit diesen Leuten zusammenarbeiten kann. Da bin ich ziemlich sicher.
T – 41	Warum?

P – 41	Ja, weil sie nicht 6 Monate auf mich warten können.
T – 42	Wer ist derjenige, mit dem Sie zusammenarbeiten wollen?
P – 42	Nun, ich würde sagen, alle die Leute, mit denen ich im Moment arbeite.
T – 43	Wer sind diese Leute?
P – 43	Es sind Patienten.
T – 44	Es sind also Patienten, zu denen Sie dann die Beziehung abbrechen müßten.
P – 44	Ja.
T – 45	Um sich wieder für die Prüfung vorzubereiten?
P – 46	Nein, nicht deswegen, aber sie würden zu einem anderen Therapeuten im Juli überwiesen werden müssen.
T – 46	Warum?
P – 47	Weil ich nicht mit ihnen arbeiten kann, wenn ich keine private Praxis habe. Ich würde annehmen, daß die Patienten nicht sagen würden „Ich gehe dann eben in den nächsten 6 Monaten zu keinem Therapeuten", sondern sie würden sagen „Ich möchte gerne die Therapie fortsetzen...".
T – 47	Sie können also nicht mehr zu Ihnen kommen, bis Sie...?
P – 48	Genau das ist es.
T – 48	Warum?
P – 49	Weil ich von hier weggehen werde.
T – 49	Nun, warum können Sie nicht irgendwo eine Praxis eröffnen und sie weiterhin sehen?
P – 49	Genau das kann ich eben nicht tun. Es hat alles mit dieser Lizenzangelegenheit zu tun.
T – 50 T. trägt einige Fakten vor.	Jeder kann als Psychotherapeut praktizieren. Jeder kann sich Psychotherapeut nennen. Sie brauchen keine Lizenz, um sich als Psychotherapeutin zu bezeichnen. Sie würden zwar keine geprüfte Klinische Psychologin sein, aber Sie können trotzdem Psychotherapie betreiben, nehme ich an.
P – 50	Nein, das stimmt nicht ganz.
T – 51	Nein?
P – 51	Nein, es ist nicht ganz richtig.
T – 52	Warum?
P – 52 P. trägt Fakten vor, die dem Therapeuten nicht bekannt waren.	Wenn Sie ein Psychologe sind, der die Lizenz erhalten will, dann ist es gegen das Gesetz, in einer privaten Praxis zu arbeiten.
T – 53	Bis Sie die Lizenz bekommen?
P – 53	Ja.
T – 54	Okay, dann also...
P – 54	Ich würde also wirklich meine Lizenz aufs Spiel setzen, wenn ich das täte.
T – 55	Okay. Wir wollen jetzt einmal annehmen, daß Sie aufhören müßten, mit diesen Leuten zu arbeiten.

P − 55	Ja. Das ist meine Hauptsorge.
P. trägt Hauptanliegen vor.	
T − 56	Okay, wenn Sie nun den Kontakt zu diesen Patienten abbrechen müssen, warum ist das denn so schrecklich?
T. stellt Vernünftigkeit der Argumentation in Frage.	
P − 56	Es ist nicht schrecklich. Ich würde mich nur schlecht dabei fühlen und würde damit fertig werden müssen.
P. gibt die Unvernünftigkeit ihrer Gefühle zu.	
T − 57	Welche Gedanken würden es sein, die dieses schlechte Gefühl hervorrufen würden?
T. sucht nach automatischen Gedanken.	
P − 57	Daß ich Menschen im Stich lasse, ... bestimmte Menschen, zu denen ich in vielen Monaten eine Beziehung aufgebaut habe. Ich denke vor allem an die Menschen, die eine traumatische frühe Kindheit hinter sich haben, in der sie ein Elternteil beispielsweise verloren haben. In gewisser Weise kommen sie durch mich dann wieder in eine ganz ähnliche Situation, wie sie sie schon einmal erlebten, statt daß ich ihnen eine ganz andere Erfahrung ermögliche. Ich würde mich sicherlich deswegen schuldig fühlen.
P. enthüllt Schuldgefühle.	
T − 58	Sie würden sich also schuldig fühlen. Der Gedanke ist: „Ich lasse sie im Stich; sie werden durch mich in Unruhe versetzt."
P − 58	Ja.
T − 59	Und dasselbe gilt für Ihre Kinder?
P − 59	Ja.
T − 60	Okay.
P − 61	Und auch ... ich lasse mich zwar selbst nicht im Stich, aber ich lasse eine Gelegenheit zum Lernen und zur Weiterentwicklung und zur Förderung meiner eigenen Interessen aus.
P. erläutert.	
T − 62	Nun, verlieren Sie im Sommer die Fähigkeit zu lernen und sich weiterzuentwickeln?
P − 62	Nein, das glaube ich nicht.
T − 63	Können Sie lernen und profitieren von jeder Erfahrung, die Sie haben, einschließlich einer Enttäuschung, die zur Folge hat, daß Sie noch einmal für die Prüfung lernen müssen?
P − 63	Ja.
T − 64	Wie realistisch ist es dann zu sagen, daß ich, wenn ich nicht im Sommer mit diesen bestimmten Patienten arbeiten kann, nicht lernen und mich weiterentwickeln kann?
T. fragt, wie realistisch die Gedanken der Patientin sind.	
P − 64	Nein. Ich glaube nicht, daß das realistisch ist.

T – 65	Gut. Angenommen, Sie sind ein Patient, und ich bin der Therapeut. Sie sagen mir jetzt all die Dinge, daß ich Sie im Stich lasse, Sie enttäusche usw. O.K.?
P – 65	Ja, okay.
P. seufzt.	
T – 66 Rollenspiel der Situation, die die Patientin fürchtet.	Okay. Leider werde ich meine Prüfung im Herbst wiederholen müssen. Nach dem Gesetz nun werde ich im Sommer nicht mit Ihnen arbeiten können, bis ich meine Lizenz im Winter bekomme. Die Umstände sind etwas unglücklich, aber da es keinen legalen Weg für mich gibt, mit Ihnen weiterzuarbeiten, andererseits aber auch Ihre Therapie fortgesetzt werden muß, werde ich während dieser Zeit nicht mit Ihnen arbeiten können.
P – 66 P. trägt nun die von ihr am meisten gefürchteten Reaktionen der Patienten vor.	Warum hat man mir das nicht gesagt? Als ich in die Klinik kam, habe ich das nicht geahnt. Mein Eindruck war, daß, wem auch immer ich zugewiesen würde, ich auch mit ihm arbeiten würde. Und warum sagen Sie es mir erst jetzt?
T – 67 T. trägt die Gedanken vor, die in der Patientin die größten Schuldgefühle und die größte Frustration hervorrufen.	Nun, wenn ich das schon eher gewußt hätte, hätte ich es Ihnen sicherlich schon gesagt. Ich nahm an, daß ich mit Ihnen auch den Sommer hindurch würde arbeiten können, aber ich habe die Prüfung wegen dreier fehlender Punkte nicht bestanden; ich bekomme jetzt also nicht die Lizenz. Und da ich dies nicht vorhergesehen habe, habe ich Sie auch nicht vorher darauf hingewiesen. Vielleicht hätte ich es Ihnen als Möglichkeit sagen sollen, aber ich dachte, daß ich wohl wirklich die Prüfung bestehen würde.
P – 67 P. läßt sich nicht so schnell beruhigen im Hinblick auf ihre Patienten.	Nun, ich fühle mich wirklich schlecht, weil, wie Sie ja wissen, ich die ganze Zeit über mit Ihnen gearbeitet habe. Wir haben vieles miteinander bearbeitet, und ich bin nicht so sicher, daß ich so einfach mit einem anderen Menschen weitermachen kann, den ich noch nicht einmal kenne. Ich fühle mich durch all dies wirklich im Stich gelassen.
T – 68 T. gibt die ehrlichen Gefühle der Patientin wieder.	Nun, ich würde mich auch schlecht dabei fühlen. Ich selbst empfinde etwas Enttäuschung darüber, daß die Dinge nicht so laufen, wie ich es gehofft habe, und ich werde Ihnen sicherlich gern dabei behilflich sein, jemand anderen zu finden, mit dem Sie arbeiten können.
P – 68 P. stellt sich immer noch die negativen Reaktionen ihre Patienten vor.	Ich bin da nicht so sicher . . . Ich meine, wer würde das denn sein? Wer würde denn als nächstes kommen? Es ist wahrscheinlich irgendein Anfänger, und ich muß mit meiner ganzen Geschichte noch einmal anfangen, wer ich bin, was meine Probleme sind und . . .
T – 69 T. in der Rolle	Ja, Sie werden all das machen müssen, und es wird für Sie schon ärgerlich oder ein bißchen zeitaufwendig oder enttäuschend sein.

der Patientin, er akzeptiert die Klagen, aber nimmt eine realistische Bewertung vor, sieht darin keine Katastrophe.	Wenn ich bleiben könnte, würden Sie die ganze Geschichte nicht wieder neu aufrollen müssen. Und wenn ich bleiben könnte, würde ich es sicherlich tun. Geht davon nun die Welt unter?
P – 69 P. stimmt etwas widerwillig dem Therapeuten zu.	Nein, ich glaube, daß ich es schon schaffen werde. Aber Sie müssen verstehen, daß ich etwas enttäuscht bin.
T – 70 T. unterbricht das Rollenspiel und faßt den grundlegenden Gedanken zusammen.	Okay. Wir wollen hier einmal für einen Moment unterbrechen. Der wesentliche Gedanke ist hier also, daß Sie das Gefühl haben, daß es eine große Enttäuschung sein würde, wenn Sie den Kontakt zu diesen Patienten abbrechen müßten und die Arbeit mit ihnen nicht beenden könnten.
P – 70 P. erläutert die Bedeutung der Situation im Hinblick auf sich selbst und ihre Patienten.	Ja, genau. Wenn Sie mich nun fragen, ob ich die Enttäuschung überleben kann, ist die Antwort natürlich, daß ich es kann. Ich habe es schon vorher geschafft, und ich habe mich schon früher mit den unterschiedlichen Aspekten einer solchen Situation auseinandergesetzt; es ist also keine Frage, daß ich es kann. Es wird schon reibungslos vonstatten gehen. Nur verliere ich selbst einiges dabei.
T – 71	Und glauben Sie, daß der Patient es überleben kann?
P – 72	Ich glaube, daß all die Patienten es überleben können. Ja.
T – 73 T. drückt ein echtes Mitgefühl in Hinblick auf die Hauptsorge seiner Patientin aus.	Aber es ist etwas unschön. Wir wollen hoffen, daß Sie bis zum Ende der Therapie mit ihnen arbeiten können.
P – 73	Ja, genau.
T – 74 T. deckt die grundlegenden Annahmen der Patientin auf.	Wenn Sie Ihre Arbeit mit ihnen als das entscheidende Ereignis in ihrem Leben betrachten, üben Sie tatsächlich eine starke Kontrolle über Ihre Patienten aus und messen Ihrer eigenen Person mehr Bedeutung bei, als es realistisch wäre.
P – 74 P. denkt nach.	Mhm.
T – 75 T. bittet Patientin, ein Selbstgespräch zu ent-	Wenn Sie nun an die Patienten denken, was würden Sie sich selbst sagen, wenn Sie anfangen zu denken: „Oh, mein Gott, die Patienten hatten all diese traumatischen Kindheitserfahrungen, und sie können nicht mit der Tatsache fertig werden, daß ich . . ."

wickeln, durch das die angsterzeugenden Gedanken bewältigt werden.	
P – 75	Ich glaube, daß ein Weg, damit fertig zu werden, darin besteht, es
P. interpretiert die Situation als eine Erfahrung, aus der beide Teile lernen können.	noch einmal zu durchleben und zu bewältigen. Genau wie ich gelernt habe, mit meiner Enttäuschung zu leben, so glaube ich, daß sie lernen können, mit einer Enttäuschung zu leben, und im Gegensatz zu ihrer Kindheitserfahrung werden sie in der Lage sein, es in einer Weise zu überleben, wie sie es damals nicht konnten. Man könnte fast sagen, daß daraus gelernt werde ...
T – 76	Sie sagen also, daß dies der Fokus der Therapie sein könnte ...
T. kristallisiert ihre Gedanken heraus.	
P – 76	Genau.
T – 77	... in der Endphase, so daß in der Therapie ein Entwicklungspro-
T. transformiert Negatives in Positives.	zeß stattfinden könnte, und Sie könnten dies Problem fokussieren. Es braucht also keine Tragödie zu sein.
P – 77	Ja, ja.
P. begeistert bei dem neuen Gesichtspunkt.	
T – 78	Wir wollen jetzt einmal annehmen, daß Sie all das getan haben. Sie sind mit Ihren Patienten all dies durchgegangen, und die Patienten sind wohl etwas enttäuscht darüber, daß sie Sie verlieren. Sie sind mit den Patienten deren Prophezeiungen durchgegangen, daß sie sterben würden oder nicht mit jemandem anders arbeiten könnten; es wurde festgestellt, daß all dies nicht zutreffen würde.
T. faßt die Situation zusammen und beginnt mit der kognitiven Wiederholung.	Die Patienten wurden dann reibungslos zu einem anderen Therapeuten überwiesen. Es ist jetzt Sommer, und Sie empfinden ein Gefühl des Verlustes, weil Sie nicht mit diesen Patienten arbeiten können. Was sind jetzt Ihre Gedanken?
P – 78	„Der Einstieg für mich in meiner privaten Praxis wird sehr schwer sein. Ich habe keinen Beruf, zumindest nicht im Moment, habe
P. sagt zukünftige negative Gedanken voraus.	niemanden, von dem ich Patienten überwiesen bekomme, wie soll ich es dann nur mit meiner Praxis schaffen?" Angenommen ich bestehe die Prüfung im Dezember oder in 6 Monaten, dann ist der Einstieg für mich sehr schwer. Ich glaube, daß das das Gefühl ist.
T – 79	„Ohne diese Patienten werde ich nicht in der Lage sein, meine
T. wiederholt Hauptgedanken.	Praxis zu beginnen?"
P – 79	Ja.

T – 80	Okay. Wie viele Patienten haben Sie schon verloren?
T. erfragt Fakten.	
P – 80	Das weiß ich nicht.
T – 81	Wie viele haben Sie jetzt?
P – 81	Es werden so an die fünf Leute sein.
T – 82	Fünf Leute. Ich werde nun also mit meiner Praxis beginnen, und
T. beschreibt ganz nüchtern die Situation.	ich sage mir: „Weil ich nun diese fünf Patienten nicht habe, werde ich nicht in der Lage sein, meine Praxis im Dezember aufzumachen." Was ist daran irrational?
P – 82	Ich weiß es nicht. Es ist klar, daß es nicht wirklich ins Gewicht
P. blickt in die Zukunft und gewinnt realistische Perspektive.	fällt, wenn man das ganze Leben betrachtet.
T – 83	Wie viele Menschen, glauben Sie, behandle ich in einer Woche?
P – 83	Das weiß ich nicht. 30? 40?
T – 84	Ungefähr 55. Es waren schon mehr, aber ich habe es eingeschränkt. Okay? Und jetzt sagen Sie mir, daß Sie wegen fünf Patienten nicht in der Lage sein werden, eine Praxis zu eröffnen.
P – 84	Ja, aber Sie müssen sich daran erinnern, daß, als Sie anfingen, fünf Patienten schon eine Menge waren, nicht wahr?
T – 85	Ja, aber Sie vergleichen jetzt fünf mit der Zahl Null und überblik-
T. besteht darauf, die Fakten innerhalb des sich stets vergrößernden Rahmens der Zukunft und nicht im beengenden Rahmen der Vergangenheit zu betrachten.	ken nicht Ihre ganze berufliche Laufbahn. Ist das denn realistisch?
P – 85	Wahrscheinlich nicht. Ich glaube, es hat alles mit meinem Kon-
P. enthüllt die grundlegende Sorge.	flikt zu tun, der damit zu tun hat, ob ich wohl Erfolg haben werde oder nicht.
T – 86	Nun, wieviel von Ihrem Erfolg im ersten Jahr wird von diesen
T. hilft ihr, ihre Sorge realistisch und unter Berücksichtigung der Tatsachen zu betrachten.	fünf Patienten abhängen?
P – 86	Nicht viel.
T – 87	Etwa ein Prozent oder ein Zehntel von einem Prozent oder wieviel?

P – 87	Ja.
T – 88	Weiter ist zu überlegen, da Sie ja jetzt nun kognitive Therapie lernen, wie viele von diesen Patienten würden überhaupt noch im Dezember da sein?
P – 88	Sie meinen, ohne . . .
T – 89	Nun, Sie fangen an, sie mit kognitiver Therapie zu behandeln; was passiert dann?
P – 89	Es geht ihnen besser, meinen Sie?
T – 90	Richtig.
P – 90	Und sie gehen weg!
T – 91 T. fokussiert die zeitliche Begrenztheit einer Therapie.	Sie werden auf jeden Fall lange vor Dezember schon mit der Therapie aufhören. Sie verstehen, was ich meine. Ich verliere andauernd Patienten. Ich verliere täglich mindestens einen oder zwei Patienten. Ich habe heute wieder eine Patientin verloren. Sie war heute das zweite Mal in Behandlung. Sie kam mit einem Beck-Score von 48, was schon im sehr ernsten Bereich liegt, und als sie heute wiederkam, hatte sie 6, was normal ist. Sie ist jetzt also nicht mehr dazu motiviert, in der Therapie zu bleiben. Muß ich jetzt nach Hause gehen und weinen?
P – 91 P. beginnt, es mit Humor zu nehmen.	Ich glaube, daß mir das eine Hilfe ist. Ich nehme all das noch sehr schwer. (lacht)
T – 92 T. interpretiert das Hauptanliegen der Patientin: Negatives wird schnell in Positives umgewandelt.	Okay. Wenn Sie also später einmal, wenn Sie in der Praxis sind, Patienten verlieren – und ich hoffe sehr, daß Sie viele Patienten verlieren werden, denn je mehr Sie verlieren, um so schneller geht es den Patienten ja besser, und sie sagen es ihren Freunden weiter – also, je mehr Patienten Sie verlieren, um so effektiver sind Sie als Therapeut. Das ist meine Ansicht. Sich furchtbare Sorgen machen wegen des Verlustes von fünf Patienten, das erscheint mir auf jeden Fall sehr unrealistisch, wenn man das genze Leben bedenkt oder auch nur das erste Jahr. Glauben Sie nicht?
P – 92	Ich würde dem zustimmen, ja.
T – 93 T. forscht nach tieferen Gefühlen.	Wenn Sie es einmal ganz persönlich betrachten, fühlen Sie dann so etwas wie einen Verlust, wenn Sie die Interaktion mit diesen Leuten nicht mehr haben?
P – 93	Ja, sehr stark.
T – 94	Okay. Es ist also nicht nur eine finanzielle Angelegenheit?
P – 94	Nein, wirklich nicht. Es ist viel mehr das andere. Ich engagiere mich immer so stark für die Leute, mit denen ich arbeite, . . .
T – 95 T. sucht nach einem Bewältigungsplan.	Okay. Wie kann ich dann aber diesen dauernden Verlust überleben?

P – 95 P. beurteilt sich selbst negativ wegen ihrer Gefühle.	Wahrscheinlich sind Sie nicht so dumm und engagieren sich so stark, oder was immer es ist.
T – 96 T. äußert Empathie bezüglich ihrer zuerst geäußerten Gefühle.	Nun, ich versuche nie, mich nicht zu engagieren. Ich versuche, mich so sehr zu engagieren, wie ich nur kann.
P – 96 P. äußert einen realistischen Gedanken.	Ich glaube, wenn man sich sagt, daß man wirklich Leuten hilft, und daß die meisten Leute wegbleiben, weil es ihnen besser geht, dann leistet man gute Arbeit.
T – 97	Richtig.
P – 97 P. faßt realistische Interpretation der therapeutischen Situation zusammen.	Und die Therapie ist nicht dazu da, daß die eigenen Bedürfnisse erfüllt werden. Mit anderen Worten, die Patienten sind nicht dazu da, damit ich mich gut oder engagiert fühlen kann. Sie sind wegen ihrer eigenen Probleme da, ihrer eigenen Schwierigkeiten.
T – 98 T. gibt der Patientin zwei Erklärungen für ihre negativen Gefühle.	Ja. Es gibt meistens zwei irrationale Gründe dafür, daß wir traurig sind, wenn wir uns von jemandem trennen oder wenn wir das Gefühl haben, von jemandem zurückgewiesen zu werden. Der erste der beiden Gründe ist: „Ihr Weggehen bedeutet, daß ich nicht viel tauge." Der zweite Grund ist: „Sie verlassen mich, und ich werde allein sein."
P – 98 P. wählt eine Bedeutung: Selbstachtung, die auf Leistung basiert.	Ich habe mehr Angst davor, daß ich „nicht viel tauge".
T – 99 T. wendet die Technik des Rollentauschs an.	Nun, was würden Sie mir sagen, wenn ich Ihnen sagte: „Ich habe diese Prüfung gemacht, und ich habe sie um zwei Punkte nicht geschafft. Ich bin zu dem Schluß gekommen, daß ich ein wertloser Mensch bin und daß ich die Beziehung zu diesen Patienten abbrechen muß, weil ich nicht tauge. Eine Trennung von ihnen bedeutet, daß ich nicht tauge; ich werde keine Selbstachtung mehr haben, und ich werde mich den ganzen Sommer über ganz elend fühlen."?
P – 99	Sie wollen, daß ich dem etwas entgegne? Okay. Ich glaube alles, was Sie da sagen.
T – 100 T. zieht Logik in Zweifel.	Sie denken also, daß ich nichts wert bin? Was ist so wertlos an mir?
P – 100	Nein, ich denke, okay. Ich glaube, es war wirklich dumm, eine Prüfung nur wegen zweier fehlender Punkte nicht zu bestehen, und es muß sicherlich etwas dahinterstecken.

T − 101	Sie glauben also, daß ich dumm bin? Genau das denke ich auch. Ich glaube, daß ich dumm bin. Ich bin der Patient. Sie sagen also, ich bin dumm, weil ich wegen der zwei Punkte durchgefallen bin? Wäre es besser gewesen, wenn ich wegen 20 fehlender Punkte durchgefallen wäre? Wäre ich dann intelligent gewesen?
P − 101 P. enthüllt grundlegende Annahmen.	Ja, irgendwie schon. Irgendwie ist es besser, wegen 20 fehlender Punkte durchzufallen als wegen zweier fehlender Punkte.
T − 102	Was ist so großartig daran, wenn man um 20 Punkte die Prüfung nicht besteht?
P − 102 P. zögert, versucht, ihre Position logisch zu rechtfertigen.	Dann wissen Sie, daß Sie etwas gründlich falsch gemacht haben, ich meine, Sie waren nicht wirklich . . .
T − 103	Würden Sie sich da gut fühlen? Wenn Sie etwas in großem Maßstab falsch gemacht hätten und nicht nur etwas ein wenig falsch gemacht hätten?
P − 103 P. akzeptiert die logische Position.	Wahrscheinlich nicht. Ich glaube, es besteht größere Hoffnung, die Prüfung das nächste Mal zu bestehen, wenn nur zwei Punkte fehlten und nicht zwanzig.
T − 104 T. fährt im hypothetischen Ansatz fort.	Angenommen, man kann 1000 Punkte in der Prüfung erreichen. Zum Bestehen genügen 600 Punkte. Sie haben nun die Wahl. Sie können entweder 599 erreichen oder 99. Was würden Sie vorziehen?
P − 104	99.
T − 105	Wirklich! Ist das Ihr Ernst?
P − 105 Bei P. wird die Tendenz deutlich, sich zwanghaft mit vergangenem Versagen zu beschäftigen.	Die 599 würden Sie verfolgen. So war das bei mir. Ich habe das Französischexamen um zwei Punkte nicht geschafft. Das hat mich monatelang verfolgt. Ich bin in Gedanken die Fragen noch einmal durchgegangen. Wenn ich es nur so oder so gemacht hätte und zwei zusätzliche Punkte gehabt hätte, und alles, was ich gebraucht hätte, wäre diese Frage oder jene Frage gewesen.
T − 106	Was hat Sie nun so aufgeregt; waren es die 599 Punkte, oder war es die Tatsache, daß Sie nun davon verfolgt wurden?
P − 106	Ich glaube, daß ich davon so verfolgt wurde, sicherlich . . .
T − 107 T. will zwanghaftes Verhalten behandeln.	Okay. Was könnten Sie tun, um dies zwanghafte Verhalten zu kontrollieren? Ich werde Ihnen jetzt zwei neue Techniken zeigen, und wir werden dann einiges von dem wiederholen, was wir das letzte Mal gemacht haben. Wissen Sie, wie man sich von solchen Zwängen befreit?
P − 107	Nein, das wäre eine große Hilfe.
T − 108	Okay. Ich werden Ihnen zwei Dinge sagen, die Sie probieren können. Sie können sie sogar prophylaktisch vor der Prüfung versu-

T. definiert „Zwang".	chen. Der Zwang wird definiert als Wiederkehr eines unsinnigen, störenden Gedankens, den man nicht aus seinem Kopf vertreiben kann, selbst wenn man ihn analysiert hat.
P – 108	Gut. Das trifft genau auf mich zu.
T – 109 T. sagt, wie zwanghafte Gedanken kontrolliert werden können.	Angenommen, Sie haben in der Prüfung einen Punkt zu wenig. Und Sie sagen sich: „Oh, mein Gott, ich könnte jene Frage anders beantwortet haben." Oder: „Ich sollte dies oder jenes getan haben." Das Problem sind eben jene Gedanken. Eine Sache, die Sie machen können, ist, daß Sie sich so einen kleinen Zähler beschaffen und ihn am Handgelenk tragen ... Jedesmal, wenn Ihnen der entsprechende Gedanke kommt, dann drücken Sie drauf. Auf diese Weise zählen Sie, wie viele solcher Gedanken Sie am Tag haben. Versuchen Sie also, nach diesen Gedanken zu suchen und sie zu registrieren. Zuerst in den ersten paar Tagen wird die Gesamtzahl auf dem Zähler ansteigen. Es könnten etwa 50 solcher Gedanken am Tag sein, dann wird es für eine Weile auf dem Niveau bleiben, und dann werden die Gedanken verschwinden, sagen wir einmal, innerhalb von 14 Tagen. Und während die Anzahl dieser zwanghaften Gedanken sinkt, werden Sie sich immer besser fühlen.
T. beschreibt „Verschleppungstaktik bei Zwängen".	Das zweite, was Sie tun können, ist, was ich als „Verschleppungstaktik bei Zwängen" bezeichne. Dabei müssen Sie sich bestimmte Zeiten an jedem Tag für diese beunruhigenden Gedanken reservieren.
P – 109 P. sieht dies als „paradoxe Aufgabe" an.	Mhm. Das ist also so etwas wie eine paradoxe Aufgabe.
T – 110 T. schlägt Gebrauch eines Tonbandgerätes vor. T. beschreibt die Technik des Verschiebens von beunruhigenden Gedanken. T. wechselt nun zu einer positiven Vorhersage über.	Richtig. Sie scheinen damit vertraut zu sein. Sie könnten beispielsweise für jeden Tag die Zeiten 9 Uhr, 12 Uhr und 5 Uhr nachmittags festlegen. Sie nehmen sich fünf Minuten Zeit und sprechen all diese zwanghaften Gedanken auf Tonband. Sie würden sich also sagen: „Oh, mein Gott, ich tauge nichts. Ich bin wegen eines Punktes durchgefallen. Ich kann es nicht ertragen. Hätte ich nur Frage 43 anders beantwortet; ich sollte Frage 43 anders beantwortet haben. Ich wußte die Antwort. Ich kann es nicht ertragen." Sie sagen sich dasselbe Zeug immer und immer wieder. Und Sie bekommen es so aus sich heraus. Zu anderen Tageszeiten versuchen Sie, diese zwanghaften Gedanken auf die festgesetzten Zeiten zu verschieben. Aber wir brauchen das Problem nicht zu lösen, weil es keinen Beweis dafür gibt, daß Sie in der Prüfung durchfallen werden. Angenommen, Sie haben ein oder zwei Punkte oder 50 oder 80 Punkte mehr als erforderlich.
P – 110	Das ist prima. Ich werde keine zwanghaften Gedanken haben, wenn ich bestehe.

T – 111	Gut. Okay. Bevor wir fortfahren, möchte ich etwas zur Produkti-
T. will Prüfungs-	vitätssteigerung tun, so daß Sie eine gute Leistung im Examen
angst behandeln.	und in der Vorbereitungszeit erbringen können. Ist da noch irgendein Rest von Angst, daß Sie durchfallen könnten? Ich möchte, daß Sie die Angst bewältigen, die Prüfung nicht zu bestehen.
P – 111	Ich habe immer noch ... teils, weil ich diesen Brief gelesen habe
P. gibt Angst zu.	und da die Rede von jemandem war, der 62 Punkte hatte. Ich sehe ständig die 62 vor mir, wenn ich anfange zu lernen. Ich sehe
P. berichtet	62 anstelle von etwa 65, die zum Bestehen ausreichten. Ich hatte
über Angst-	nicht so schreckliche Angst, bis ich diesen Brief las. Dann bekam
anfall.	ich gestern einen ziemlich schweren Angstanfall.
T – 112	Haben Sie schon einige Examensfragen versucht?
P – 112	Ja, ich habe gestern Examensfragen gemacht. Ich habe mich an
P. sagt, was sie	einen Tisch gesetzt und habe versucht, es so streng wie möglich
getan hat, um	zu machen.
die Angst abzu-	
wehren.	
T – 113	Bevor Sie mir nun das Ergebnis sagen, möchte ich eine kleine Geschichte daraus machen. Ihre Annahme war, daß Sie nichts leisten könnten, wenn Sie Angst hätten.
P – 113	Richtig.
T – 114	Sie dachten, Sie könnten nicht abstrakt denken. Und ich habe Ih-
T. zielt bei Be-	nen schon gesagt, daß eine der weitverbreiteten Fehlannahmen
handlung auf die	von Angstpatienten die ist, daß sie nicht klar denken oder richtig
Annahme ab,	arbeiten können, wenn sie Angst haben. Ich habe Ihnen deswegen
daß man in	vorgeschlagen zu versuchen, jeden Tag einen Angstanfall aufzu-
einem Zustand	bauen und dann Prüfungsfragen vorzunehmen, um zu sehen, wie
von Angst nichts	die Leistung ausfällt im Vergleich zu den Leistungen, die in ent-
leisten kann.	spanntem Zustand erbracht wurden. Gestern war also Ihr erster Angstanfall, und die Ergebnisse waren ...
P – 114	Die Ergebnisse waren so, daß ich durchgefallen wäre ...
P. glaubt, daß die	
Realitätsprüfung	
ihre Angst bestä-	
tigt hat.	
T – 115	Sie konnten also nicht richtig denken?
P – 115	Nein, nicht ganz richtig. Ich sollte auch vorhersagen, wieviel ich
	erreichen würde. Nun, ich hatte irgendwie Angst, über 50 Prozent
Diskussion der	zu gehen. Darunter zu gehen, wäre jedoch für mich vernichtend
Fakten.	gewesen. Ich nehme immer lieber eine niedrige Schätzung als eine hohe. Also wählte ich 50 Prozent, und ich erzielte tatsächlich 62 Prozent.
T – 116	Gut. Und was haben Sie bei anderen Gelegenheiten erreicht, als Sie entspannt waren?
P – 116	Das hängt davon ab. Es hängt viel von dem Stoff ab. Wenn ich ...
T – 117	In welchem Bereich bewegt es sich?

P – 117	Es kann zwischen . . . Die Höchstanzahl von falschen Antworten war ungefähr 7 von 10. Das war also nicht so gut.
T – 118	Einmal also, als Sie entspannt waren, haben Sie 30 Prozent erreicht, und was ist das Höchste, was Sie erreicht haben, als Sie entspannt waren?
P – 118	Es liegt immer noch so um die 80 Prozent herum.
T – 119	Was ist der Durchschnitt?
P – 119	Er liegt wahrscheinlich um 60-65 Prozent.
T – 120	Und als Sie so Angst hatten, erreichten Sie 62 Prozent; was sagt Ihnen das?
P – 120 P. sieht ein, daß die Fakten nicht ihre Annahme bezüglich der Wirkung von Angst bestätigen.	Es bedeutet, daß ich die Punktzahl erhöhen kann, wenn ich ein bißchen mit der Angst fertig werde.
T – 121	Nun, ich glaube, es bedeutet, daß Sie, ob Sie nun mit der Angst fertig werden oder nicht, in einem ängstlichen Zustand genausoviel leisten können wie im entspannten Zustand.
P – 121 P. sieht ihre Fortschritte.	Das war übrigens das Beste von all dem, was wir das letzte Mal gemacht haben, weil ich zwar seitdem wieder Angst gehabt habe, mir aber wegen dieser Angst keine Sorgen mehr gemacht habe.
T – 122 T. drückt Gedanken in anderen Worten aus.	Richtig. Mit anderen Worten, Angst ist zwar unangenehm, aber man macht einfach weiter und arbeitet weiter; so lange, wie man nicht aufhört zu arbeiten, kann man arbeiten und etwas leisten.
P – 122	Ja, und ich habe genau das getan. Und das hat wirklich sehr, sehr geholfen.
T – 123 T. zeigt, daß er ihre Gefühle nachempfinden kann und schildert seine eigene Erfahrung.	Ja. Wie mit diesem Tonband jetzt . . . Ich habe jetzt etwas Angst, aber ich bin sicher, daß sich, wenn ich in meinem Arbeitszimmer sitze, die Schuhe ausgezogen habe und entspannt bin, meine Empfindung, daß dies wohl eine langweilige, tote, zu keinem Ergebnis führende Sitzung ist, wahrscheinlich als falsch herausstellt. Wir schaffen wahrscheinlich genausoviel, wie wenn ich in meinem Arbeitszimmer bin; aber ich habe aufgrund der Angst diese negative Empfindung. Erscheint sie Ihnen logisch?
P – 123	Nein.
T – 124	Es freut mich, daß Sie nicht sagen: „Ja, stimmt genau; was Sie da reden, ist totaler Unsinn." Verstehen Sie, was ich meine?
P – 124	Ja.
T – 125	Aber Sie müssen zu Hause häufiger diese Prüfungssituationen üben, und zwar dann, wenn Sie Angst empfinden. Überprüfen Sie die Ergebnisse, so daß Sie sich selbst beweisen können, daß die Angst Ihre Leistung nicht zu beeinträchtigen braucht. Wenn Angst die Leistung beeinträchtigt, so ist dies normalerweise nur durch

T. bezieht sich auf die Strategie des Unterteilens (compartmentalization).	die Annahme verursacht, man könne nichts leisten. Das ist ein so schlechtes Gefühl, daß man tatsächlich nichts mehr leistet; es ist also eine „self-fulfilling-prophecy". Wie war das mit dieser Technik des Unterteilens (compartmentalization), über die wir in Verbindung mit den Gewichthebern gesprochen haben? Erinnern Sie sich an diese Technik?
P – 125 P. erklärt die Strategie.	Ja, ich erinnere mich. Sie bezieht sich auf das, was Sie gerade sagten. Man sagt sich „Ja, ich habe Angst", man leugnet das Gefühl nicht, aber man beachtet es auch nicht weiter. Man hat den Blick nach vorn gerichtet ... Man betrachtet sich selbst als jemanden, der Erfolg haben wird, obwohl er Angst hat. Man sagt sich also, daß es die Leistung in keiner Weise beeinträchtigt.
T – 126 T. bezieht die Strategie auf die spezifische Situation.	Okay. Inwiefern könnte die Angst entweder Ihr Studium oder Ihre Leistung im Examen beeinträchtigen?
P – 126 P. wiederholt die automatischen Gedanken.	Ich komme zu einer Aufgabe, bei der ich etwas verstehen muß, und ich bin mir vielleicht nicht so ganz sicher, und ich rate mehr, als daß ich wirklich darüber nachdenke, weil ich mir sage: „Mein Gott, das ist eine Aufgabe, die ich nicht lösen kann oder mit der ich mich nicht beschäftigt habe, oder, ich weiß das nicht."
T – 127 T. fragt Patientin nach einer Bewältigungsstrategie.	Okay. Was ist eine rationale Antwort auf diesen automatischen Gedanken: „Mein Gott, das kann ich nicht, damit habe ich mich nicht befaßt!"? Was wäre eine rationale Antwort?
P – 127	Die rationale Antwort ist, daß man die Lösung wahrscheinlich herausbekommen kann.
T – 128	Okay. Wie kann man das Ergebnis finden? Welche Strategie kann man anwenden? Was kann man tun? Da ist beispielsweise der Gedanke: „Mein Gott, jetzt, wo die Psychologen von der Versicherung bezahlt werden können, ist es noch viel wichtiger, die Prüfung zu bestehen. Was hat diese Aufgabe nun zu bedeuten? Ich habe von alldem keine Ahnung." Was können Sie dann tun?
P – 128	Es gibt da einige Dinge, die man tun kann. Eine Möglichkeit ist die, daß man die Sache eine Zeitlang liegen läßt und darauf zurückkommt, wenn man es möchte; dadurch hat man die Möglichkeit, darüber nachzudenken. Vielleicht wird einem die Antwort dann kommen, und das passiert mir manchmal.
T – 129 T. zeigt Mitgefühl.	Ich habe so etwas auch schon einmal erlebt, als ich Angst hatte. Ich habe etwas gelesen und dachte, daß ich es nicht aufgenommen hätte. Am nächsten Tag oder Stunden später hatte ich plötzlich verarbeitet und gelernt, was ich gelesen hatte. So können Ihnen am Ende der Prüfung plötzlich die Antworten auf jene Fragen einfallen. Und die andere Methode, von der Sie sprachen, ...

P – 129 P. beschreibt die Schwierigkeit bei Anwendung der Technik.	Die andere Methode besteht im Prinzip darin, die Sache einzugrenzen. Angenommen, ich habe vier Antwortmöglichkeiten, dann reduziere ich sie zunächst auf zwei, und dann greife ich eine heraus. Aber mein Gefühl dabei ist: „Mein Gott, ich werde es wohl falsch machen. Es ist ganz egal, welche der beiden ich nehme." Ich wähle dann eine Antwortmöglichkeit, nur um die Angst loszuwerden, und deshalb wird dies oft zu einer „self-fulfilling-prophecy". Ich mache häufig auf diese Weise Fehler.
T – 130	Sie sagten, daß Paraphrasieren eine Methode ist, um das zu vermeiden.
P – 130	Durch Umschreiben der Frage, ja.
T – 131 T. stellt eine hypothetische Frage.	Und wie würden Sie das machen? Angenommen, Sie haben eine Frage wie: „Die kognitive Psychodynamik des inversen Komplexes wurde ursprünglich entdeckt von . . ." Was würden Sie sich dann sagen?
P – 131 P. bestätigt die Wichtigkeit der Umschreibungstechnik.	Nun, ich würde den ganzen Satz nehmen und versuchen, ihn zu verstehen. Ich vertue mich besonders häufig bei Dingen, die schwierig formuliert sind; ich überlese beispielsweise das „nicht" in einer Multiple-Choice-Frage. Es steht da ein „nicht" oder „welches von diesen ist nicht wie die anderen" oder so etwas, und ich berücksichtige nicht das „nicht". Ich glaube also, daß die Paraphrasierungstechnik für mich sehr wichtig ist.
T – 132 T. schlägt Übung zur Angstbewältigung vor. T. schlägt Anwendung von visuellen Vorstellungsbildern vor. T. beschreibt „das Schlimmste".	Okay. Bevor die Prüfung ansteht, können Sie diese Dinge bei Vorhandensein von Angst üben. Als letztes wollen wir jetzt besprechen, wie Sie zum Üben Angstanfälle entstehen lassen und bewältigen können. Und hier kommen wir zu den visuellen Vorstellungsbildern. Stellen Sie sich einmal vor, daß Sie eine 62 in der Prüfung gemacht haben, und die Patienten spielen total verrückt. Sie können einfach nicht verstehen, warum Sie ihr Leben ruinieren. Sie haben Ihren Kindern Unrecht getan, Sie wissen gar nicht, wie Sie für diese Prüfung lernen sollen, und der Sommer vergeht so langsam. Wie würden Sie sich dann fühlen?
P – 132 P. reagiert auf die Vorstellung.	Schrecklich. Ich wäre am Boden zerstört.
T – 133 T. bringt positive Vorstellungsbilder.	Das wäre dann der richtige Zeitpunkt zum Üben von Probeprüfungen. Okay? Und nachdem Sie diese 10 Fragen zur Übung durchgegangen sind, stellen Sie sich einmal folgendes vor: Sie bekommen den Brief, öffnen ihn, und es steht drin: „Sie dürfen sich freuen, Sie haben die Prüfung mit Auszeichnung bestanden." Und jetzt erzählen Sie das Ihren Patienten, und diese sind sehr froh, daß sie bei Ihnen weitermachen können.
P – 133	Und jetzt weigern sie sich alle . . . (lacht)
T – 134	Und jetzt bleiben sie alle in der Klinik. Sie haben mehr Zeit für Ihre Kinder, und Sie machen Ihre Praxis auf.

P – 134	Richtig.
T – 135	Sie haben ein kleines Arbeitszimmer...
P – 135	Richtig. Und jetzt kommen neue Ängste, nicht wahr?
P. stellt sich neue Ängste vor.	
T – 136	Welche?
P – 136	Es geht dann um den nächsten Schritt; es geht darum, was ich als nächstes in meiner beruflichen Laufbahn machen werde, und es kommen dann alle möglichen anderen Probleme.
T – 137	Okay. Und worin besteht die Angst da? „Niemand wird mir jemanden überweisen."
T. hilft ihr, diese Ängste zu bearbeiten.	
P – 137	Ja, die Angst ist... Es gibt viele Ängste. Wie z.B.: „Was möchte ich eigentlich wirklich tun?" Vielleicht möchte ich etwas anderes tun als in einer Privatpraxis arbeiten.
T – 138	Was meinen Sie, würden Sie gern tun?
P – 138	Ich fange erst an, darüber näher nachzudenken. Ich bin mir noch nicht wirklich sicher. Ich glaube, ich würde gern mit anderen Leuten in einem Team zusammenarbeiten. Ich glaube, ich würde lieber mit Erwachsenen arbeiten als mit Kindern, obwohl ich auch mit Kindern arbeiten könnte.
T – 139	Stationäre oder ambulante Behandlung?
P – 139	Das weiß ich noch nicht. Es ist nicht... Ich habe das noch nicht entschieden.
T – 140	Stellen Sie sich einmal vor, Sie hätten eine Teilzeitarbeitsstelle in einem Psychotherapieteam. Sie arbeiten also in Becks Klinik...
P – 140	Ja, das könnte ich ganz gut machen.
T – 141	Sie arbeiten also in der Psychotherapieforschung bei Beck und haben außerdem Ihre Privatpraxis...
T. bezieht die Patientin in positives Vorstellungsbild mit ein.	
P – 141	Das hört sich sehr gut an.
T – 142	Okay. Wie fühlen Sie sich dabei?
P – 142	Sehr gut.
T – 143	Sie sind in Ihrem Arbeitszimmer; wie sieht das übrigens aus?
P – 143	Sie meinen mein eigenes privates Arbeitszimmer?
T – 144	Ihr eigenes privates Arbeitszimmer.
P – 144	Ich bin gerade noch dabei, es einzurichten.
T – 145	Sie haben also gerade Ihren ersten Tag hinter sich.
P – 145	Ja.
T – 146	Sie haben fünf Patienten behandelt.
P – 146	Das kann doch gar nicht sein. In einer Woche?
T – 147	Sie haben den ersten Tag hinter sich. Sie haben die fünf Patienten behandelt. Sie gehen nach Hause und sagen sich: „Ich habe es gut geschafft." Wie fühlen Sie sich dann?

P – 147	Es ist ein wunderbares Gefühl.
T – 148 T. schlägt der Patientin vor, negative Vorstellungsbilder hervorzurufen und die Angst dabei zu beurteilen. T. faßt Strategie zusammen.	Sie können also dann dieses Vorstellungsbild hervorrufen, nachdem Sie die Übung gemacht haben. Zuerst also stellen Sie sich die negativen Bilder vor und bauen soviel Angst wie möglich auf. Sie können vielleicht auch noch die Stärke der Angst registrieren, wobei Sie von einer Spanne von 0 bis 100 Prozent ausgehen. Sie nehmen dann Ihre 10 Übungsfragen, und als Belohnung stellen Sie sich die positiven Bilder vor. Es ist also wie Karate. Sie fordern den Gegner heraus, Sie machen eine Erfahrung mit ihm, und dann stoßen Sie ihn weg.
P – 148	Ja.
T – 149 T. geht die Sitzung mit der Patientin noch einmal durch; beide fassen noch einmal die behandelten Themen und erreichten Fortschritte zusammen.	Wir wollen noch einmal zusammenfassen, womit wir uns heute beschäftigt haben. Wir haben zwei Dinge behandelt. Das erste steht im Zusammenhang mit der Frage: „Angenommen, das Schlimmste würde eintreffen. Könnten wir damit fertig werden?" Und das zweite ist dann: „Wie können wir Sie so aktivieren und zum Arbeiten bringen, daß eine hohe Wahrscheinlichkeit besteht, daß eher das Beste als das Schlimmste eintreffen wird?" Was also haben wir da heute gelernt?
P – 149	Zunächst zum ersten Problem: Ich habe mich z.B. mit einigen der realistischen Sorgen bezüglich des Verlierens von Patienten auseinandergesetzt; ich habe mich gefragt, was das für die Patienten und was das für mich bedeuten würde. Für beide Seiten gilt, daß wir es alle irgendwie überleben würden. Was beispielsweise meine berufliche Laufbahn angeht, würde es wirklich nicht so viel ausmachen; was nun den Verlust dieser Leute selbst angeht, würden wir es auch alle irgendwie überleben. Und wir würden alle aus der Erfahrung lernen, daß wir das Problem *bewältigen konnten.*
T – 150	Wir wollen das einmal etwas näher betrachten. Das Geld, das Ihnen entgehen würde, würde etwa ein Prozent Ihres jährlichen Gehalts oder ein Zehntel eines Prozents sein ... Wirklich wenig. Was die fünf Patienten angeht, meine ich, daß ich etwa 300 bis 400 Patienten im Jahr behandeln muß, und wenn es in 30 Jahren etwa 1.000 Patienten sind, dann ist die Zahl von fünf Patienten tatsächlich verschwindend gering. Und es geht nicht einmal um fünf Patienten – die meisten von ihnen werden nämlich bis dahin gar nicht mehr in Behandlung sein. Und was den Verlust der Menschen selbst angeht, ist es wiederum wirklich kaum von Bedeutung, weil Sie im Laufe Ihres Berufslebens Hunderte, wenn nicht Tausende von Patienten verlieren werden. Sie werden Ihnen alle „Auf Wiedersehen" sagen; es ist also ganz gut, wenn Sie das jetzt schon lernen. Manchmal werden die Patienten Sie zufrieden ver-

	lassen, manchmal werden sie unzufrieden sein, und manchmal wird es in der Mitte liegen. Wenn Sie jedesmal bei einer Trennung am Boden zerstört sind, werden Sie im Laufe des Lebens Tausende von Malen am Boden zerstört sein. Dies ist also für Sie eine ausgezeichnete Möglichkeit, sich weiterzuentwickeln. Obwohl es also etwas Negatives ist, können Sie von diesem Negativen profitieren und sich dadurch weiterentwickeln. Dieses Negative, wie jedes andere Negative, braucht Sie nicht zu zerstören oder Ihre Selbstachtung herabzusetzen.
P – 150	Ja. Ich stimme dem zu.
T – 151	Okay. Das haben wir also gegen das Katastrophisieren unternommen.
P – 151	Hinsichtlich der Prüfung sollte ich mehr Übung darin bekommen, Angst zu empfinden und mit ihr fertig anstatt von ihr überwältigt zu werden.
T – 152 T. bezeichnet Angstanfälle als wertvolle Gelegenheit, die Bewältigungstechniken zu üben.	Ja, ich bin wirklich enttäuscht, daß Sie seit der letzten Sitzung nicht viel Angst aufkommen ließen und erlebt haben. Die letzte Sitzung war ja vor 10 Tagen, und Sie waren damals geradezu überwältigt von der Angst. Gestern war also der erste ...
P – 152	... wirklich schlechte Tag, ja.
T – 153	Der erste wirklich schlechte Tag. Wie interpretieren Sie das?
P – 153	Ich glaube, daß mehrere Dinge mitspielen. Vielleicht habe ich mich selbst mehr gehenlassen, weil ich wußte, daß ich heute zu Ihnen kommen würde; vorher habe ich mich vielleicht nicht so sehr gehenlassen.
T – 154	Sie haben sich also nicht gehenlassen und waren nicht von Angst überwältigt? Wie erklären Sie das?
P – 154	Ich hatte sie wahrscheinlich mehr unter Kontrolle.
T – 155	Und wodurch hatten Sie die Angst unter Kontrolle? Wie kontrollieren Sie sie?
P – 155	Ich habe sie dadurch unter Kontrolle, daß ich es nicht zulasse, daß sie mich wirklich beeinträchtigt. Ich meine, daß ich die Technik des „compartmentalizing" (Unterteilens) anwende. Ich lasse mich nicht besonders stören. Ich empfinde sie als ärgerlich. Das Leben ist sicher angenehmer ohne diese Angst, und ich bin schon in einer gewissen Weise neidisch auf die Leute, die keine Prüfungsangst haben. Auf der anderen Seite frage ich mich, was nun daran so schlimm ist. Sie beeinträchtigt mein Lernen nicht, und ich glaube, daß ich viel besser damit fertig werde, als dies früher der Fall war.
T – 156 T. sucht nach negativen Gefühlen.	Okay, sind noch einige negative Empfindungen von der Sitzung übriggeblieben?

P – 156	Von der letzten Sitzung?
T – 157	Ich meine, von dieser hier? Irgendetwas, das Sie als negativ empfunden haben?
P – 157	Nein.
T – 158	Oder das Sie irritiert hat oder . . . ?
P – 158	Nein.
T – 159	Was nun die Selbsthilfe anbetrifft, was werden Sie tun bis zum nächsten Mal, wenn wir uns wiedersehen; oder in der Zeit von jetzt bis zur Prüfung, was für Dinge werden Sie da tun?
P – 159	Ich werde versuchen, die Prüfungsfragen durchzuarbeiten und in mir mehr Angst zu erzeugen, als ich es bisher getan habe. Ich glaube, ich habe mich nicht wirklich um die Erzeugung von Angst bemüht. Es ist solch eine Erleichterung, keine Angst zu empfinden, daß ich das nicht getan habe. Auch die visuellen Vorstellungsbilder sind eine große Hilfe gewesen; die Vorstellung des Briefkastens mit dem positiven Prüfungsergebnis ist eine Hilfe gewesen.
T – 160	Ja, was immer Sie auch tun werden, ich glaube, ich kann Ihnen da zustimmen, daß einige Fortschritte erzielt worden sind. Und das nächste Mal können Sie mir dann sagen, wie gut diese Techniken bei Ihnen wirken.

Kapitel 10

Kognitive Theorie der Phobie

Phobie und Angst.

Ein Hauptmerkmal phobischen Erlebens ist Angst in ihrer schlimmsten Form. Die körperlichen Symptome der Angst — sie wurden bereits in Kapitel 1 beschrieben — finden sich daher auch bei den Phobien. Wie der Angstneurotiker im Angstanfall, leidet auch der Phobiker an den kognitiven Komponenten der Angst, an den Verzerrungen, Übertreibungen und ganz allgemein an exzessiven und inadäquaten internen Reaktionen auf externe Ereignisse. Denn, obwohl reale Unterschiede zwischen dem Empfinden des Angstneurotikers und des Phobikers bestehen, haben beide Erlebensweisen doch Furcht als gemeinsamen Ursprung.

Der Hauptunterschied zwischen einer Phobie und der Angstneurose besteht in ihrer Spezifität. Da sich eine Phobie aus der Reaktion auf ein spezifisches Objekt oder eine spezifische Situation entwickelt, kann der Phobiker Furcht vermeiden, indem er einfach das spezifische Objekt oder die spezifische Situation meidet. (Das griechische Wort *phobia* bedeutet sowohl ,,Flucht" als auch ,,Furcht".) Die Angstpatienten dagegen können nicht die angsterzeugenden Reize meiden. Entweder werden sie durch ihre ganze Lebenssituation zur Konfrontation mit der äußeren Quelle ihrer Angst gezwungen, oder ihre Furcht ist schon so sehr internalisiert, daß sich die Auslöser der Angst in ihnen selbst befinden. Jemand, der unter einer ständigen starken Furcht vor einer bestimmten Krankheit oder einem bestimmten Tod leidet (Beispiele: Furcht vor Krebs oder einem Herzanfall), kann ihr nicht entfliehen. Wie wir bereits gesehen haben, bringt ihn die Furcht vor Krankheitssymptomen dazu, die krankheitsähnlichen physiologischen Auswirkungen der Furcht selbst zu fürchten; seine Neurose setzt sich also in Form eines circulus vitiosus immer weiter fort.

Bei den Phobikern sind die Situationen, die das irrationale System mobilisieren, konkreter, eher extern und daher eher vermeidbar. Untersuchungen der kognitiven Reaktionen von Angstpatienten haben gezeigt, daß die Reizsituationen, die die Angstpatienten betrafen, häufiger auftraten und eine größere Spannweite umfaßten. Ferner war bei den Phobikern keine im Hintergrund vorhandene ,,Grundangst" vorhanden.

Es wird angenommen, daß die im Hintergrund vorhandene Angst, die bei Angstneurosen, jedoch meist nicht bei Phobien gefunden wird, folgende Ursachen haben kann:

a) eher komplexe und diffuse Situationen, die als angsterzeugende Stimuli wirken können;
b) das häufigere Auftreten von internen Situationen, die als Stimuli wirken;
c) weniger leicht zu vermeidende Situationen, die als ,,gefährlich" angesehen werden;
d) mehr angsterzeugende Kognitionen im ,,Bewußtseinsstrom" (,,stream of consciousness") ohne einen Bezug zu äußeren Ereignissen.

Einige der grundlegenden Ähnlichkeiten und Unterschiede im Hinblick auf Phobiker und Angstpatienten werden in Tabelle 1 dargestellt. Das Fragezeichen vor Item 10 bedeutet, daß der Inhalt des „Bewußtseinsstroms" noch näherer Untersuchung bedarf.

Tabelle 1: Ein Vergleich der Kognitionen bei Angstneurosen und Phobien

	Angstneurosen	Phobien
1.	Angst steht in Beziehung zu bestimmten Gedanken	ebenso
2.	Gefahr als Grundthema	ebenso
3.	unrealistische Einschätzung der Situation	ebenso
4.	hervorgerufen durch ein bestimmtes Ereignis	ebenso
5.	häufigere Reize	weniger häufige Reize
6.	größere Reizklassen	eine spezifischere Reizklasse
7.	weniger leicht vermeidbare Reize	leichter vermeidbare Reize
8.	Reize häufiger intern	Reize häufiger extern
9.	kognitiver Inhalt weniger direkt auf Inhalt der Reize bezogen	kognitiver Inhalt direkter auf Inhalt der Reizsituationen bezogen
10.	? im „Bewußtseinsstrom" häufigere auf Gefahr bezogene Vorstellungen	? im „Bewußtseinsstrom" weniger häufige auf Gefahr bezogene Vorstellungen

Eine unserer Untersuchungen zeigt, was auch aus der Tabelle hervorgeht, daß zwischen einer phobischen Reaktion und dem spezifischen Umweltreiz eine engere Verbindung besteht, als dies bei einer Angstreaktion der Fall ist, die häufig auf Kognitionen basiert, die in keiner Verbindung zu äußeren Ereignissen stehen.

Bei den multiplen Phobien wird die Grenze zwischen Phobie und Angstneurose recht unscharf. Wer an so vielen Phobien leidet, daß er nicht alle gefürchteten Objekte und Situationen vermeiden kann, wird leicht ähnliche Anfälle akuter Angst erleiden, wie sie auch der Angstneurotiker erlebt.

Um es noch einmal zusammenzufassen: Phobiker haben nicht nur Vermeidung als Hilfsmittel zu Verfügung, um symptomfrei zu sein, sondern bei Angstneurosen ist auch eine größere funktionelle Beeinträchtigung nachgewiesen worden. Es wird angenommen, daß diese Hauptmerkmale durch die kognitiven Unterschiede der beiden Syndrome erklärt werden können. Bei beiden stehen Angstanfälle mit Umweltreizen in Verbindung. Die Reize bei Angstneurosen umfassen ein breiteres Spektrum, sind weniger spezifisch und häufiger „intern". Sie sind weniger leicht zu vermeiden und haben, verglichen mit den Reizen bei Phobien, einen weniger direkten Bezug zu dem Inhalt der Kognitionen.

Phobien und „normale Furcht".

Da Furcht den Kern beider Neurosen bildet, könnte ein Verständnis der Unterschiede zwischen „normaler Furcht" und Phobien einiges Licht auf die Beschaffenheit von Phobien werfen. Ganz allgemein basiert die „normale" oder „realistische" Furcht auf Vorsicht und gesundem Menschenverstand; sie stellt die Gesamtantwort des menschlichen Überlebensmechanismus auf tatsächlich von der Umwelt ausgehende Bedrohungen oder Anforderungen dar. Zu allen Zeiten der menschlichen Geschichte und Vorgeschichte hat es unzählige Gefahren gegeben, und wesentliche Fortschritte in der Evolution entstanden aus den Reaktionen auf die Angstsignale insofern, als Mittel zur Überwindung oder Bewältigung der Bedrohungen erdacht wurden. (Arnold Toynbees Theorie des historischen Wachstums und Verfalls von Zivilisationen spiegelt diesen Prozeß wider.) In unserer heutigen Zeit sind viele von Menschenhand geschaffene Gefahren an die Stelle einiger ursprünglicher Gefahren getreten, denen sich der primitive Mensch noch gegenübersah. Die Furcht mahnt uns, vor beiden Arten der Gefahr auf der Hut zu sein und erforderliche Handlungen zu unternehmen. Es könnte sogar als anomal bezeichnet werden, wenn jemand in einer Situation, die unter Umständen zum Tode führen kann, keine Furcht oder selbst Horror empfindet. Wenn jemand beispielsweise seine Furcht vor offensichtlicher Gefahr dadurch leugnet, daß er demonstrativ unnötige Risiken eingeht, so ist das ein Zeichen von Prahlerei, nicht von Mut. Mut, wie Sokrates herausgestellt hat, ist eine Eigenschaft, die voraussetzt, daß das Vorhandensein von Furcht anerkannt und trotz ihres Vorhandenseins gehandelt wird. Die fehlende Furcht, die auf Unwissenheit oder Dummheit beruht, wird in vielen Sprichwörtern thematisiert.

Einen Hinweis darauf, daß phobische Furcht und „normale" Furcht in engem Zusammenhang stehen, bietet die Untersuchung phobischer Patienten durch Snaith (1968). Die Untersuchung zeigte, daß diese Patienten verstärkt dieselben Ängste hatten, wie sie auch in der allgemeinen Population vorhanden waren. Unter den häufigsten Befürchtungen waren da Furcht vor Blitz und Donner, Stürmen, verschiedenen Tieren, verschiedenen sozialen Situationen, Krankheit und verschiedenen spezifischen Gefahren. Das Vorkommen solcher Ängste bei seinen Patienten entsprach dem der Kontrollgruppe von „normalen", d.h. phobiefreien Menschen. Selbst unter der symptomfreien Population mögen jedoch „versteckte Phobien" vorhanden sein. Diese Phobien sind deshalb noch nicht bekannt, weil die spezifischen auslösenden Umstände noch nicht eingetreten sind. Wenn sich die Umstände so ändern, daß diese Menschen die jeweiligen Situationen nicht mehr vermeiden können, ohne eine schwere Beeinträchtigung ihres normalen Lebensstils herbeizuführen, müssen diese Menschen sich möglicherweise in Therapie begeben.

Es ist eine interessante Beobachtung, daß der Phobiker die Symptome eines akuten Angstanfalls erleiden kann, wenn er sich in eine phobische Situation begibt oder in eine solche Situation gezwungen wird: intensive Angst, schnelles Atmen, Herzklopfen, Magenschmerzen, Konzentrations- und Erinnerungsstörungen. Einige Patienten finden jedoch, daß diese Situation weniger schlimm ist, als sie erwartet hatten; das starke Ausmaß an Vermeidung war gar nicht gerechtfertigt. Das Unbehagen besteht möglicherweise nur in einem leichten Schaudern, wie es beispielsweise von einigen Leuten beim Anblick bestimmter Insekten empfunden wird. Trotz dieser relativ schwachen Reaktion auf die phobische Situation empfinden diese Patienten oft weiterhin ein ungewöhnliches und unerklärliches Bedürfnis, die Situation zu meiden. Offensichtlich werden die übertriebene Furcht oder die starken Vermeidungstendenzen nicht durch Erfahrung beeinflußt, selbst dann nicht, wenn die Erfahrung zeigt, daß die Furcht erträglich und das Vermeidungsverhalten irrational ist. Wie im

Fall der Angstneurose wird der wiederholte Kontakt mit dem bestimmten Objekt oder der bestimmten Situation den Phobiker nicht „immunisieren", sondern seine Symptome nur verschlimmern.

Definition der Phobie.

Nach der Definition eines psychologischen Wörterbuches bedeutet Phobie: „Fast immer bedeutet Phobie die exzessive Furcht vor einem bestimmten Objekt oder einer bestimmten Situation; es handelt sich um eine Furcht, die anhaltend und unbegründet ist oder für die keine Gründe bestehen, die vom Patienten als vernünftig anerkannt werden." (English & English, 1958). Eine Phobie ist nicht nur „weithergeholt", sondern der Phobiker weiß auch, daß sie weithergeholt ist, und kann dennoch seine Reaktionen nicht kontrollieren. Er setzt sich daher unter Umständen einer tatsächlichen Gefahr aus, um die phobieerzeugende Situation oder das phobieerzeugende Objekt zu meiden: Eine Eisenbahnphobie beispielsweise kann jemanden dazu veranlassen, täglich mit dem Auto über eine stark befahrene Schnellstraße zur Arbeit zu fahren, wobei ein viel größeres Risiko eines Unfalls in Kauf genommen wird. Eine Lehrerin mit Redeangst weigert sich beispielsweise, ihrer Aufgabe nachzukommen und einen Kurs abzuhalten; sie geht dabei das Risiko ein, ihre Stelle zu verlieren.

Es muß hier angemerkt werden, daß die Furcht eines abergläubischen oder unwissenden Menschen vor dem Unbekannten nicht als Phobie bezeichnet werden kann, wenn dieser Mensch tatsächlich an das Vorhandensein dieser nicht existenten Gefahren glaubt. Eine Frau beispielsweise mag Angst vor Schlangen haben, weil sie annimmt, daß alle Schlangen giftig sind und deshalb sofort getötet werden sollten; sie nimmt vielleicht sogar an, daß der Schwanz der Schlange nicht vor Sonnenuntergang sterben wird. Wenn sie nun Biologie oder Gartenbau studiert hat und die wichtige Bedeutung bestimmter harmloser Schlangen für die Vertilgung von schädlichen Insekten gelernt hat, dann empfindet sie unter Umständen immer noch jenes Unbehagen, das Emily Dickinson beim Anblick jenes „schmalen Kameraden im Gras" empfand, aber wird sich über ihr Vorhandensein im Garten freuen, genauso wie sie sich über die Kröten, Heuschrecken, Regenwürmer und die anderen kleinen Tiere freut, denen gegenüber kleine Mädchen Ekel empfinden, weil es ihnen so beigebracht wurde. Wenn jedoch eine intelligente, gut ausgebildete und erfahrene Frau sich auf eine amüsante Party gefreut hat und im letzten Moment sich weigert, den mit Gästen gefüllten Raum zu betreten, da sie nach dem Anblick einer Vase mit Pfauenfedern sich elend und schwindlig fühlt und ihr Herz klopft, dann ist das nicht ihr Glaube an die Macht des von den Federn ausgehenden „bösen Blickes", der sie überwältigt, sondern es sind irrationale Kräfte − eine Phobie.

Unter Berücksichtigung dieser Charakteristika wäre eine umfassendere Definition der Phobie: „Furcht vor einer Situation, wobei die Furcht in keinem vernünftigen Verhältnis zur Wahrscheinlichkeit, mit der ein bestimmtes gefährliches Ereignis eintritt, und zum Ausmaß eines möglicherweise eintretenden Schadens steht. Dies jedenfalls ist die allgemeine Beurteilung der Situation und auch die intellektuelle Beurteilung durch den betreffenden Menschen selbst, wenn er sich außerhalb der Situation befindet."

Die wesentlichen Merkmale einer Phobie können folgendermaßen zusammengefaßt werden: Es besteht ein dringendes Bedürfnis, die phobische Situation zu meiden, und bei Annäherung an die Situation entsteht eine immer stärker werdende Angst mit dem gleichzeitig stärker werdenden Wunsch, der Situation zu entfliehen. Häufig gelingt es dem Patienten unter beträchtlichen Mühen und unter Selbsteinschränkung, den Gegenstand seiner Phobie zu meiden; folglich ist er in der Lage, ein relativ ruhiges Leben zu führen. Es ist wesentlich, daß er trotz seines offenen Eingeständnisses, daß seine Phobie irrational ist, nicht in der Lage ist, seine Angst oder sein Bedürfnis nach Vermeidung der phobischen Situation aufzugeben.

Arten von Phobien.

Der Versuch einer Definition von Phobie und der genauen Beschreibung ihrer Ursachen hat im Laufe der Jahre zu vielen gelehrten Begriffen geführt, die sich meistens aus griechischen Elementen zusammensetzen. Beispiele hierfür sind: Akrophobie (Furcht vor Höhen), Ailurophobie (Furcht vor Katzen), Anthophobie (Furcht vor Blumen), Astraphobie (Furcht vor Blitz), Brontophobie (Furcht vor Donner), Klaustrophobie (Furcht vor geschlossenen Räumen), Ichthyphobie (Furcht vor Fischen), Mysophobie (Furcht vor Schmutz oder Keimen), Nyktophobie (Furcht vor Dunkelheit), Ophidiophobie (Furcht vor Vögeln), Phrenophobie (Furcht vor Geisteskrankheit) und als letztes, wenigstens dem Alphabet nach, Xenophobie (Furcht vor Fremden). Wenn im Griechischen ein entsprechendes Wort existierte, konnte man der Phobie ein passendes Etikett anheften.

Die Untersuchung der verschiedenen Phobien zeigt, daß das phobieerzeugende Material in enger Verbindung zu der Kultur eines Zeitalters steht; dieser Aspekt ist insbesondere in Hinblick auf die Kultur- und Sozialgeschichte relevant. Im Mittelalter brachte der üppige Aberglaube, der oft religiösen Ursprungs war, Phobien in bezug auf Dämonen, Teufel, Hexen und andere übernatürliche böse Kräfte hervor. In heutiger Zeit hat die Furcht vor unheilbaren und meistens zum Tode führenden Krankheiten wie beispielsweise Tuberkulose und Syphilis (wobei Syphilis wegen des damit verbundenen moralischen Stigmas noch mehr gefürchtet wird) zu einer Phobie vor Krankheitskeimen geführt, die durch Händeschütteln, Berühren von Griffen, Türklinken oder anderen schmutzigen Gegenständen einschließlich Geld übertragen werden können. (Der Begriff „schmutziger Gewinn" könnte sowohl eine übertragene als auch eine wörtliche Bedeutung haben.) Heute nimmt die Furcht oft eine Form an, die man als „Technophobie" bezeichnen könnte; dieser Begriff könnte sich auf all jene exzessiven Angstreaktionen beziehen, die in Zusammenhang stehen mit den verschiedenen technischen Transportmitteln, mit der Weltraumtechnologie und Weltraumerforschung[1], der industriellen Produktion, den chemischen Substanzen, Kriegsrüstung, Energieerzeugung (besonders Kernenergie) und all jenen unbekannten Gefahren, die der Mensch in die Umwelt eingebracht hat, und die möglicherweise zu einem zukünftigen Zeitpunkt akut werden.

---

1) In den dreißiger Jahren brach eine massenhafte Panik nach der Radiosendung „Krieg der Welten" aus, die eine Darbietung von Orson Welles zum Inhalt hatte; diese Sendung war nicht in hinreichender Weise als fiktives Radioprogramm angekündigt worden. Diese Reaktionen geben einen Hinweis auf das Potential für phobische Reaktionen in Hinblick auf Themen, die mit dem Weltraum zusammenhängen. Man könnte von einer „UF-obie" sprechen.

Der Phobiker.

Obwohl die umfangreiche Terminologie insofern interessant sein mag, als sie auf eine unendliche Vielfalt von phobieauslösenden Stimuli hinweist, so tragen doch diese Etikette wenig zu unserem Verständnis dessen bei, wie oder warum sich diese Reaktionen entwickeln. Der Phobiker zeigt psychophysiologische Symptome, die genauso automatisch und übertrieben erscheinen wie die Reaktion eines Allergikers auf ein bestimmtes Allergen; eine Untersuchung der charakteristischen Merkmale des zu Phobien neigenden Individuums könnte daher von einigem Nutzen sein.

Die Tatsache, daß einige Phobiker auf Situationen reagieren, die, obwohl sie gefährlich sind, keine Bedrohung für sie selbst bedeuten, weist darauf hin, daß die Phobiker zu der empathischen Reaktion neigen, sich mit der Notlage anderer zu identifizieren. Solche Menschen reagieren heftig auf den Anblick von Blut oder schwerer Verletzung; einige dieser Reaktionen zeigen sich bei Krankenhauspersonal, und diese Menschen können nicht Zuflucht zum Hilfsmittel der Vermeidung nehmen. Sie müssen daher wiederholte Angstanfälle ertragen, die durch den Kontakt mit den phobieerzeugenden Reizen hervorgerufen werden. Einige dieser Menschen scheinen später eine „Immunität" zu entwickeln, andere jedoch lernen es nie, ihre störenden Reaktionen zu kontrollieren.

Im Fall dieser empathischen Reaktion wird der Mechanismus der Identifizierung bei Befragung deutlich. Der Patient kann entweder visuelle oder sensorische Vorstellungsbilder hervorrufen — Kognitionen, die zeigen, daß er auf das Ereignis so reagiert, als wäre *er* das Opfer. Ein Medizinstudent, der eine Operation beobachtete, hatte die visuelle Vorstellung, selbst auf dem Operationstisch zu liegen. Ein Medizinalassistent, der eine Punktion des Brustbeins bei einem Patienten vornahm, fühlte einen Schmerz in seinem eigenen Brustbein. Als eine Krankenschwester einen Patienten sah, der aus einer Fleischwunde blutete, und dabei dachte „Ich möchte gern wissen, wie es wohl wäre, wenn ich so blutete", empfand sie Schwindel und wurde ohnmächtig, genauso, als wenn sie selbst Blut verlöre.

Wenn wir etwas eingehender den ungewöhnlichen Grad an Empathie bei phobischen Reaktionen untersuchen, wird ein anderes wesentliches Kennzeichen deutlich. Der Phobiker scheint ein „inneres Drama" mit sich selbst in der Rolle des Opfers oder des blutenden Patienten auf dem Operationstisch zu sehen. Durch diese Sensibilität im Hinblick auf das „innere Drama" wird der Phobiker besonders für Phobien empfänglich, die durch visuelle Phantasien oder selbstinduzierte Gefühle ausgelöst werden. Eine Frau mit Höhenangst beispielsweise hat immer, wenn sie auf einer Klippe ist, die innere Vorstellung, wie sie selbst vornüberfällt; sie hat dabei unter Umständen sogar das Gefühl, hin und her zu schwanken. Eine Frau, die als Kind das Einsetzen der Flut und die damit verbundenen starken zerstörerischen Kräfte beobachtete, mag immer, wenn sie sich in der Nähe des Ozeans befindet oder Bilder davon im Fernsehen oder in Zeitschriften sieht, das Gefühl des Ertrinkens haben. Wenn diese Menschen nicht in Berührung mit dem gefürchteten Ereignis kommen, zeigen sie keine Symptome und können sogar die Absurdität ihrer Reaktionen erkennen.

Dieser Gegensatz zwischen der vernünftigen Beurteilung der in der Situation vorhandenen Gefahr durch den Phobiker, wenn er sich nicht in der Situation befindet, und den tatsächlichen Symptomen, die er bei Konfrontation zeigt, verdeutlicht ein anderes Charakteristikum des Phobikers, nämlich die Tendenz, sich auf der Basis zweier einander widersprechender Annahmen oder Konzepte zu verhalten. Die realistische Annahme berücksichtigt die relative Harmlosigkeit der spezifischen Situation oder des spezifischen Objekts; nach der phobischen Annahme andererseits bedeutet das Objekt oder die Situation extreme Gefahr. Wenn der Phobiker sich in einiger Entfernung von dem bestimmten Stimulus befindet, ist er sich unter Umständen noch „im Hinterkopf" der entgegengesetzten Annahme bewußt; je mehr er sich nun der furchterregenden Konfrontation nähert, wird er in immer stärkerem Maße empfänglich für die Alarmsignale, die von der phobischen Annahme ausgehen, bis er schließlich ganz unter ihrer Kontrolle steht.

Beck beschreibt dies Phänomen, wie er es bei einigen seiner Patienten erlebt hat (Beck, 1979):
„Ich habe diese Beobachtung unzählige Male getestet, indem ich phobische Patienten aufforderte, die Wahrscheinlichkeit einer Gefährdung einzuschätzen. In großem Abstand von der phobischen Situation kann ein Patient beispielsweise erklären, daß die damit verbundene Gefahr nahezu gleich Null sei. Sobald er sich der Situation nähert, beginnt er die Wahrscheinlichkeit anders einzuschätzen. Er erhöht sie zunächst auf 10 Prozent, dann auf 50 Prozent, und in der Situation selbst kann er zu 100 Prozent davon überzeugt sein, daß er Schaden nehmen wird.
Bei der Behandlung von Flugzeugphobien habe ich meine Patienten aufgefordert, die Wahrscheinlichkeit, daß sie zu Schaden kommen werden, schriftlich festzuhalten. Wenn der Patient in absehbarer Zeit keinen Flug plante, schätzte er die Chancen eines Absturzes auf 1 : 100.000 oder 1 : 1.000.000 ein. Sobald er eine Flugreise vorhatte, schätzte er das Risiko eines Absturzes höher ein. Je näher der Flug kam, desto stärker nahm die Wahrscheinlichkeit zu. Beim Start des Flugzeugs beurteilte er seine Überlebenschancen mit 50 : 50. War der Flug unruhig, dann rechnete er mit einer Wahrscheinlichkeit von 100 : 1 mit einem Absturz.
Bei vielen Anlässen habe ich die Patienten in die phobischen Situationen begleitet (ich bin mit ihnen beispielsweise Treppen gestiegen, ins Wasser gegangen oder mit einem Fahrstuhl gefahren), und ich konnte dabei ihre zunehmende Erwartung des Unheils verifizieren" (S. 138f.).

Dies duale Annahmensystem, das für die geistigen Prozesse des Phobikers und die anderer Menschen, die unter emotionalen Störungen leiden, charakteristisch ist, scheint zwei unterschiedliche Entwicklungsstadien widerzuspiegeln: Die phobische Annahme weist auf eine Rückkehr zu einer primitiveren, weniger rationalen Interpretation von Gegebenheiten hin; die rationale Beurteilung stellt ein weiteres Stadium innerhalb der geistigen Entwicklung dar. Die Unfähigkeit eines Menschen, seine phobischen Reaktionen zu kontrollieren, würde dann darauf hindeuten, daß er diese zwei Stadien seiner emotionalen und geistigen Entwicklung nicht vollständig integriert hat.

Wurzeln der Phobie.

Bei genauerer Untersuchung der kognitiven Strukturen, die der Phobie zugrunde liegen, entpuppt sich dieser Begriff per se als irreführend. Das Etikett „Phobie", das der Patient seinem Empfinden geben möchte, verführt zu der Annahme, seine Reaktionen seien durch das bestimmte Objekt oder die bestimmte Situation selbst verursacht, und daß also der Patient tatsächlich einen Fahrstuhl, eine Menschenmenge oder den Zahnarzt fürchtet. Vertreter der verschiedenen psychologischen Theorien versuchen dann häufig, die phobische Reaktion mit Hilfe dieses Etiketts zu erklären.

Verhaltenstherapeuten behaupten, daß der Phobiker nicht primär Angst vor Höhen, Fahrstühlen oder Pferden hat, weil in diesen Objekten eine bestimmte Gefahr läge. Sie vertreten die Theorie einer „zufälligen Konditionierung". Wolpe (1974) nimmt beispielsweise an, daß sich eine Phobie auf folgende Weise entwickelt: Als erstes tritt ein furchterregendes Ereignis ein und ruft Angst hervor. Ein weiterer (neutraler) Reiz ist gleichzeitig oder vor diesem Ereignis ebenfalls vorhanden. Als zweites wird der neutrale Stimulus durch diese zufällige Verbindung mit Angst assoziiert. Danach bekommt der Betreffende immer Angst bei Vorhandensein des „neutralen" Reizes, d.h., er entwickelt in Hinblick auf diesen Reiz eine Phobie.

In ähnlicher Weise postulieren Psychoanalytiker eine indirekte Verbindung zwischen der Quelle der Furcht und dem spezifischen Inhalt der Furcht, die der Patient empfindet. Es findet eine Verschiebung der „realen" Furcht auf irgendein harmloses äußeres Objekt statt. Wie Freud (1933) sagte: „Bei den Phobien kann man deutlich erkennen, wie diese innerliche Gefahr in eine äußerliche . . . umgesetzt wird" (S. 91). Eine Frau beispielsweise hat unbewußte Prostitutionsphantasien. Da diese tabuisierten Phantasien Angst erzeugen, verwandelt (verschiebt) sie ihre Furcht, eine Prostituierte zu sein, in eine sozial akzeptiertere; sie entwickelt eine Straßenphobie (Snaith, 1968).

Wenn man jedoch die Aussagen der Patienten selbst einmal berücksichtigt, wird schnell deutlich, daß die Phobiker nicht das bestimmte Objekt, Ereignis oder die Situation selbst fürchten, sondern die Konsequenzen ihrer Anwesenheit in einer bestimmten Situation oder die Konsequenzen ihres Kontaktes mit einem bestimmten Objekt. Wenn man jemanden mit einer exzessiven Flugangst fragen würde, ob der Flug für die anderen Passagiere genauso gefährlich wäre wie für ihn, würde er wahrscheinlich antworten „nein". Ein interessantes Beispiel für den Unterschied zwischen Furcht und der furchterzeugenden Situation ist der Fall eines heranwachsenden Mädchens, das Angst davor hatte, feste Nahrung zu sich zu nehmen; diese Furcht erschien den Eltern und dem Kinderarzt völlig absurd. Als sie vom Psychiater befragt wurde, stellte sich jedoch heraus, daß sie beim Essen eines Fleischstückes einmal beinahe erstickt wäre. Bei fester Nahrung kam immer die schreckliche Angst zurück, nicht atmen zu können. Es war also die Furcht vor dem Ersticken und nicht die feste Nahrung, wodurch ihre phobische Angst hervorgerufen wurde.

Ein weiteres Beispiel ist der Patient, der seine Phobie als „Furcht vor Menschenmengen" bezeichnet. Im Laufe des Gesprächs stellt sich jedoch heraus, daß er nicht wirklich glaubt, daß in irgendeiner mysteriösen Weise von Menschenmengen eine Gefahr ausginge, die sich dann auf ihn konzentriert; seine tatsächliche Furcht kreist darum, wie er sich in einer Menschenmenge wohl verhalten könnte. Er fürchtet, daß er die Kontrolle über sich in irgendeiner Weise verlieren könnte; daß er ohnmächtig werden könnte oder sich übergeben müßte, daß er anfangen würde, laut zu schreien oder hysterisch zu werden. In der Therapie ist es dann erforderlich, sich mit diesen Vorstellungen auseinanderzusetzen und den Kern der ihnen zugrundeliegenden primitiven Logik aufzudecken, außerdem ist die Entwicklung von Strategien zur Bekämpfung ihrer Auswirkungen nötig.

Entstehung von Phobien.

Wie Gespräche mit Patienten gezeigt haben, haben viele Phobien ihren Ursprung in kindlichen Befürchtungen, über die die Patienten nicht „hinausgewachsen" sind. Diese Befürchtungen lassen sich in drei Hauptkategorien unterteilen:
— erstens die Furcht vor von Menschen geschaffenen Gefahren, wie beispielsweise Furcht vor Fahrstühlen, lauten Maschinen, Sprengstoffen, zusammenklappbaren Tischen und Stühlen und anderen technischen Neuheiten, die kleine Kinder ängstigen;
— zweitens Furcht vor natürlichen und übernatürlichen Gefahren, die unverständlich und beunruhigend sind, wie beispielsweise Gewitter, starke Regenfälle, ungestüme Meereswellen, Blitz, starker Wind, sich hin und her bewegende Äste von Bäumen. Es muß betont werden, daß für ein sehr kleines Kind genauso wie für einen unwissenden Menschen oder einen Menschen primitiver Denkungsart abergläubische Vorstellungen genausoviel Gewicht besitzen wie wissenschaftliche Erklärungen; Natürliches und Übernatürliches werden zu einer starken, geheimnisvollen, unberechenbaren und möglicherweise grausamen oder bösen Macht vermengt;
— drittens psychosoziale Furcht, wie beispielsweise die Furcht, von den für einen verantwortlichen Erwachsenen verlassen zu werden; Furcht davor, zur Schule, zum Krankenhaus, zum Arzt usw. zu gehen; Furcht davor, physisch angegriffen oder in irgendeiner Weise „niedergeschlagen" zu werden; Furcht davor, jemanden ärgerlich zu machen oder selbst ärgerlich zu werden, ferner Befürchtungen, die in Zusammenhang mit zwischenmenschlichen Situationen stehen.

Die Furcht der frühen Kindheit spiegelt gewöhnlich Furcht vor Tod oder physischer Verletzung wider, entweder bezogen auf die eigene Person oder auf jene Menschen, von denen das Kind abhängig ist. Bei der Fragebogenaktion bezüglich kindlicher Furcht gaben Mütter an, daß Kinder von etwa zwei bis sechs Jahren sich am meisten vor Hunden, Ärzten, Stürmen, tiefem Wasser und Dunkelheit fürchteten, und zwar in der genannten Reihenfolge. Es ist in diesem Zusammenhang interessant, daß die Befürchtungen der Kinder nicht nur jene ihrer Mütter widerspiegelten, sondern daß bei den Kindern dieselbe Anzahl an Befürchtungen wie bei ihren Müttern festzustellen war. Anscheinend steckt viel Wahrheit in den Worten aus dem Lied in „South Pacific" von „Hassen und fürchten mußt Du lernen".

Ältere Kinder behalten einige Befürchtungen der frühen Kindheit bei, zusätzlich entwickeln sie psychosoziale Furcht. Solche Furcht spiegelt selbstverständlich die Sorgen des Kindes um bestimmte Ereignisse, Situationen und deren Auswirkungen wider; d.h., Kinder sorgen sich darum, ob diese Situationen oder Ereignisse in ihnen ein Gefühl von Glück erzeugen werden oder aber Trauer, Ärger, Verlegenheit, Schuld oder ein generell unangenehmes Gefühl.

Die statistischen Ergebnisse einer Untersuchung von Furcht waren wie folgt: Eine direkte Befragung (Jersild, Markey & Jersild, 1960) von 398 Kindern zwischen fünf und zwölf ergab die Auftretenshäufigkeiten:
— übernatürliche Kräfte (Geister, Hexen, Leichen und geheimnisvolle Ereignisse) — 19,2 Prozent;
— Alleinsein im Dunkeln an einem fremden Ort, sich verirren und die mit diesen Situationen verbundenen Gefahren — 14,6 Prozent;
— Angriff oder Gefahr eines Angriffs durch Tiere — 13,7 Prozent;
— körperliche Verletzung, Krankheit, Stürze, Verkehrsunfälle, Operationen, Schmerzen — 12,8 Prozent.

Nach den Ergebnissen einiger Untersuchungen spiegelt Furcht, da sie ja in engem Zusammenhang mit den von Kindern empfundenen Umweltgefahren stehen, die sozioökonomische Schicht wider: Jungen der unteren sozioökonomischen Schicht fürchten Klappmesser, Prügel, Räuber, Mörder, Schußwaffen und Gewalttätigkeit; Jungen der Oberschicht dagegen fürchten Autounfälle, Mord, jugendliche Kriminelle, Katastrophen und andere, eher nebulöse Ereignisse. Mädchen der unteren sozioökonomischen Schicht fürchten Tiere, Fremde und Gewalttaten; Mädchen der oberen Klassen dagegen Entführer, Höhen und eine Anzahl anderer traumatischer Ereignisse, die von den Mädchen der unteren Klassen nicht erwähnt wurden; Beispiele in diesem Zusammenhang sind Schiffbruch und Eisenbahnunfälle. Psychiatrisch geschulte Sozialarbeiter berichten, daß Schwarze und Puertorikaner, und zwar sowohl Kinder als auch Erwachsene, die in armen Stadtteilen mit hoher Verbrechensquote wohnen, Furcht vor Polizisten und insbesondere vor weißen Polizisten haben; ihre Furcht vor Ausraubung und Angriff wird also durch das Gefühl verstärkt, nicht nur ohne Schutz zu sein, sondern sogar genau durch die Kräfte bedroht zu sein, von denen die weiße Bevölkerung Schutz erwartet. Bedauerlicherweise spielt also bei der Untersuchung der Angst auch die Zugehörigkeit zu ethnischen und rassischen Gruppen eine Rolle.

Die Furcht, die aus der Kindheit stammt und ins Erwachsenenalter fortdauert, gehört meistens entweder der ersten oder der dritten Gruppe an. Die Gefahren aus der natürlichen Umgebung werden als weniger bedrohlich empfunden. Das Kind lernt, wie man sich vor gefährlichen Naturphänomenen schützt, nämlich entweder durch Meiden dieser Gefahren (Beispiel: im Haus bleiben während eines Gewitters) oder durch die Entwicklung bestimmter Techniken zur Bewältigung der Gefahren; das Kind lernt schwimmen, es lernt, dem Hund zu befehlen oder ein Pferd mit einem Apfel zu füttern, ohne von den großen Zähnen gebissen zu werden. In der Schule hilft ihm das Erlernen naturwissenschaftlicher Gesetze, seine abergläubischen Vorstellungen und seine Furcht vor dem Übernatürlichen zu überwinden. Diesen Befürchtungen gestattet das Kind nur noch Zugang zum Bewußtsein, wenn es sie in Form eines „furchterregenden" Films oder Fernsehprogramms genießen will. Die von Menschen geschaffenen Gefahren dagegen bleiben nicht nur unberechenbar, sondern erscheinen, je mehr das Kind über die Vorgänge in der Welt erfährt, eher als noch größer und noch unkontrollierbarer — Umweltverschmutzung, Verbrechen und Krieg, um nur einige zu nennen. Es ist bereits erwähnt worden, daß mit der Reifung des Kindes die psychosoziale Furcht anwächst, so daß das ältere Kind zusätzlich zu der Furcht des jüngeren Kindes vor physischem Schaden, vor Verlassenwerden oder Ausgeschimpftwerden eine Ausweitung der Gefahren erlebt, die von den anwachsenden sozialen Beziehungen ausgeht, denen sich das Kind ohne die schützende oder beruhigende Gegenwart eines vertrauten Erwachsenen gegenübersieht.

Fixierte Phobien.

Furcht, die seit der Kindheit besteht, wird als *fixierte Phobie* bezeichnet. Der Begriff verweist auf die Tatsache, daß der Betreffende in seiner Furcht an eine frühere psychische Entwicklungsstufe gebunden bleibt. Meistens kann derjenige sich nicht einmal an eine Zeit in seinem Leben erinnern, in der er von dieser Furcht frei war. Wodurch überdauern nun diese Phobien? Vermeidungsverhalten scheint eine Erklärungsmöglichkeit zu sein. Der Phobiker hat nie versucht, sich mit dem, was seine Furcht auslöst, auseinanderzusetzen. Deshalb hat er nie gelernt, damit fertig zu werden; statt dessen hat sein ständiges Vermeidungsverhalten die Furcht verstärkt und seine Fähigkeit, über sie hinauszuwachsen, geschwächt.

Ein anderer psychologischer Mechanismus, der bei der Entstehung von fixierten Phobien von Bedeutung ist, ist der bereits an anderer Stelle erwähnte elterliche Einfluß. Beck (1979) berichtet: „In einer Reihe von Fällen, in denen ein junger erwachsener Patient eine Phobie hatte, soweit er zurückdenken konnte, fragte ich den Betreffenden, ob seine Eltern an der gleichen Phobie litten, beziehungsweise forderte ihn auf, seine Eltern nach ähnlichen Phobien zu fragen. In einer Gruppe von zwölf Fällen wußten fünf Patienten mit Sicherheit, daß ein Elternteil eine ähnliche Phobie hatte und konnten diese Tatsache verifizieren; sieben Patienten wußten nicht, ob ein anderes Familienmitglied die gleiche Phobie hatte und befragten deshalb ihre Eltern. Drei der sieben stellten fest, daß in der Tat ein Elternteil an einer ähnlichen Furcht litt (vor Wasser, geschlossenen Räumen, Gewittern). Somit hatten acht von zwölf Patienten mit ‚lebenslänglichen Phobien' einen Elternteil mit der gleichen Phobie" (S. 153 f.). Die Tatsache, daß wir Phobien von unseren Eltern „erben", sollte uns nicht überraschen. Aversionen und Tabus sind oft solch ein wesentlicher Bestandteil unseres kulturellen und religiösen Milieus, daß wir uns kaum ihrer bewußt sind, es sei denn, sie verursachen irgendwelche Probleme. Ein treffendes Beispiel sind die „Lebensmittelphobien". Ein junger Mann aus einer orthodoxen jüdischen Familie stellt beispielsweise fest, nicht in der Lage zu sein, von der Religion verbotene Nahrungsmittel zu sich zu nehmen, ohne daß ihm schlecht wird, obwohl er als Atheist den Grund für das Meiden dieser Nahrungsmittel intellektuell ablehnt.

Traumatische Phobien.

Eine zweite Art von Phobie, unter der sowohl Kinder als auch Erwachsene leiden, wird wegen der Tatsache, daß sie auf ein bestimmtes beunruhigendes Erlebnis zurückgeführt werden kann, als „traumatisch" bezeichnet. Der Schock des physischen oder psychologischen Schmerzes, der in dieser Situation empfunden wurde, sensibilisiert den betreffenden Menschen in der Weise, daß Objekte, Menschen, Situationen oder Ereignisse, die nur entfernt dem ursprünglichen Trauma ähneln, die ernsten physischen und psychologischen Reaktionen einer Phobie heraufbeschwören. Die folgenden von Beck beschriebenen Beispiele geben ein klares Bild des kognitiven Prozesses, der bei Angstreaktionen abläuft. Der Betreffende ist dann nicht mehr in der Lage, die von seinen Sinnesorganen eingehenden Informationen mit Logik und Vernunft abzuwägen; er reagiert vielmehr so, als ob harmlose oder triviale Details einer Situation künftiges Unheil ankündigten.

Der Beginn physischer Furcht wird durch die folgenden Fälle verdeutlicht:

1. Nach einer sehr ernsten Operation entwickelte ein achtjähriges Kind starke Furcht und die Tendenz, in Ohnmacht zu fallen bei allem, was mit Krankenhaus, Ärzten und dem Geruch von Betäubungsmitteln in Zusammenhang stand. Die Furcht blieb im Erwachsenenalter bestehen.
2. Eine Frau mit einer Höhenangst entwickelte ihre Phobie, als sie von einem hohen Sprungbrett fiel und sich dabei verletzte.
3. Viele Patienten mit der Furcht vor dem Autofahren entwickelten ihre Phobien nach traumatischen Ereignissen, bei denen sie verletzt wurden oder jemand verletzt wurde, mit dem sie sich identifizierten.
4. Viele Patienten entwickelten Phobien, als jemand, der ihnen nahestand, an einer zum Tode führenden Krankheit litt. Dies war der Fall bei Patienten, die Furcht vor Krebs, Herzkrankheit und Hirnblutungen entwickelt hatten.
5. Eine 23jährige Frau hatte eine sie beeinträchtigende Furcht vor Blitz und Donner. Sie fürchtete sich, wenn sie nur dunkle Wolken sah. Wenn der Donner einsetzte, fürchtete sie sich noch mehr und hörte mit dem, was sie gerade tat, auf – an ihrer Arbeitsstelle, zu Hause oder anderswo. Sie versuchte dann, sich an einem Ort ohne Fenster, z.B. in einem Wandschrank, zu verstecken. Diese Phobie begann im Alter von acht Jahren, als sie sah, wie ein Junge vom Blitz getroffen und getötet wurde.
6. Einige die zwischenmenschlichen Beziehungen betreffenden Phobien entwickeln sich ebenfalls nach einem traumatischen Ereignis. Hier sind folgende Beispiele zu nennen: ein Patient mit einer Phobie vor öffentlichen Plätzen, nachdem er dort einmal einen Schwindelanfall gehabt hat und in Ohnmacht gefallen ist; ein Patient mit Furcht, sich zu übergeben, nachdem er sich einmal ganz plötzlich an einem öffentlichen Ort übergeben mußte; ein Rechtsanwalt fürchtete sich davor, im Gericht aufzutreten, nachdem er eine Magengrippe durchgemacht hatte, die von Durchfall begleitet war (er fürchtete, daß im Gerichtssaal eine unwillkürliche Darmtätigkeit einsetzen und seine berufliche Laufbahn zerstören würde).
7. Auch ungewöhnliche Phobien können durch ein traumatisches Ereignis initiiert worden sein. Ein Arbeiter entwickelte eine Phobie davor, auf der Straße zu arbeiten, nachdem er von einem Lastwagenfahrer beim Zeichnen einer weißen Linie angefahren worden war. Die Phobie weitete sich zu Furcht vor dem Motorrad- und Fahrradfahren auf jeder Straße aus (Kraft & Al-Issa, 1965a).
8. Ein Mädchen entwickelte eine hartnäckige Hitzephobie, nachdem es gesehen hatte, wie die verkohlten Leichen zweier Kinder aus einem brennenden Haus herausgetragen wurden. Das Mädchen entwickelte eine Furcht davor, sich mit warmem Wasser zu waschen, heiße Nahrung oder heißes Wasser zu sich zu nehmen. Es fürchtete sich davor, eine elektrische Kochplatte zu berühren – ob diese eingeschaltet war oder nicht – und ein heißes Bügeleisen zu benutzen (Kraft & Al-Issa, 1965b).

Eng umschriebene Phobien, die sich auf physische Verletzung beziehen, sind Hundephobien, nachdem man von einem Hund gebissen wurde, oder Höhenphobien nach einem Sturz von einer Treppe; Furcht vor Spritzen nach bestimmten Komplikationen; Furcht vor Autofahrten nach einem Unfall.

In Fällen von traumatischer Phobie sind die Patienten, wie bei der fixierten Phobie, unfähig, ihre Reaktionen unter Kontrolle zu halten und dadurch die Phobie im Laufe der Zeit zu überwinden. Statt der Konfrontation mit dem Problem und der Lösung der Assoziationsfolge, die unerbittlich von einer schmerzlichen Vergangenheit zu einer spannungsreichen Gegenwart führt, greifen die Patienten ständig zu Vermeidungsverhalten als Mittel des Selbstschutzes zurück. Sie wissen nicht, daß sie so auch die eigene Phobie schützen und sogar stärken.

Spezifische Phobien.

Obwohl eine Phobie sowohl die physiologischen als auch die psychosozialen Aspekte von Furcht aufweisen kann, haben Untersuchungen an Phobikern gezeigt, daß im Kern jeder Phobie eine spezifische Furcht identifiziert werden kann. Das Vorhandensein einer solchen spezifischen Furcht erfordert es, die Eigenarten jedes einzelnen Falles zu untersuchen, so daß dann eine Zuordnung zu einem allgemeinen Furchttyp erfolgen kann. Die folgende Liste mit Beschreibungen von Phobiearten soll dabei helfen, die kognitive Dynamik bei phobischen Erlebnissen zu verdeutlichen. Die Behandlung wird im nächsten Kapitel erörtert.

Agoraphobie (Furcht vor offenen Räumen).
Agoraphobie wird von Westphal (1872), der den Begriff prägte, wie folgt beschrieben: „ ... die Unmöglichkeit, über bestimmte Plätze zu gehen, ohne von Angst geplagt zu sein ... Die Qual verstärkte sich in den Stunden, wenn die gefürchteten Straßen verlassen und die Läden geschlossen waren. Als große Erleichterung empfanden die Patienten die Begleitung anderer Menschen oder selbst unbelebte Objekte wie ein Gefährt oder einen Spazierstock."

Die Furcht vor belebten Plätzen, vor großen offenen Räumen (griechisch: agora = Marktplatz), die Furcht vor dem Überqueren von Straßen oder Brücken oder vor Ohnmachtsanfällen in der Öffentlichkeit zählen ebenfalls als mögliche Symptome dazu. Der Agoraphobiker fürchtet, daß irgendeine Katastrophe eintreten und niemand da sein wird, der ihm hilft, wenn er sich nicht mehr im Schutze seines Hauses befindet. Er braucht daher einen Begleiter, der ihm zu Hilfe kommen oder Hilfe herbeiholen kann, falls die gefürchtete Katastrophe einmal eintreten sollte. Einige Patienten werden umso ängstlicher, je weiter sie sich von einer Stelle entfernen, an der sie möglicherweise medizinisch versorgt werden könnten. Ferner berichten sie über ihre starke Angst, allein zu sein oder sich zu verlaufen. Patienten mit einer Furcht vor Kontrollverlust, z.B. der Furcht vor Ohnmachtsanfällen, unwillkürlicher Defäkation oder hysterischem Schreien, fürchten auch die diesem Verhalten folgende Demütigung, falls es stattfinden sollte.

Akrophobie (Furcht vor Höhen).
Zusätzlich zu dem elenden Gefühl, das diese Phobiker empfinden, wenn sie sich in einem Dachgarten, im obersten Geschoß eines Gebäudes, hoch auf einem Berg, nahe am Rande einer Klippe, auf einem Balkon, auf einer Treppe oder in einem Fahrstuhl befinden, haben diese Phobiker Angst vor Brücken, vor den Rändern der Bahnsteige bei Eisen- und U-Bahnen und ganz allgemein vor Situationen, in denen hoch gelege-

ne oder gefährliche Stellen vorhanden sind, von denen sie herunterfallen oder sich herabstürzen könnten. Einige Akrophobiker haben sogar das Gefühl, als zöge irgendeine äußere Kraft sie zum Rand des hoch gelegenen Ortes. Die Gefühle des Fallens oder Rutschens sind Beispiele für somatische Vorstellungen. Viele dieser Patienten empfinden ein Schwindelgefühl – dies kann entweder eine physiologische Manifestation von Angst oder Ausdruck solcher somatischer Vorstellungen sein. Häufig ist die Furcht ganz offensichtlich weithergeholt, denn der betreffende Mensch ist durch ein Geländer geschützt oder ist so weit von der Kante entfernt, daß er gar nicht herunterfallen kann. Eine Patientin mit Furcht vor Treppen fühlte sich auf Treppenabsätzen in Sicherheit, vorausgesetzt, es war dort kein Fenster in der Nähe. Wenn jedoch ein großes Fenster da war, fürchtete sie herauszufallen. Einige Mütter mit Kleinkindern haben die Furcht vor dem plötzlichen Impuls geäußert, ihre Kinder von einer hoch gelegenen Stelle herunterzuschleudern und ihnen dann nachzuspringen. Akrophobiker würden sich sehr unbehaglich in einer Wohnung fühlen, die von einem Architekten der Mies-van-der-Rohe-Schule entworfen wurde, da diese Architekten häufig Glas anstelle von solidem Mauerwerk verwenden.

Furcht vor dem Fliegen.
Es ist fraglich, ob jemand, der Flugreisen meidet, notwendigerweise eine Phobie hat. Die zunehmende Häufigkeit von Flugzeugentführungen, Bombendrohungen und anderen terroristischen Aktivitäten mindert auch nicht gerade die Furcht der „normal" vorsichtigen Reisenden. In den meisten Fällen jedoch hat der Phobiker hauptsächlich Furcht vor einem Flugzeugabsturz. Andere Arten von Furcht, die durch Flugreisen ausgelöst werden, sind die Furcht vor dem Ersticken, falls das Drucksystem in der Kabine einmal ausfallen sollte, Furcht vor Lebensmittelvergiftung, Furcht, sich durch Kontakte auf engem Raum Krankheiten zuzuziehen, Furcht, daß der Pilot von seiner Route abkommt und man gezwungen sein wird, an einem feindlichen oder gottverlassenen Ort zu landen. Einige Befürchtungen, die durch Flüge hervorgerufen werden, sind in Wirklichkeit soziale Phobien, die weiter unten erörtert werden sollen. Sie basieren auf der Furcht des betreffenden Menschen, die Kontrolle über sein eigenes Verhalten zu verlieren und deshalb von den anderen verachtet zu werden. Natürlich gehen auch einige Flugzeugphobien, genau wie andere Phobien, die mit Transport zu tun haben, auf ein traumatisches Erlebnis zurück. An ihrem Anfang steht das Erlebnis einer wirklich gefährlichen Situation, die entweder sie selbst oder andere erlebt haben – beispielsweise ein Flugzeugabsturz, der überlebt wurde, oder ein „knappes Entkommen" bei schlechtem Wetter oder mechanischen Problemen.

Klaustrophobie (Furcht vor geschlossenen Räumen, Tunnels, Höhlen usw.).
Die Hauptfurcht der Klaustrophobiker ist die Furcht vor dem Ersticken oder vor dem Zusammenbruch der sie umgebenden Struktur. Beim Eintreten in einen Tunnel oder in eine Höhle wird der Betreffende unter Umständen kurzatmig (somatisches Vorstellungsbild), und dies wird umso schlimmer, je weiter er in den geschlossenen Raum eindringt. Die schreckliche Furcht, lebendig begraben zu sein, ist ein Thema, mit dem Edgar Allen Poe in vielen seiner Geschichten einen Horroreffekt erzeugt hat. Diese Furcht steht mit dieser speziellen Phobie in Zusammenhang.

Furcht vor Fahrstühlen.
Diese spezifische Phobie steht ganz offensichtlich in Zusammenhang mit der Furcht vor Höhen, geschlossenen Räumen und verschiedenen Transportmitteln. All das Mißtrauen gegenüber der Technologie, die dem Phobiker als gefährlich erscheint, kann sich in folgenden Befürchtungen ausdrücken: Furcht, daß die Kabel reißen, der Fahrstuhl zwischen den Etagen steckenbleibt oder die Türen sich nicht öffnen werden. Diese „Technophobie" kann noch größere Panik erzeugen, wenn der Betreffende ebenfalls die Überzeugung des Klaustrophobikers hat, daß er ersticken könnte, oder wenn er auch die Furcht des Agoraphobikers hinsichtlich seines Verhaltens in Menschenmengen teilt. Da der Fahrstuhl in vielen Fällen das einzig praktikable Mittel darstellt, bestimmte Büros oder Wohnungen zu erreichen, kann diese spezielle Phobie ernsthafte Auswirkungen auf wichtige Entscheidungen haben, die den Arbeitsplatz oder die Wohnung betreffen. Durch Einengung der Wahlmöglichkeiten kann diese Phobie dazu führen, daß der Betreffende Möglichkeiten des beruflichen Fortkommens nicht wahrnimmt oder darauf verzichtet, sich bestimmte vorteilhafte Lebensumstände zu schaffen.

Leistungsphobien.
Die beiden Leistungsphobien, die am häufigsten der Therapie bedürfen, sind die Furcht vor Prüfungen und die Furcht vor dem Reden in der Öffentlichkeit. Die sogenannte „Prüfungsangst" erzeugt manchmal so viel Qual, Unfähigkeit und Hemmung, daß man von einer Phobie sprechen kann. Die Furcht vor dem Versagen kann so stark sein, daß der Student nicht in der Lage ist, willkürlich bestimmte intellektuelle Funktionen zu kontrollieren wie das Verstehen, das Erinnern oder die Verbalisierung von Gedanken.

Die Tatsache, daß Studenten minimale Angst empfinden, wenn ihnen gesagt wird, daß ihre Prüfungsergebnisse nicht notiert werden, oder wenn man ihnen sagt, daß sie die Prüfung anonym machen können, ist ein Hinweis darauf, daß die Studenten nicht die Prüfung an sich fürchten, sondern die sich aus einer unzureichenden Leistung ergebenden Konsequenzen.

Das Reden in der Öffentlichkeit ist für viele Studenten ein weiteres Schreckgespenst. Eine typische Phobie in diesem Zusammenhang wird durch den folgenden Fall verdeutlicht: Ein College-Student benötigte psychotherapeutische Hilfe wegen der starken quälenden Gefühle, die er einige Tage oder sogar Wochen vor einem Referat in seinem Kurs empfand. Bei dem Gedanken an seinen Vortrag hatte er beispielsweise folgende Gedanken: „Ich werde eine schlechte Leistung erbringen." „Ich werde einen unbeholfenen Eindruck machen." „Ich werde nicht sprechen können." Diese Gedanken erzeugten in ihm Angst und führten zu dem Wunsch, die Aufgabe, vor vielen Zuhörern sprechen zu müssen, nicht erfüllen zu müssen. Beim Reden vor mehreren Zuhörern war er sich des kontinuierlichen Ablaufes folgender Gedanken bewußt: „Ich mache einen nervösen Eindruck ... Sie langweilen sich bei dem, was ich sage ... Sie denken, daß ich schwach und minderwertig bin ... Diese Schande wird niemals in Vergessenheit geraten." Bei diesen fortlaufenden negativen Gedanken ist es nicht erstaunlich, daß sich der Patient bei seinem Referat angespannt und schwach fühlte und es als schwierig empfand, sich zu konzentrieren.

Furcht vor Ärzten, Zahnärzten und Krankenhäusern.
Bei vielen Kindern entwickelt sich eine starke Furcht vor Ärzten von dem Moment an, in dem sie das Aufsuchen des Arztes mit einer schmerzhaften Spritze in Verbindung bringen. Dieselbe Furcht vor ,,der Nadel" kann sich auch nach der Anwendung von Novocain oder anderer Betäubungsmittel, die vom Zahnarzt verabreicht werden, entwickeln. Die Furcht vor Operationen wird sehr deutlich in dem Ausdruck ,,unter das Messer kommen". Häufig kann schon der bloße Hauch von Äther oder eines antiseptischen Reinigungsmittels, das mit ,,Krankenhaus" assoziiert wird, phobische Reaktionen hervorrufen, die sich auf ein schmerzhaftes oder angsterzeugendes Krankenhauserlebnis zurückführen lassen.

Die Friseur-Phobie.
Wie im Fall anderer Furcht können Phobien aus der Kombination verschiedener Befürchtungen resultieren. Da gibt es die Furcht vor Verletzung durch scharfe Instrumente, Furcht vor Unfähigkeit, die Wartezeit zu ertragen, die sich umwandelt in Furcht, wie ein Gefangener gehalten zu werden, der nicht auf eigenes Verlangen hin weggehen kann, und da sind die phobischen Ängste, die das Verhalten an einem öffentlichen Ort und die prüfenden Blicke anderer betreffen. Ein Patient fürchtete, er würde während des Haareschneidens erröten und sich damit der Lächerlichkeit aussetzen.

Soziale Phobien.
Der Begriff *soziale Phobien* bezieht sich auf die Sorgen des Phobikers um sein Verhalten in der Öffentlichkeit und seine Furcht, sich Verachtung und Spott zuzuziehen, falls er die Kontrolle über sich verlieren sollte. Diese Furcht vor dem Verlust der Selbstkontrolle stellt häufig die Wurzel vieler anderer Phobien dar. Viele der Phobien jedoch, die als eigentlich ,,soziale" Phobien bezeichnet werden, stehen in direktem Zusammenhang mit der Belohnung, die man in unserer Kultur für angepaßtes Verhalten bekommt. Der Wunsch, beliebt zu sein, bestimmten kosmetischen Normen zu entsprechen, Leistungsprüfungen akademischer, sportlicher oder künstlerischer Art zu absolvieren, einfach als jemand anerkannt zu werden, der ,,okay" ist, all diese Wünsche werden von verschiedenen sozialen und kommerziellen Kräften in unserer Kultur ausgebeutet, sehr zum Schaden für die eigene innere Ruhe und das Akzeptieren der eigenen Persönlichkeit.

Die kosmetischen Normen, deren Einhaltung unsere Kultur vorschreibt, beeinflussen den hierfür empfänglichen Menschen in vielerlei Hinsicht. Junge Frauen tendieren besonders zur Selbstabwertung und Angst, die sich auf die Annahme stützen, sie seien im Vergleich zu der Schönheitsnorm, die durch Frauen im Fernsehen und in Illustriertenanzeigen verkörpert wird, nicht attraktiv. Die Betonung auf Schlankheit in der Modeindustrie hat einige junge Frauen an den Rand des Verhungerns gebracht. Ältere Frauen leiden häufiger unter den Ängsten, die durch die kommerzielle Glorifizierung der Jugend erzeugt werden. Eine kürzlich in dem Magazin ,,Wall Street Journal" erschienene Anzeige trug die folgende kühne Überschrift: ,,Investieren Sie in die Angst". Es folgte dieser Text: ,,Es ist eine Tatsache, daß wir alle Angst vor dem Älterwerden haben. Radio, Fernsehen . . . alle geben die Tagesolosung aus: ,Bleiben Sie jung und jungaussehend.'" Der Leser findet dann heraus, daß es sich um eine Anzeige für eine Kosmetikfirma handelt. Obwohl sich Frauen mehr um den kosmetischen Aspekt des Alterns sorgen, können der steigende Konkurrenzdruck in Hinblick auf Arbeitsstellen und die finanzielle Unsicherheit bei Pensionierung sowohl bei Männern als auch bei Frauen Furcht vor dem Altwerden erzeugen. Bei einer solchen Phobie kann sich die Furcht auf verschiedene „verräterische" Aspekte des Alterns konzentrieren, die sich auf Aussehen und Leistung beziehen.

Die Furcht, unzulänglich zu sein oder in irgendeiner Hinsicht als nicht mehr akzeptabel zu gelten, ist als „Bewertungsangst" bezeichnet worden. Einige Menschen mit dieser Phobie meiden all jene zwischenmenschlichen Situationen, die ihnen ihre negative Selbstbewertung vor Augen führen könnten – eine Bewertung, die sich auf die unbewiesene Annahme stützt, daß andere sie unattraktiv, zu dick, zu alt oder in sozialer oder sportlicher Hinsicht unzulänglich finden. Andere von dieser Phobie Betroffene, insbesondere Frauen, fangen mit ausgeklügelten kosmetischen Unternehmungen und Ritualen an, um kritische, verächtliche Reaktionen oder Zurückweisung von sich fernzuhalten.

Anorexie (Furcht vor Gewichtszunahme).
Obwohl die Interaktion von Ursachen und Symptomen bei der als *Anorexie* bekannten Störung vielleicht zu komplex ist, als daß sie eine Klassifizierung als Phobie im engeren Sinne des Wortes zuließe, sind dennoch kognitive Dimensionen vorhanden, die zu dem Etikett „Furcht vor Gewichtszunahme" geführt haben. Das Wort *anorexia* bedeutet wörtlich „Verlust von Appetit", ein Ausdruck, der nur unzulänglich die ernsten Auswirkungen dieser Krankheit wiedergibt. Man hat auch von der „Krankheit des Verhungerns" gesprochen, wobei das Verhungern jedoch von dem betreffenden Menschen selbst verursacht wird. In einem fortgeschrittenen Stadium dieser Störung ähneln die davon betroffenen Menschen den Überlebenden einer Hungersnot, die nur noch aus Haut und Knochen zu bestehen scheinen. Ironischerweise ist bei armen Völkern, die tatsächlich unter Unterernährung leiden und am Rande des Verhungerns stehen, die Anorexie unbekannt. 80 bis 90 Prozent der unter Anorexie Leidenden sind weibliche Teenager aus Familien der Mittel- und Oberschicht, deren Wertsystem mit Betonung auf Ehrgeiz, äußerlicher Erscheinung und Erfolg bei ihrem Nachwuchs zu Perfektionismus und übersteigertem Leistungsstreben führt. Die betreffenden Mädchen sind meistens intelligent, fleißig und darum besorgt, ihren Eltern, Lehrern und anderen Autoritätspersonen zu gefallen.

Es gibt unterschiedliche Meinungen darüber, was die Anorexie tatsächlich ist oder wodurch sie verursacht wird. Unter den kognitiven Störungen fallen vor allem absurde Einstellungen zu Nahrungsmitteln und zum Essen überhaupt auf, wobei diese Einstellungen mit einem verzerrten Körperschema in Zusammenhang stehen oder auch dadurch verursacht werden; auch erhalten diese Einstellungen daher ihre Verstärkung. Die betreffenden Patienten scheinen zu hungern, um wie Skelette auszusehen, wobei diese Mädchen sogar ihre eigene „Schönheit" bewundern, wenn sie dies Ziel erreicht haben, und trotz alledem übernehmen sie bei ihrer zwanghaften Beschäftigung mit der Ernährung häufig die Lebensmittelzubereitung in ihrer Familie und drängen die anderen zum Essen, wobei sie selbst die „stellvertretende" Nahrungsaufnahme der anderen genießen. Hunger und Schmerzen werden entweder falsch interpretiert oder ganz aus dem Bewußtsein verbannt. Wenn sie sich ihrem Ziel totaler Abmagerung nähern, betrachten sie sich dennoch weiterhin als übergewichtig mit „abscheulichem" oder „furchterregendem" Fett.

Die Anorexie ist als ein pathologisches Bedürfnis interpretiert worden, den körperlichen Reifungsprozeß zu kontrollieren und zu hemmen, um dadurch weiterhin die „Rolle des kleinen Mädchens" spielen zu können, bei der Abhängigkeit und Unterwürfigkeit im Vordergrund stehen. In diesem Sinne könnte die Anorexie als Furcht vor Reifung angesehen werden. Im weiteren Verlauf der Krankheit hört die Menstruation tatsächlich auf, so daß dieses Ziel, bewußt oder unbewußt, erreicht wird. Ebenso wird eine Auseinandersetzung mit den psychologischen Problemen der Adoleszenz vermieden. Die Frauenbewegung scheint die regressiven Tendenzen, die für die Anorexie charakteristisch sind, zu verstärken. Durch die Emanzipationsbewegung kommt ein Mädchen dieses Typs dazu, es als großen Erfolg zu werten, wenn es die Möglichkeiten der Entwicklung und Ausbildung von Fähigkeiten als lästige Verpflichtung empfindet.

Das übermäßige Bedürfnis nach Kontrolle äußert sich häufig in selbst herbeigeführtem Erbrechen, wenn das Mädchen glaubt, daß eine Eßorgie diese Kontrolle bedroht. Hyperaktivität ist ein anderer Indikator für den Versuch, durch eine harte und anstrengende Lebensweise Kalorien zu verbrennen. Der Körper, der das Leben repräsentiert, muß um jeden Preis kontrolliert werden, selbst wenn der Preis das Leben selbst ist. Tragischerweise wird dieser Preis nur allzu häufig von jenen bezahlt, die unter dieser pathologischen Appetitunterdrückung leiden. Selbst wenn ein solches Mädchen „geheilt" wird, muß es weiterhin gegen verzerrte Einstellungen zu Lebensmitteln ankämpfen. Eine dieser Patientinnen sagte: „Meine Gedanken bezüglich der Ernährung sind immer noch nicht normal. Ich muß selbst stark aufpassen, um nicht in das entgegengesetzte Extrem des Mich-Vollstopfens zu verfallen."

Multiple Phobien.
Wie wir gesehen haben, sind einige Phobien das Resultat sich überlappender Befürchtungen. Auch soziale Phobien können mit anderen Phobien in Interaktion stehen. Das kann immer geschehen, wenn der Phobiker mit mehreren Menschen zusammen ist, sei es im Flugzeug, im Fahrstuhl, im Friseursalon oder an anderen öffentlichen Plätzen. Ein anderes phobisches Phänomen wird als „multiple Phobie" bezeichnet, weil jene, die darunter leiden, unter verschiedenen, anscheinend miteinander nicht in Zusammenhang stehenden Befürchtungen zu leiden scheinen. Im Gespräch mit diesen Patienten stellt sich jedoch heraus, daß sich all diese Phobien auf ein zentrales Thema beziehen. Es basiert auf einer spezifischen Furcht vor Konsequenzen, die sich aus der Konfrontation mit den scheinbar nicht miteinander in Zusammenhang stehenden Situationen ergeben.

Nach einigen Gesprächen wurde bei einer Patientin, die Furcht hatte vor dem Fliegen, Furcht davor, an einem heißen Tag am Strand zu liegen, an einem belebten Platz zu stehen, an einem windigen Tag in einem offenen Wagen zu fahren, in einem geschlossenen Wagen zu fahren, in Fahrstühlen zu sein, durch Tunnels oder über Hügel zu fahren, die in allen Situationen gleiche Beschaffenheit ihrer Furcht deutlich. Es stellte sich heraus, daß sie die auf irgendeinem Aberglauben oder auf überlieferten Volksweisheiten beruhende Vorstellung hatte, in jeder dieser Situationen ersticken zu können.

Ein anderer Fall war der eines Arztes, der unter vielen verschiedenen Phobien litt. In jeder phobieerzeugenden Situation fürchtete er hauptsächlich, die Kontrolle über sein Verhalten zu verlieren und dadurch anderen zu schaden und sich selbst in Verlegenheit zu bringen.

Menschen, die unter multiplen sozialen Phobien leiden, haben gewöhnlich Furcht davor, daß ihr Verhalten in verschiedenen Situationen zu Kritik und Zurückweisung führen wird. Eine Frau, die es nicht fertigbrachte, das Telefon zu beantworten, fürchtete sich auch davor, anderen laut vorzulesen, eine Einzahlung bei der Bank zu machen, Essen in einem Restaurant zu bestellen und verschiedene andere Tätigkeiten zu unternehmen, die mit der Sprache zusammenhängen. In Gesprächen zeigte sich, daß sie früher gegen das Problem des Stotterns und gegen andere Sprachschwierigkeiten anzukämpfen hatte. Obwohl sie diese Sprachschwierigkeiten überwunden hatte, war immer noch eine Furcht vor Zurückweisung und Demütigung übriggeblieben.

In Hinblick auf multiple Phobien weist Beck (1976) darauf hin, daß diese Fälle verdeutlichen, daß man nicht vorschnelle Urteile bezüglich des vorstellungsmäßigen Inhalts von Phobien abgeben darf. Genau wie die Bedeutung einer bestimmten phobischen Situation oder eines bestimmten phobischen Objekts beträchtlich von Patient zu Patient variieren kann, so können verschiedene Ängst, die von einem Patienten erlebt werden, eine ihnen gemeinsame zugrundeliegende Bedeutung haben.

Kapitel 11

Behandlung von Phobien

Allgemeine Richtlinien.
Die Behandlung von Phobien ähnelt der Behandlung anderer Angstformen. Da jedoch das gefürchtete Objekt spezifischer ist und Vermeidungsverhalten ein wesentliches Problem darstellt, ist die Behandlung darauf ausgerichtet, den Patienten zu einer Annäherung an das gefürchtete Objekt zu bewegen; folglich haben *In-vivo-Techniken* eine größere Bedeutung.

Im folgenden sind allgemeine Richtlinien für die Behandlung von Phobikern aufgeführt:

Identifizierung von Phobien: Der Therapeut muß sorgfältig den Patienten befragen, um den spezifischen Fokus der Phobie festzustellen. Wie bereits erwähnt, kann diese Furcht bei Patienten mit derselben spezifischen phobischen Störung unterschiedlich sein. Manchmal ist der Patient nicht in der Lage, seine Furcht genau anzugeben. In diesen Fällen konzentriert sich der erste Teil der Behandlung darauf, daß der Patient über die gefürchtete Situation nachdenkt und feststellt, was an ihr so furchterregend ist. Der Patient nimmt die Rolle eines Forschers an, um das Objekt seiner Angst zu entdecken. Er wird ferner dazu aufgefordert, sorgfältig auf andere Reize zu achten, die eine ähnliche Angst in ihm hervorrufen. Ein Zeitungsartikel, ein Bild in einer Illustrierten, eine Szene im Fernsehen oder in einem Film können beispielsweise die phobischen Symptome auslösen. Wenn der Patient mehr als nur eine Phobie hat, sucht der Therapeut nach einem gemeinsamen Nenner. In solchen Fällen von multipler Phobie ist es meistens nicht nötig, jede einzelne getrennt zu behandeln, denn, wie bereits im vorangegangenen Kapitel beschrieben wurde, gruppieren sie sich um eine bestimmte Furcht.

Erklärung des logischen Grundprinzips: Wenn der Therapeut einen logischen Grund für die Annäherung des Patienten an das gefürchtete Objekt angibt, muß der Patient ihn akzeptieren können. Die Standarderklärung, die dem Patienten gegeben wird, ist die, daß er seine Furcht durch ein traumatisches Erlebnis erlangt haben könnte. Dies Erlebnis kann er entweder selbst gehabt haben oder jemand anders, wobei der Patient im letzteren Fall gewissermaßen „stellvertretend" auf das Ereignis reagiert hat. Da er dann gewissenhaft die Situation gemieden hat, hatte er nie die Chance, seine Angst zu „verlernen". Zur Beseitigung dieser Furcht muß ein Prozeß in umgekehrter Richtung stattfinden, d.h., eine allmähliche Annäherung an das gefürchtete Objekt muß stattfinden. Dem Patienten wird erklärt, daß er anfangs ein bestimmtes Ausmaß an Unbehagen erwarten sollte, auch wenn die Annäherung an dies Objekt in der von ihm festgesetzten Geschwindigkeit erfolgt. Der Therapeut gibt ihm Techniken an die Hand, die er zur Bewältigung dieses Unbehagens einsetzen kann.

Der Therapeut kann eine wissenschaftliche Untersuchung (Bandler, Madaras & Bem, 1968) zur erlebten Schockintensität zitieren: Nach ihnen wurde ein tatsächlich erlebter Schock als weniger schmerzhaft beurteilt, als man während seiner Vermeidung erwartet hatte. Mit anderen Worten: Man erwartet von dem, was man meidet, viel mehr Schmerz, als man tatsächlich erlebt, wenn die betreffende Situation eintritt. Dieses Ergebnis kann vom Patienten im Laufe der Behandlung überprüft werden; die Behandlung soll hierzu viele Gelegenheiten bieten.

Der Therapeut kann dem Patienten erklären, daß die Strategie gut geplant wird und daß es sich nicht um eine Überflutungstechnik handelt. Ziel der Behandlung ist die Bewältigung (coping) der Furcht. Bei Annährung an das gefürchtete Objekt wird der Patient an den Rand seines Durchhaltevermögens gelangen, wonach er wieder einen Schritt zurückgehen mag, um erneut einen Versuch zu unternehmen. Es wird von ihm nicht erwartet, daß er mit einem Schlag die ganze Furcht vor einem Objekt aushalten muß. Der Therapeut muß dem Patienten jedoch klarmachen, daß der Patient in der Situation aushalten sollte, die jeden einzelnen logischen Schritt bei diesem Reorganisationsprozeß kennzeichnet.

Der Therapeut sagt dem Patienten, daß sie gemeinsam eine Hierarchie der gefürchteten Situationen erstellen werden, so daß der Patient, wenn er dazu bereit ist, nacheinander jede dieser Stufen bewältigen wird. Einige Patienten müssen erst eine Situation innerlich unter Zuhilfenahme von Vorstellungsbildern mehrere Male durchspielen, bevor sie eine Konfrontation mit der realen Situation ertragen können. Die Patienten müssen die generellen Prinzipien der kognitiven Therapie gut kennen und müssen Methoden zur Bewältigung der Angst erlernt haben, bevor sie sich tatsächlich den phobischen Situationen nähern.

Bewältigungsplan (coping plan): Der Therapeut entwickelt mit dem Patienten für die Annäherung an das gefürchtete Objekt einen Bewältigungsplan. Dieser Bewältigungsplan schließt eine kognitive Umbewertung der Angst ein, so daß sie zwar als unangenehmes und unerfreuliches Erlebnis empfunden wird, aber nicht als gefährlich; jemand mag hysterisch werden, aber er wird nicht „verrückt werden". Der Bewältigungsplan kann von einem Niveau geringer Mitarbeit des Patienten (etwa Entspannungsübungen und Ablenkungstechniken) über die Beantwortung automatischer Gedanken und Vorstellungsbilder bis hin zu Einstellungsänderungen reichen (Beispiel: Sorge um die Meinung anderer).

Das Folgende ist das Beispiel eines Bewältigungsplans eines Patienten, der eine Phobie vor einer Untersuchung im Krankenhaus hatte:

a) Ich werde mich die ganze Woche nicht darum ängstigen, daß ich ins Krankenhaus muß. Ich werde nicht darüber grübeln. Nimm es einfach, wie es ist, und wenn mir solche Gedanken kommen, lasse ich sie einfach vorbeiziehen.

b) Ich könnte in der Woche hart arbeiten und nicht über den Termin nachdenken.

c) Den Abend vorher könnte ich etwas unternehmen, daß ich müde wäre und einschlafen könnte.

d) Wenn ich aufwache, kann ich dorthin gehen, ohne Valium zu nehmen.

e) Ich könnte dort so früh hinkommen, daß ich mich noch umsehen und mit der Umgebung vertraut machen könnte.

f) Wenn ich Angst bekomme, kann ich nach draußen gehen und etwas warten, dann kann ich zurückkommen und dableiben, bis sich die Angst verringert.

g) Ich könnte mich dadurch ablenken, daß ich eine Art Tagebuch darüber führe, was ich sehe.

h) Ich könnte die Beantwortung meiner automatischen Gedanken in das Tagebuch eintragen.

Der Patient wird im Arbeitszimmer des Therapeuten aufgefordert, sich diesen Plan vorzustellen und sich selbst laut die Selbstinstruktionen vorzusprechen, die er in der jeweiligen Situation gebrauchen wird. Er kann dann dazu aufgefordert werden, diese Vorstellungsbilder und Selbstgespräche täglich zu üben, bevor er sich der Situation nähert. Er kann auch gebeten werden, den Bewältigungsplan auf dem Tonband festzuhalten. Der Patient kann üben, in einer Situation Angst zu empfinden und dann das Tonbandgerät einzuschalten und den Bewältigungsplan anzuhören, den er dafür entwickelt hat. Der Patient wird gebeten, dies etwa 20 Minuten am Tag zu üben. Teil aller Bewältigungspläne ist, daß der Patient vermeidet, zu grübeln oder sich zwanghaft mit dem gefürchteten Objekt zu beschäftigen. Er muß sich selbst so etwas sagen wie: ,,Ich habe schon entschieden, was ich tun werde. Jeder weitere Gedanke wird mir nur Angst machen. Ich habe einen Plan, der funktionieren wird — ich brauche mich nicht mehr um andere Aspekte zu ängstigen."

Psychopharmaka: Gelegentlich können Tranquilizer bei den ersten Therapieschritten eingesetzt werden. Dem Patienten wird gesagt, daß Tranquilizer und Psychopharmaka die Angst nicht heilen werden, aber daß sie manchmal einen ersten Schritt zur Annäherung an das gefürchtete Objekt ermöglichen können. Bei einer schweren Phobie wie beispielsweise der Agoraphobie kann der Patient unter Umständen Tranquilizer brauchen, um überhaupt zum Therapeuten zu kommen oder den ersten Therapieschritt zu unternehmen. Der Therapeut betont dem Patienten gegenüber, daß er die Tranquilizer allmählich absetzen sollte. Psychopharmaka werden in abnehmender Dosierung gegeben: Zuerst werden sie gegeben, wenn sie für die ersten Therapieschritte erforderlich sind; als zweites werden sie nur noch gegeben, wenn sie unbedingt nötig werden; drittens werden sie nur zur Sicherheit einmal mitgegeben, damit sie im Bedarfsfalle da sind; schließlich werden gar keine Pharmaka mehr ausgegeben.

Der Therapeut warnt den Patienten davor, mehrere Drogen wie beispielsweise Tranquilizer und Alkohol zusammen einzunehmen, und klärt ihn über das reale Problem der Abhängigkeit von Tranquilizern auf. Es wird betont, daß Tranquilizer nur genommen werden dürfen, wenn sie tatsächlich benötigt werden, nicht aber schon dann, wenn man einen Angstzustand erwartet. Bewältigungstechniken wie Ablenkung und Entspannung werden als Ersatz für Pharmaka angewandt.

Wichtige Bezugspersonen: Wichtige Bezugspersonen im Leben des Patienten, wie beispielsweise Ehepartner, Freunde und andere Verwandte, werden häufig um ihre Mitarbeit bei der Behandlung gebeten. Einige Schritte innerhalb der Angsthierarchie, vornehmlich die Anfangsschritte, beinhalten, daß sich der Patient in Begleitung eines anderen dem gefürchteten Objekt nähert: Beispiele: Fahrt zum Flughafen mit einem Freund, Herauffahren im Fahrstuhl mit einem vertrauten Menschen. Auch bei schweren Phobien haben wir Laien als Mitarbeiter bei der Verhaltensformung eingesetzt. Die folgenden Richtlinien sollten die wichtigen Bezugspersonen beim Zusammensein mit den phobischen Patienten befolgen:
a) Der betreffende Mensch sollte die Phobie und den Behandlungsprozeß verstehen.
b) Der betreffende Mensch wird dahingehend instruiert, daß er kleine Schritte des Patienten verstärkt. Er soll dies jedoch nicht übertreiben, sondern dem Patienten nur mitteilen, daß er sich auf dem richtigen Weg befindet.

c) Dem betreffenden Menschen wird gesagt, daß die Genesung von Angst und Phobien nicht linear verläuft, d.h., daß Rückschläge zu erwarten sind und nicht als entmutigend aufgefaßt werden dürfen.
d) Der betreffende Mensch darf den Patienten nicht beurteilen, an ihm herumnörgeln oder mit ihm streiten, sondern soll ihm vielmehr helfen.
e) Der betreffende Mensch kann dem Patienten Vorschläge machen, aber die Entscheidung bleibt letztlich dem Patienten überlassen.
f) Der betreffenden Person wird gesagt, daß sie dem Patienten keinen Gefallen tut, wenn sie eine Therapieaufgabe an seiner Stelle löst. Genausowenig läge es im Interesse eines Kranken, wenn jemand anders für ihn die ihm verschriebene Medizin nähme. Falls ein Plan ausgearbeitet wurde, sollte dieser befolgt werden.
g) Dem betreffenden Menschen wird gesagt, daß seine Hilfe von wesentlicher Bedeutung ist, weil der Patient mehr Zeit mit ihm als mit dem Therapeuten verbringt. Der Betreffende sollte als Berater und weniger als Mitarbeiter fungieren.
h) Wenn der Patient einen Angstanfall erleidet, sollte der Helfer versuchen, zur Ablenkung über etwas anderes zu sprechen. Wenn der Patient aus der Situation herausgehen muß, kann der Betreffende vorschlagen, daß sie zurückgehen und es noch einmal versuchen.
i) Um eine Ausweitung des Problems zu vermeiden, wird der Betreffende instruiert, nicht im Detail nach den Gefühlen des Patienten zu fragen.
j) Der Therapeut sollte im voraus feststellen, ob die helfende Bezugsperson ein Interesse an der Aufrechterhaltung der Phobie hat. Ist dies der Fall, kann dies vom Therapeuten angesprochen werden. Wenn beispielsweise eine Frau Angst vor dem Fliegen hat und ihr Mann es vorzieht, wenn sie nicht mit ihm reist, sollte der Therapeut sie dazu veranlassen, die langfristigen und die kurzfristigen Vorteile einer solchen Haltung zu erörtern.
k) Wenn der Patient einen Schritt nicht unternehmen will, sollte der Helfer den Patienten ermutigen, es doch zu versuchen. Die Betonung liegt dabei auf dem Versuch, nicht auf der Ausführung.
l) Dem Helfer wird gesagt, daß er nicht nur durch seine Anwesenheit, sondern auch durch ein allmähliches Sich-Entfernen aus der Situation helfen kann. Wenn beispielsweise ein Helfer mit einem Patienten zusammen ist, der Angst vor Brücken hat, kann der Helfer zuerst zusammen mit dem Patienten über die Brücke fahren; als nächstes fährt der Helfer über die Brücke und wartet darauf, daß der Patient selbst fährt; danach geht der Helfer zu einer Stelle, an der er für den Patienten erreichbar ist, falls dieser ein Problem hat. Später verschwindet der Helfer ganz.

Wenn der Therapeut den Patienten um Zustimmung dazu bittet, daß wichtige andere Menschen oder nicht fertig ausgebildete Kollegen in die Therapie einbezogen werden dürfen, muß der Therapeut ziemlich viel Zeit darauf verwenden, dem Patienten den Grund für dies Arrangement zu erklären. Die ersten Gedanken eines Patienten sind oft: „Er glaubt, ich bin so abhängig und schwach, daß ich überhaupt nichts selbst tun kann." „Sie haben mir eine Gouvernante gegeben." „Ich kenne den anderen Menschen nicht und werde nur noch mehr Angst haben." Der Grund, der gemeinhin den Patienten gegeben wird, ist folgender: „Dies Programm ist in Oxford und anderen führenden Forschungszentren angewandt worden, und dort hat man

herausgefunden, daß auf diese Weise die Zeit der Genesung um zwei Drittel verkürzt wird. Es ist einfach effizienter. Es hat nichts mit Ihren Fähigkeiten zu tun."
Der Patient benötigt meistens etwas Zeit zum Kennenlernen der betreffenden helfenden Person, bevor er mit ihr zusammen ausgeht. Gewöhnlich reichen telefonische Kontakte oder kurze Treffen nach einer Therapiesitzung zum Kennenlernen aus. Der Patient muß die Anwesenheit des betreffenden Helfers als angenehm empfinden und sich in seiner Gegenwart sicher fühlen. Der Helfer sollte nicht aus Nervosität heraus handeln oder den Eindruck erwecken, daß er selbst nicht weiß, was er tut; ein solcher Mangel an Selbstvertrauen auf seiten des Helfers kann zu einer Steigerung der Angst beim Patienten führen.

Hoffnungslosigkeit: Der Patient hat oft keine Hoffnung, daß er die Phobie noch einmal überwinden wird. Dies ist besonders dann der Fall, wenn sie schon lange vorhanden ist. Folglich ist die Hoffnungslosigkeit des Patienten ein Problem, das bereits im Anfang der Therapie angegangen werden muß. Der Therapeut erklärt dem Patienten, daß ihm außer seinem momentanen Verhalten, das tatsächlich in eine Sackgasse führen kann, noch andere Möglichkeiten zur Verfügung stehen. Der Therapeut kann sagen: „Die Ansätze, die wir verfolgen, sind neu und sind von vielen Wissenschaftlern führender Universitäten mit Erfolg angewandt worden."
Um das Interesse des Patienten zu wecken, kann der Therapeut auch die Skepsis des Patienten einbeziehen. Er kann dem Patienten vorschlagen, die neue Methode nur einmal zu versuchen, um dann sehen zu können, ob sie funktioniert. Der Therapeut kann etwa sagen: „Ich kann Ihnen keine Garantie dafür geben, daß die Methode funktioniert, aber wenn Sie sie versuchen, werden wir beide feststellen können, ob sie zu einem guten Resultat führt. Ich habe da so eine Ahnung, daß sie ganz gut funktionieren wird, aber das müssen wir natürlich ausprobieren. Es gibt eine ganze Anzahl von Methoden zur Bewältigung von Phobien; wenn eine nicht funktioniert, dann gibt es immer noch viele andere, die sich bereits in der Vergangenheit bewährt haben."
Manchmal wird der Therapeut den phobischen Patienten dazu ermutigen müssen, neue Dinge auszuprobieren. Dabei muß der Therapeut eine sehr ausgewogene Haltung einnehmen; einerseits muß er dem Patienten versichern, daß dieser seine Ängste bewältigen kann, auf der anderen Seite dagegen darf der Therapeut die Ermutigung nicht übertreiben. Falscher Optimismus kann sich als nachteilig erweisen, wenn der Patient einen Rückschlag hat. Diese Rückschläge sind fast unvermeidlich, und darauf sollte der Therapeut den Patienten in der Behandlung vorbereiten. Wenn der Patient einen Rückschlag erleidet, kann der Therapeut sagen: „Dies ist der Rückschlag, von dem ich gesprochen habe; ich habe ja gesagt, daß wahrscheinlich ein Rückschlag erfolgen würde. Sie haben dadurch die Gelegenheit, Methoden zu üben, um mit Rückschlägen fertig zu werden."

Scham und Verlegenheit: Der Phobiker schämt sich wegen seiner Angst. Eine sehr häufige grundlegende Annahme bei Phobikern ist die, daß sie sich vor anderen nicht „anständig" verhalten. Weil Patienten nicht gern ihre Schamgefühle zugeben, muß der Therapeut nach ihnen fragen. Der Leser wird auf den entsprechenden Abschnitt über Schamgefühl in Kapitel 7 verwiesen.
Der Patient wird ermutigt, aus seinem „Versteck" herauszukommen und anderen zu

sagen, daß er gegen eine Phobie anzukämpfen hat. Der Grund dafür, eine Phobie nicht zu verstecken, ist der, daß der Patient dadurch bei der Annäherung an das gefürchtete Objekt in einer besseren Position sein wird. Andere werden hilfsbereiter und verständnisvoller sein, wenn sie wissen, was der Patient durchmacht. Selbstenthüllung dient häufig der Desensibilisierung des Patienten und hilft ihm, die zusätzliche Last loszuwerden, die aus der Furcht entsteht, daß andere von der Phobie erfahren könnten. Häufig findet der Patient dabei heraus, daß die anderen bereits von seiner Furcht wußten, aber sich bei der Beurteilung seiner Person nicht von ihr leiten ließen.

Ein Patient kann Probleme damit haben, anderen von seiner Phobie zu erzählen. In diesen Fällen wird in Rollenspielen geübt zu erklären, was eine Phobie ist, wobei die Tatsache betont wird, daß es sich nicht um eine Geisteskrankheit, sondern um eine Form von Angst handelt. Der Patient kann einfach sagen, daß er eine übertriebene Angst vor einer bestimmten Situation hat und gerade daran arbeitet, sie zu überwinden.

Behandlung spezifischer Phobien.

Agoraphobie.
Zur Behandlung der Agoraphobie haben wir viele Techniken, die in Oxford entwickelt wurden, einbezogen; ferner viele Techniken, die von Dr. Arthur Hardy in Menlo Park entwickelt wurden. Der Therapeut verwendet viel Zeit darauf, den Patienten über Agoraphobie aufzuklären. Das Verständnis der Phobie ist für den Erfolg der Behandlung von größter Bedeutung. Häufig glaubt ein Patient mit einer Agoraphobie, daß er unter einer schweren Geisteskrankheit leidet, daß er ganz verrückt werden könnte, oder daß er unter irgendeiner merkwürdigen physischen Krankheit, wie beispielsweise einem Hirnschaden, leidet. Der Therapeut hört sich zunächst diese verzerrten Vorstellungen des Patienten an, und dann arbeiten Therapeut und Patient zusammen an ihrer Korrektur.

Zunächst erklärt der Therapeut, daß Menschen mit einer Agoraphobie fast immer ein hyperaktives Nervensystem haben; sie reagieren auf Stimuli viel intensiver als andere. Während diese Sensibilität auch ihre Vorteile hat, insbesondere im Hinblick auf Intuition, Kreativität und Vorstellungsvermögen, hat sie insofern Nachteile, als solch ein Mensch dazu tendiert, in alltäglichen Situationen übermäßig stark zu reagieren. Er handelt so, als seien es gefährliche Situationen, wenn dies tatsächlich nicht der Fall ist. Als zweites erklärt der Therapeut, daß diese übermäßig starken Reaktionen sehr starke emotionale Auswirkungen haben. Der Betreffende fängt an, sich wegen seiner Gefühle zu ängstigen und viele Orte zu meiden, bis er sich schließlich nur noch zu Hause sicher fühlt. Er hat am Anfang oft Angstanfälle, die ihn beunruhigen und verwirren. Die Angstanfälle werden häufig durch etwas ausgelöst, vor dem er an jenem Tage Angst hatte; die Angstanfälle können auch das Resultat einer Akkumulation von Ängsten und Spannungen sein. Gewöhnlich erinnern sich Patienten gar nicht an die anfänglichen Ursachen. Als drittes wird dem Patienten mitgeteilt, daß diese Angstanfälle einfach übertriebene Furcht darstellen. Die Anfälle sind mit Sicherheit nicht gefährlich. Als viertes geht der Therapeut mit dem Patienten die jeweiligen Symptome durch, unter denen der Patient leidet. Der Therapeut versichert dem Patienten, daß es sich um Angstsymptome und nicht um Krankheitssymptome oder Symptome eines Nervenzusammenbruchs handelt.

Manchmal ist es sehr schwierig, einen agoraphobischen Patienten dazu zu bringen, sich in Behandlung zu begeben. Es gibt folgende Möglichkeiten: Helfer können ihn zu Hause aufsuchen; der Therapeut kann telefonisch Kontakt aufnehmen; ein Familienmitglied kann ihn zur Behandlung bringen, und manchmal kann der Patient Tranquilizer einnehmen, um seine Nervosität bezüglich des Beginns einer Behandlung zu unterdrücken. Ein großer Teil der anfänglichen Behandlung kann telefonisch in der Art eines allmählichen Modifizierungsprozesses erfolgen.

Wenn man berücksichtigt, daß der Patient seine phobische Störung innerhalb eines sozialen Kontextes hat, ist es unter Umständen erforderlich, daß der Therapeut mit anderen Familienmitgliedern spricht, um sie davon in Kenntnis zu setzen, daß der Patient einige Veränderungen durchmachen muß, und er kann sie um ihre Hilfe bitten. Er möchte erreichen, daß die im Leben des Patienten wichtigen Personen seine Verbündeten sind und nicht die Behandlung sabotieren.

Der Therapeut muß sich selbst von der Vorstellung freimachen, daß der Patient Agoraphobiker ist, um andere Menschen zu kontrollieren oder einen sekundären Krankheitsgewinn zu haben. (Dieser Fehler wird von vielen Therapeuten bei der Behandlung von Depressionen gemacht; sie glauben, daß der Patient eines sekundären Krankheitsgewinns wegen eine Depression hat.) Die Wahrscheinlichkeit ist sehr gering, daß jemand all den Schmerz und all das Leiden auf sich nimmt, nur um einen anderen Menschen unter Kontrolle zu halten. Eine wahrscheinlichere Erklärung ist die, daß der Patient eine Beziehung, in der er der Abhängige ist, entwickelt hat, weil er sich hilflos fühlt und annimmt, er brauche jemanden, der ihm hilft. Wenn jemand von einem anderen Menschen total abhängig ist, ist häufig auf beiden Seiten ein starkes Gefühl von Unbehagen vorhanden. (Dies bedeutet nicht, daß der sekundäre Krankheitsgewinn keine motivationale Komponente hat oder völlig außer acht gelassen werden sollte.)

Der Therapeut und der Patient können zusammenarbeiten, um eine Hierarchie der gefürchteten Situationen zu erstellen. Ein Spaziergang mit dem Ehegatten nach der Einnahme eines Tranquilizers kann den ersten Schritt für den Patienten darstellen. Der nächste Schritt kann darin bestehen, daß dieselbe Entfernung ohne vorherige Einnahme eines Tranquilizers zurückgelegt wird. Bei dem nächsten Schritt legt der Patient dieselbe Entfernung zurück, während der Ehegatte hinterhergeht. Beim vierten Schritt geht das Paar um den Häuserblock, wobei jeder eine entgegengesetzte Richtung einschlägt. Als nächstes gehen beide zu einer festgelegten Stelle und treffen sich an dem am weitest gelegenen Punkt. Auf der nächsten Stufe verläßt der Patient vor dem Ehegatten das Haus, und sie treffen sich an einer bestimmten Stelle. Beim nächsten Schritt geht der Patient ganz allein, der Ehepartner bleibt zu Hause. Auf der nächsten Stufe geht der Patient allein weg, hat aber eine Telefonnummer dabei, unter der er den Ehepartner erreichen kann. Zuletzt kann der Patient ohne irgendeine Hilfe gehen. Der Patient wird dazu ermutigt, möglichst jeden Tag seine Fortschritte aufzuschreiben, und der Therapeut betont, daß die Selbstkontrolle und das Befolgen des Programms von großer Wichtigkeit sind.

Bei dem Agoraphobiker wird die Auseinandersetzung mit der entsprechenden Literatur in die Therapie miteinbezogen. Patienten werden dazu aufgefordert, Bücher zu lesen wie etwa die von Claire Weeks, „Hope and Help for Your Nerves", und „Peace for Nervous Suffering". Der Therapeut erklärt, daß zur Bewältigung der Agorophobie der Patient all das bearbeiten muß, was im Moment die Störung aufrechterhält; es müssen somit jene Denkfehler aufgedeckt werden, die die Phobie stützen. Aus diesem Grunde wird der Patient dazu ermutigt, viele Beispiele gefürchteter Situationen zu nennen, so daß an den verzerrten Annahmen gearbeitet werden kann.

Agoraphobiker brauchen häufig noch weitere Interventionen, nachdem die Symptome verschwunden sind. Derartige Interventionen können Selbstsicherheitstraining (vgl. Emery, 1978), Selbstbehauptungstraining und allgemeines Training kommunikativer Fertigkeiten sein. Der Therapeut kann dem Patienten erklären, daß er sich, wenn er beginnt, die Aufgaben auszuführen, vielleicht schwindlig oder ängstlich fühlen wird. Der Therapeut kann darauf hinweisen, daß diese Gefühle durch die vonstatten gehende Dekonditionierung bedingt sind. Wenn der Patient lange Zeit zu Hause geblieben ist, nicht spazieren ging oder sonst nicht viel getan hat, wird er müde werden und viele Symptome zeigen, die ihm wie Angst erscheinen mögen, tatsächlich aber das Resultat einer langen Phase von Inaktivität sind. Dem Patienten kann gesagt werden, daß er im Fall von Angstanfällen sich ablenken oder versuchen kann, die Symptome zu ertragen und nicht zu fürchten. Wenn er sich beispielsweise schwindlig fühlt, kann er mit den Füßen aufstampfen, um sein Schwindelgefühl zu bekämpfen. Die Betonung sollte jeweils auf dem Versuch und nicht auf der erfolgreichen Ausführung liegen. Der Patient wird davor gewarnt, zu große Sprünge bei seinen Anstrengungen, sein Ziel zu erreichen, zu unternehmen.

Eine der sekundären Ängste bei Agoraphobie ist die Angst vor der Verlegenheit, falls solch ein Anfall in der Öffentlichkeit stattfinden sollte, und schon der Definition nach haben die meisten Agoraphobiker eben diese beeinträchtigenden Anfälle, diese Panik- und Schwindelgefühle vor allem „in der Öffentlichkeit". Es ist daher von größter Bedeutung, daß bereits zu Anfang diese Angst vor Scham oder Verlegenheit neutralisiert wird, damit sie nicht die primäre Phobie verstärkt. Wie bereits früher erwähnt, ist eine der effektivsten Methoden zur Überwindung der Furcht die Methode, „aus dem Versteck herauszukommen".

Der Patient kann den anderen sagen, daß er unter einer Agoraphobie leidet und daß sich niemand darüber aufzuregen braucht. Er kann ferner sagen, daß er jetzt lernt, die Phobie zu bewältigen. Der Agoraphobiker wird dann die Erfahrung machen, daß er nicht nur sich selbst von der sekundären Angst befreit, sondern daß die anderen auch mehr dazu tendieren, mitfühlend und hilfsbereit zu sein und ihn nicht negativ zu beurteilen.

Wir haben es als hilfreich empfunden, Agoraphobikern eine vorgefertigte Erklärung an die Hand zu geben, die jene Aspekte dieser Störung behandelt, die die breite Öffentlichkeit meist nicht kennt, jedoch kennen sollte, um sich auf die Situation des Patienten richtig einstellen zu können. Die folgende Zusammenfassung der Hauptpunkte dieser Erklärung kann eine Hilfe sein:

„Ich habe eine Krankheit, die sich Agoraphobie nennt. Es ist keine Geisteskrankheit, aber es ist eine Art Angst, die in mir ein Gefühl von Panik erzeugt. Diese Angst erzeugt in mir den Wunsch wegzulaufen, und wenn ich nicht davonlaufen kann, habe ich das Gefühl, als ob mir schwindlig würde. Ich habe jemanden gefunden, der mir bei diesem Problem helfen kann, und ich lerne jetzt, es zu bewältigen. Aber ich bin immer noch in einigen Situationen aufgeregt.

Ich weiß nicht, wann und wo diese Gefühle mich überkommen. Ich kann sie nicht vorhersagen oder vollständig kontrollieren; in der Vergangenheit habe ich versucht, zu Hause zu bleiben, um unangenehme Situationen zu vermeiden. Aber um dies Problem zu bewältigen, muß ich damit aufhören, es zu meiden. Ich muß unter Leute gehen und lernen, mit meinen Reaktionen umzugehen.

Ich habe nun folgendes herausgefunden: Wenn andere meine Lage verstehen, so daß ich mich, falls erforderlich, aus einer unangenehmen Situation entfernen kann, ohne das näher erklären oder mich verlegen fühlen zu müssen, dann kann ich häufiger ausgehen, längere Zeit irgendwo bleiben und mehr Kraft zur Überwindung dieser Störung aufwenden.

Bevor ich Hilfe bekam, fühlte ich mich in meinen eigenen vier Wänden wie ein Gefangener. Nur Leute wie ich, das heißt etwa einer von hundert, wissen, wie sehr man gefühlsmäßig unter einer Agoraphobie leidet. Wir können nicht das tun, was andere tun. Wir können nicht dahin gehen, wo andere hingehen. Wir fürchten uns vor Kritik und Demütigung, wir haben Angst davor, als verrückt zu gelten oder wegen etwas kritisiert zu werden, das wir gar nicht beeinflussen können. Wir legen uns daher Entschuldigung über Entschuldigung zurecht, um zu Hause bleiben zu können.

Ich bitte nicht um Sympathie, sondern nur um Verständnis. Da Sie mich nun verstehen, weiß ich, daß ich moralische Unterstützung bei meiner Arbeit und bei meinen Bemühungen um Genesung erhalten werde. Ich bin fest dazu entschlossen, wieder gesund zu werden. Was ich tue, wird Ihnen manchmal absurd oder unsinnig erscheinen. Seien Sie jedoch versichert, daß ich die bestmögliche professionelle Hilfe habe und daß das, was ich tue, mir letztendlich helfen wird. Ich danke Ihnen für Ihr Verständnis."

Der Patient wünscht vielleicht, diese Punkte mit eigenen Worten auszudrücken; er kann seine eigene Erklärung dann auswendig lernen und üben, so daß er keine Schwierigkeiten hat, seine Gedanken zu äußern, wenn dies notwendig ist.

Angst vor dem Alleinsein.
Einige Patienten leiden unter starker Angst, wenn sie allein sind oder wenn sie erwarten, daß sie allein sein werden. Diese Angst tritt häufig bei Agoraphobikern auf. Solche Menschen glauben, daß sie hilflos und von der Gnade anderer abhängig sind, wenn sie alleingelassen werden. Folglich verwenden sie viel emotionale Energie darauf, andere dazu zu bringen, bei ihnen zu bleiben. Viel Energie wird auch dadurch verschwendet, daß ihnen auch dieses Bemühen unangenehm ist und sie das Gefühl haben, sich entschuldigen zu müssen. Ein Selbstsicherheitstraining ist häufig bei diesen Patienten sehr nützlich. Ein solches Training hilft dem Patienten, allmählich unabhängiger zu werden. Verhaltensexperimente werden durchgeführt, die eine Umstrukturierung der Ansicht des Patienten hinsichtlich seiner Stellung innerhalb der Gesellschaft ermöglichen.

Die Lösung dieses Problems beginnt wie bei anderen Phobien meistens mit einem helfenden Menschen, der den Patienten jeweils für kurze Zeit alleinläßt; der Betreffende bleibt bis zu einem bestimmten Zeitpunkt weg und kommt dann zurück. Auf der nächsten Stufe bleibt der Patient an einer bestimmten Stelle, während jemand anders von ihm fortgeht und danach zurückkommt. Es gibt auch Zwischenschritte, bei denen vom Telefon Gebrauch gemacht wird, während der Patient mehr und mehr Zeit allein verbringt. Im Anfang können während des Alleinseins des Patienten viele Bewältigungstechniken angewandt werden wie beispielsweise die der Ablenkung. Man könnte den Patienten daran erinnern, daß das Lernen, allein zu sein und sich auch ohne andere sicher zu fühlen, dem Entwicklungsprozeß eines Kindes gleicht. Wie die Phobiker lernen kleine Kinder ganz allmählich, Selbstvertrauen zu entwikkeln, Unabhängigkeit zu genießen und später auch Unabhängigkeit zu fordern. Der Lernprozeß eines Erwachsenen jedoch kann sich in einer kürzeren Zeitperiode abspielen, da die Bewältigungstechniken schon da sind, jedoch wieder aktiviert werden müssen. Das Kind dagegen muß seine Fähigkeit, unabhängig zu sein, in einem langsamen, sich über Jahre erstreckenden Entwicklungsprozeß erst erlangen.

Der sich vor dem Alleinsein fürchtende Patient wird erkennen, daß bestimmte Ablenkungstechniken zunehmend positivere Effekte haben, je häufiger sie angewandt werden. Wenn sich jemand auf vertraute, lösbare Aufgaben konzentriert, beispielsweise Atemübungen zur Entspannung, aufeinanderfolgendes Anspannen und Entspannen verschiedener Muskeln, oder wenn er versucht zu telefonieren oder einer Radiosendung zuzuhören, wird er zwar nicht das Gefühl haben, daß seine Furcht vollständig aufhört, aber er wird merken, daß sie wenigstens nicht zunimmt. Solange er sich auf die reale Welt konzentriert, wird er sich nicht in unrealistische Gedanken und beunruhigende Vorstellungsbilder verlieren.

Akrophobie.
Die allgemein bei Phobie angezeigte Behandlung ist auch hier anzuwenden. Im Falle der Akrophobie ist die Hierarchie der Aufgaben, die der Patient bewältigen muß, auch symbolisch zu verstehen: Er muß im wahrsten Sinne des Wortes von den niedrigsten zu den höchsten Stufen emporsteigen. Zuerst braucht er wahrscheinlich die Hilfe eines anderen Menschen aus seiner persönlichen Umgebung oder die Hilfe eines Therapeuten. Während seines Aufstiegs von einem Stockwerk eines hohen Gebäudes zum nächsten kann er unter Umständen plötzlich die Erfahrung machen, daß er den ganzen Weg bis zum höchsten Punkt weitergehen kann, ohne daß er zwischendurch anhalten muß.

Es ist eine Herausforderung der Kreativität des Therapeuten, ähnliche In-vivo-Übungen zu entwickeln, die nicht Treppenhäuser oder hochgelegene Stockwerke in Gebäuden betreffen. Er kann daran denken, daß der Patient Fahrten im Riesenrad unternehmen könnte oder daß er sich nahe an das Geländer einer Aussichtsplattform in den Bergen stellen könnte. Selbst das Benutzen eines Aufzugs kann einen Akrophobiker ängstigen und somit die Basis für abgestufte Aufgaben bilden.

Einige weibliche Akrophobiker haben berichtet, daß sie vor der Geburt ihres ersten Kindes nie eine solche Furcht verspürt hatten. Diese Angabe legt die Annahme nahe, daß Akrophobie im Zusammenhang steht mit Angst bezüglich der Verantwortung, die man im Hinblick auf die Erhaltung und den Schutz des Lebens hat; es kann sich hierbei entweder um das eigene Leben oder um das Leben eines anderen Menschen handeln. Einige Akrophobiker haben angegeben, daß sie nach Überwindung ihrer Angst vor bestimmten Situationen aufgehört haben, bestimmte Träume zu haben. Sie träumten nicht mehr davon, daß sie über morsche Treppen gehen mußten, daß sie am Rand eines offenen Fahrstuhlschachtes oder auf einem Treppenabsatz ohne Geländer standen; sie hatten auch nicht mehr die anderen für Akrophobiker typischen Alpträume. Der Therapeut sollte versuchen, vom Patienten dessen Gefühle bezüglich solcher Vorstellungsbilder zu erfahren, um so feststellen zu können, was die Phobie für den betreffenden Patienten bedeutet.

Traumatische Phobien.
Generell sind traumatische Phobien leichter zu behandeln als Phobien, deren Ursprung etwas obskurer ist. Traumatische Phobien verdeutlichen beinahe lehrbuchmäßig die kognitiven Prozesse, die beim Entstehen von Furcht als Ergebnis eines traumatischen Erlebnisses eine Rolle spielen: Es findet eine radikale Änderung in der Beurteilung eines harmlosen Objektes oder einer harmlosen Situation statt. Während früher eine potentielle Gefahr als wenig wahrscheinlich betrachtet wurde, sieht der Betreffende das Objekt oder die Situation nun als äußerst bedrohlich an.

Der Therapeut fragt zunächst den Patienten, ob dieser irgendwelche geistigen oder somatischen Vorstellungsbilder kennt. Die Technik der Vorstellungsbilder, die bereits beschrieben wurde, kann dann zur Modifizierung der Vorstellungsbilder benutzt werden, die der Patient unter Umständen bei sich hervorruft. Wenn das Vermeidungsverhalten den Patienten daran hindert, sich die ursprüngliche Situation, die sein Leiden verursacht hat, ins Gedächtnis zurückzurufen, ist eventuell zunächst eine indirekte Annäherung erforderlich. Hier wie bei allen Phobien muß der Patient zu der Erkenntnis ermutigt werden, daß er schließlich doch lernen muß, eine Konfrontation mit den beunruhigenden Vorstellungsbildern zu ertragen. Nur so kann er herausfinden, daß sie gar nicht solch eine furchterregende Macht darstellen, wie er annimmt. Was anfänglich geschehen ist, mag schmerzlich gewesen sein, aber es geschieht jetzt nicht mehr. Nur seine Gedanken und Vorstellungsbilder laufen noch ab, und er kann lernen, diese zu kontrollieren.

Anorexie.
Wie bereits erwähnt, ist die Anorexie keine Phobie im engeren Sinne. Die Anorexie ist wegen ihrer Komplexität und ihres unklaren Ursprungs äußerst schwer zu behandeln. Viele Techniken aus verschiedenen Disziplinen müssen herangezogen werden. Man sollte sich um fachkundige Hilfe bemühen, wenn eine Anorexie vermutet wird und bevor eine akute Krise erreicht ist; ansonsten kann die Anorexie chronifiziert werden oder sogar zum Tode durch Unterernährung führen. Das Ziel der Therapie besteht zuerst darin, die Gesundheit durch Ernährung wiederherzustellen und dann die zugrundeliegenden psychologischen Probleme zu lösen. Bei extremen Fällen ist gewöhnlich die Einweisung in ein Krankenhaus erforderlich. Verhaltenstherapeutische Techniken (z.B. das Gewähren oder Entziehen bestimmter Fernsehprivilegien, je nach Bereitschaft oder Weigerung der Patientin, Nahrung zu sich zu nehmen) sind häufig im Krankenhaus recht wirksam, aber wenn die Patientin zu ihrer Familie nach Haus zurückkehrt, fängt sie sehr häufig wieder an zu hungern.

Die Philadelphia Child Guidance Clinic hat in Zusammenarbeit mit dem Kinderkrankenhaus von Philadelphia und der medizinischen Fakultät der Universität von Pennsylvania herausgefunden, daß bei Behandlung dieses Syndroms mit Familientherapie die besten Ergebnisse erzielt werden. Die Mitglieder der Familien, in denen sich unter Anorexie leidende Mädchen befinden, scheinen psychologisch eng aneinander gebunden zu sein. Die Interaktionen der betreffenden Patientin mit der Familie müssen erforscht und behandelt werden, insbesondere während der Hauptmahlzeit.

Hierbei treten die Situationen, die zu verzerrten Vorstellungen bezüglich des Essens führen, häufig sehr klar und deutlich hervor. Im Hinblick auf die kognitiven Dimensionen dieser Störung scheint es, daß die Techniken der kognitiven Therapie bei der Behandlung einer Anorexie eine große Hilfe darstellen könnten, besonders in dem Stadium, wenn dem physischen Verfall bereits Einhalt geboten wurde und gute Fortschritte zur Wiederherstellung der Gesundheit gemacht werden. An diesem Punkt nämlich muß die Patientin sich ihrer verzerrten Einstellung gegenüber ihrem Körper, Lebensmitteln und Nahrung bewußt werden, um Methoden zu entwickeln, mit diesen Problemen fertigzuwerden, denn sie werden in schwächerer und vielleicht auch nicht erkennbarer Form immer wieder in ihrem Leben auftreten. Die ,,geheilte" Patientin, die achtgeben muß, extreme Eßorgien und Fastenkuren zu meiden, muß Techniken und Strategien erlernen, die diese Selbstkontrolle effektiver machen.

Kapitel 12

Kognitive Therapie bei spezifischen Personengruppen

In diesem Kapitel werden Richtlinien für die Arbeit mit spezifischen Personengruppen gegeben. Es wird im folgenden auf die Arbeit mit alten Leuten, armen Leuten und Jugendlichen eingegangen.

Die Arbeit mit Älteren.

Auch bei älteren Menschen stellt Angst ein Problem dar, obwohl sie nicht so häufig wie die Depression auftritt. Bei der Behandlung eines älteren ängstlichen Menschen sind bestimmte Punkte zu berücksichtigen.

Ältere Leute neigen dazu, Symptome von Angst oder auch Depression falsch einzuordnen. Sie glauben etwa, daß Aufregung, Angst, Schlafstörungen, Abgespanntheit, Verdauungsstörungen und Appetitstörungen die physischen Symptome des Alterungsprozesses und nicht Angstsymptome sind. Eine der ersten Aufgaben des Therapeuten ist es, die Angstsymptome genau darzustellen. Immer, wenn der Patient diese Symptome als Zeichen dafür ansieht, daß er eben zu alt sei, weist der Therapeut darauf hin, daß dies ja auch Angstsymptome sind; es ist daher kein vernünftiger Grund dafür vorhanden, sich mit einer solchen Beeinträchtigung abzufinden.

Ältere Leute haben oft falsche Vorstellungen von einer Behandlung. Sie vermeiden häufig eine Behandlung, weil sie glauben, psychologische Probleme seien mit einem gewissen Stigma behaftet. Viele alte Leute fürchten, daß sie in irgendein Heim eingewiesen werden. Selbst wenn solch ein Mensch doch zur Behandlung kommt, können seine falschen Vorstellungen die Effektivität der Behandlung beeinträchtigen. Zur Überwindung dieser Schwierigkeit muß der Therapeut dem Patienten die Behandlung genau erklären. Der Therapeut muß ganz konkret erklären, was in der Behandlung geschehen wird und welche Arten von Symptomen fokussiert werden. Der Therapeut erklärt auch, daß Angst eine der emotionalen Störungen ist, die leicht korrigiert werden können.

Der ältere Patient hat unter Umständen eine falsche Sicht der Therapeut-Patient-Beziehung. Der Patient kann der Annahme sein, daß er so schwach und inkompetent ist, daß er entweder gegen den Therapeuten ankämpfen muß und dessen Vorschläge nicht befolgen sollte oder daß er in übermäßiger Weise vom Therapeuten abhängig werden muß. Beide Probleme werden sehr stark verringert, wenn der Therapeut daran arbeitet, ein „herzliches Bündnis" zu entwickeln. Zu häufig wird in unserer Gesellschaft den alten Leuten gesagt, was sie tun sollen; sie werden nicht gefragt, was sie tun möchten. Der Therapeut sollte dem Patienten sagen, daß es sich bei der Therapie um eine gemeinsame Anstrengung handelt: „Zwei Köpfe sind besser als einer. Was halten Sie davon, wenn wir beide ein Team bilden und gewissermaßen einen Freundschaftsvertrag abschließen, um an dem Problem zu arbeiten?"

Wie bei anderen Personengruppen ist die therapeutische Beziehung so wichtig, daß es sich lohnt, einige Zeit in ihren Aufbau zu investieren. Wir schlagen einen Mittelweg vor, bei dem die Beziehung weder über- noch unterbewertet wird.

Besondere Probleme bei therapeutischen Beziehungen mit Älteren: Wenn ein Patient so etwas sagt wie „Sie sind zu jung, um mir zu helfen" oder „Sie machen sich nichts aus mir", kann der Therapeut erwidern: „Ich verstehe, was Sie sagen wollen. Aber wir wollen es einmal ausprobieren und sehen, ob ich Ihnen helfen kann."
Abhängigkeit kann ein großes Problem bei alten Leuten sein. Es gibt einige Untersuchungen, die zeigen, daß zu intensiver direkter Kontakt zu alten Menschen sie noch abhängiger machen und so eine Verschlechterung ihres Zustandes bewirken kann. Zur Bewältigung dieses Problems kann der Therapeut betonen, daß die Therapie zeitlich begrenzt ist und daß im Therapieverlauf der Patient eine aktive Rolle einnehmen wird.

Manchmal zeigt ein Therapeut Verhaltensweisen, die dem Aufbau einer guten Beziehung zu alten Leuten im Wege stehen. Der Therapeut sollte sich davor hüten, negative Stereotype bezüglich dieser Altersgruppe zu übernehmen. Hierzu gehören die Annahmen, daß alte Menschen rigide sind, nicht lernen können, unglücklich sind, und daß Angst zum Alterungsprozeß dazugehört. In unserer Gesellschaft verhalten sich jüngere Leute gegenüber älteren häufig in herablassender Weise, sie behandeln alte Leute wie Kinder. Der Therapeut muß sich vor subtilen Methoden hüten, die eine Bevormundung des Patienten darstellen könnten. Eine häufig verwandte Methode ist die, den Patienten bei seinem Vornamen zu nennen, obwohl der Patient selbst den Titel „Doktor..." gebraucht, wenn er den Therapeuten anredet.

Ein anderes weitverbreitetes Problem bei der Durchführung einer Therapie mit Älteren ist das gelegentliche Abweichen von dem fokussierten spezifischen Problem: Der Patient läßt seinen Gedanken freien Lauf, macht zu stark generalisierende Äußerungen oder springt von einem Thema zum nächsten. Diese Tendenz ist ein bei allen Angstpatienten häufig auftretendes Problem, aber sie kann ein besonders ernstes Problem bei alten Leuten sein. Der Therapeut sollte zuerst genau zuhören, um die Hauptanliegen des Patienten herauszufinden. Er stellt dann einen Plan auf, welche Probleme jeweils in den Sitzungen behandelt werden sollen. Um älteren, leicht abschweifenden Patienten mehr Struktur zu geben, sollte der Therapeut selbst sehr konkret vorgehen. Anweisungen für die Hausarbeit werden dem Patienten schriftlich gegeben. Patienten werden dazu ermutigt, Listen zu erstellen, Zeitpläne und andere Hilfsmittel, die die Konzentration fördern, zu gebrauchen.

Ein größeres Problem bei der Therapie einiger älterer Angstpatienten besteht darin, daß sie davor zurückschrecken, neue Verhaltensweisen auszuprobieren. Sie sind häufig der Annahme, daß das Aufsuchen des Therapeuten der einzige Schritt ist, den sie machen müssen. Der Therapeut muß immer daran denken, daß der Patient fest daran glaubt, daß nicht nur die Umgebung zu gefährlich ist, sondern daß er selbst auch zu schwach ist, um irgendein vorhandenes Problem zu lösen. Der Patient hat dabei also keinen bösen Willen, und er will auch nicht etwa den Therapeuten „ärgern".
Als erster Schritt zur Lösung dieses Problems muß das Interesse, etwas Neues auszuprobieren, geweckt werden. Der Therapeut kann beim Patienten Zweifel erzeugen, indem er etwa sagt: „Sie könnten recht haben mit Ihrer Annahme, daß dies gefährlich ist, aber es kann auch sein, daß es nicht gefährlich ist. Sind Sie bereit, es einmal auszuprobieren? Ich habe ein ganz sicheres Gefühl, daß Sie es schaffen." Dies Verfahren wurde bei einer neunundsiebzigjährigen Frau angewandt. Sie hatte kürz-

lich ihr Auto verkauft und glaubte, sie sei fast an das Haus gebunden, da sie nicht mit dem Bus fahren konnte. Der Therapeut erkundigte sich danach, was am Busfahren so beängstigend sei. Sie erwiderte, daß sie vor dem ersten Schritt, nämlich dem Einsteigen in den Bus, Angst hatte. In ihrer Vorstellung war sie nicht dazu fähig, diesen Schritt zu tun. Sie stellte sich vor, wie sie hinfiele und der Busfahrer sie zurückließe. Der Therapeut sagte: „Ich glaube, Sie können in den Bus einsteigen. Wollen Sie es einmal ausprobieren?" Nach der Diskussion dieses Vorschlages stimmte sie zu, es mit einer Freundin auszuprobieren, die sie auffangen würde, wenn sie hinzufallen drohte. Die Frau entdeckte, daß sie durchaus in der Lage war, in einen Bus einzusteigen. Dieser eine Schritt eröffnete ihr eine neue Welt, eine Welt, die sich ihr zu verschließen schien.

Abgestufte Aufgaben können bei älteren Patienten angewandt werden. Jedes Erfolgserlebnis erhöht die Bereitschaft, ein höheres Risiko einzugehen. Ein Beispiel für diesen Ansatz ist der Fall eines 68 Jahre alten Mannes, der kurz zuvor pensioniert worden war. Normalerweise hatte er Spaß am Golfspielen, aber seit anderthalb Jahren hatte er nicht mehr gespielt. Der Therapeut unterteilte diese Aufgabe in konkrete Schritte und stellte sie wie folgt dar:

T: Wissen Sie, wo Ihre Golfclubs sind?
P: Ja, ich habe die Adressen im Auto.
T: Was müßten Sie tun, wenn Sie spielen wollten?
P: Nun, ich müßte wohl zuerst eine Stunde nehmen. Ich müßte zum Golflehrer Kontakt aufnehmen.
T: Würden Sie sehr viel Angst vor dem Golflehrer haben?
P: Nein, nicht so sehr. Er ist ein ganz netter Kerl.
T: Wie würden Sie es anstellen, wenn Sie eine Stunde nehmen wollten?
P: Ich müßte zuerst den Golflehrer wegen eines Termins anrufen.
T: Was müßten Sie dafür tun?
P: Ich muß im Telefonbuch die Nummer nachsehen.
T: Ist es möglich, daß Sie das jetzt machen?

Der Patient sah die Nummer nach, rief an und vereinbarte einen Termin (alles im Arbeitszimmer des Therapeuten). Diese Schritte motivierten ihn allmählich dazu, zum Golfspielen zurückzukehren und den Kontakt zu Freunden, die er gemieden hatte, wieder aufzunehmen. Das Standardverfahren ist, die Aufgaben in ihre kleineren Komponenten aufzuteilen und den Patienten dazu zu ermutigen, bei den am wenigsten angsterzeugenden Einzelschritten anzufangen.

Der Therapeut sollte versuchen, den älteren Patienten dazu zu veranlassen, alte Bewältigungstechniken wieder zu aktivieren. Die Mehrheit dieser Patienten hat viel Erfahrung mit der Bewältigung ihrer Probleme, und eine erneute Aktivierung dieser alten Fertigkeiten geschieht häufig durch einige Erfolgserlebnisse.

Der Therapeut sollte Gebrauch machen von sozialen Einrichtungen, die in der Gemeinde vorhanden sind; es gibt beispielsweise häufig Einrichtungen für „Senioren" und von der Kirche organisierte Gruppen. Wenn der Therapeut den Patienten davon überzeugen kann, es mit einer dieser Gruppen einmal auszuprobieren, kann der Patient großen Nutzen daraus ziehen.

Problematische Haltungen bei älteren Leuten: Viele ältere Patienten leiden unter sozialer Angst mit den entsprechenden kognitiven Verzerrungen bezüglich der Meinung anderer. Diese Hypersensibilität in bezug auf die Meinung anderer steht in scharfem Kontrast zu den Einstellungen normaler älterer Leute. Ein häufig auftauchendes Thema bei Menschen mit sozialer Angst ist die Angst davor, den jeweiligen Altersnormen nicht zu entsprechen. Eine Frau beispielsweise glaubte, daß andere auf sie herabsähen und sie folglich auch nicht möchten, weil sie sich nicht ihrem Alter entsprechend kleidete. Der Therapeut forderte die Patientin auf, diese willkürlichen Schlußfolgerungen zu überprüfen. – Ein Mann, der seine sozialen Kontakte zu erweitern suchte, rief eine Frau an. Sie sprach mit ihm und sagte dann ganz plötzlich: „Ich muß jetzt weg, wir werden später noch einmal darüber sprechen." Seine Gedanken waren: „Was habe ich ihr nur getan? Ich habe Angst, daß sie mich nicht mehr wiedersehen möchte." Sein Therapeut schlug vor, daß er herausfinden sollte, was geschehen war. Der Mann rief diese Frau wieder an und sagte: „Sie schienen etwas in Eile zu sein, als ich zuletzt mit Ihnen sprach." „Ja", sagte sie lachend, „weil meine Badewanne gerade überlief und ich ins Bad gehen mußte." Dies eine Beispiel festigte seine Überzeugung, daß man Gedanken überprüfen muß, da sie nicht immer der Realität entsprechen.

Ein anderes Problem älterer Menschen ist die Art und Weise, wie sie auf ihr Leben zurückblicken. Häufig halten sie an einem negativen Erlebnis fest. (Viele Leute tun dies beim Voranschreiten von einer Entwicklungsstufe zur nächsten.) Rückblickend übertreibt der Patient das negative Erlebnis und ignoriert oder berücksichtigt nicht in genügender Weise andere Aspekte. Ein Witwer sorgte sich dauernd darüber, einmal seine Frau geschlagen zu haben. Er hatte dies nur einmal getan, dennoch dachte er ständig darüber nach. Seine angsterzeugenden Gedanken kreisen um das Thema: „Welch ein Mensch tut so etwas?" Der Therapeut war schließlich in der Lage, den Patienten dazu zu bringen, diesen Vorfall im Kontext seiner ganzen Ehe zu betrachten. Ein anderer Patient machte sich extreme Sorgen, nach seiner Pensionierung nicht genug Geld zu haben. Nach sorgfältiger Befragung stellte sich heraus, daß er von geistigen Vorstellungsbildern seiner ärmlichen Jugendzeit geplagt wurde. Die Therapie bestand in einer Modifizierung dieser Bilder durch eine Diskussion über die realen Unterschiede zwischen diesen beiden Zeitabschnitten.

Einige Patienten haben feste dysfunktionale Überzeugungen bezüglich realer Veränderungen, die in ihrem Leben eingetreten sind. Solche Veränderungen sind beispielsweise das Altern, die Pensionierung, Tod eines Ehegatten, körperliche Veränderungen und Geldmangel. Obwohl dies tatsächliche Probleme sind, sind die sie betreffenden Überzeugungen insofern dysfunktional, als der Patient Ausmaß und Ernsthaftigkeit dieser Probleme übertreibt und keine alternativen Möglichkeiten oder positiven Faktoren sieht. Er sorgt sich unnötigerweise vor realen Veränderungen oder möglichen Entwicklungen. Wenn der Therapeut mit einer solchen Situation konfrontiert wird, muß er erkennen, daß vieles dafür spricht, daß die meisten älteren Menschen mit diesen Problemen zurechtkommen können, ohne ängstlich oder depressiv zu werden. Der Therapeut hilft dem Patienten, seine Erlebnisse im richtigen Zusammenhang zu sehen. Dieses Vorgehen ist sogar bei Problemen mit körperlichen Veränderungen anwendbar. Nach Lösung des psychologischen Problems sind die meisten Leute in der Lage, sogar mit schweren körperlichen Problemen fertig zu werden, ohne übermäßige Angst oder Depressionen zu haben.

Einige dieser Sorgen bezüglich des Alterns müssen in konkrete Begriffe umgesetzt werden. Ein Patient beispielsweise gab an, daß er Angst davor hätte, zu alt zu werden. Der Therapeut fragte ihn: „Zu alt für was?" Der Patient gab die Antwort: „Zu alt für Geschlechtsverkehr." Der Therapeut fragte ihn, ob er denn tatsächlich für sexuelle Betätigungen zu alt sei. Der Patient sagte, daß er sich nur wegen der geringen Häufigkeit Sorgen machte. Nachdem die Angst einmal analysiert war, konnte sie besprochen werden.

Zusammenfassung: Thomas (1970) hat einige interessante Beobachtungen über das Altern gemacht. Er hat eine kognitive Theorie des Alterns entwickelt und belegt sie durch Forschungsergebnisse. Er schreibt:
„Die psychodynamischen Prozesse beim alternden Menschen kreisen nach dieser Theorie um eine Hauptsorge: die Aufrechterhaltung und Umstrukturierung des Gleichgewichts zwischen den kognitiven und den motivationalen Systemen (die Diskrepanz zwischen dem, was der Betreffende erreicht zu haben meint und dem, was er gerne erreicht hätte). Der ältere Mensch in unserer Gesellschaft muß dieses Gleichgewicht in immer stärkerem Maße durch Änderungen der kognitiven Systeme und weniger durch Änderungen der Umwelt oder Änderungen des motivationalen Systems aufrechterhalten bzw. umstrukturieren."

Therapie von Unterschichtpatienten.

Die folgenden Punkte sollte der Therapeut bei der Behandlung eines ängstlichen Patienten aus der unteren sozioökonomischen Schicht beachten:
1) Der Therapeut muß unter Umständen wegen der vom Patienten erlebten unterschiedlichen sozioökonomischen Schichtzugehörigkeit härter daran arbeiten, ein vertrauensvolles Verhältnis zu seinem Patienten herzustellen.
2) Der Therapeut braucht unter Umständen mehr Zeit, um den Patienten auf die Behandlung vorzubereiten. Er kann eine Sitzung oder zwei Sitzungen dazu benötigen zu erklären, was die Therapie ist und was sie nicht ist. Er muß falsche Vorstellungen, die der Betreffende in Hinblick auf Therapie hat, korrigieren.
3) Der Therapeut muß bei sich selbst nach falschen Vorstellungen von armen Leuten suchen. Eine Untersuchung ergab beispielsweise, daß die meisten Patienten der Unterschicht, die zur Behandlung kamen, keine Psychopharmaka, sondern Hilfestellung bei der Kontrolle ihrer Gefühle wollten. Dieses Ergebnis widerspricht der Annahme mancher Therapeuten, Unterschichtpatienten wollten nur Tabletten und seien nicht therapiemotiviert.
4) Manchmal wird der Therapeut in verstärktem Maße gewisse Attribuierungstechniken einsetzen müssen, weil der Patient annimmt, daß er selbst wenig oder gar nichts bewerkstelligen kann.
5) Die Annahmen des Patienten können Haltungen und Normen betreffen, die sich von denen der Mittelschicht unterscheiden. Der Patient kann beispielsweise die Bedeutung von Männlichkeit oder weiblicher Attraktivität betonen, den starken Einfluß des Schicksals auf das Leben, und er kann bestimmte abergläubische Überzeugungen haben. Im Kapitel über Phobien wurde darauf hingewiesen, daß Ängste häufig das sozioökonomische Milieu widerspiegeln.
6) Der psychologisch nicht vorgebildete Patient kann der Annahme sein, daß er

„verrückt" ist, weil er wegen seiner Angst einen Nervenarzt aufsuchen muß, oder er hat ähnliche Vorstellungen, die eine Therapie behindern.

Rush & Watkins (1977) gaben die folgenden Ratschläge zur Durchführung einer kognitiven Therapie bei psychologisch nicht vorgebildeten Patienten:
„1. Arbeiten Sie sehr problemzentriert. Bearbeiten Sie normalerweise ein Problem oder höchstens zwei Probleme pro Sitzung. 2. Lassen Sie den Patienten Antworten auf automatische negative Gedanken niederschreiben, die in Therapiesitzungen hervorgerufen werden, und besprechen Sie diese dann. 3. Stellen Sie in einer Sitzung nie mehr als eine Hausaufgabe. 4. Machen Sie Ihrem Patienten gegenüber sehr direkte Aussagen, die mit möglichst wenigen Einschränkungen verbunden sind. 5. Benutzen Sie eine Tafel, um das Gesagte ausführlich und klar darzustellen. 6. Benutzen Sie dem kulturellen Milieu des Patienten angemessene Analogien und Geschichten, um dem Patienten bei der Korrektur seiner Kognitionen zu helfen. 7. Machen Sie häufig im Verlaufe der Therapie Aussagen über die erreichten Fortschritte. 8. Spielen Sie im Rollenspiel realistische Denkweisen unter den speziellen Bedingungen durch, die im Moment im Patienten Depression oder Angst erzeugen. 9. Machen Sie häufig vom Rollenspiel Gebrauch, um den Patienten zu lehren, wie er nach seinen neuen Überzeugungen handeln soll; ferner sollen dadurch neue negative Kognitionen hervorgerufen und korrigiert werden.
Es muß darauf hingewiesen werden, daß sehr aktive kognitive Strategien (z.B. Einsatz eines Videorecorders, einer Tafel und starke Therapeutenaktivitäten etc.) sorgfältig, mit Takt und Einfühlungsvermögen eingesetzt werden müssen. Wenn man hier übertreibt, entwickeln die Patienten unter Umständen neue Fehlvorstellungen. Hier sind nur einige, die wir oft gehört haben: 1. ‚Wenn ich nur die Videobänder mir ansehe, werde ich von meiner Depression befreit werden (ohne irgend etwas anderes zu tun).' 2. ‚Wenn ich die Vorträge (Therapiesitzungen) besuche, werde ich gesund werden.' 3. ‚Das festgelegte Programm wird mich davor bewahren, mich jemals wieder schlecht zu fühlen.' 4. ‚Sie wollen, daß ich gar nichts mehr fühle.' "

Beachten Sie bitte, daß dies Beispiele einer sehr globalen Denkweise sind; die ersten drei Punkte repräsentieren eine pauschal positive Denkweise, während der letzte Punkt eine pauschal negative Denkweise repräsentiert.

Die Behandlung junger Menschen.

Im folgenden sind einige allgemeine Punkte aufgelistet, die bei der Arbeit mit ängstlichen Kindern und Jugendlichen zu beachten sind.
1) Bei sehr ängstlichen Kindern muß der Therapeut Vorstellungstechniken einsetzen, bevor er In-vivo-Methoden anwendet.
2) Der Therapeut kann dann allmählich zu aktiveren In-vivo-Methoden fortschreiten.
3) Vorstellungsbilder, die von Lazarus speziell für Kinder entwickelt wurden, sind besonders nützlich.
4) Verhaltenstherapeutische Methoden können bei Kindern angewandt werden. Befinden sich die Kinder in angsterzeugenden Situationen, kann ihr Bewältigungsverhalten verstärkt werden.
5) Ein Rollenwechsel kann nützlich sein, bei dem der Therapeut die Rolle des Kin-

des annimmt und das Kind seine eigenen irrationalen Überzeugungen, die vom Therapeuten ausgesprochen werden, zurückweist.
6) Bei der Arbeit mit Jugendlichen muß der Therapeut daran denken, daß Jugendliche häufig die Angstsymptome übertreiben und die Angst somit viel intensiver zu empfinden scheinen. Heranwachsende werden oft versuchen, einen Machtkampf auszutragen. Der Therapeut darf sich bei seiner Arbeit mit den Jugendlichen auf keinen Fall darin verwickeln lassen. Er fragt daher den Patienten, worüber er sprechen möchte und fordert ihn auf, alle Seiten eines Problems zu sehen. Der Therapeut drängt den Patienten nicht, über ein Problem zu sprechen, über das dieser nicht sprechen möchte. Bei Schulphobien verwendet der Therapeut eine aus vielen Komponenten bestehende Intervention. Er arbeitet mit dem Personal an der Schule zusammen, er bittet einen Schulkameraden, mit dem Kind von Klasse zu Klasse zu gehen, und er arbeitet mit der Mutter oder dem Vater oder einer anderen Bezugsperson, um herauszufinden, ob diese Person in irgendeiner Weise die eigene Angst bezüglich der Schule auf das Kind überträgt.

Kapitel 13

Kognitive Gruppentherapie
Gary Emery, Ph.D., und Sonja Fox

Der Therapeut kann den Angstpatienten durch kognitive Therapie auch in einem Gruppen-Setting behandeln. Ein Großteil der Forschung über die Effektivität kognitiver und rational-emotiver Verfahren zur Behandlung von Angst bezieht sich auf Gruppentherapien (Maes & Haimann, 1972; DiLoretto, 1971; Meichenbaum, Gilmore & Fedoravicius, 1971; Meichenbaum, 1972; Thompson, 1974; Kanter, 1975; Holroyd, 1976).

Therapeutische und praktische Vorteile.

Durch ein Gruppen-Setting bei der Durchführung kognitiver Therapie mit Angstpatienten ergeben sich sowohl therapeutische als auch praktische Vorteile. Einige dieser Vorteile sind:
a) Dem Patienten steht eine Stichprobe von Personen zur Verfügung, mit deren Hilfe er eine Realitätsprüfung seiner Konzepte vornehmen kann.
b) Die Gruppe kann dem einzelnen Patienten helfen, Bewältigungspläne und Bewältigungsstrategien zu entwickeln. Es gibt in der Gruppe Möglichkeiten, diese Bewältigungsstrategien in einer „sicheren" Situation auszuprobieren, bevor sie in vivo angewandt werden.
c) Wenn der Patient sieht, daß nicht nur er ein bestimmten Problem hat, und wenn er Parallelen zu Problemen sieht, an denen er bereits gearbeitet hat, gelangt er zu größerer Objektivität und zu einer anderen Sichtweise seines eigenen Problems. Die Gruppe hilft oft den Individuen, sich selbst mit Humor begegnen zu können.
d) Patienten, die schon einen Teil ihrer Probleme gelöst haben, dienen den anderen Gruppenmitgliedern, die ähnliche Probleme zu lösen versuchen, als geeignete Modelle. Die bloße Tatsache, daß ein Patient Besserung bei anderen feststellen kann, ermutigt ihn, es selbst auch weiterhin zu versuchen. Zumindest wird seine Annahme geschwächt, daß „alles sowieso keinen Sinn hat".
e) Durch Anwendung verschiedener Übungen kann die Gruppe den einzelnen Patienten Erfahrungen ermöglichen, die zu einem Bewußtwerden der eigenen fehlangepaßten Überzeugungen, der irrationalen grundlegenden Annahmen und negativen Emotionen führen – all diese Überzeugungen wären sonst unter Umständen nicht bewußt geworden oder wären nicht ausgesprochen worden.
f) Die Gruppe kann viele Methoden zur Betrachtung und Bewältigung von Problemen entwickeln. Sie kann einem Mitglied helfen, Entgegnungen auf unlogische Gedanken zu finden und eigenes fehlangepaßtes Verhalten in Frage zu stellen.
g) Durch gegenseitiges Akzeptieren der einzelnen Mitglieder mit ihren Problemen, durch Hilfe und Respekt füreinander hilft die Gruppe jedem einzelnen, sich selbst anzunehmen.

Techniken der Gruppentherapie.

Zusammensetzung der Gruppe: Nach unseren Erfahrungen ist eine heterogene Zusammensetzung sowohl hinsichtlich demographischer Variablen (Alter, Geschlecht, sozioökonomische Schicht) als auch hinsichtlich der Schwere der psychischen Störung gewöhnlich einer homogenen Zusammensetzung überlegen.

In heterogenen Gruppen haben Patienten eine größere Chance, jemanden zu finden, von dem sie Beweismaterial zur Zurückweisung ihrer angsterzeugenden Gedanken erhalten können. Eine junge Studentin, die vor älteren Männern Angst hatte, war beispielsweise in der Lage, ihre Furcht mit einem älteren Mann in der Gruppe zu besprechen. Ein junger Mann fürchtete die Reaktionen von Frauen, die bei seiner Bitte um Verabredung erfolgen könnten. In der Gruppe konnte er diese Situation mit einem Mädchen in einem Rollenspiel durchspielen. Seine automatischen Gedanken waren: „Ich verfluche das. Sie denkt, ich bin ein Dummkopf. Ich werde nie dazu in der Lage sein, ein Mädchen einzuladen." Nach dem Rollenspiel konnte sie direkt beweisen, daß seine Gedanken falsch waren.

Nach unseren Erfahrungen profitieren Patienten von Gruppen, deren Mitglieder unterschiedliche psychische Probleme haben. In solch einer Gruppe ist die Wahrscheinlichkeit geringer, daß die Patienten sich gegenseitig in ihren Schwierigkeiten verstärken. Ein Patient mit psychopathischen Symptomen kann einem Angstpatienten zeigen, daß dieser sich zu sehr um die Reaktionen anderer sorgt. Der Angstpatient andererseits kann ihm zeigen, daß er seinerseits den Konsequenzen seines Verhaltens nicht genügend Beachtung schenkt. Der Therapeut kann an diesem Punkt die Feststellung treffen: „Sie haben beide recht."

Wir haben auch herausgefunden, daß eine Gruppe von Patienten, die unterschiedlich schwere emotionale Störungen haben, einen weiteren pädagogischen Rahmen schafft als eine Gruppe, bei der alle Patienten sich auf dem gleichen Niveau befinden. Patienten, die schon eine Besserung in der Therapie erfahren haben, stellen hinsichtlich der Bewältigung Modelle für jene dar, die die Behandlung erst beginnen.

Vorbereitendes Gespräch: Bevor die Patienten sich einer Gruppe anschließen, findet ein Einzelgespräch statt. In diesem Gespräch stellt der Therapeut fest, ob eine Behandlung in der Gruppe in diesem Stadium sinnvoll ist. Patienten mit schwerer Angst bedürfen häufig einer Einzeltherapie, die entweder vor der Gruppentherapie oder parallel zu ihr abläuft.

Im vorbereitenden Gespräch erklärt der Therapeut die Art der Gruppe und weist auf ihre pädagogischen und problemlösenden Ziele hin. Vom Patienten erfragt er, ob irgendwelche Befürchtungen vor der Teilnahme an einer Gruppentherapie bestehen. Der Patient kann beispielsweise glauben, daß eine solche Behandlung nicht so effektiv ist, weil der Therapeut nicht so viel Zeit für ihn und sein individuelles Problem hat. Der Therapeut kann begründen, warum er von einer Gruppentherapie besondere Vorteile erwartet. Ferner kann er erklären, daß die Gruppensitzungen länger als Einzelsitzungen sind.

Der Angstpatient fürchtet oft ein Gruppenerlebnis. Diese Furcht wird häufig verstärkt durch bestimmte Encounter- und Selbsterfahrungsgruppen, in denen eine Atmosphäre gegenseitiger Feindschaft geschaffen wird. Der Therapeut muß klar und deutlich sagen, daß diese Behandlung kein Selbsterfahrungs- oder Encounter-Erlebnis ist. Die Teilnehmer sollen konstruktive Vorschläge bringen und dürfen andere Mitglieder nicht angreifen.

Mit Patienten, die die Gruppenerfahrung fürchten, schließen wir oft eine Art Vertrag. Der Therapeut sagt dem Patienten: ,,Ich möchte mit Ihnen eine Vereinbarung treffen; die ersten drei Sitzungen der Gruppe sollen eine Diagnose und eine Bewertung der Gruppe ermöglichen. Wenn Sie dazu bereit sind, zu den ersten drei Sitzungen zu kommen, werde ich in der Lage sein, Ihnen ein Feedback darüber zu geben, wie Sie sich in der Gruppe verhalten. Sie werden dann eine realistische Bewertung der Gruppe abgeben können." Der Patient ist meistens dazu bereit, ein solches Übereinkommen zu treffen, da es ja eine ,,Rücktrittsklausel" enthält.

Wenn jemand nur an einer einzigen Gruppensitzung teilnimmt, hat er keine solide Basis zur Beurteilung des gesamten Erlebnisses einer Gruppentherapie. Seine Angst erschwert es ihm oder macht es sogar unmöglich, die Interaktion der Gruppe auf seine eigenen Probleme zu beziehen. Deshalb versucht der Therapeut, den Patienten dazu zu veranlassen, mindestens an drei Gruppensitzungen teilzunehmen, bevor er eine Entscheidung über sein Verbleiben in der Gruppe trifft. (Der Therapeut bittet ebenfalls jedes Gruppenmitglied darum, ihn vor Verlassen der Gruppe zu konsultieren.)

Gruppengröße: Die Eigenart kognitiver Therapie verlangt, daß der Therapeut in einer aktiven und direktiven Weise erzieherisch wirkt. Der Therapeut muß ferner genau notieren, was jeder Patient sagt. Der Inhalt einer Gruppensitzung ist strukturiert und stark auf die spezifischen Probleme zugeschnitten. Deshalb ist die Größe der Gruppe notwendigerweise begrenzt. Ein Therapeut kann mit etwa vier bis sechs Patienten arbeiten. Ein Tonbandgerät stellt eine wertvolle Hilfe beim Durchgehen der Aufzeichnungen dar, die vom Therapeuten während der Sitzung gemacht wurden. In kleinen Gruppen kann ein Cotherapeut diese Aufgabe erfüllen, es muß jedoch darauf geachtet werden, daß sich die Patienten gegenüber den Therapeuten nicht in der Minderheit fühlen oder eine ungesunde Abhängigkeit von den Lösungen und der Initiative der Therapeuten entwickeln. Für eine Gruppe von mehr als sechs Mitgliedern ist das Vorhandensein eines Cotherapeuten eine Notwendigkeit. Der Rapport innerhalb der Gruppe ist schwer aufrechtzuerhalten, wenn der Leiter aus irgendeinem Grunde an Treffen nicht teilnehmen kann. Wenn ein Cotherapeut zur Verfügung steht, kann dies Problem vermieden werden. Ein zusätzlicher Vorteil beim Einsatz eines Cotherapeuten besteht darin, zwei verschiedene Persönlichkeiten als Modell anzubieten.

Länge der Sitzung: Die Sitzungen dauern gewöhnlich zwei Stunden und können ein- oder zweimal in der Woche stattfinden. Sitzungen von mehr als zwei Stunden können ermüdend sein, da die Teilnahme intensive Aufmerksamkeit und Konzentration von den Gruppenmitgliedern verlangt. Zwei Stunden stellen ein Zeitminimum dar, das unbedingt erforderlich ist. Es müssen vorhandene individuelle Probleme behandelt werden, die Hausaufgaben müssen besprochen werden, und ein gemeinsames konzeptuelles Modell muß während der Sitzung von der Gruppe erarbeitet werden. Eine solche Übung wird an der Tafel demonstriert, wobei der Therapeut den Rahmen liefert und von den Gruppenmitgliedern die Details erfragt.

Struktur: Die Tagesordnung der Sitzung wird im voraus erarbeitet und schließt möglichst auch Vorschläge ein, die von Gruppenmitgliedern gemacht wurden. Man sollte jedoch flexibel genug sein, geplanten Stoff auszulassen, um sich mit einer krisenhaften Situation auseinanderzusetzen, falls das erforderlich ist. Man sollte auch so flexibel sein, daß man bei einem Problem, dessen Behandlung außergewöhnlichen Nutzen bringt und das von allgemeinem Wert für die Gruppenmitglieder ist, länger verharrt.

Eine Gruppentherapie kann ein vorher festgesetztes Ende haben oder nicht, je nachdem, wie es von der Gruppe während der ersten oder zweiten Sitzung beschlossen wurde. Beide Formen bieten bestimmte Vorteile. Hat sich eine Gruppe auf eine begrenzte Zeitspanne geeinigt, so stellt dies häufig eine gute Motivation dafür dar, Veränderungen zu beschleunigen. Andererseits bietet eine Gruppe ohne solch zeitliche Begrenzung den „Veteranen" der Gruppe die Möglichkeit, eine aktive Rolle zu spielen, wenn neue Mitglieder in das Gesamtkonzept eingeführt werden. Es besteht die Möglichkeit, daß Gruppenmitglieder mit gleich langer Gruppenzugehörigkeit sich gegenseitig unterstützen, wobei sie, wenn das erforderlich ist, Verstärkungen und Korrekturen durch die „Veteranen" erhalten. Es ist auch möglich, daß jedes Mitglied nach seinem eigenen Tempo fortschreiten kann, ohne sich unter einem „Leistungsdruck" zu fühlen. Ein stark ängstliches Individuum könnte durch solchen Druck überwältigt werden und dadurch vorzeitig aus der Gruppe ausscheiden. Eine derartige Gruppe bietet ferner für ehemalige Mitglieder die Möglichkeit, zu „Auffrischungssitzungen" zurückzukommen, wenn es erforderlich ist, um mit neuen oder traumatischen Ereignissen fertig zu werden, ohne denken zu müssen, daß die Therapie nichts genutzt hat.

Gruppenregeln: Die Gruppenmitglieder sollen bestimmte Verpflichtungen haben. Sie müssen beispielsweise den Therapeuten benachrichtigen, wenn sie an einer Sitzung nicht teilnehmen werden, sie sollten auch Pläne, die Therapie zu beenden, in der Gruppensitzung besprechen müssen. Es ist die Verantwortung des Therapeuten, die Gruppe auf die Aufnahme eines neuen Gruppenmitglieds vorzubereiten oder einen Cotherapeuten einzuführen; er muß ferner die Gruppenmitglieder davon in Kenntnis setzen, wenn einer der Therapeuten bei einer Sitzung fehlen wird. Die Teilnehmer der Gruppe verpflichten sich, alles in den Diskussionen Gehörte vertraulich zu behandeln.

Richtlinien für den Therapeuten.

Im Idealfall hat der Therapeut bereits Erfahrung in der Durchführung verschiedener Arten von Gruppentherapie, bevor er eine kognitive Therapie in einem Gruppen-Setting durchführt. Wenn der Therapeut selbst eine Auffrischung seiner Kenntnisse bezüglich Gruppentherapie braucht, sollte er ein entsprechendes Standardlehrbuch konsultieren.

Der Therapeut sollte die folgenden Vorschläge Libermans zur Gruppentherapie beherzigen:
Um seine Wirkung und seinen Einfluß zu maximieren, sollte der Gruppentherapeut
1. seine Bestätigungen oder Erläuterungen (Verstärkungen) zeitlich so ansetzen, daß sie so schnell wie möglich auf das Zielverhalten folgen – möglichst sofort, nachdem

der Betreffende gesprochen hat; 2. seine Interventionen so eindeutig wie möglich halten und nicht mehrere Aussagen vermischen oder die Patienten mit zuviel Informationen bei einer einzigen Intervention überladen; 3. direkt zu dem Klienten sprechen, den er meint, und nicht indirekt über ihn sprechen; 4. mehr bestätigen als Denkanstöße geben; 5. vermeiden, die Gruppe durch exzessives Fokussieren eines bestimmten Inhalts innerhalb einer Sitzung zu übersättigen (Liberman, 1970, S. 172).

Der Therapeut sollte sich an die Prinzipien der kognitiven Therapie, wie sie in Kapitel 3 beschrieben wurden, halten.

a) Die Intervention sollte auf der kognitiven Theorie emotionaler Störungen basieren. Der Therapeut kann seine Kreativität in die Gruppe einbringen. Alle Interventionen dienen dazu, die fehlangepaßte Sicht des Individuums von der Welt zu ändern.

Die Standardtechniken der Gruppentherapie können mit einem „kognitiven Dreh" angewandt werden. Bei einem Verfahren beispielsweise wird der Patient gebeten, nonverbal zu demonstrieren, wie er sich fühlt. Die anderen Mitglieder werden dann gefragt: „Was fühlt dieser Mensch gerade?" Fast immer deuten die anderen das Gefühl des Betreffenden falsch. Diese Übung wird verwandt, um den Teilnehmern zu zeigen, daß ihre Annahmen über Gedanken oder Gefühle eines anderen oft falsch sind.

Ein anderes modifiziertes gruppentherapeutisches Verfahren besteht darin, jeden Patienten den Satz beenden zu lassen: „Gerade jetzt fühle ich mich . . ." Nachdem jeder Patient dies getan hat, wird jeder Patient gebeten zu sagen, was er vor diesem Gefühl dachte. Diese Übung ist eine ausgezeichnete Methode, um die Beziehung zwischen Gedanken und Gefühlen zu demonstrieren. Ein Patient beispielsweise, der gesagt hatte „ich empfinde Angst", hatte gedacht: „Ich weiß nicht, wie man diese Übung macht, und ich werde sicherlich alles falsch machen."

Nachdem jedes Gruppenmitglied seine Gefühle und Gedanken geäußert hat, wird die Übung wiederholt. Dies zweite Mal demonstriert gewöhnlich, wie die Veränderung der Gedanken die Gefühle beeinflußt. Der Patient beispielsweise aus dem eben genannten Beispiel sagte, daß er sich erleichtert fühle und daß seine Gedanken seien: „Ich sehe jetzt, daß ich diese Übung wie einen Berg vor mir gesehen habe. Es ist albern, sich wegen dieser Dinge Sorgen zu machen."

Die folgende Übung kann dazu verwandt werden, den Mitgliedern der Gruppe zu helfen, mit positivem und negativem Feedback umzugehen und gleichzeitig sich ihres negativen Selbstbildes bewußt zu werden. Jedes Gruppenmitglied verläßt einmal für kurze Zeit den Raum und erstellt draußen eine Liste von alldem, was seiner Meinung nach die Gruppe an ihm mag oder nicht mag. In der Zwischenzeit erstellt die Gruppe eine Liste, in der sie die nach Gruppenmeinung positiven und negativen Eigenschaften dieses Individuums festhält. Wenn der Patient zurückkommt, hat er die Möglichkeit, seine Liste mit der der Gruppe zu vergleichen. Die Diskrepanz zwischen den beiden Listen kann für alle eine wichtige Information darstellen, besonders dann, wenn die Liste des Patienten ein starkes Übergewicht auf der negativen Seite hatte.

Das folgende Beispiel demonstriert die Kreativität eines Therapeuten bei der Anwendung dieser Techniken: Ein Gruppenmitglied, das unter einer schizoid-affektiven Störung litt, schien in Depression zu versinken und sich von der Gruppeninteraktion zurückzuziehen. Der Betreffende stellte fest, daß er der Gruppe nichts zu sagen hätte, das von Interesse wäre oder irgend jemandem helfen würde. Die Gruppe wußte aus vorherigen Erfahrungen mit ihm, daß er zu der Kognition neigte: ,,Ich bin so wertlos, daß es unmöglich ist, daß mich jemand mag oder sich für mich interessiert." Der Betreffende bekam dann normalerweise eine feindliche Einstellung zu den anderen und zog sich zurück. Der Therapeut schlug vor, daß vielleicht die Gruppe ihn ,,aus dem Loch herausziehen könnte", in das er versank. Der Sinn der Übung war zu sehen, ob eine nonverbale Übung eine Änderung des Denkens herbeiführen würde. Nacheinander näherte sich dem Betreffenden jedes Mitglied der Gruppe, nahm seine Hand und sagte: ,,Halte Dich an mir fest, ich helfe Dir und ziehe Dich heraus." Ein Mitglied, das sein Interesse für Boxen kannte und ihn, um ihm zu helfen, schon einmal zum Boxkampf aufgefordert hatte, sagte: ,,Ich werde Dir nicht helfen, sondern gegen Dich kämpfen" und verwickelte ihn in einen kleinen Boxkampf. Innerhalb einer Minute erschien ein breites Lächeln und die Depression ging sichtlich zurück. Der Therapeut fragte: ,,Was denken Sie gerade, das Sie so glücklich macht?" Seine Antwort war: ,,Ich sage mir, daß meine Gedanken, niemand interessiere sich für mich, unrichtig sind. Ich kann gar nicht leugnen, daß jeder der Anwesenden ein Interesse an mir hat und mir helfen will." Dieser Patient machte nach diesem Erlebnis beträchtliche Fortschritte.

b) Kognitive Therapie ist zeitlich begrenzt. Wegen der zeitlichen Begrenzungen muß der Therapeut ziemlich rasch vorgehen, um sich den Problemen jeder Person zuwenden zu können. Die Diskussion muß aufgaben- und problembezogen sein. Patienten in Gruppen neigen dazu, von einem Thema abzuschweifen (oft, um Angst zu reduzieren) und verschieben den Fokus von dem Individuum, dessen Problem gerade diskutiert wird, zu dem Problem eines anderen Mitglieds. Damit die Diskussion auf das jeweilige Problem fokussiert bleibt, muß der Therapeut die Gruppenmitglieder von der ersten Sitzung an und später auch noch wiederholt während der Sitzung dazu ermahnen, bei einem Thema zu bleiben. Er muß ihnen versichern, daß er sie wieder auf die richtige Spur zurückführen wird, wenn sie abschweifen. Wenn ein Patient vom Problem abschweift, muß der Therapeut ihn etwa durch folgende Bemerkung unterbrechen: ,,Was Sie da sagen, ist interessant, und in anderem Zusammenhang wäre es auch angemessen, aber hier ist es besser, bei dem Problem zu bleiben, das Sie zuerst erwähnten."

c) Die therapeutische Beziehung. Der Therapeut muß sich bemühen, eine offene Gruppenatmosphäre zu schaffen. Die Unterstützung durch die anderen Gruppenmitglieder ist ein wesentliches Element bei der Behandlung in der Gruppe. Diese Unterstützung motiviert den Patienten dazu, Risiken einzugehen, wie beispielsweise In-vivo-Hausaufgaben durchzuführen. Bei fehlender Unterstützung kann die Therapie stark beeinträchtigt werden.

Die Entwicklung eines therapeutischen Bündnisses beginnt in der ersten Sitzung. Der Therapeut kann eine Paraphrasierung der von Lazarus (1977) verfaßten Einleitung von Gruppenbehandlungen geben:

„Stellen Sie sich vor, was es bedeuten würde, einem Club anzugehören oder einen ähnlichen Ort zu haben, wo man hingehen könnte und Leute hätte, die mit einem vollständig harmonieren. Stellen Sie sich eine ideale Gemeinschaft vor, in der jeder hilfsbereit, kooperativ und ehrlich ist. In dieser Gemeinschaft werden Menschen wegen ihrer menschlichen Qualitäten und weniger wegen ihrer äußeren Leistungen geschätzt und belohnt. In solch einer Umgebung geht man kein Risiko ein, wenn man auch seine innersten Gedanken enthüllt, denn Spott, Verachtung und Hohn sind aus dieser Gemeinschaft verbannt. Hilfreiche oder konstruktive Kritik ist immer willkommen. Aber immer, wenn jemand an einem anderen Kritik übt, kann der Kritiker gefragt werden: ‚In welcher Weise glaubst Du, daß diese Bemerkung dem Betreffenden geholfen hat?' Wenn der Kritiker die Mehrheit nicht davon überzeugen kann, daß seine Kommentare oder Handlungen tatsächlich hilfreich waren, wird man ihm zeigen, wie er konstruktiver reagiert haben könnte. In einer solchen Umgebung werden Menschen keine Angst davor haben, einen Fehler zu machen. Es wird ihnen einfach gezeigt werden, wie sie von ihren Fehlern profitieren können." (S. 190)

Das Ziel besteht darin, daß die Gruppe wie ein Team zusammenarbeitet. Wann immer es möglich ist, sollte ein Patient eine schwierige Aufgabe zuerst in der Gruppe durchführen. Beispielsweise gestand ein Teilnehmer, daß er aufgrund zu großer Angst vor Zurückweisung es nicht fertigbrachte, ein bestimmtes Mädchen anzurufen und um eine Verabredung zu bitten. Nach einer Diskussion war er in der Lage, herauszugehen und von einem in der Nähe vorhandenen Telefon aus anzurufen. Die Gruppe hatte ein stärkeres Interesse daran, daß er den Telefonanruf durchführte, als daran, ob das Mädchen „ja" oder „nein" sagte, obwohl natürlich seine Reaktionen auf die Antwort diskutiert wurden, so daß er lernen konnte, damit umzugehen. Auf diese Weise bietet die Gruppe einen konstruktiven, flexiblen Raum für Lernerfahrungen, bei denen ein Risiko eingegangen werden muß.

d) Kognitive Therapie erfordert Kooperation. Obwohl der Therapeut der Gruppenleiter ist, besteht die Behandlung in einer Zusammenarbeit zwischen Therapeuten und Teilnehmern. Die Teilnehmer bringen Probleme ein, die gelöst werden müssen, und der Therapeut bringt seine Fähigkeiten ein, worunter auch die Fähigkeit fällt, die verschiedenen Gruppenmitglieder zur Hilfe heranzuziehen.

Wenn ein Patient die Zusammenarbeit unterhöhlt, indem er beispielsweise nicht zuhört oder andere Mitglieder persönlich angreift und nicht ihre Überzeugungen oder Verhaltensmuster akzeptiert, dann wird festgesetzt, daß dies Verhalten zu behandeln ist. Der Therapeut braucht nicht und sollte nicht dafür die alleinige Verantwortung tragen. Die anderen Mitglieder können Feedback über dieses dysfunktionale Verhalten geben und Mittel zur Korrektur vorschlagen.

Bei Teenagern ist folgende Technik erfolgreich angewandt worden, um ein spezifisches Verhalten herauszugreifen, von dem die Gruppe glaubt, daß es geändert werden müßte: Es wurden Spitznamen eingeführt. Ein Mitglied, das in zu starkem Maße Kritik übte, wurde beispielsweise „Nörgelnder Karl" (engl.: „Carping Carl") genannt. Jemand, der ständig unterbrach oder zwanghaft sprach, wurde als „Geschwätzige Kathrin" (engl.: „Chatty Cathy") bezeichnet; jemand der keine Kritik vertragen konnte, ohne starkes Selbstmitleid zu empfinden, wurde als „Weinender Willy" (engl.: „Weeping Willie") oder „Traurige Wanda" (engl.: „Woeful Wanda") bezeichnet. Die Spitznamen wurden nicht zur ständigen Benennung eines bestimmten Individuums verwandt, und sie dienten auch nicht dazu, sich über jemanden lustig zu machen. Vielmehr dienten sie der Hervorhebung eines offensichtlich der Behandlung bedürfenden Verhaltens.

Patienten helfen einander bei spezifischen Problemen. Ein Mitglied der Gruppe kann beispielsweise bei einer In-vivo-Hausaufgabe dabei sein, oder ein Mitglied kann mit einem anderen in ein hohes Gebäude gehen oder mit jemandem mitgehen, der zur Übung von Selbstsicherheit Waren umtauscht.

e) **Der Therapeut sollte mehr Fragen stellen als Antworten geben.** Er will vor allem das geschlossene logische System des Patienten durch Fragen öffnen und nicht in erster Linie fertige Antworten liefern. Mitglieder der Gruppe werden ermutigt, ihre Anregungen und Beobachtungen anderen Mitgliedern in Frageform mitzuteilen.

f) **Strukturiertes Vorgehen fördert die Effizienz und emotionale Sicherheit.** Kognitive Gruppentherapie ist in hohem Maße strukturiert; dadurch hat jedes Mitglied Zuversicht, daß auch seine eigenen Probleme behandelt werden. Einer der ersten Tagesordnungspunkte ist die Zusammenfassung der letzten Sitzung durch ein Mitglied.

Von Mitgliedern der Gruppe vorgebrachte Probleme werden in jeder Sitzung diskutiert. Manchmal wird jeder Patient dazu aufgefordert, drei Arten von Problemen vorzutragen:
a) Probleme, bei denen keine Angst besteht, sie in der Gruppe zu diskutieren;
b) Probleme, die er nur widerwillig diskutieren will;
c) Probleme, die schwer zu diskutieren sind.

Die Mitglieder reichen die Listen zu Beginn der Sitzung ein. Nach der Sitzung kann der Therapeut diese Listen mit seinen Aufzeichnungen von dem, was tatsächlich in der Gruppe diskutiert wurde, vergleichen. Durch diese Technik bringen die Patienten nicht nur die Dinge ein, die sie diskutieren wollen, sondern der Therapeut kann auch feststellen, wie stark jeder Patient der Gruppe vertraut. (Sie bietet also auch ein indirektes Maß für die Gruppenkohäsion.)

g) **Kognitive Therapie beruht auf der wissenschaftlichen Methode.** Ein Hauptteil jeder Sitzung besteht in der Formulierung von Hypothesen, die sich auf bestimmte Probleme beziehen, und nachfolgenden Vorschlägen von Gruppenmitgliedern, wie der betreffende Patient die Hypothesen testen kann. Der Leiter der Gruppe versucht, die Gruppenmitglieder als Wissenschaftler tätig werden zu lassen, die gemeinsam an dem „Projekt" (Problem eines Menschen) arbeiten. Den Mitgliedern wird beigebracht, relevante Fragen zu stellen und dagegen Suggestivfragen oder rhetorische Fragen zu meiden, wie beispielsweise: „Warum ändern Sie sich nicht?" Es wird gelehrt, Überzeugungen als Hypothesen zu formulieren und Verhaltensexperimente zum Überprüfen dieser Hypothesen zu entwickeln.

h) **Die Sitzungen sind problemzentriert.** Das Problem eines Patienten wird fokussiert. Der Schwerpunkt liegt auf dem „Hier und Jetzt". Die Gruppenmitglieder werden dazu aufgefordert, ihre Probleme in konkreten Begriffen darzustellen, so daß sie von anderen leicht verstanden werden. Vage Formulierungen und Begriffe wie „ich bin ausgeflippt" oder „das Ganze ist ein einziges Durcheinander" müssen in spezifische Beispiele umgesetzt werden.

i) Kognitive Therapie hat ein pädagogisches Ziel. Die ganze Therapie ist auf das Bedürfnis des Patienten zentriert, Methoden zu lernen (Problemlösen, wissenschaftlich denken), um Probleme nach dem Ende der Therapie selbständig lösen zu können. Pädagogische Methoden wie beispielsweise Bibliographie, Hausarbeit und häufige Benutzung einer Tafel sind wesentlich.

j) Hausaufgaben sind ein wesentlicher Bestandteil des therapeutischen Vorgehens. Jedem Patienten werden Hausaufgaben gegeben, die er zwischen den Sitzungen zu erledigen hat. Die Hausaufgaben sind auf den individuellen Fall abgestimmt. Die Daten, die aus den Hausaufgaben gewonnen werden, werden als Teil der Tagesordnung behandelt. Der Therapeut muß unter Umständen eine besondere Zeit für Hausaufgaben festsetzen, die er nicht in der Gruppe besprechen kann.

Die Gruppe soll selbst Hausaufgaben ausdenken und zu ihrer Bewältigung beitragen. Ellis, der sich ebenfalls für In-vivo-Hausaufgaben ausspricht, schreibt: „Von der Gruppe gestellte Hausaufgaben sind oft effektiver als jene, die von einem Therapeuten gestellt werden. Wenn ein einzelner Therapeut einem schüchternen Patienten sagt, daß er nur einfach ausgehen und andere Leute treffen muß, um seine Angst vor ihnen zu überwinden, kann der Patient unter Umständen dem Vorschlag des Therapeuten eine Zeitlang mit Widerstand begegnen. Wenn jedoch eine ganze Gruppe ihm sagt: ‚Sieh mal, wir möchten, daß Du zu Deinen Klassenkameraden in der Schule sprichst, selbst wenn Du glaubst, daß es für Dich furchtbar ist', dann wird der Patient eher dem Gruppendruck nachgeben, sich selbst zu sozialen Aktivitäten zwingen und leichter sehen, daß er nicht daran zugrunde geht, wenn er nicht von jedem, mit dem er spricht, akzeptiert wird."

Die bloße Tatsache, daß andere Gruppenmitglieder seit Beginn ihrer Therapie besser angepaßte Verhaltensweisen zeigen als je zuvor, kann unter Umständen ein Mitglied davon überzeugen, seinen eigenen Widerwillen zu überwinden und ähnliches zu tun. Eine zusätzliche Motivation zur Durchführung der Aufgaben kann sich aus der Schwierigkeit ergeben, der Gruppe mitzuteilen, eine Hausaufgabe *nicht* ausgeführt zu haben. Wenn das gesunde Verhalten eines Gruppenmitglieds nur das Resultat von Gruppendruck ist, dann tut das betreffende Gruppenmitglied das Richtige aus einem falschen Grund – d.h., das betreffende Individuum „bessert" sich nur aufgrund des starken Verlangens, von der Gruppe gelobt zu werden. Diese Art von „Fortschritt" stellt nicht immer einen echten Fortschritt dar, da Unabhängigkeit von anderen fehlt. Als Übergang ist dieses Verhalten nicht schlecht, weil es dem Patienten zeigt, daß er doch etwas schafft, was er sich nicht zutraute.

Die Gruppe als Hilfe.

Während der zugrundeliegende Ansatz und die Ziele von Gruppentherapie und Einzeltherapie im wesentlichen gleich sind, bietet die Gruppentherapie jenen Patienten besondere Vorteile, die Schwierigkeiten mit zwischenmenschlichen Beziehungen haben und stimulierende Ideen, verläßliche Unterstützung und ständige Ermutigung brauchen, um aktiv und kreativ an einer Therapie teilnehmen zu können. Die Gruppe bietet eine größere Vielfalt von Lösungen und Vorschlägen, und sie bietet vor allem jedem Patienten die Gelegenheit zu sinnvoller und produktiver Interaktion mit mehreren anstatt mit nur einem Menschen. Dieser Aspekt ist besonders bei der Behandlung von Angstpatienten wesentlich, da die soziale Furcht häufig im Vordergrund steht.

Eines der Hauptziele bei der kognitiven Therapie von Angst besteht darin, Menschen zu lehren, Probleme in einer stark strukturierten, objektiven und rationalen Weise anzugehen und zu lösen. Die Gruppe stellt dabei ein Mittel dar, ein direktes und unmittelbares Feedback über Verhalten und Gefühle der Mitglieder zu geben. Dies geschieht im Verlaufe des Interaktionsprozesses, bei dem Lösungen für die Probleme erarbeitet werden.

Die Gruppe kann einzelnen Mitgliedern, deren mangelnde soziale Fertigkeiten die Interaktion innerhalb der Gruppe ständig erschweren, helfen, indem sie sich mit ihnen identifiziert. Das sofortige, direkte und ständige Feedback trägt wesentlich zum Lernprozeß der einzelnen Mitglieder bei und beschleunigt diesen Prozeß.

Strukturierte Mitarbeit an den Problemen anderer. Angstpatienten konzentrieren sich zu stark auf sich und werden in zu starkem Maße introspektiv. Die Gruppenaktivitäten und -aufgaben können so strukturiert werden, daß die Hinwendung zu anderen ein wesentlicher Bestandteil der Behandlung ist. Beispielsweise können Verhaltensprofile für jedes Individuum während der Sitzung erstellt werden. Jedes Mitglied muß für jedes andere Mitglied ein solches Profil erstellen und an jenen Problemen genauso arbeiten wie an seinen eigenen. Durch eine solche Strategie bekommt ein einzelnes Mitglied nicht nur eine Vielzahl von Lösungen für seine Probleme geboten, sondern vor allem bietet diese Strategie dem einzelnen die Möglichkeit, sich für die anderen zu engagieren und anderen zu helfen, wodurch ihm bewußt wird, daß sein Leiden nicht so einzigartig ist.

Diese Erkenntnis kann bei der Transformation der Kognition des Patienten, ineffektiv und unzulänglich zu sein, in die Kognition, anderen helfen zu können, sehr wertvoll sein.

Identifizierung und Korrektur kognitiver Verzerrungen. Zu Anfang stellen die Gruppenmitglieder selten die grundlegenden Annahmen, die den Aussagen der anderen Mitglieder zugrunde liegen, in Frage. Statt dessen haben sie die Neigung, jene negativen Schlüsse anderer Mitglieder zu akzeptieren und zu unterstützen, die die eigene Hoffnungslosigkeit bestärken. Der Therapeut muß dieser Tendenz von der ersten Sitzung an aktiv entgegentreten. Wenn jedoch die Mitglieder die Methoden der Identifizierung und Korrektur kognitiver Verzerrungen lernen, wächst ihre Urteilskraft und Einsicht in die Reaktionen anderer Mitglieder. Die Ausübung von Kritik an sich und anderen Mitgliedern wird modifizierter und stärker auf bestimmte Probleme bezogen. Man wertet sich und die anderen nicht mehr so ab. Wenn die Patienten beginnen, einige der kognitiven Fehler (z.B. Übergeneralisierung, willkürliche Schlußfolgerungen usw.) bei anderen zu erkennen, werden sie durch die Gruppe dazu gebracht, ihre eigenen Denkweisen zu überprüfen. Schließlich empfindet das einzelne Gruppenmitglied ein Gefühl der Unterstützung seiner Gefühle und Reaktionen durch die Gruppe. Der einzelne empfindet es instruktiv zu beobachten, daß andere Menschen mit demselben Problem, das auch er hat, und mit anderen fertig werden.

Zeitliche Grenzen. Natürlich hat der Therapeut in einer gruppentherapeutischen Sitzung weniger Zeit, sich direkt mit irgendeinem Problem eines Patienten zu beschäftigen, als dies in einer Einzelsitzung der Fall wäre. Der Gebrauch eines gemeinsamen konzeptuellen Modells, die Aufdeckung von Parallelen zu bereits besprochenen Problemen durch andere Gruppenmitglieder und die starke Betonung der außerhalb der Sitzung stattfindenden Hausaufgabe sind Strategien, die in der Gruppentherapie anwendbar sind und für die zeitlichen Grenzen entschädigen.

Hausaufgaben in der Gruppe: Verbreitete falsche Grundannahmen werden regelmäßig in den Sitzungen überprüft, wobei eine solche Diskussion anhand ausgeteilter Materialien, die gründlich zu Hause durchgearbeitet werden müssen, vorbereitet wird. Solche Materialien können aus vielen Quellen stammen; beispielsweise aus beliebten Zeitschriften, wissenschaftlichen Artikeln und der Liste von Ellis, in der verbreitete Denkfehler dargestellt werden. Diese Materialien können vom Therapeuten ausgesucht werden. Alle Gruppenmitglieder werden dazu ermutigt, Artikel mitzubringen, die ihrer Meinung nach interessant, instruktiv und vom Thema her passend sind. Diese Aktivität verstärkt den Eindruck des Patienten, daß er selbst als Mitglied eines Teams einen wesentlichen Beitrag zu seiner eigenen Behandlung leistet; ferner erleichtert diese Aktivität den Lerntransfer dadurch, daß Gruppenaktivitäten mit unabhängigen Aktivitäten außerhalb der Gruppe verbunden werden.

Rollenspiel in der Gruppe. Das Rollenspiel, das häufig in Verbindung mit aus der Hausaufgabe gewonnenen Daten verwandt wird, bietet dem Patienten die Gelegenheit, sein eigenes unangepaßtes Verhalten, das von einem anderen Gruppenmitglied dargestellt wird, zu beobachten. Der Betreffende ist dann in der Lage, ein neues Verhalten in einer Situation auszuprobieren, in der er sich relativ sicher fühlen kann. Dadurch werden Ängste häufig neutralisiert, und das betreffende Individuum kann direkt die Konsequenzen des neuen Selbstgesprächs und adäquate Selbstsicherheit erfahren.

Gebrauch einer Tafel. Die Tafel ist ein wichtiges Werkzeug bei der Gruppentherapie. Sie kann eingesetzt werden, wenn die Situation und Überzeugungen eines Individuums analysiert werden oder wenn die ganze Gruppe die Analyse einer gemeinsamen dysfunktionalen Überzeugung durchführt. Im folgenden Beispiel beteiligte sich die ganze Gruppe daran, eine nichtangepaßte Überzeugung, die von mehreren Gruppenmitgliedern geteilt wurde, in Frage zu stellen.

Beispiel:
Philosophischer Vordersatz mit einer verzerrten Auffassung vom Wort „sollte" führt zu einer falschen Lebensphilosophie, die zudem von vielen sekundären verzerrten Kognitionen unterstützt wird.

Feststellung einer Tatsache: Die Welt ist ungerecht. Die Dinge sind nicht so, wie ich sie gern hätte (wie sie sein *sollten*).
Folglich:
Ich kann nicht verantwortlich sein, weil ich keine Kontrolle über die Dinge habe.
Folglich:
Ich habe mich entschlossen, daß es einfacher ist, Verantwortung zu meiden als sie zu akzeptieren.
Folglich:
Ich kann für alle meine Probleme die Vergangenheit, die Ungerechtigkeit in der

Welt, das Gesellschaftssystem, andere Leute, meine Eltern usw. verantwortlich machen.
Folglich:
1. Ich darf soviel essen, wie ich möchte, selbst wenn ich daran sterbe.
2. Ich darf soviel trinken, wie ich möchte, selbst wenn ich daran sterbe.
3. Ich kann es zu meinem Lebensstil machen, Fehlschläge zu erleiden, selbst wenn ich Erfolg haben könnte.
4. Ich kann jedes Engagement vermeiden, selbst wenn das langweilig ist und ich dadurch einsam werde.
5. Ich kann nervös, deprimiert und ärgerlich werden und das auch bleiben.
6. Ich kann Liebe, die Realität, die Gegenwart und die Zukunft meiden.
7. Ich kann mich darauf konzentrieren, wie das Leben mir gegenüber *ungerecht* war.
8. Ich kann darauf bestehen, daß *andere für mein Elend verantwortlich sind,* weil sie mich nicht so behandelt haben, wie sie es *sollten,* und weil sie mich nicht so lieben, wie sie es *sollten.*

Folglich:
1. Ich werde mich nicht weiterentwickeln.
2. Ich werde nichts Neues ausprobieren.
3. Ich werde meinen Verstand und mein Herz verschlossen halten.
4. Ich werde meinen Haß, Ärger und mein geringes Selbstwertgefühl behalten und mich weiter elend fühlen.

Dieselbe Auseinandersetzung ohne falsche Kognition; Darstellung einiger Sätze einer adaptiven Philosophie.

Feststellung einer Tatsache: Die Welt ist ungerecht, und die Dinge sind nicht so, wie ich sie gern hätte. (Niemand hat mir einen ,,Rosengarten" versprochen.)
Folglich:
Ich akzeptiere, daß ich äußere Ereignisse nicht unter Kontrolle habe, *ich kann jedoch mein eigenes Verhalten kontrollieren.*
Folglich:
Wenn ich Gerechtigkeit hoch einschätze und gern möchte, daß die Dinge in einer bestimmten Weise verlaufen, kann ich Gerechtigkeit ausüben und *kann eine Anstrengung unternehmen,* die Dinge so zu machen, wie ich meine, daß sie sein *sollten.*
Folglich:
Ich kann Verantwortung dafür tragen, daß ich meine eigenen Werte hochhalte und nach ihnen handle, einfach weil *ich* sie hoch einschätze.
Folglich:
Ich werde versuchen zu verändern, was zu verändern ist und was der Veränderung bedarf und werde jene Dinge akzeptieren, die ich nicht kontrollieren oder verändern kann.
Folglich:
1. Ich werde aus meinen Fehlschlägen lernen.
2. Ich werde andere nicht verurteilen oder für etwas verantwortlich machen.
3. Ich werde mich von Herzen für Menschen und Ideen *meiner Wahl* engagieren.
4. Ich werde die Realität akzeptieren, daß das Leben Anstrengung, Kampf und Arbeit erfordert.

5. Ich werde alles, was in meinem Leben geschieht – Gutes und Böses, Erfolg und Versagen, Sonnenschein und Regen, Liebe und Haß – als Teil der Realität des Lebens betrachten. Ich werde das genießen, was ich hoch einschätze; ich werde aus Erfahrungen lernen und werde in meinem eigenen Interesse liegende Entscheidungen fällen.

Folglich gebe ich mir selbst die Möglichkeit:
1. mich weiterzuentwickeln,
2. neue Dinge auszuprobieren,
3. Verstand und Herz offen zu halten,
4. zu lieben, zu akzeptieren, Vertrauen zu haben und soweit wie möglich glücklich zu sein und
5. meistens das vom Leben zu bekommen, was ich möchte.

Obwohl die obige Darstellung einer veränderten Lebensanschauung umfassend ist, die richtige Perspektive darstellt, reich an Einsichten ist, in hohem Maße relevant ist und den aufrichtigen Entschluß darstellt, das Leben in seiner Fülle zu akzeptieren, so liegt doch die Effektivität der obigen Darstellung in der Art und Weise ihrer Entstehung. Die Mitglieder der Gruppe, die diese Erklärung verfaßten, wären nicht dazu motiviert gewesen, dieses Niveau an Bewußtheit zu erreichen, wenn sie einfach dies Statement irgendwo gelesen hätten. Eine wesentliche Komponente ist die Tatsache, daß diese Erklärung sich in Stunden intensiven inneren Kampfes entwickelt hat, daß sie aus der Interaktion mit anderen Menschen und der Entwicklung des Mutes entstanden ist, zusammen mit anderen Menschen ein ausgefülltes Leben in einer unvollkommenen Welt zu führen.

Kapitel 14

Forschungsprobleme der kognitiven Therapie

Während die klinische Forschung an unserem Zentrum in Philadelphia Fortschritte macht, entstehen neue Probleme, die weiterer Forschung bedürfen. Zur Lösung dieser Probleme müssen noch mehr Daten über die Wirkung von kognitiver Therapie gewonnen werden. In diesem Kapitel werden einige dieser Probleme kurz diskutiert.

Eines der wichtigsten Probleme der heutigen Forschung ist: Wie gut wirkt die kognitive Angsttherapie bei „realen" Patienten – d.h. Patienten, die in Krankenhäuser und sonstige Gesundheitseinrichtungen der Gemeinde kommen? Die Mehrzahl der Untersuchungen zur kognitiven Modifikation von Angst hat sich mit Collegestudenten befaßt, die Probleme wie Prüfungsangst oder Redeangst haben oder vielleicht auch noch soziale Angst beim Bitten oder Annehmen einer Verabredung mit einem jungen Menschen des anderen Geschlechts. Es besteht ein beträchtlicher Unterschied zwischen der Angst eines Menschen, der sich vor dem Tod durch einen Herzanfall fürchtet, und der Angst eines Collegestudenten, der zur Behandlung kommt, weil er wegen einer bevorstehenden Prüfung in Panik gerät. Ein solcher Unterschied könnte insofern als qualitativ bezeichnet werden, als Prüfungsangst weniger schwerwiegend als Todesangst ist. Wir müssen noch mehr Daten über die Erfahrungen solcher, in einer gravierenden Weise beeinträchtigter Patienten sammeln.

Eine weitere Frage, auf die sich die künftige Forschung konzentrieren könnte, betrifft die Art der Angst: Ist kognitive Therapie genauso effektiv bei Menschen, die chronische Angstperioden von sieben oder acht Jahren hatten, wie bei jenen, die an akuter Angst leiden? Ganz offensichtlich brauchen wir noch mehr Untersuchungen über Therapieergebnisse bei diesen beiden Patiententypen.

Die Therapeut-Patient-Beziehung ist ein anderes Problem, das weiterer Forschung bedarf: Inwiefern spielt die Therapeut-Patient-Beziehung bei der Behandlung von Angst eine Rolle? In den meisten Berichten über verhaltenstherapeutische kognitive Angsttherapie werden die die Beziehung betreffenden Faktoren meistens zu wenig berücksichtigt. Bei unserem Ansatz verwendet der Therapeut sehr viel Zeit darauf, eine konstruktive Beziehung zu dem Patienten aufzubauen, denn wir glauben, daß diese Beziehung wesentlich ist, besonders bei jenen Fällen, in denen der Patient gebeten wird, etwas Bestimmtes zu unternehmen, das ihm als äußerst bedrohlich oder gefährlich erscheint. Wenn der Therapeut nicht in der Lage ist, im Patienten Vertrauen und Zuversicht zu wecken, kann der Patient unter Umständen nicht die für seine Weiterentwicklung nötigen Risiken eingehen. In der rational-emotiven Therapie (RET) kann der Therapeut Zeit zum Aufbau eines guten Rapports aufwenden oder auch nicht – es ist seiner Entscheidung überlassen. Bei unserer Therapie ist der Rapport essentiell. Es ist gesagt worden, daß Psychotherapie bedeutet, daß der Therapeut im Patienten eine Sympathie für sich weckt und dann den Patienten so erpreßt, daß dieser gesund wird. Auf welche Form von Psychotherapie auch immer sich dieser Kommentar bezieht, die Therapeut-Patient-Beziehung im Rahmen der kognitiven Therapie muß jedenfalls die Motivation fördern und moralische Unterstützung und Ermutigung bieten, so daß der Patient in der Lage ist, Vorstellungen und Verhaltensmuster zu ändern, die er als lebenserhaltend ansieht. Er muß sie zugunsten neuer Konzepte ändern, und er muß Risiken eingehen, um ihre Validität zu überprüfen. Sicherlich sollte diese zentrale Beziehung in unserem psychotherapeutischen System gründlich erforscht und überprüft werden.

Ein wichtiges Forschungsproblem ist Selbstüberprüfung. Nachdem der Patient in die Behandlung eingeführt worden ist und sich eine Beziehung zu entwickeln beginnt, besteht eine der ersten Hausaufgaben darin, das Ausmaß empfundener Angst festzustellen. Selbstbeobachtung ist ein wesentlicher Teil der Behandlung, da sie die Basis zur Überprüfung der Effizienz anderer Interventionen bildet und dem Patienten zu erkennen hilft, welche Situation zu welchem Ausmaß an Angst führt. Häufig verhält es sich so, daß ein ängstlicher Mensch nur zu ganz spezifischen Zeiten Angst empfindet. Es ist wichtig, genau diese Perioden zu kennen. Durch Überprüfung der Häufigkeit und der Stärke der Angst kann festgestellt werden, ob sich der Patient auf dem Wege der Besserung befindet. Dies ist deswegen besonders wichtig, weil der Therapeut häufig hört „Ich fühle mich nicht besser", selbst wenn die Aufzeichnungen des Patienten etwas anderes anzeigen. Die Selbstbeobachtung des Patienten liefert das zur Ermutigung des Patienten nötige Beweismaterial. Die Selbstbeobachtung demonstriert dem Patienten auch, daß Dauer und Intensität seiner Angst begrenzt sind und daß er über beide Faktoren eine starke Kontrolle bekommen kann. Kognitive Therapie kann in ihre spezifischen Komponenten zerlegt werden, deren Effektivität und relative Wichtigkeit überprüft werden können. Selbstbeobachtung ist eine solche Komponente.

Ein anderes Problem, das weiterer Forschung bedarf, ist der relative Wert verhaltenstherapeutischer Techniken, die in der kognitiven Therapie angewandt werden. Die Verfahren basieren auf der Prämisse, daß einer der besten Wege zur Änderung der Gedanken eines Menschen darin besteht, sein Verhalten zu ändern. Wenn sich jemand anders verhält, werden sich einige seiner Überzeugungen ändern. Viele Verfahren, wie beispielsweise abgestufte Hausaufgaben, die bei der Behandlung von Depression verwandt werden, werden auch bei der Behandlung von Angst benutzt. Im Anfang wird irgendeine Art von Ablenkung benutzt, wenn der Patient mit der angsterzeugenden Situation konfrontiert wird. Die Forschung könnte eine Antwort geben auf die Frage: Was ist die effektivste Ablenkungstechnik? Eine andere Frage ist: Gibt es verschiedene Typen von Patienten, für die eine spezifische Art der Ablenkung besonders nützlich wäre? Schwartz hat die Anwendung spezifischer Entspannungstechniken bei bestimmten Angsttypen erwähnt. Wenn beispielsweise der Verstand eines Patienten nachts sehr aktiv ist und der kognitive Inhalt starke somatische Elemente hat, wären dann bestimmte physische Aktivitäten angezeigt? Die Forschung könnte Antworten auf diese Art von Fragen geben. Einige Patienten ziehen Vorstellungsbilder vor, während andere vor allem vom Niederschreiben ihrer Gedanken zu profitieren scheinen. Die Forschung könnte uns sagen, welche Art von Aktivität für welchen Patiententyp am besten ist.

Bei allen verhaltenstherapeutischen Verfahren könnte die Forschung herauszufinden versuchen, ob sich die Überzeugungen des Patienten wirklich ändern, wenn er eine Handlung durchführt, vor der er Angst hat. Wenn eine Änderung festzustellen wäre, müßte man fragen, welches Ausmaß diese Änderung hat und in welche Richtung sie geht. Wenn jemand Angst vor dem Autofahren hat, ändern sich seine Überzeugungen bezüglich der Gefahren des Autofahrens dadurch, daß er weiterhin Auto fährt? Einige Untersuchungen zu diesem Problem sind schon durchgeführt worden, aber es ist noch mehr Forschungsarbeit nötig.

Forschungsarbeiten über die Leistungsangst könnten herauszufinden versuchen, was jemand bei Vorhandensein von Angst leisten kann, verglichen mit dem, was er ohne Angst leistet. Gibt es bestimmte Arten von Menschen, die ein bestimmtes Ausmaß an Angst als Stimulus brauchen, um etwas Gutes zu leisten? Gibt es bestimmte Arten von Handlungen, die weniger als andere durch Leistungsangst beeinträchtigt werden? Dies sind Fragen, die die Forschung beantworten könnte.

Ein anderes Forschungsgebiet stellen die kognitiven Verfahren dar, die von kognitiven Therapeuten in starkem Maße angewandt werden. Im Grunde bestehen diese Verfahren darin, den Patienten dazu zu bringen, seine angsterzeugenden Gedanken festzustellen, nach alternativem Beweismaterial zu suchen und dann eine Realitätsprüfung beider Datengruppen vorzunehmen. Verfahren, die in einem bestimmten Fall erfolgreich waren, müssen daraufhin überprüft werden, ob sie auch für andere Patienten effektiv sind. Eine mögliche Frage betrifft die Technik der Selbstinstruktion, die in der kognitiven Therapie verwandt wird. Bei dieser Technik bekommt der Patient eine im voraus festgelegte Reihe von Aussagen, die er sich selbst vorsagen soll, wenn er sich in einer Angstsituation befindet. Die Frage stellt sich, ob diese Technik effektiver ist als die Methode der rational-emotiven Therapie, die versucht, die grundlegenden Überzeugungen des Patienten schon früh in der Behandlung aufzudecken. Bei der kognitiven Therapie liegt im Anfang der Behandlung die Betonung auf der Informationsverarbeitung, der Realitätsprüfung und der Entwicklung von Bewältigungsstrategien. Da die grundlegenden Überzeugungen ein wichtiges Konzept innerhalb der kognitiven Therapie darstellen, brauchen wir mehr Information darüber, wie sie sich entwickelt haben und was ihre Auswirkungen auf menschliche Gefühle und menschliches Verhalten sind. Der kognitive Therapeut fokussiert die Informationsverarbeitung dann, wenn der Patient relativ symptomfrei ist. Wenn Patienten anfangen, sich ihrer Überzeugungen bewußt zu werden, erkennen sie die Annahmen, die sie für Angst, Depression oder beides in besonderem Maße empfänglich machen. Patienten können beispielsweise Angst deswegen haben, weil sie nicht viel leisten, oder sie können deprimiert sein, weil sie nicht viel geleistet haben. Eine der Fragen, die wir beantworten müssen, ist: Ist es ratsam, an diesen Annahmen in einem späteren Abschnitt der Behandlung zu arbeiten, wie wir es jetzt tun, oder würde die Behandlung eher anschlagen, wenn die Annahmen in einem frühen Stadium der Behandlung aufgedeckt würden?

Dies ist natürlich einer der Hauptpunkte, in denen sich die kognitive Therapie von der rational-emotiven Therapie unterscheidet, bei der die Grundannahmen sehr früh und schnell aufgedeckt werden, insbesondere die Grundannahmen, die zum Katastrophisieren führen. Die Techniken, die in der rational-emotiven Therapie gegen das Katastrophisieren angewandt werden, können bei einigen Patienten sogar in der ersten Sitzung sehr viel bewirken, manchmal jedoch sind diese Techniken total ineffektiv. Wenn der Therapeut, der diese Techniken benutzt, fragt: „Was ist so schrecklich am Sterben? Was ist so schrecklich daran, verrückt zu sein?" enthüllt der Patient unter Umständen wichtige Informationen bezüglich seiner Überzeugungen. Da jedoch Angstpatienten keine klaren Vorstellungen haben, können sie leicht solche Fragen als Hinweise darauf interpretieren, daß der Therapeut sie nicht versteht oder denkt, daß die Patienten „verrückt werden". Es sollte überprüft werden, zu welchen Erfolgen und Fehlschlägen diese Methode, wenn man sie im Anfang einsetzt, führt.

Eine wichtige Frage ist: Welche Art von Behandlung ist effektiver, eine Behandlung, die die automatischen Gedanken fokussiert, oder eine Behandlung, die fokussiert, wie jemand eine Situation strukturiert? Wir ermutigen Patienten nicht nur dazu, Entgegnungen auf ihre automatischen Gedanken zu finden, sondern wir erforschen auch ihre Interpretationen der Ereignisse und versuchen festzustellen, in welchem Ausmaß die den Ereignissen zugemessene Bedeutung dysfunktional oder verzerrt ist. Holroyd (1976) berichtet in einem kürzlich erschienenen Artikel seine Beobachtung, daß prüfungsängstliche Studenten einen Großteil der Information über ihre Situation verzerrt wahrnehmen. Eine Art von Intervention behandelt diese Verzerrungen, eine andere Art befaßt sich damit, wie ein Patient eine Situation strukturiert. Hat beispielsweise ein Patient Angst vor den Konsequenzen einer unzulänglichen Leistung, oder ist es die Leistung selbst, wie etwa das Reden in der Öffentlichkeit, die die Angst hervorruft?

Ein weiteres wichtiges Feld, auf dem durch Forschungen wichtige Daten gewonnen werden könnten, sind die Vorstellungstechniken. Nach unseren Beobachtungen haben über 90 Prozent unserer Angstpatienten lebhafte Vorstellungen in Hinblick auf das gefürchtete Ereignis oder die gefürchtete Situation. Die meisten Patienten sind sich ihrer Vorstellungen nicht einmal bewußt, wenn man sie nicht darauf hinweist und bittet, über sie zu sprechen. Die Erkenntnis des Patienten, Vorstellungsbilder zu haben, scheint in sich eine sehr effektive Behandlungsmethode zu sein. Diese Vorstellungen haben in zweierlei Hinsicht einen Einfluß auf die Patienten: Zunächst hat der Patient ein Bild des gefürchteten Ereignisses vor sich, und dann beginnt er, zu sich selbst zu sprechen. Er hat beispielsweise das Bild vor sich, wie er auf der Autobahn in einen Verkehrsunfall verwickelt wird; dann sagt er sich: „Nein! Ich darf nicht fahren! Gefahr!"

Was ist die beste Methode, um mit diesen Vorstellungsbildern fertigzuwerden? Es gibt eine Reihe von Verfahren. Zuerst einmal muß sich der Patient ihrer bewußt werden, bevor er mit der sich anschließenden Methode beginnt, die darin besteht, daß er verbal auf diese Vorstellungsbilder antwortet. Zweitens muß der Patient willentlich das Vorstellungsbild ändern. Eine Patientin beispielsweise, die Angst vor dem eigenen Tod und dem ihres Mannes hatte, erlebte in der Vorstellung ständig, wie er oder sie starb und der jeweils andere allein zurückblieb. Sie änderte diese Vorstellung in eine andere um, nach der beide achtzig Jahre alt waren und zusammenlebten. Durch diese Änderung der Vorstellung wurde die Angst bewältigt, die durch andere verbale Techniken nicht zu beseitigen war. Es gibt ferner einige Vorstellungsbilder, die zur Entwicklung einer bewußten Kontrolle in Situationen, die als gefährlich betrachtet werden, herangezogen werden können. Da ist beispielsweise die Vorstellung, selbst ruhig und sicher auf einer belebten Autobahn zu fahren. Es wäre eine interessante und nützliche Forschungsarbeit festzustellen, welche Vorstellungsbilder

Angstpatienten haben, wie sie sie interpretieren, wie sie von ihnen beeinflußt werden und in welcher Weise bei einer Änderung dieser Bilder sich auch eine Änderung im Zustand der Patienten ergibt.

Schließlich brauchen wir noch mehr Forschungsergebnisse über die zu Hause erfolgende Behandlung, bei der wir Hilfstherapeuten oder Menschen, die im Leben des Patienten eine wichtige Rolle spielen, in die Therapie einbeziehen. Diese Menschen begleiten den Angstpatienten, bis er als Ergebnis eines allmählichen Shaping-Prozesses es wagen kann, ohne Begleitung in die gefürchtete Situation zu gehen. Das Oxford-Modell betont ein direktes In-vivo-Desensibilisierungsprogramm. Wir versuchen, dem Patienten eine Reihe von Bewältigungsstrategien an die Hand zu geben; Beispiele hierfür sind Ablenkung, Kontrolle der Vorstellungsbilder, Beantwortung automatischer Gedanken und in einem späteren Stadium das In-Frage-Stellen von Überzeugungen. Welcher Ansatz ist jeweils effektiver? Unter welchen Bedingungen? Bei welchem Patiententyp? All dies sind sicherlich Fragen, die der weiteren Untersuchung bedürfen.

Nachuntersuchungen:

Bereits durchgeführte Untersuchungen zur kognitiven Therapie (Meichenbaum, 1978) haben ergeben, daß bei Interventionen, die sich auf die kognitive Theorie stützen, es ziemlich wahrscheinlich ist, daß die in der Therapie erlernten Verfahren auch bei Problemen verfügbar sind, die sich lange nach Beendigung der Therapie ergeben. Intensive Nachuntersuchungen würden eine Überprüfung ermöglichen, inwieweit diese Methode auch auf lange Sicht effektiv ist. Ferner könnten Forschungsuntersuchungen feststellen, welche Komponenten den größten Wert für die Patienten hatten, die überhaupt von der kognitiven Therapie profitiert haben.

Anhang 1

Bewältigung der Angst

Menschsein bedeutet auch, daß man emotionale Probleme hat. Manchmal können wir mit diesen Problemen selbst fertig werden, manchmal schaffen wir es durch die von Familienmitgliedern und Freunden erhaltene Hilfe. Genauso aber, wie wir bei einer physischen Krankheit mit dem Arztbesuch nicht so lange warten würden, bis die Krankheit ein kritisches Stadium erreicht hat, können wir auch von professioneller Hilfe bei der Bewältigung emotionaler Probleme profitieren, bevor diese Probleme zu ernst werden und uns zu großen Schaden zufügen. Die Entscheidung, sich Hilfe zu holen, ist ein Zeichen von Klugheit, gesundem Menschenverstand und Vertrauen in das eigene kreative Potential. Lesen Sie diese Broschüre vor der ersten Sitzung, um aus Ihrer Therapieerfahrung den größtmöglichen Nutzen zu ziehen. Sie werden darin wahrscheinlich Antworten auf einige Ihrer Fragen finden, und einige Vorschläge werden sich als nützlich herausstellen.

Zeichen von Angst

„Was ist, wenn ich bei dieser Prüfung durchfalle? Meine berufliche Laufbahn wird ruiniert sein, bevor sie überhaupt begonnen hat. Ich fühle mich so elend, wenn ich nur daran denke, daß ich gar nicht lernen kann. Aber ich *muß* ja lernen, sonst . . ."

„Ich kann morgen die Rede nicht halten, weil ich jetzt schon weiß, daß ich so nervös sein werde, daß ich dann alles vergesse, was ich sagen wollte. Ich kann es mir schon richtig vorstellen, wie es sein wird – alle Augen sind auf mich gerichtet, alle wissen, wie nervös und wie wenig kompetent ich bin."

„Diese Arbeitsstelle ist geradezu wie geschaffen für jemanden mit meinen Qualifikationen. Ich sollte mich darum bewerben. Aber sie ist im 32. Stockwerk. Ich kann die Vorstellung nicht ertragen, daß ich jeden Tag mit dem Fahrstuhl hochfahren muß. Wenn mich dann Panik ergreift, könnte ich schreien oder mich übergeben. Das wird dann ganz furchtbar und eine schreckliche Demütigung für mich sein."

„Jedesmal, wenn ich aus dem Haus gehe, fängt mein Herz an zu rasen. Ich bin ganz sicher, daß ich einen Herzanfall haben werde. Genauso wie mein Vater, der daran starb."

* * *

Das sind also die Gedanken und Gefühle, die jene Menschen haben, die unter Angst und Phobien leiden. Da sowohl Angst als auch Phobien in der Furcht ihren Ursprung haben, sind beide Zeichen für die Furcht vor einer bestimmten Art von Gefahr oder Bedrohung des eigenen Wohlbefindens. Dies Gefühl der Bedrohung manifestiert sich in vielerlei physischen Symptomen, der „Körpersprache" der Angst. Diese Symptome selbst sind unangenehm: schnelle Atmung, beschleunigter Puls, Schwindelgefühl,

Übelkeit, Kopfschmerzen, Schweißausbrüche, trockener Mund, Schmerz in verschiedenen Muskeln usw. Bei einem länger anhaltenden Zustand von Angst oder bei chronischer Angst können diese beunruhigenden, unkontrollierbaren Symptome eine solche Form annehmen, daß es wie eine tatsächliche Krankheit aussieht.

Eine der wesentlichsten Tatsachen, die ein unter schwerer Angst leidender Patient lernen und sich in kritischen Momenten ins Gedächtnis zurückholen muß, ist, daß die erlebten Symptome *nicht* bedrohlich sind. Der rasende Puls oder das klopfende Herz, das Schwindelgefühl oder die Übelkeit, das Verlangen zu schreien, zu weinen oder auf den Tisch zu trommeln, keine dieser physischen oder emotionalen Reaktionen sind ein Zeichen dafür, daß der Betreffende unter einer schweren Krankheit leidet oder ,,verrückt wird". Diese Symptome sind unangenehm, sie stören; sie können jedoch toleriert werden, bis sie verschwinden. Und sie *werden* verschwinden.

Das Wesen von Angst und Phobien

Phobien erzeugen eine intensive Angst, die von verschiedenen physischen und emotionalen Symptomen begleitet ist. Der Phobiker reagiert auf eine spezifische Sache oder Situation, die in einem bestimmten Ausmaß ohne größere Unannehmlichkeiten vermieden werden kann. So lange wie für den Betreffenden das gefürchtete Ereignis, Objekt oder die gefürchtete Situation nicht ein integrierter Teil des Lebens ist, braucht er keine Auswirkungen der Phobie zu spüren. Jemand mit einer phobischen Angst vor dem Fliegen kann beispielsweise planen, alle Reisen mit anderen Transportmitteln zu unternehmen.

Derjenige jedoch, der an einer Angstneurose leidet, kann nicht immer die Quelle seiner Angst genau angeben. Und selbst wenn er die Ursache angeben kann, gelingt es ihm nicht, sie zu vermeiden. Entweder zwingen ihn die Erfordernisse seiner Lebenssituation zum Zusammentreffen mit dem gefürchteten Ereignis, oder er hat seine Angst schon so vollständig verinnerlicht, daß die Quelle dafür jetzt in ihm selbst ist.

Manchmal ist es für einen Menschen notwendig, Furcht zu empfinden. Er muß dadurch die Bedrohung durch eine tatsächliche Gefahr anerkennen und Vorbereitungen treffen, um dieser Gefahr entgegentreten zu können. Eine solche Furcht kann zu einem bestimmten Grade von den Symptomen einer schweren Angst begleitet sein. Derjenige jedoch, der unter einer exzessiven Angst oder unter phobischen Reaktionen leidet, reagiert damit nicht auf die tatsächlich vorhandene Situation. Er erwartet beispielsweise eine Gefährdung seines Wohlbefindens, wenn nur eine geringe Wahrscheinlichkeit dafür besteht. Wenn er irgendeine schwierige Situation vor sich hat wie beispielsweise eine Prüfung oder ein Einstellungsgespräch, dann wird er die Schwierigkeiten übertreiben und sich in starkem Maße mit den Schrecken eines negativen Resultats beschäftigen. Gleichzeitig wird er seine eigene Fähigkeit, mit dem Gefürchteten fertigzuwerden, unterschätzen, übersehen oder nicht genügend in Betracht ziehen. Mit anderen Worten, er interpretiert die Realität falsch und verzerrt sie so, daß er Angst hat vor Gefahren, die entweder nicht existieren oder mit denen er gut fertigwerden könnte, wenn er nicht so durch seine eigenen Angstreaktionen beeinträchtigt wäre.

Wenn sich ein unter schwerer Angst leidender Mensch stark seiner eigenen unangenehmen physischen und emotionalen Reaktionen bewußt wird, fängt er unter Umständen an, die Symptome selbst zu fürchten, vielleicht sogar mehr als die Situation, die die Symptome ausgelöst hat. Dadurch verschlimmert sich natürlich seine Lage. Je nervöser er wird, umso stärker werden seine Symptome, und er steckt in einer Spirale von zunehmendem emotionalen und physischen Leiden.

Neue Forschungsergebnisse

Da diese Form von Angst auf einer falschen Interpretation der Realität beruht, haben Untersuchungen ergeben, daß bestimmte Gedanken und geistige Vorstellungsbilder das Angsterlebnis automatisch begleiten. Diese Gedanken oder *Kognitionen* beziehen sich gewöhnlich auf die Zukunft: ,,Ich werde entlassen werden." ,,Ich werde die Kontrolle über mich verlieren und eine Demütigung erfahren." ,,Ich werde an einem Herzanfall sterben." ,,Wenn ich ins Krankenhaus gehe, werde ich vor Angst ohnmächtig werden."

Die Verbindung zwischen diesen automatischen Gedanken und dem Erlebnis einer ungerechtfertigten Angst brachte die an diesem Problem arbeitenden Forscher darauf, daß, wenn diese Kognitionen überwacht und geändert würden, bis sie mit der Realität übereinstimmten, die Angst selbst modifiziert und sogar ausgerottet würde. Erfahrungen mit Patienten haben gezeigt, daß diese Methode effektiv ist. Die Methode wird als *kognitive Therapie* bezeichnet, weil sie sich damit befaßt, wie die Gedanken eines Menschen seine Emotionen und sein Verhalten beeinflussen.

Die Anwendung der kognitiven Methode

Bei der folgenden Anekdote können Sie die Art und Weise erkennen, in der die ,,innere Angststimme" eines Menschen seine Fähigkeit zerstört, sich der Situation angemessen zu verhalten. Ein einsamer junger Mann möchte ein Mädchen um eine Verabredung bitten. Jedesmal jedoch, wenn er dazu die Gelegenheit bekommt, kommen ihm Angstgedanken. ,,Sie wird denken, ich bin blöd, weil ich so nervös bin. Sie wird mir einen Korb geben, und ich werde mich dann so elend fühlen, daß man es merkt. Ich könnte sogar anfangen zu weinen, was eine noch größere Schande wäre!" Während ihm diese Gedanken durch den Kopf gehen, zieht sich seine Kehle zu, sein Mund ist trocken, und er kann kein Wort herausbringen, selbst wenn er es versucht. Die Gelegenheit zur Bitte um eine Verabredung bleibt ungenutzt, und der junge Mann haßt sich jetzt selbst, weil er wieder versagt hat. ,,Ich bin ein Versager", denkt er.

Wie würde nun die kognitive Therapie diesem jungen Mann und jenen von Ihnen helfen, deren Angstgedanken und Vorstellungsbilder Sie daran hindern, das Leben zu führen, das Sie gern führen möchten? Die kognitive Therapie hilft Ihnen dabei, Fehler in Ihrem Denken zu erkennen. Ihr Denken ist darauf gerichtet, was geschehen würde, wenn Sie so zu handeln wagten, wie Sie es tatsächlich wünschen. In der Therapie werden Sie lernen, Ihre verstandesmäßigen Fähigkeiten und Ihre Beobachtungsgabe auf Situationen Ihres Lebens anzuwenden, die in Ihnen Angst erzeugen. Wie ein Wissenschaftler werden Sie lernen, wie Sie Ihre Vorstellungen „testen" und feststellen können, wie realistisch sie sind; Sie selbst sind dabei das „Versuchskaninchen", und das Leben ist Ihr Labor. Wenn Sie allmählich die Verzerrungen und Ungenauigkeiten Ihres Denkens eliminieren können, werden Sie zu einer brauchbaren, angstfreien Haltung gelangen, die es Ihnen ermöglicht, mit Lebenssituationen fertig zu werden.

Schritte der kognitiven Therapie

Der erste Schritt besteht darin, immer, wenn Sie Angst empfinden, Ihre eigenen automatischen Gedanken zu erkennen. Um sie erkennen zu können, sollten Sie sich die folgenden charakteristischen Merkmale einprägen:
1. Diese Gedanken scheinen aus dem Nichts zu kommen. Sie werden nicht durch bewußte Erinnerung hervorgerufen oder den Versuch, logisch zu denken oder ein logisches Denkmuster zu entwickeln.
2. Die Gedanken sind unvernünftig. Sie werden dies erkennen, wenn Sie mit Hilfe Ihres Therapeuten lernen, durch Hinzuziehung von Logik und Fakten diese Gedanken in Zweifel zu ziehen.
3. Obwohl die Gedanken unvernünftig und unrichtig sind, *erscheinen* sie wahrscheinlich zu dem Zeitpunkt, zu dem Sie sie empfinden, plausibel und verläßlich. Sie neigen dazu, sie sofort als realistische Gedanken zu akzeptieren, wie beispielsweise den Gedanken „das Telefon klingelt; ich sollte es beantworten".
4. Diese Gedanken haben keine nützliche Funktion und beeinträchtigen Ihre Fähigkeit, Ihr eigenes Verhalten zu kontrollieren. Je mehr Sie daher diese Gedanken akzeptieren, umso ängstlicher werden Sie sich fühlen.

Versuchen Sie, sich daran zu erinnern, was Sie sich selbst vorsagten und welche inneren Vorstellungsbilder oder Phantasien Sie hatten, als Sie begannen, sich ängstlich zu fühlen. Ihre automatischen Gedanken können durch eine direkt bevorstehende schwierige Situation ausgelöst worden sein; hierbei kann es sich um die Pflicht handeln, eine Prüfung abzulegen, an einem geselligen Ereignis teilzunehmen oder einen Termin für ein Einstellungsgespräch einhalten zu müssen. Die automatischen Gedanken können sich auch auf die Möglichkeit eines Ereignisses in der fernen oder unbestimmten Zukunft beziehen, beispielsweise auf einen Herzanfall, einen Verkehrsunfall oder ein Verbrechen.

Der zweite Schritt, nachdem Sie gelernt haben, diese Kognitionen zu erkennen, besteht darin, sie in einem Notizbuch festzuhalten. Mit der Hilfe Ihres Therapeuten werden Sie lernen, sie in Zweifel zu ziehen, sie mit Ihrer eigenen Logik und Ihrem spezifischen Wissen um die Realität zu betrachten. Ihr Therapeut wird Ihnen vielleicht auch zeigen, wie Sie Ihre Angst graphisch darstellen können, wobei jeweils Häufigkeit und Dauer verdeutlicht werden sollen. Wenn Sie erkennen, daß *jedes Angsterlebnis* zeitlich begrenzt ist, werden Sie nicht mehr bei der falschen Vorstellung in Panik verfallen, daß Sie sich immer so fühlen werden.

Der dritte Schritt besteht darin, Strategien zu entwickeln und durchzuführen, die es Ihnen ermöglichen, Ihre Gedanken und Überzeugungen bezüglich dessen, was sich ereignen könnte, zu überprüfen. Der junge Mann in der Anekdote beispielsweise wird ein Mädchen um ein Treffen bitten. Er wird dies nicht tun, um tatsächlich eine Zusage zu bekommen, sondern um seine Fähigkeit auszuprobieren, sie darum zu bitten, und um seine übertriebenen Vorstellungen zu überprüfen im Hinblick darauf, wie wahrscheinlich eine Zurückweisung ist und wie eine Zurückweisung auf ihn wirkt.

Der vierte Schritt besteht in der Diskussion der Ergebnisse des Tests. Der junge Mann findet beispielsweise heraus, daß seine Angst bezüglich des Resultats fast gleich Null war, denn er hat es ja nur „ausprobiert"; vielleicht findet er auch heraus, daß selbst ein negatives Ergebnis nicht die verheerenden Folgen hatte, wie er erwartet hatte.

Ein fünfter Schritt oder eine Zusatztechnik wird das Rollenspiel sein. Um Ihnen das Üben verschiedener Möglichkeiten, mit Schwierigkeiten fertigzuwerden, zu ermöglichen, wird der Therapeut Ihre Rolle des „ängstlichen Menschen" einnehmen, und Sie werden sich „auf der anderen Seite" befinden, so daß Sie einige Ihrer Aussagen und Vorstellungen angreifen können, die sich darauf beziehen, was passieren wird, wenn Sie dies und jenes tun. Wenn Sie gute Fortschritte bei der Anwendung der gelernten Methoden machen, werden Ihre angsterzeugenden Gedanken geringer werden, und Sie werden zuversichtlich sein bezüglich Ihrer Fähigkeit, Ihre eigenen Reaktionen zu kontrollieren und das Leben zu nehmen, wie es kommt; Sie werden selbst Freude haben an dieser Fähigkeit.

Denkfehler

Wenn Sie Ihre angsterzeugenden Gedanken betrachten, werden Sie feststellen können, daß sich Ihre Denkfehler in die folgenden allgemeinen Kategorien einordnen lassen:

1. *Übertreibung:* Eine Frau war überzeugt davon, daß ihr Mann sie verlassen würde. Sie dachte, sie sei zu alt, um für ihn noch attraktiv zu sein. Ihre Angst veranlaßte sie, jede neue Falte in ihrem Gesicht und an ihrem Hals, jedes graue Haar auf ihrem Kopf stark zu beachten, sie verglich sich selbst mit jeder jüngeren Frau, die sie traf, und dieser Vergleich fiel stets zu ihren Ungunsten aus. Sie konnte ihre eigenen Vorzüge nicht erkennen und regte sich zu sehr auf, als daß sie das Beste daraus machen konnte. Ferner unterschätzte sie die Liebe und Loyalität ihres Mannes und dachte nicht einmal darüber nach, daß an ihm ja auch Zeichen des Älterwerdens festzustellen waren.
2. *Katastrophisieren:* Wenn der ängstliche Mensch eine Gefahr oder Schwierigkeit erwartet, sieht er als Ergebnis eine totale Katastrophe vor sich. Ein Angstpatient, der einen relativ einfachen operativen Eingriff vor sich hat, fürchtet, daß diese Operation zum Tod oder zu langer Krankheit führen wird.
3. *Verallgemeinerungen:* Ein negatives Erlebnis wie beispielsweise eine nichterfolgende Beförderung wird als Grundlage für ein Gesetz genommen, das für das ganze Leben Gültigkeit haben soll: „Ich werde es nie zu irgend etwas im Leben bringen. Ich schaffe es einfach nicht."
4. *Einseitigkeit:* Der ängstliche Mensch mißachtet alle Hinweise für seine Fähigkeit, erfolgreich Dinge zu bewältigen. Er vergißt alle positiven Erlebnisse der Vergan-

genheit und erwartet für die Zukunft nur unüberwindliche Probleme und unerträgliches Leid. Der ängstliche Student beispielsweise ignoriert die guten Noten, die er in vergangenen Tests erhalten hat. Er vergißt auch die Tatsache, daß die nächste nur eine vieler Prüfungen sein wird und daher nicht allein über seine Karriere entscheiden wird.

Hausaufgaben

Ein wichtiger Teil der Therapie sind „Hausaufgaben". In der Therapie werden Sie Methoden der Angstbewältigung lernen, die im ganzen Leben anwendbar sein werden. Die Ausführung der Hausaufgaben stärkt nicht nur Ihre Fähigkeit, die in der Therapie entwickelten Strategien anzuwenden, sondern sie bietet Ihnen auch eine Gelegenheit, Ihre Vorstellungen in realen Situationen zu überprüfen. Sie werden lernen, Ihre automatischen Gedanken zu überwachen und zu protokollieren. Sie werden ferner lernen, angsterzeugenden Situationen in einer Weise zu begegnen, die es Ihnen ermöglicht, Ihre Angstreaktionen unter Kontrolle zu halten, beziehungsweise sie sogar „im Keime zu ersticken". Hier sind einige Regeln, die Sie bei der Übung Ihrer neuen Techniken befolgen sollten:

1. Denken Sie vor einer Konfrontation mit der angsterzeugenden Situation über die „Rettungsfaktoren" nach. Was ist in dieser Situation an Positivem für Sie vorhanden? Der ängstliche Student mag sich an seine früheren guten Noten erinnern, seine sorgfältige, monatelange Vorbereitung, sein früheres gutes Abschneiden in Prüfungen.
2. Um das Katastrophisieren zu vermeiden, denken Sie die Situation bis zu dem Ergebnis durch, das schlimmstenfalls eintreten kann. Wenn z.B. der Student die Prüfung nicht besteht, wird das dann tatsächlich das Ende seiner Laufbahn bedeuten? Wird er weitere Gelegenheiten haben, seine vorhandenen Fähigkeiten zu beweisen? Meistens werden Sie sehen, daß man auch das Schlimmste ertragen oder überstehen kann. Und da das Schlimmste unwahrscheinlich ist, werden Sie auch in der Lage dazu sein, das anzunehmen, was kommt.
3. Wenn Sie von Vorstellungen überflutet werden, die Katastrophe, Schmerz oder Demütigung beinhalten, notieren Sie diese Vorstellungen und betrachten Sie jedes Vorstellungsbild oder jede Phantasie mit Logik und beachten Sie den Grad ihrer Wahrscheinlichkeit. Wenn Sie dann sehen, wie unlogisch oder unwahrscheinlich jede Vorstellung tatsächlich ist, werden Sie lernen, auftretende Vorstellungsbilder in Zweifel zu ziehen, ohne sie unbedingt niederschreiben zu müssen.
4. Wenn einige grundlegende Überzeugungen die Wurzel Ihrer Angst bilden, sammeln Sie Fakten zu ihrer Überprüfung, denn Wissen ist ein sehr gutes Mittel gegen Angst. Wenn Sie eine Phobie vor Fahrstühlen haben, sammeln Sie alle Fakten, die sich auf die Sicherheit von Fahrstühlen beziehen: Fakten über die Konstruktion, Inspektion, Unfallhäufigkeit, Alarmsysteme usw. Wenn Sie Angst vor einem Herzanfall haben, lassen Sie sich ärztlich untersuchen und folgen Sie den Ratschlägen eines Arztes hinsichtlich sportlicher Betätigungen.
5. Wenn Sie sich bei dem Gedanken an eine tatsächliche Konfrontation mit der angstauslösenden Situation überwältigt fühlen, gehen Sie allmählich an die Situa-

tion heran. Wenn beispielsweise ein Mann zu große Angst hat, eine Frau um eine Verabredung zu bitten, kann er zunächst eine Frau fragen, die gute Gründe für eine Ablehnung hat (sie ist beispielsweise verlobt oder verheiratet). Dann kann er ihr sagen, daß er nur „übte". Jemand, der Angst davor hat, in hohe Gebäude zu gehen, steigt zuerst nur einige Stockwerke empor, zuerst mit einem Freund, dann erst allein.

6. Wenn Sie gerade dabei sind, eine Überzeugung in Zweifel zu ziehen, und starke Angst setzt dabei ein, dann benutzen Sie Ablenkungstechniken. Konzentrieren Sie sich auf verschiedene Details, die keine Beziehung zu Ihrer Angst haben. Wenn Sie in einer Prüfung sind, lesen Sie den Namen auf Ihrem Kugelschreiber oder begucken Sie sich die Schuhe verschiedener Studenten. Bei einem gesellschaftlichen Ereignis studieren Sie die Muster von Textilien, die Stilrichtung der Möbel oder andere oberflächliche Dinge bezüglich der anderen Menschen.

Ihr Therapeut wird Ihnen dabei helfen, diese Techniken auf Ihre eigene Situation anzuwenden. Er wird Sie ermutigen, weitere Methoden zur Angstkontrolle auszuprobieren. Derartige Methoden sind beispielsweise die Erhöhung des sensorischen Inputs durch Läuten von Glocken oder In-die-Hände-Klatschen, das Ersetzen einer unangenehmen Phantasie durch eine angenehme. Eine weitere Methode ist das Üben der Fähigkeit, willentlich eine bestimmte unangenehme Phantasie heraufzubeschwören, um sie dann wieder auszuschalten, so wie man ein Fernsehprogramm ausschaltet, das man nicht mag. In der Therapiesitzung werden Sie diese Techniken üben, so daß Sie sie sicher beherrschen, wenn Sie allein sind.

Da Sie sich gerade am Anfang der Therapie befinden, sind hier nun einige generelle Richtlinien, an die Sie stets denken sollten.

Anzufangen ist von großer Bedeutung. Wenn man erst einmal anfängt, wenn man eine Entscheidung fällt und beginnt, sie auszuführen, dann merkt man, wie man bereits über mehr Kontrolle und Macht verfügt.

Ziele geben Ihrem Programm besonderen Schwung. Wenn Sie ein genaues Bild davon haben, wie Sie sich gerne ändern würden und wie Ihr Leben sein könnte, wenn Sie keine Angst hätten, dann wissen Sie, wofür Sie arbeiten. Teilen Sie Ihre Vorstellungen Ihrem Therapeuten mit, so daß er Ihnen bei dem Erreichen Ihrer Ziele helfen kann.

Erinnern Sie sich stets daran, daß Sie nur das „herausbekommen" können, was Sie hineingesteckt haben. Anstrengung ist erforderlich, damit bedeutsame Änderungen stattfinden. Sehr lange waren Sie ein Opfer Ihrer Angstreaktionen. Es bedarf daher einiger Zeit und einiger Anstrengung, die alten Gedankenmuster zu isolieren und Methoden zu entwickeln, sie zu bekämpfen und auszurotten.

Seien Sie sich immer darüber im klaren, daß es andere Menschen gibt, die Ihnen, falls es nötig ist, helfen können. Ihre eigene „Großfamilie", Verwandte, Freunde, Geschäftsfreunde, Mitglieder Ihrer Kirchengemeinde, Ihr Arzt und andere, die an Ihrem Wohlergehen Interesse haben, sie alle können möglicherweise in Ihren Heilungsprozeß miteinbezogen werden. Lernen Sie es, sie um Verständnis und Hilfe zu bitten. Gewöhnlich erfahren diese Leute eine positive Änderung ihres eigenen Lebens, wenn sie dazu aufgefordert werden, einem anderen Menschen zu helfen.

Seien Sie gewissenhaft bei der Anwendung der Techniken, die Sie in der Therapie gelernt haben. Obwohl die *Therapie selbst zeitlich begrenzt ist,* sind die Methoden, die Sie lernen, das ganze Leben hindurch anwendbar. Niemand ist für immer frei von emotionalen Problemen, aber Sie werden sehen, daß die durch diese Probleme erzeugte Angst nicht Ihr ganzes Leben zu beherrschen braucht.

Zuletzt ist zu erwähnen, daß Sie sich selbst die Freude gönnen sollen, mit Begeisterung neue Wege zu erforschen, um mit den Anforderungen des Lebens fertigzuwerden. Allein die Tatsache, daß Sie die Initiative aufgebracht haben, Hilfe zu suchen, zeigt, daß ein Funke von Hoffnung und Erwartung in Ihnen lebendig ist. Während die Therapie voranschreitet und die Angst zurücktritt, wird dieser Funke eine neue Begeisterung für das tägliche Leben entfachen. Glauben Sie es, und seien Sie bereit, dafür zu arbeiten.

Anhang 2

Protokoll der täglich aufgetretenen dysfunktionalen Gedanken

Datum	Situation	Gefühl(e)	automatische(r) Gedanke(n)	rationale Antwort	Ergebnis
	Beschreiben Sie: 1. Tatsächliches Ereignis, das zu dem unangenehmen Gefühl führte, oder 2. Gedankenstrom, Tagtraum oder Erinnerung, die zu dem unangenehmen Gefühl führten.	1. Geben Sie genau an, ob Sie traurig, ängstlich/ärgerlich etc. waren. 2. Beurteilen Sie den Grad des Gefühls anhand einer Skala von 1-100.	1. Schreiben Sie den (die) automatischen Gedanken auf, der (die) dem Gefühl (den Gefühlen) vorausging(en). 2. Beurteilen Sie die Überzeugungen von dem (den) automatischen Gedanken mit Hilfe einer Prozentangabe (Spanne: 0-100%).	1. Notieren Sie die rationale Antwort auf den (die) automatischen Gedanken. 2. Beurteilen Sie den Glauben an die rationale Antwort mit Hilfe einer Prozentangabe (Spanne: 0-100%).	1. Beurteilen Sie erneut die Überzeugung von dem (den) automatischen Gedanken mit Hilfe einer Prozentangabe (Spanne 0-100%). 2. Geben Sie die darauf folgenden Gefühle an und beurteilen Sie sie mit Hilfe einer Prozentangabe (Spanne: 0-100%).

Anhang 3

Zeitplan der Aktivitäten einer Woche

Bitte beachten Sie: Kennzeichnen Sie die Aktivitäten durch **E** (Erfolg) oder **V** (Vergnügen).

	M	D	M	D	F	S	S
9-10							
10-11							
11-12							
12-13							
13-14							
14-15							
15-16							
16-17							
17-18							
18-19							
19-20							
20-21							

LITERATURVERZEICHNIS

AHSEN, A.: *Eidetic Psychotherapy.* Nai Matbooat, Lahore. Pakistan, 1965.
BANDLER, R.J., MADARAS, G.R. & BEM, D.J.: Self-observation as a source of pain perception. *Journal of Personality and Social Psychology,* 1968, 9, 205-209.
BECK, A.T.: *Depression: Clinical, experimental, and theoretical aspects.* New York: Harper and Row, 1967.
Republished as: *Depression: Causes and treatment.* Phila.: University of Pennsylvania Press, 1972.
BECK, A.T.: *Cognitive therapy and the emotional disorders.* New York: International Universities Press, 1976;
deutsch: *Wahrnehmung der Wirklichkeit und Neurose.* München: Pfeiffer, 1979.
BECK, A.T. & BEDROSIAN, R.C.: Principles of Cognitive Therapy. In: Mahoney, M.J. (Ed.): *Psychotherapy process: Current issues and future directions.* New York: Plenum (in press).
BECK, A.T. & EMERY, G.: *Individual treatment manual for cognitive behavioral psychotherapy of drug abuse.* Phila.: Center for Cognitive Therapy, 1977.
BECK, A.T., LAUDE, R. & BOHNERT, M.: Ideational components of anxiety neurosis. *Archives of General Psychiatry,* 1974, 31, 319-325.
BECK, A.T., RUSH, A.J., SHAW, B.F. & EMERY, G.: *Cognitive Therapy of Depression.* New York: Guilford Press (in press);
deutsch: *Kognitive Therapie der Depression.* München: Urban & Schwarzenberg, 1980.
BEDROSIAN, R.C.: Strategies of task presentation and self-monitoring behavior. (Doctoral dissertation, Miami University, 1977.) *Dissertation Abstracts International,* 1978, 38 (in press).
BROWN, B.M.: *The use of induces imagery in psychotherapy.* Mimeographed paper, 1967.
CHAPMAN, J.: Visual Imagery and motor phenomena in acute schizophrenia. *British Journal of Psychiatry,* 1967, 113, 771-778.
DiLORETTO, A.O.: *Comparative Psychotherapy: An experimental analysis.* Chicago: Aldine-Atherton, 1971.
DYER, W.W.: *Your Erroneous Zones.* New York: Funk & Wagnalls, 1976;
deutsch: *Der Wunde Punkt — 12 Therapieschritte zur Überwindung der seelischen Problemzonen.* Reinbek: Rowohlt, 1977.
ELLIS, A.: *How to master your fear of flying.* New York: Institute for Rational Living, 1972.
ELLIS, A.: The basic clinical theory of rational emotive therapy. In: Ellis, A. & Grieger: *Handbook of Rational Emotive Therapy.* New York: Springer, 1977, 3-34.
ELLIS, A. & HARPER, R.A.: *A guide to rational living.* Englewood, N.J.: Prentice Hall, Inc., 1961.
EMERY, G.: *Manual for self-reliance training.* Unpublished manuscript, 1978.
ENGLISH, H.B. & ENGLISH, A.C.: *A comprehensive dictionary of psychological and psychoanalytical terms: A guide to usage.* New York: Longmans, Green & Co.
FREUD, S.: Inhibitions, symptoms and anxiety. *Standard Edition,* 1959, 20, 87-172. London: Hogarth Press;
deutsch: *Hemmung, Symptom und Angst* (1962d), Gesammelte Werke Bd. 14, S. 113-205. Frankfurt/M.: S. Fischer, 1960.
FREUD, S.: New introductory lectures on psychoanalysis. *Standard Edition,* 1964, 22, 3-182. London: Hogarth Press;
deutsch: *Neue Folge der Vorlesungen zur Einführung in die Psychoanalyse* (1933a), Gesammelte Werke Bd. 15, S. 2-197. Frankfurt/M.: S. Fischer, 1960.

FREUD, S. & BREUER, J.: *Studies on hysteria.* New York: Avon Books, 1966; deutsch: *Studien über Hysterie.* (Wien 1895) Frankfurt/M.: Fischer-Taschenbuch-Verlag.

GALLWEY, W.T.: *The inner game of tennis.* New York: Random House, 1974.

GALLWEY, W.T.: *Inner tennis.* New York: Random House, 1976.

GALTON, F.: *Inquiries into human faculty and its development.* New York: Macmillan, 1883.

GENTRY, W.D.: Behavior modification of the coronary prone (Type A) pattern. In: Dembroski, T.M. (Ed.): *Proceeding of the Forum on Coronary Prone Behavior.* St. Petersburg, Florida, June 1977, Department of Health, Education and Welfare, Public Health Service, National Institute of Health, DHEW Publication No. (NIH) 78-1451.

GOLDFRIED, M.R. & DAVISON, G.C.: *Clinical Behavior Therapy.* New York: Holt, Rinehart & Winston, 1976; deutsch: *Klinische Verhaltenstherapie.* Berlin: Springer, 1979.

GORDON, D.C.: *Overcoming the fear of death.* New York: Macmillan, 1970.

HALEY, J. (Ed.): *Advanced techniques of hypnosis and therapy: Selected papers of Milton H. Erikson.* New York: Grune & Stratton, 1967.

HILDICK, W.: *Only the best six qualities of excellence.* New York: C.N. Potter, 1963.

HOLROYD, K.A.: Cognition and desensitization in the group treatment of test anxiety. *Journal of Consulting and Clinical Psychology,* 1976, 44, 991-1001.

JERSILD, A.T., MARKEY, F.V. & JERSILD, C.L.: Children's fears, dreams, wishes, daydreams, likes, dislikes, pleasant and unpleasant memories. (Originally published, 1933) In: Jersild, A.T.: *Child Psychology.* Englewood Cliffs, N.J.: Prentice-Hall, 1960.

KANTER, N.J.: *A comparison of self-control desensitization and systematic rational restructuring for the reduction of interpersonal anxiety.* Unpublished doctoral dissertation, State University of New York at Stony Brook, 1975.

KRAFT, T. & AL-ISSA, I.: The application of learning theory to the treatment of traffic phobia. *British Journal of Psychiatry,* 1965a, 111, 277-279.

KRAFT, T. & AL-ISSA, I.: Behavior therapy and the recall of traumatic experience — A case study. *Behaviour, Research & Therapy,* 1965b, 3, 55-58.

LADER, M.H., GELDER, M.G. & MARKS, I.M: Palmar skin conductance measures as predictors of response to desensitization. *Journal of Psychosomatic Research,* 1967, 11, 283-290.

LAZARUS, A.: Learning theory and the treatment of depression. *Behaviour, Research and Therapy,* 1968, 6, 83-89.

LAZARUS, A.: *Behavior Therapy and Beyond.* New York: McGraw-Hill, 1971; deutsch: *Verhaltenstherapie im Übergang. Breitbandmethoden für die Praxis.* München: Ernst Reinhardt Verlag, 1978a.

LAZARUS, A.: *Multi-modal behavior therapy.* New York: Springer, 1976; deutsch: *Multimodale Verhaltenstherapie.* Frankfurt/M.: Fachbuchhandlung für Psychologie, Verlagsabteilung, 1978b.

MAES, W.L. & HAIMANN, R.: *The comparison of three approaches to the reduction of test anxiety in high school students. Final Report Project 9-1-040.* Washington, D.C.: Office of Education, Bureau of Research, U.S. Department of Health, Education and Welfare, 1970.

MAULTSBY, M.C., jr.: *Help yourself to happiness through rational self-counseling.* Boston: Esplanade Books, 1975.

MEICHENBAUM, D.: Cognitive modification of text anxious college students. *Journal of Counseling and Clinical Psychology,* 1972, 39, 370-380.

MEICHENBAUM, D.: *Cognitive behavior modification.* Morristown, N.J.: General Learning Press, 1974;
deutsch: *Kognitive Verhaltensmodifikation.* München: Urban & Schwarzenberg, 1979.

MEICHENBAUM, D.H., GILMORE, J.B. & FEDORAVICIUS, A.: Group insight vs. group-desensitization in treating speech anxiety. *Journal of Counseling and Clinical Psychology,* 1971, 36, 410-421.

RAIMY, V.: *Misunderstanding of the self.* San Francisco: Jossey Bass, 1975.

READ, G.D.: *Childbirth without fear.* New York: Harper, 1953.

RUSH, A.J. & WATKINS, J.T.: *Specialized cognitive therapy strategies for psychologically naive depressed outpatients.* San Francisco: American Psychological Association Meeting, August, 1977.

SINGER, Jerome: *Imagery and daydreams methods in psychotherapy and behavior modification.* New York: Academic Press, Inc., 1974.

SNAITH, R.P.: A clinical investigation of phobias. *British Journal of Psychiatry,* 1968, 114, 673-697.

STERN, R.M. & KAPLAN, B.E.: Galvanic skin response: Voluntary control and externalization. *Journal of Psychosomatic Research,* 1967, 10, 349-353.

SULLIVAN, H.S.: *Interpersonal Theory of Psychiatry.* New York: W.W. Norton & Co., 1953.

THOMAS, H.: Theory of aging and cognitive theory of personality. *Human Development,* 1970, 13, 1-16.

THOMAS, L.: *The lives of a cell: Notes of a biology watcher.* New York: Living Press, 1974.

WEEKES, C.: *Peace for nervous suffering.* London: Angus and Robertson, 1972.

WEEKES, C.: *Hope and help for your nerves.* New York: Bantam, 1978. Originally published, New York: Coward and McCann, 1962.

WESTPHAL, C.: Die Agoraphobie; eine neuropathische Erscheinung. *Archiv für Psychiatrie und Nervenkrankheiten,* 1872, 3, 138-161.

WOLPE, J.: *The practice of behavior therapy.* New York: Pergamon Press, 1969;
deutsch: *Die Praxis der Verhaltenstherapie.* Bern: Huber, 1972.

YATES, D.H.: Relaxation in psychotherapy. *Journal of General Psychology,* 1946, 34, 213-237.